Wolfgang Coy

Aufbau und Arbeitsweise von Rechenanlagen

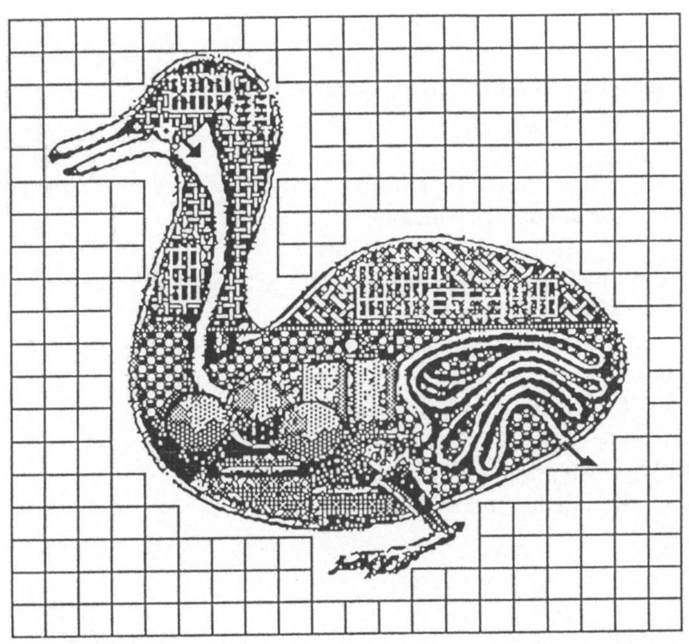

Wolfgang Coy

Aufbau und Arbeitsweise von Rechenanlagen

**Eine Einführung in
Rechnerarchitektur und Rechnerorganisation
für das Grundstudium der Informatik**

Friedr. Vieweg & Sohn   Braunschweig / Wiesbaden

CIP-Titelaufnahme der Deutschen Bibliothek

Coy, Wolfgang:
Aufbau und Arbeitsweise von Rechenanlagen:
e. Einf. in Rechnerarchitektur und Rechner-
organisation für d. Grundstudium d. Informatik/
Wolfgang Coy. — Braunschweig; Wiesbaden:
Vieweg, 1988
  ISBN-13: 978-3-528-04388-9   e-ISBN-13: 978-3-322-83896-4
  DOI: 10.1007/978-3-322-83896-4

Der Verlag Vieweg ist ein Unternehmen der Verlagsgruppe Bertelsmann.

ISBN-13: 978-3-528-04388-9

Vorwort

Dieses Buch bietet eine Einführung in die Gerätetechnik moderner Rechenanlagen bis hin zu Rechnerbetriebssystemen. Dazu werden die Bauteile des Rechners mehr oder weniger umfassend beschrieben und Techniken des Schaltungs- und Rechnerentwurfs eingeführt.

Im ersten Teil wird das Konzept der digitalen Schaltung bis hin zum Entwurf sequentieller Maschinen entwickelt. Integrierte Schaltungen werden untersucht, soweit sie zum Verständnis der Rechnerorganisation notwendig sind. Der zweite Teil des Buchs baut auf diesen Kenntnissen auf und führt in die Architektur von Rechenanlagen ein, indem die Struktur einfacher Rechnersysteme untersucht wird. Der dritte Teil behandelt einige grundlegende Aspekte von Betriebssystemen, um die Architektur einer Datenverarbeitungsanlage umfassend zu verstehen. Als konkretes Beispiel wird das Unix-Betriebssystem betrachtet, das für viele 32-Bit-Rechner verfügbar ist.

Alle drei Teile sind einführend und sollen eine Vertiefung durch Studium und Praxis vorbereiten. Der Text ist aus langjährigen Vorlesungen im Studiengang Informatik der Universität Bremen entstanden. Diese Vorlesungen erstrecken sich über die zwei oder drei ersten Semester des Informatikstudiums. Neben der Einführung in Aufbau und Arbeitsweise von Rechenanlagen müssen die zukünftigen Informatiker umfangreiche Veranstaltungen zu Algorithmen und Programmierung, zu den Anwendungen der Informatik, zu mathematischen Grundlagen und zu gesellschaftlichen Bezügen der Informationstechnik besuchen. Das Buch soll die ersten Schritte in Richtung der Gebiete Schwaltwerktheorie und -technik, Rechnerarchitektur, Betriebssysteme und maschinennaher Programmierung unterstützen. Als ein solcher erster Schritt mag es auch für andere Lehrveranstaltungen nützlich sein — und sei es im Kontrast zu anderen Texten.

Es wurde versucht, an den geeigneten Stellen reale, aktuelle Systeme zu betrachten, um den Bezug zur Praxis der Daten- und Informationsverarbeitung deutlicher zu machen. Ein Risiko birgt dieser Versuch einer praktisch orientierten Darstellung: Die einzelnen technischen Daten veralten rasch, da Informatik und Halbleitertechnik auch nach vier Jahrzehnten heftiger Entwicklung noch immer sehr dynamische Technikgebiete sind. Dennoch wurde diese Integration realer technischer Systeme in eine einführende Darstellung der Rechnerorganisation und Rechnerarchitektur gewählt, um dem Leser die Chance zu geben, hier besprochene Prinzipien und Techniken in seinem alltäglichen Umgang mit Rechenanlagen wiederzuentdecken. Der Akzent der Darstellung liegt auf Mikro- und Minirechnern, weil sie in vielen Aspekten einfacher als Großrechenanlagen aufgebaut sind und weil sie allgemein verfügbar sind. Trotzdem werden, wo es sinnvoll erscheint, auch Einzelheiten großer und sehr großer Rechenanlagen vorgestellt.

Theoretische Konzepte, wie Boolesche Funktionen und Ausdrücke, sequentielle Maschinen, Zustandsdiagramme, endliche Automaten und Petrinetze werden an vielen Stellen angesprochen, stehen aber nicht im Mittelpunkt der Darstellung. Die tiefer liegenden mathematischen Strukturen werden üblicherweise in den parallel laufenden Grundkursen zur Mathematik vermittelt und es existiert eine reichhaltige Literatur zu diesen Themen. Hier werden nur die Anwendungen in der praktischen Informatik angesprochen. Es wird auch nicht von den Auswirkungen der Informatik und Halbleitertechnik auf Arbeit und Alltag in der Gesellschaft gesprochen. All diese Fragen sind für eine umfassende Diskussion von Rechenanlagen sehr wichtig, jedoch würde eine Integration aller Aspekte den Umfang des Buches vervielfachen. So muß der unbefriedigende Eindruck bleiben, sich einem umfassenden Thema nur partiell näher zu können. Doch wurde mit dem Text der Versuch gemacht, die drei oft disjunkt behandelten Themenbereiche Rechnerorganisation, Rechnerarchitektur und Rechnerbetriebssysteme wenigstens ansatzweise gemeinsam zu behandeln.

Es ist sicher nützlich, wenn der Leser schon Erfahrungen mit einem realen Rechner hat, und noch nützlicher, wenn er diesen in irgendeiner Sprache programmieren kann — vorausgesetzt wird beides nicht.

Ich möchte einigen Menschen danken, die mir in einzelnen Phasen bei der Erstellung des Textes geholfen haben: Der verstorbenen Ewgenja Badras, Michael Herzog und Günter Feldmann. Meinen Eltern ist das Buch gewidmet.

Bremen, Ostern 1988   *Wolfgang Coy*

P. S.: Um die Lesbarkeit des Textes als Lehrbuch nicht unnötig zu komplizieren, wurde auf ausführliche Zitate verzichtet. Es entspricht dem Charakter des Lehrbuchstoffs, daß er in vielen anderen Texten ebenfalls behandelt wird. Am Ende des Buches findet der Leser ein kompaktes Literaturverzeichnis, das ihm zu einzelnen Fragestellungen weiterhelfen mag. Ich habe mich bemüht, deutschsprachige Begriffe zu verwenden, wo dies irgendwie möglich erschien. Da die internationale Literatur der Informatik englisch geschrieben ist, habe ich die englischen Übersetzungen beim ersten Erwähnen des Begriffs und manchmal auch später zum besseren Verständnis in Klammern beigefügt. Zudem habe ich versucht, problematische Eindeutschungen, auch wenn sie schon Fuß gefaßt haben, zu vermeiden und durch passendere Wörter zu ersetzen.

Inhaltsverzeichnis

I Digitale Schaltungen und Rechnerorganisation

1 Ansicht eines Rechners

> Der erste schriftliche Versuch, das Geheimnis zu lösen, das heißt der erste, von
> dem wir Kenntnis haben, wurde in einem umfangreichen im Jahr 1785 in Paris er-
> scheinenden Pamphlet gemacht. Der Autor stellte die Behauptung auf, ein Zwerg
> setze die Maschine in Bewegung. Dieser Zwerg verberge sich, während die Kiste
> geöffnet sei, in zwei hohlen Zylindern, die sich (was nicht der Fall ist) in der mit
> Nummer eins bezeichneten Abteilung befänden, während sich sein Körper ganz
> außerhalb des Kastens unter der Draperie des Türkens verborgen nach oben strecke.
> Wenn die Tür geschlossen wäre, bringe er sich ganz in den Kasten hinein. Das
> Geräusch, das während dieser Zeit irgendein anderes Teil der Maschine vollführe,
> gestatte ihm, dies ungestört zu tun und auch die Tür, durch die er eingetreten, wie-
> der leise zu schließen. Wenn nun das Innere des Automaten gezeigt wird, sagt der
> Verfasser des Pamphlets, und niemand darin zu erblicken ist, so sind die Zuschauer
> davon überzeugt, daß sich in keinem Teil der Maschine ein lebendiges Wesen befinde.
> Die ganze Hypothese ist jedoch zu absurd, um einer Erläuterung oder Widerlegung
> zu bedürfen.
>
> aus: E. A. Poe, Mälzels Schachspieler, um 1840

1.1 Wurzeln der Datenverarbeitung

Die ersten zahnradgetriebenen Ziffernrechenmaschinen zum Addieren und Multiplizieren
sind in der Zeit des Dreißigjährigen Krieges entstanden. Die wohl erste Maschine wurde
vom Tübinger Theologen, Mathematiker und Landvermesser *Wilhelm Schickard* um 1623
gebaut, der die astronomischen Berechnungen Keplers unterstützen wollte. Sie war als
Vierspecies-Maschine ausgelegt; d.h. sie konnte addieren, subtrahieren, multiplizieren und
dividieren. Die Maschine wurde niemals richtig eingesetzt. Das einzige Exemplar ist ver-
brannt, Schickard starb an der Pest. Seine Konstruktion ging verloren und wurde erst in
diesem Jahrhundert wiederentdeckt. Der französische Mathematiker und Theologe *Blaise
Pascal* baute für seinen Vater, einen königlichen Finanzinspektor, um 1642 (mit 19 Jahren!) eine Addiermaschine mit acht dezimalen Ziffernstellen (die Pascaline). Sie konnte
nur addieren, erregte aber trotzdem großes Aufsehen, als sie in Paris vorgestellt wurde. Auf
Pascals Ideen aufbauend, entwickelte *Gottfried Wilhelm Leibniz* 1673 eine echte Vierspecies-Maschine, die mit Hilfe einer stufenweise verschiebbaren Zahnradwalze, der *Staffel-
walze*, multiplizieren und dividieren konnte. Leibniz war auch der Erste, der die Möglichkeit des Rechnens mit binären Zahlen, also ausschließlich mit den Ziffern 0 und 1, er-
kannte (1679). Alle diese Maschinen waren wegen der mechanischen Probleme der exakten
Zahnradherstellung unzuverlässig. Auch die Leibnizsche Maschine hat wohl niemals ein-
wandfrei funktioniert. Im ersten Drittel des letzten Jahrhunderts plante der englische
Ingenieur und Fabriktheoretiker *Charles Babbage* eine „Rechenmühle", die programm-
gesteuert ballistische Tafeln für die britische Marine berechnen sollten. Das erste Arbeits-
modell einer achtstelligen dezimalen „Difference Engine" legte er 1822 vor, 1833 plante er

eine „Analytical Engine", die aus Rechenwerk (Mill), Speicher (Store), Programmsteuerung mit Lochstreifen und Drucker bestehen sollte. Seine logischen Konzepte waren sehr nahe an heutigen Rechnerkonzepten, aber grundsätzliche technische Schwierigkeiten, Geldmangel und ein Zerwürfnis mit seinem Mechaniker verhinderten den Abschluß der Arbeiten. Babbages Entwürfe gerieten in Vergessenheit. Rechenmaschinen waren für die nächsten Jahrzehnte Vierspecies-Rechenmaschinen, die nach festen Verfahren addieren, subtrahieren, multiplizieren und dividieren konnten.

Moderne Datenverarbeitungsanlagen haben zwei technologische Wurzeln:
* Die *Lochkartenmaschinen*, die zuerst in der Weberei benutzt wurden (Bouchon, Falcon, Jacquard, Vaucanson im 18. und 19. Jahrhundert) und die als Büromaschinen zuerst vom Bergwerksingenieur *Hermann Hollerith* zur Auswertung der 11. amerikanischen Volkszählung von 1890 patentiert wurde. Die Hollerith-Maschine benutzte elektrische Sensoren, um die Löcher der Karten zu erkennen. Aus Holleriths Firma *Tabulating Machine Company* ist die *International Business Machines* (IBM) hervorgegangen, die während des Zweiten Weltkrieges die Entwicklung eines der ersten relaisgesteuerten, programmierbaren Dezimalrechners unterstützte. Eine Addition dieses von *Howard Aiken* gebauten *Automatic Sequence Controlled Calculator* dauerte etwa 0,3 Sekunden, eine Multiplikation 6 Sekunden. Die *Harvard Mark 1*, wie man sie kurz nannte, wurde 1944 fertiggestellt. Auch dieser Rechner wurde, wie Babbages Maschine, für die Berechnung von Artillerietafeln gebaut.
* *Elektromechanische Rechenmaschinen* wurden zuerst in den dreißiger Jahren dieses Jahrhunderts gebaut. Als Erfinder des programmgesteuerten Computers muß der Berliner Bauingenieur *Konrad Zuse* angesehen werden, der 1938 für statische Berechnungen die rein mechanische Binärziffernrechenmaschine Z1 mit halblogarithmischer Zahldarstellung fertigstellte, der die elektromechanische Z2 folgte. 1941 baute er den ersten programmierbaren Rechner Z3. Von der Wehrmacht wurden diese Rechner ignoriert, wenngleich Zuse Spezialrechner zur Flügeloptimierung von Lenkwaffen bei Henschel konstruierte. Zuses Maschinen verwendeten Binärzahlen (22 Binärziffern bei der Z3) und sogar eine Gleitkommandodarstellung, die einen sehr großen Zahlenbereich verarbeiten konnte. Der Speicher konnte 64 Binärworte aufnehmen. Die Z3 konnte etwa 15–20 Additionen in der Sekunde ausführen, eine Multiplikation dauerte etwa 3 Sekunden. Zuse wurde nach dem Krieg von den Alliierten interniert, der deutsche Rechnerbau für einige Jahre unterbunden. In der Internierung hat Zuse die erste höhere Programmiersprache *Plankalkül* entworfen, die viele Elemente späterer Programmiersprachen wie PL/1 oder Algol vorwegnahm. Der Plankalkül ist jedoch nie praktisch eingesetzt worden.

In England hatte der Mathematiker und Logiker *Alan M. Turing* grundlegende Vorarbeiten zum Rechnerbau in den dreißiger Jahren geleistet. Während des Krieges hat er im Rahmen des Projektes *Colossus* in Bletchley Park an Dechiffriermaschinen gearbeitet, mit denen die Entzifferung der verschlüsselten Funksprüche der deutschen Marine gelang. Im Anschluß arbeitete er an der *Automatic Calculating Engine* (ACE), einem Rechner mit Programmspeicher. In den USA gab es ein weiteres Projekt zur Berechnung ballistischer Tafeln, den ENIAC (*Electronic Numerical Integrator and Computer*). *J. Presper Eckert* und *John W.*

Mauchly bauten diesen ersten Röhren-Rechner. ENIAC wurde 1946 fertiggestellt und war rund 2000mal schneller als ein elektromechanischer Relais-Rechner. Er arbeitete noch mit Dezimalziffern, von denen jede intern durch zehn binär arbeitende Anzeigeröhren dargestellt wurden. Eine Multiplikation zweier zehnstelliger Dezimalzahlen konnte in 2,8 Millisekunden ausgeführt werden.

Einen wesentlichen technischen und ökonomischen Schub erfuhr der Rechnerbau in den USA im Zusammenhang mit dem Bau der Atombombe (*Manhattan*-Projekt), der Wasserstoffbombe und der Interkontinentalraketen. Der ungarische Mathematiker *Johann von Neumann*, der seit Anfang der dreißiger Jahre am *Institute for Advanced Studies* in Princeton arbeitete, entwarf zwischen 1944 und 1946 nach gründlichem Studium des ENIAC-Entwurfs den ersten modernen elektronischen Computer EDVAC (*Electronic Discrete Variable Automatic Computer*) mit binärer Kodierung, datenabhängigem Programmlauf, sequentieller Verarbeitung und einem einheitlichen internen Programm- und Datenspeicher. Neu war die Möglichkeit, datenabhängige Programmschleifen zu durchlaufen. Ebenso neu war die Speicherung des Programms im internen Maschinenspeicher — vorher wurden Programme während der Ausführung eingelesen. Noch während des Baus des EDVAC-Rechners schlug von Neumann eine verbesserte Speichertechnologie auf Basis der Kathodenstrahlröhre vor, die zum Bau eines schnelleren Rechners am Institute for Advanced Studies (IAS) führte; dieser IAS-Rechner trug den Spitznamen JONIAC. Er wurde zur Berechnung der Strömungsprobleme im Explosionsraum der Wasserstoffbombe eingesetzt. Die ersten kommerziell erfolgreichen Maschinen waren die von Eckert und Mauchly entwickelten und ab 1951 von Remington Rand vertriebenen UNIVAC-Anlagen (*UNIVersal Automatic Computer*). Ihre stärkste Konkurrenz wurden die nach 1952/53 von IBM gebauten 701-Rechner und deren Nachfolgemodelle.

Aus diesen Entwicklungen stammt die Bezeichnung *Computer*, wo adäquater von einer Datenverarbeitungsanlage gesprochen werden sollte. Wir werden aber die Namen *Rechner*, *Computer* und *Datenverarbeitungsanlage* als Synonyme benutzen, da sich dieser Sprachgebrauch eingebürgert hat, auch wenn er etwas ungenau ist.

1.2 Zeichen und Alphabete

Logische Basis der maschinellen Informationsverarbeitung sind Zeichen, Alphabete und Zeichenketten. Zeichen z_i sollen als eindeutige Signale dargestellt werden, die bei Rechenanlagen meist als elektrische Signale realisiert sind, aber auch als auf Papier gedruckte Buchstaben oder in Lochkarten gestanzte Löcher vorkommen können. Unter einem (Signal-)Alphabet Z soll eine endliche Menge von Zeichen $Z = \{z_1, ..., z_n\}$ verstanden werden. Zeichenketten $s = z_1 \circ z_2 ... \circ z_n$ sind Folgen nicht notwendig verschiedener Zeichen z_i; die Verkettungsoperation $\circ$ wird manchmal *Konkatenation* genannt. Ist der Zusammenhang klar, so kann kurz $z_1 z_2 ... z_n$ geschrieben werden. Die Menge der zu verarbeitenden Zeichen muß die Menge der physikalisch unterscheidbaren Signale nicht ausschöpfen. Zeichen können auch in kodierter Form als Signalfolge vorliegen. In der digitalen Schalttechnik haben sich binäre Kodierungen durchgesetzt, bei denen auf der Leitung genau zwei verschiedene bedeutungstragende Signale unterschieden werden. Die Signale werden meist als *null* und *eins* bezeichnet (manchmal auch, um Spannungswerte anzugeben, mit *high* und *low*). Die praktisch zu verarbeitenden Alphabete sind größer, also etwa die Ziffern 0, ..., 9 mit den Operatoren $+, -, *, /, =$ oder die Groß- und Kleinbuchstaben des deutschen Alphabetes, die Tastaturzeichen einer Büroschreibmaschine oder gar die zweitausend häufigsten Kanji- oder Katakana-Zeichen des japanischen Alphabetes. Diese Alphabete werden als Folgen binärer Signale vereinbart; der Umsetzungsprozeß heißt *Kodierung*. Die Kodierung κ ist mathematisch gesehen eine Abbildung einer endlichen Menge von Zeichen, des Alphabets A in eine geeignete Signalfolge über der unterliegenden Signalmenge S:

$$\kappa: A \rightarrow S^n.$$

Dabei bezeichnet $S^n = S \times S \times ... \times S$ das n-fache kartesische Produkt über der Signalmenge S. Die Elemente von S^n werden als n-Tupel $(s_1 ... s_n)$ geschrieben, wobei jedes s_i Element aus S ist.

Kodierungen spielen nicht nur in der *Informationsverarbeitung*, sondern auch in der *Nachrichtenübertragung* eine große Rolle und so wurden in beiden Bereichen eine Vielzahl von Kodierungen entwickelt. Klassisch ist der *Morsekode*, der auf einer Abbildung m der Großbuchstaben des englischen Alphabets und der Ziffern in die Menge M = {•, −} basiert:

$$m: \{A, ..., Z, 0, ..., 1\} \rightarrow \{•, −\}^n.$$

Die Morsekodierung ist nicht längenkonstant, d.h. die Zahl n schwankt zwischen 1 und 5. Nur die Ziffern bestehen konstant aus jeweils fünf Signalen (s. Bild 1.1).

A	•−	N	−•	0	−−−−−	
B	−•••	O	−−−	1	•−−−−	
C	−•−•	P	•−−•	2	••−−−	
D	−••	Q	−−•−	3	•••−−	
E	•	R	•−•	4	••••−	
F	••−•	S	•••	5	•••••	
G	−−•	T	−	6	−••••	
H	••••	U	••−	7	−−•••	
I	••	V	•••−	8	−−−••	
J	•−−−	W	•−−	9	−−−−•	**Bild 1-1** Morse-Alphabet
K	−•−	X	−••−			
L	•−••	Y	−•−−			
M	−−	Z	−−••			

Um Zeichenfolgen zu übertragen, wird zwischen den Zeichen ein Leerzeichen □ eingeschoben, so daß beim Morsen ganzer Nachrichten eigentlich drei Zeichen, nämlich {•, −, □} unterschieden werden. Die Länge der Zeichenkodes entspricht dabei grob der Häufigkeit des Vorkommens in englischsprachigen Texten (s. Bild 1.2). Im Deutschen ist diese Reihenfolge ähnlich, so daß das Morsealphabet auch für unsere Sprache eine „schnelle" und platzsparende Kodierung ist.

Längenklassen der Morsezeichen:
{E,T},{A,I,M,N},{D,G,K,O,R,S,U,W},{B,C,F,H,J,L,P,Q,V,X,Y,Z}

Reihenfolge der Häufigkeit von Buchstaben in englischen Texten:
E,T,A,O,N,R,I,S,H,D,L,F,C,M,U,G,I,P,W,B,V,K,X,J,Q,Z

Reihenfolge der Häufigkeit von Buchstaben in deutschen Texten:
E,N,R,I,S,T,D,H,A,U,L,C,G,M,O,B,Z,W,F,K,V,Ü,P,Ä,Ö,J,Y,Q,X

Bild 1-2 Längen der Morse-Kodierung vs. statistische Häufigkeiten von Buchstaben (ohne Leerzeichen) in englischen und deutschen Texten

Man sieht, daß Samuel Morse beim Entwurf des Kodes um 1845 diese Anordnung nach der Häufigkeit des Vorkommens für englische Texte recht gut getroffen hat, obwohl es einige falsche Einordnungen gibt, wie z.B. O, R, K oder M. Angeblich hat Morse keine statistische Textanalyse betrieben, sondern statt dessen die Größe der Setzkästen einer New Yorker Tageszeitung vermessen.

Eine andere frühe Kodierung ist die Lochung von Karten. Der Hollerith-Kode h ist eine Abbildung des Alphabets A der Großbuchstaben, Ziffern und einiger Sonderzeichen

$$h\colon A \to \{0, 1\}^{12},$$

wobei die Kodierung der Reihen 1, ..., 9 der 80spaltigen Lochkarte manchmal als Zeichenlochung, die der Reihen 10, 11, 12 als Zonenlochung bezeichnet wird. Die Lochkarte hat also eine binäre Zielmenge des Kodes. Die klassischen Hollerithlochkarten nutzen nur rund 60 Lochungen aus den $2^{12} = 4096$ möglichen Mustern aus. Anfang der siebziger Jahre hat IBM mit dem System/3 eine kompaktere Lochkartenkodierung kommerziell eingeführt, die sich aber wegen des gleichzeitigen Durchbruchs der Datenerfassung auf magnetischen Speichermedien nicht mehr durchgesetzt hat.

Kodierungen für magnetische und elektronische Speichermedien und in Rechnern basieren praktisch ausschließlich auf der Menge $B = \{0, 1\}$ der beiden binären Zeichen 0 und 1. Eine solche Binärziffer wird auch *Bit* genannt. Bitketten aus 8 Bit, also Elemente aus $\{0, 1\}^8$, werden als *Byte* und Ketten aus 4 Bit als Halbbyte oder im amerikanischen DV-Jargon als *nibble* bezeichnet. Andere Bitlängen werden meist als *Wort* bezeichnet. Jeder Rechner hat seine spezifische Datenwortlänge; so kennt man 16-Bit-Worte oder 32-Bit-, 48-Bit-, 60-Bit- oder 64-Bit-Worte bei verschiedenen Rechenanlagen. Sei $\square \in \{0, 1\}$; dann verwenden wir folgende Strukturen:

□	Bit
□□□□	Halbbyte (Nibble)
□□□□□□□□	Byte
□□□□□□□□□□□□□□□□	16-Bit-Wort
□□□□□□□□□□□□□□□□□□□□□□□□□□□□□□□□□□	32-Bit-Wort

In der Nachrichtenübertragung sind eine Vielzahl von Kodes entworfen worden, die neben der bloßen Verschlüsselung oft noch besondere Eigenschaften, wie Fehlerstabilität oder einfache technische Realisierungen der benutzten Schaltungen erreichen sollen.

Die Kodierung von Dezimalzahlen ist ein praktisches Grundproblem. Es sind mindestens 4 Bit nötig, um 10 verschiedene Ziffern zu kodieren. Die einfachste Kodierung der Dezimalzahlen als Binärworte der Länge vier, also durch Halbbytes, heißt BCD-Kode (für *Binary Coded Decimal*). Die zehn Dezimalziffern x werden dabei durch die äquivalente Binärziffernfolge abcd dargestellt, also die Dezimalzahl $\delta_{10} = x \cdot 10^0$ durch die Binärzahl $\alpha_2 = a \cdot 2^3 + b \cdot 2^2 + c \cdot 2^1 + d \cdot 2^0$. Die tiefgestellten Indices sollen dabei angeben, ob es sich um eine Zahl zur Basis 2 oder zur Basis 10 handelt. Manchmal wird der BCD-Kode auf die Hexadezimalziffern (Sedezimalziffern) 0, 1, ..., 9, A, B, C, D, E, F erweitert, wobei $A_{16} = 10_{10}$, ..., $F_{16} = 15_{10}$ vereinbart wird (s. Bild 1-3).

BCD	Dezimal	Hexadezimal	BCD	Dezimal	Hexadezimal
0000	0	0	1000	8	8
0001	1	1	1001	9	9
0010	2	2	1010	undefiniert	A
0011	3	3	1011	undefiniert	B
0100	4	4	1100	undefiniert	C
0101	5	5	1101	undefiniert	D
0110	6	6	1110	undefiniert	E
0111	7	7	1111	undefiniert	F

Bild 1-3 Binäre Kodierung von Dezimalziffern und Erweiterung auf Hexadezimalziffern

Im Unterschied zum Morsekode sind dies Kodierungen fester Länge. Das hängt mit der festen Wortlänge in Rechnern zusammen, für die Kodes variabler Länge nachteilig sind. Lochkartenkodierungen können in anderer Interpretation durch ein Byte beschrieben werden, wobei das erste Halbbyte die Zonenkodierung, das zweite Halbbyte die Ziffernkodierung angibt. Aus diesem Verständnis heraus hat IBM die EBCDIC-Verschlüsselung (*Extended Binary Coded Decimal Interchange Code*) entwickelt, die ebenfalls zwei Halbbytes unterscheidet und mit ihren 8 Bit 256 verschiedene Zeichen darstellen kann. Wir geben hier als Beispiel die Kodes für Großbuchstaben und für Ziffern an (s. Bild 1-4).

Zeichen	Lochkarten		EBCDIC	
	Zone	Ziffer	Zone	Ziffer
A	12	1	1100	0001
...	...	...	...	...
I	12	9	1100	1001
J	11	1	1101	0001
...	...	...	...	...
R	11	9	1101	1001
S	10	2	1110	0001
...	...	...	...	...
Z	10	9	1110	1001
0	LEER	0	1111	0000
...	...	...	...	...
9	LEER	9	1111	1001

Bild 1-4 Lochkartenkodierung und EBCDIC-Kode von Großbuchstaben und Ziffern

Die EBCDIC-Kodierung ist bei Großrechnern der IBM und steckerkompatibler Geräte (engl. PCM – *plug compatible machinery*) verbreitet. Bei anderen Herstellern stieß sie auf einigen Widerstand, ebenso in der Nachrichtentechnik. Dort einigte man sich statt dessen auf einen 7-Bit-Kode, der 128 verschiedene Zeichen zuläßt. Diese ASCII-Kodierung (*American Standard Code for Information Interchange*; s. Bild 1-5) wurde erst als amerikanischer, dann als internationaler Standard (als ISO-Kode) akzeptiert. Auch die IBM verwendet ihn in ihren *Personal Computern*. Im praktischen Einsatz in der Datenverarbeitung wird der ASCII-Kode allerdings meist (ohne Norm) auf 8 Bit erweitert, um nationale Sonderzeichen und Graphiksymbole darstellen zu können.

	0	1	2	3	4	5	6	7	
0	NUL	DLE	Leerzeichen	0	@	P	`	P	0000
1	SOH	DC1	!	1	A	Q	a	q	0001
2	STX	XON	"	2	B	R	b	r	0010
3	ETX	DC3	#	3	C	S	c	s	0011
4	EOT	XOF	$	4	D	T	d	t	0100
5	ENQ	NAK	%	5	E	U	e	u	0101
6	ACK	SYN	&	6	F	V	f	v	0110
7	BEL	ETB	'	7	G	W	g	w	0111
8	BS	CAN	(	8	H	X	h	x	1000
9	HT	EM	)	9	I	Y	i	y	1001
A	LF	SUB	*	:	J	Z	j	z	1010
B	VT	ESC	+	;	K	[	k	{	1011
C	FF	FS	,	<	L	\	l	|	1100
D	CR	GS	–	=	M	]	m	}	1101
E	SO	RS	.	>	N	^	n	~	1110
F	SI	US	/	?	O	_	o	DEL	1111
	000	001	010	011	100	101	110	111	

Bild 1-5 ASCII-Kodierung (US-amerik. Variante des ISO-7-Bit-Kodes): *Spalte* vordere drei Bit, *Zeile* hintere vier Bit – die ersten drei Spalten stellen Steuerzeichen für die Übertragung dar

Die Steuerzeichen in den beiden ersten Spalten von Bild 1.5 werden zur Geräte- und Leitungssteuerung verwendet. Die Buchstabenkombinationen sind Abkürzungen ihrer englischen Benennung (s. Bild 1-6).

NUL	ALLE LEITUNGEN NULL	VT	VERTICAL TAB	SYN	SYNCHRON. IDLE
SOH	START OF HEADING	FF	FORM FEED	ETB	END TRANSMISSION BLOCK
STX	START OF TEXT	CR	CARRIAGE RETURN	CAN	CANCEL
ETX	END OF TEXT	SO	SHIFT OUT	EM	END OF MEDIUM
EOT	END OF TRANSMISSION	SI	SHIFT IN	SUB	SUBSTITUTE
ENQ	ENQUIRY	DLE	DATA LINK ESCAPE	ESC	ESCAPE
ACK	ACKNOWLEDGED	DC1	DEVICE CONTROL 1	FS	FILE SEPARATOR
BEL	BELL	XON	XON-PROTOCOLL (auch DC 2)	GS	GROUP SEPARATOR
BS	BACKSPACE	DC3	DEVICE CONTROL 3	RS	RECORD SEPARATOR
HT	HORIZONTAL TAB	XOF	XOFF-PROTOCOLL (auch DC 4)	US	UNIT SEPARATOR
LF	LINE FEED	NAK	NOT ACKNOWLEDGEMENT	DEL	DELETE

Bild 1-6 Englische Abkürzungen und Vollnamen der ASCII-Steuerzeichen.

Für den Programmierer wichtig sind die Steuerung des Wagenrücklaufs CR (*Carriage Return*), des Seitenvorschubs FF (*Form Feed*) und des Einfügens einer neuen Zeile LF (*Line Feed*). Steuerzeichen werden normalerweise nicht in Texten verwendet; eine Ausnahme macht das Kontrollzeichen ESC (*Escape*), das manchmal als Präfix von Sonderzeichensequenzen verwendet wird. Die übrigen Zeichen dienen zur Textdarstellung. Da der ASCII-Kode meist byteweise verarbeitet wird, also acht statt der sieben normierten Bit verwendet werden, wird der ASCII-Kode oft durch acht Bit mit einer führenden Null dargestellt. Es gibt dann unterschiedliche, nicht-normierte Vereinbarungen für die restlichen 128 Zeichen 10000000 bis 11111111 des erweiterten 8-Bit-ASCII-Kodes.

1.3 Schematischer Aufbau eines Rechners

Auf einer abstrakten Ebene kann die maschinelle Verarbeitung von Information durch die grundlegenden Arbeitsbereiche

Dateneingabe – Verarbeitung und Speicherung – Datenausgabe

beschrieben werden. Eingabedaten sind meist Texte aus Ziffern und Buchstaben, können aber auch sensorische Meßdaten, Bilder oder gesprochene Sprache sein. Zur Verarbeitung und Speicherung werden sie in eine maschineninterne Darstellung umgewandelt. Die Ausgabe kann als Text ausgegeben werden, kann aber ein gesprochenes Wort, ein Motorsteuersignal, eine Roboterbewegung oder allgemein ein Signal für Regler oder Effektoren sein.

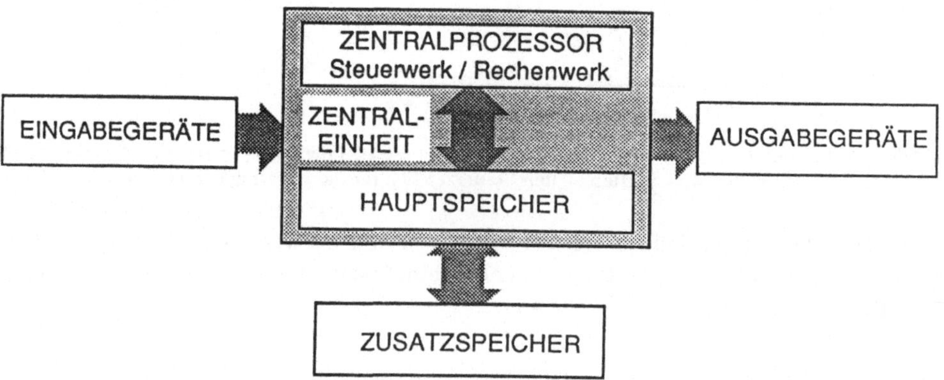

Bild 1-7 Schematischer Aufbau eines einfachen Rechners

Die Verarbeitung im Rechner (vgl. Bild 1-7) erfolgt durch einen Zentralprozessor (engl. CPU – *Central Processing Unit*), der ein Steuerwerk zur Steuerung des Programmablaufs und ein Rechenwerk zur Verarbeitung der Daten enthält (engl. *Control Unit* bzw. *Arithmetical and Logical Unit*, kurz ALU). Zusammen mit einem Programm- und Datenspeicher, dem Hauptspeicher, bildet der Prozessor die *Zentraleinheit*, den eigentlichen Rechnerkern, der durch Ein/Ausgabegeräte Daten austauschen kann und über seine Zusatzspeicher langfristige maschinelle Datenhaltung vornehmen kann.
Zwischen Prozessor, Hauptspeicher, Zusatzspeicher und E/A-Geräten werden Daten und Steuersignale über schaltbare Verbindungsleitungen, sogenannte Busse (von lat. *omnibus*), ausgetauscht. Daten sind in DV-Anlagen durch die getrennte Angabe von Datenadresse und Dateninhalt gekennzeichnet. Intern sind Datenbusse meist in Wortbreite (also 8, 16, 32 oder mehr Bit) ausgelegt; Adreßbusse haben nach Bedarf andere Breiten (meist zwischen 8 und 32 Bit). Busse sind Leitungsbündel, die zwischen verschiedenen angeschlossenen Geräten eine Verbindung schalten können; sie haben deshalb eigene Steuereinheiten. Neben den Daten- und Adreßbussen werden auch feste Steuerleitungen zwischen Prozessor, Speicher und Ein/Ausgabegeräten verlegt (s. Bild 1-8).

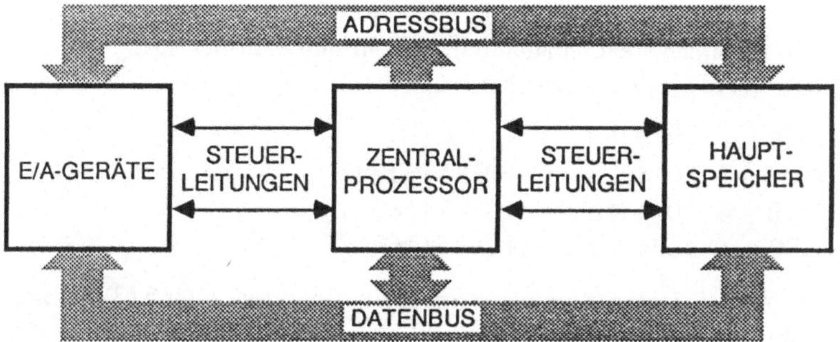

Bild 1-8 Daten- und Adreßbus

Der Zentralprozessor (s. Bild 1-9) kommuniziert über Speicheradreßregister (SAR) und Speicherdatenregister (SDR) mit dem Daten- und Adreßbus der Zentraleinheit. Er besitzt typischerweise zwischen 8 und 16 Arbeitsregister in Wortbreite mit schnellem Zugriff, in denen Daten zur unmittelbaren Verarbeitung ohne weiteren Hauptspeicherzugriff gehalten werden können. Der Zugriff der ALU auf alle internen Register erfolgt über ein oder zwei interne Busse in Wortbreite. Die Verarbeitung der Programmbefehle erfolgt über das Befehlsregister BR, das die Steuereinheit (SE) anspricht.

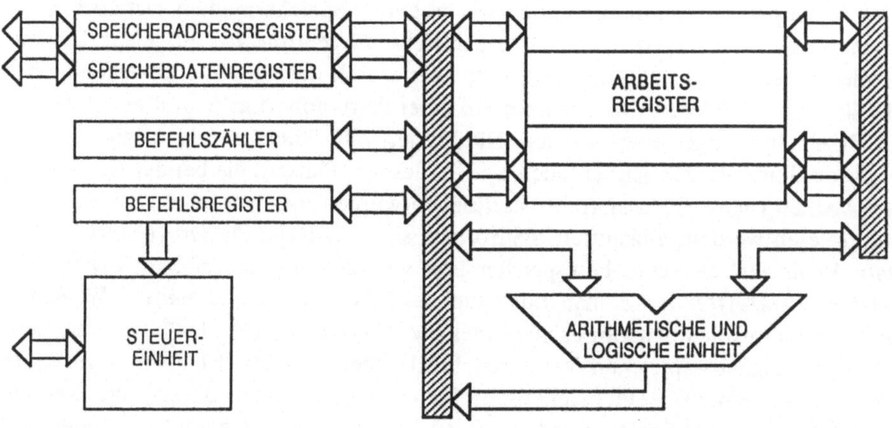

Bild 1-9 Aufbau eines Zentralprozessors mit zwei internen Busverbindungen

In einem Register BZ, dem Befehls- oder Programmzähler (engl. PC für *program counter*), wird die Speicheradresse des aktuell zu verarbeitenden Befehls bereitgehalten. Auch diese Register können über einen Bus mit der ALU und den Arbeitsregistern verbunden werden. Die Steuereinheit übernimmt auch die Steuerung anderer Teile des Rechners.

Hauptspeicher sind nahezu ausschließlich als Halbleiterspeicher ausgelegt. Der englische Name *random access memory*, kurz RAM, bedeutet, daß es sich um einen Speicher mit direktem, „wahlfreiem" Zugriff handelt (im Unterschied etwa zum sequentiellen Zugriff auf Magnetbandspeichereinheiten). Die drei wichtigsten Kenngrößen eines Speichers sind die Speichergröße, die Zugriffsgeschwindigkeit auf ein gespeichertes Wort und der Preis des Speichers (oft in DM pro Byte bewertet). Die Größe eines Speichers wird meist in der Zahl der speicherbaren Bytes angegeben, manchmal auch in der Zahl der speicherbaren Worte. Die folgenden Maßzahlen werden verwendet:

$$
\begin{array}{llllll}
1\ \text{Kilobyte} &=& 1\ \text{KB} &=& 1\,024\ \text{Byte} \\
1\ \text{Megabyte} &=& 1\ \text{MB} &=& 1\,024\ \text{KB} &=& 1\,048\,576\ \text{Byte} \\
1\ \text{Gigabyte} &=& 1\ \text{GB} &=& 1\,024\ \text{MB} &=& 1\,073\,741\,824\ \text{Byte} \\
1\ \text{Terabyte} &=& 1\ \text{TB} &=& 1\,024\ \text{GB} &=& 1\,099\,511\,627\,776\ \text{Byte}
\end{array}
$$

Für Arbeitsplatzrechner (amerik. *workstations*) sind Speichergrößen zwischen 512 KB und 8 MB heute typisch, Großrechner (amerik. *mainframes*) haben meist Speichergrößen, die von 8 MB bis zu 256 MB in sehr großen Anlagen mit vielen Terminalarbeitsplätzen reichen. Bei einigen „Superrechnern", wie der CRAY-2-Anlage, kann der Hauptspeicher bis auf 2 GB erweitert werden. Mit weiterem Sinken der Halbleiterpreise werden sich diese Werte allgemein vergrößern.

Halbleiterspeicher haben den Vorteil geringer Zugriffszeit, da sie den direkten Zugriff auf ein adressiertes Byte oder Wort zulassen (*random access* – wahlfreier Zugriff), sie sind jedoch im Vergleich zu Magnetschichtspeichern teuer. Sie sind auch im Regelfall keine permanenten Speicher, d.h. ohne Zusatzmaßnahmen wie einer Pufferbatterie verschwindet der Speicherinhalt bei Abschalten des Rechners. Der Rechner wird deshalb durch große Zusatzspeicher mit permanenter Datenhaltung ergänzt. Diese sind meist um ein Vielfaches größer als der Hauptspeicher und oft mit auswechselbaren Speichermedien versehen.

Der typische Zusatzspeicher ist heute als magnetischer *Plattenspeicher* ausgelegt. Der Zugriff auf diese Speicher ist halb-direkt, d.h. es kann durch mechanische Bewegung eines Lese/Schreibkopfes eine konzentrische Spur auf einer Plattenoberfläche und eventuell ein Sektor in dieser Spur angesteuert werden. Die Platten sind üblicherweise magnetisch beschichtet, neuerdings werden jedoch auch optisch lesbare Platten, die bei der Herstellung mit einem starken (heißen) Laserstrahl beschrieben wurden und mit einem schwächeren Laserstrahl gelesen werden, angeboten. Bauformen sind CD-ROM-Platten (*Compact Disc Read Only Memories*) als reine Lesespeicher und nur einmal beschreibbare CD-DRAW-Platten (*Direct Read After Write*, manchmal auch als *Write Once, Read Many* – WORM – bezeichnet). In Laborversionen gibt es auch mehrfach beschreibbare CD-Platten, die zum Teil mit einem magneto-optischen Verfahren beschrieben werden (EDRAW – *Erasable Direct Read After Write*). Rein magnetische Speicher sind jedoch derzeit die weitaus überwiegende Bauform der Speichermedien. Es werden drei Bauformen unterschieden, die sich auch in Preis- und Leistungsklassen unterscheiden:

- Festplattenspeicher
- Wechselplattenspeicher
- Disketten.

Festplattenspeicher werden in sogenannter Winchester-Technologie hergestellt und können derzeit 20 MB bis 5 GB speichern. Die Festplatten sind als Plattenstapel mit fester Achse aufgebaut, an der meist 2–12 Platten befestigt sind. Auf ihn greifen „Kämme" von untereinander angeordneten Lese- und Schreibköpfen zu, die so parallel alle magnetischen Oberflächen lesen können. Jede Oberfläche wird in konzentrisch angeordnete Spuren aufgeteilt, die jeweils entlang des Umfangs in Sektoren aus einigen hundert Byte aufgeteilt werden. Durch einen Lese/Schreibkamm wird ein *Zylinder* aus untereinander angeordneten

Spuren definiert. Bei einzelnen Systemen wird auf jeden Sektor mit einem eigenen Lese/Schreibkopf zugegriffen, bei anderen Systemen bedient ein Lese/Schreibkamm einen schmalen Ring nebeneinanderliegender Zylinder. Es gibt spezielle Platteneinheiten mit bis zu 256 Lese/Schreibköpfen; einfache Platten haben nur einen oder zwei Köpfe pro Oberfläche. Ein wesentlicher Vorteil der festen Plattenanordnung liegt in der Möglichkeit, bei hohen Umdrehungsgeschwindigkeiten (typisch sind 2700–3600 Umdrehungen in der Minute) hohe Speicherdichten zu realisieren, da die gekapselten Plattenstapel leicht staubfrei zu halten sind. Typische mittlere Zugriffszeiten liegen bei 15–85 ms, die maximalen Zugriffszeiten sind auf der Hardwareebene etwa doppelt so groß. Als Plattendurchmesser sind 14 Zoll (*Inch*), 9 oder 8 Zoll, 5,25 oder 3,5 Zoll üblich, also Werte zwischen 9 und 36 cm.

Wechselplattenspeicher haben derzeit eine Speicherkapazität zwischen 5 MB und 256 MB pro magnetischer Wechselplatte oder bis zu 2 GB bei optischen (Laser-)Wechselplatten. Die Platten sind entweder als allseitig verschlossene Kassetten oder als Plattenstapel mit fester Achse aufgebaut. Im Unterschied zu den Festplatten können diese ausgetauscht werden. Die typischen mittleren Zugriffszeiten liegen bei 25–85 ms bei magnetischen Platten; die mittleren Zugriffszeiten optischer Platten liegen höher.

Disketten (engl. *floppy disks, floppies*) sind Plattenspeicher, bei denen das magnetische Speichersubstrat auf eine Folie aufgetragen ist; sie können typischerweise zwischen 140 KB und 1,6 MB speichern; Laborversionen mit 20 MB bei präzise vorformatierten Disketten sind vorgestellt worden. Diskettenlaufwerke sind langsamer als Winchesterplatten. Sie rotieren mit etwa 300 Umdrehungen in der Minute und ihre mittleren Zugriffszeiten liegen um 90–250 ms. Disketten wurden zuerst mit einem Durchmesser von 8 Zoll, dann mit 5 1/2 Zoll und neuerdings mit 3,5 Zoll hergestellt. Die 3,5-Zoll-Disketten sind in Plastikgehäusen mit einem Schiebeverschluß untergebracht, die einer kleinen Wechselplatte ähneln.

Neben Plattenspeichern sind *Magnetbandspeicher* die klassischen Zusatzspeicher großer Rechenanlagen. Anders als Plattenspeicher lassen sie keinen halbdirekten Zugriff zu, sondern sie können Daten nur fortlaufend (sequentiell) lesen oder schreiben. Deshalb werden sie heute nur noch als Archivierungsmedien eingesetzt (*Back-up* Kopien). Bänder werden entweder als Bandspule oder als Bandkassette verwendet. Spulenbänder bestehen aus 2400 feet Magnetband von 1/4 oder 1/2 Zoll Breite (rund 730 m Band, 0,63 cm oder 1,26 cm breit). Sie werden mit 7 oder 9 Spuren digital beschrieben. Bei 7-Spur-Bändern läßt sich jeweils ein ASCII-Zeichen in einem Schritt aufzeichnen, bei 9-Spur-Bändern kann ein Byte mit einem Prüfbit über die Bandbreite aufgezeichnet werden. Die Schreibdichten variieren zwischen 800 Bytes pro Zoll (bpi – *Bytes per Inch*) und 6250 bpi bei Bandgeschwindigkeiten von 75 bis 200 Zoll pro Sekunde, also 187,5 bis 508 cm pro Sekunde. Die Aufzeichnung der Daten erfolgt in großen Byte-Blöcken. Eine Bandrolle kann je nach Länge der aufgezeichneten Blöcke zwischen 20 und 180 MB speichern. Spulenbänder sind besonders deshalb von Bedeutung, weil sie leicht zwischen verschiedenen Rechenanlagen ausgetauscht werden können. Einfacher in der Bedienung sind spezielle Bandkassetten (Cartridges), deren Lese/Schreibgeräte meist schlichter aufgebaut sind als die Spulengeräte. Sie speichern typischerweise zwischen 10 MB und 80 MB. Für Großrechner werden 18spurige Halbzoll-Bandkassetten mit 38000 bpi verwendet, die eine Kapazität von 200 MB und Datenübertragungsraten von 3 MB/s besitzen (IBM 3480). Werden die Kassetten mit komprimierter Aufzeichnung beschrieben, können bis zu 600 MB pro Kassette bei Datenübertragungsraten bis 6 MB/s gespeichert werden. Mit den gleichen Kassetten ist ein Standardisierungsvorschlag von rund 70 Herstellern erarbeitet worden, die HI/TC-Norm (*Half Inch Tape Cartridge*). Sie sieht Speicherkapazitäten von 240 MB und 480 MB ohne Datenkompression vor. Großrechnerbandkassetten lassen eine Adressierung einzelner Dateien und Daten auf dem Band zu (*Start/Stop*-Betrieb). Wird das Band als reines Archivmedium ohne die Möglichkeit der Adressierung einzelner Daten verwendet (zur spiegelbildlichen Bytekopie eines Festplatteninhalts), spricht man vom *Streamer*-Betrieb. Für den Streamer-Betrieb werden 8 mm-Bandkassetten in der Größe einer Audiokassette mit 5 200 MB Kapazität angeboten (z.B. Honeywell VLDS). Auch modifizierte, digital aufzeichnende Videorecorder werden für diesen Zweck verwendet.

Neben der grundsätzlichen Notwendigkeit, Daten zu sichern und zu archivieren, sind es vor allem die unterschiedlichen Preise, die eine differenzierte Zusatzspeicherhierarchie bewirken. Die Bilder 1-10 bzw. 1-11 zeigen einen Vergleich von Speicherkapazität, Zugriffszeit auf einzelne Daten, Datenübertragungsrate und relativem Preis. Die Daten sind nur typische Werte und stark von der technologischen Entwicklung abhängig. Sie hängen auch von der jeweiligen Geräteklasse (Großrechner, Arbeitsplatzrechner, Mikrorechner) ab. Da die Halbleiterpreise sinken, können Halbleiterspeicher auch als Zusatzspeicher eingesetzt werden. Sie werden manchmal etwas irreführend als *Halbleiterplatten* bezeichnet, obwohl es sich nicht um eine Platteneinheit mit mechanischem Zugriff, sondern um einen rein elektronischen Speicher handelt. Der programmierte Zugriff auf die Daten erfolgt allerdings genau wie auf eine magnetische Platteneinheit mit Zylindern und Spuren.

	BAND	PLATTE	HALBLEITER
Speicherkapazität pro Einheit in MB	20 - 2000	5 - 5040	1 ~ 512
mittlere Zugriffszeit in ms	fortlaufender Zugriff	15 - 85	0,1 ~ 0,3
Datenübertragungsrate in KB/s	64 - 6000	250 ~ 6000	3000 ~12000

Bild 1-10 Typische Kenndaten gängiger Zusatzspeicher im groben Vergleich

Bei Platten und Halbleiterzusatzspeichern werden die einzelnen Einheiten zu Subsystemen zusammengefaßt, die erheblich größere Speicherkapazität realisieren können (so können z.B. Plattensysteme aus 4 Laufwerkseinheiten mit zusammen 20 GB oder Halbleiterspeicher mit 2 GB zusammengestellt werden).

Auf Band gespeicherte Daten werden im allgemeinen fortlaufend verarbeitet, so daß die mittlere Zugriffsgeschwindigkeit ohne Bedeutung ist. Sie läge bei schnellen Geräten je nach Bandadresse zwischen 0 und 100 s, so daß diese Speicher nur dort eingesetzt werden (sollten), wo fortlaufendes Lesen oder Schreiben stattfindet, also typischerweise für Archivierungs- und Sicherungszwecke. Die Datenübertragungsrate von 3 MB/s entspricht einem schnellen Plattenanschluß. Dies ist derzeit ein Quasi-Standard für Großrechner; technisch sind höhere Übertragungsraten möglich und zunehmend werden für leistungsfähigere Geräte 6 MB/s angeboten. Bei Halbleiterzusatzspeichern werden durch paralleles Schalten von vier Einheiten 12 MB/s erreicht.

Ein Kostenvergleich ist sehr schwierig, wenngleich letztlich in der Praxis entscheidend. Großrechner und Arbeitsplatzrechner (um zwei Geräteklassen zu nennen) sind kostenmäßig weder absolut noch in den Relationen vergleichbar. So kostet eine Hauptspeichererweiterung für einen Minirechner gut das Zehnfache der gleichen Erweiterung für einen PC und die entsprechende Erweiterung beim Großrechner ist wiederum um ein Vielfaches teurer als beim Minirechner. Nimmt man an, daß pro Bandeinheit 200 Bänder für eine Großrechenanlage und 10 Bänder für einen Arbeitsplatzrechner verwendet werden, so ergibt sich als grobe Kostenabschätzung das in Bild 1-11 gezeigte Verhältnis.

Kosten pro Bit relativ zum Halbleiterspeicher	BAND	PLATTE	HALBLEITER
bei Großrechnern	0,001	0,01	1
bei Arbeitsplatzrechnern	0,01	0,1	1

Bild 1-11 Grober relativer Kostenvergleich bei Zusatzspeichern

Die Problematik solcher Schätzungen kann man an der Tatsache sehen, daß es in der Versicherungswirtschaft große Rechenzentren mit einem benutzten Bestand von 12 000 Bändern gibt, wo sich die Kosten wieder ganz anders berechnen als bei den hier angesetzten 200 Bändern pro Gerät.

Neben den genannten magnetischen Speichermedien gibt es noch die traditionellen Speicher auf Papierbasis: *Lochstreifen*, *Lochkarten* und *Papierausdrucke*. Lochstreifen werden praktisch nur noch wegen ihrer Störsicherheit im Labor oder in der industriellen Fertigung zur Steuerung von NC-Maschinen verwendet. Lochkarten haben gegenüber den magnetischen Speichern den Vorteil, daß sie auch bedruckt und damit genau wie ein Papierausdruck von Menschen ohne maschinelle Hilfsmittel gelesen werden können. Lochkarten können maschinell leicht gelesen werden. Die Verarbeitungsgeschwindigkeiten sind jedoch gegenüber den magnetischen Speichern sehr langsam. 100 bis 2 000 Karten pro Minute können maschinell gelesen und bis zu 1 000 Karten pro Minute gestanzt werden. Maschinelles Lesen von bedrucktem Papier ist noch immer nicht befriedigend gelöst, obwohl es faktisch Lesegeräte im Labor und auch im Handel gibt. Die übliche Bauform sind Formularleser für spezielle Schriften, aber auch Klar- und Handschriftleser. Spezialisierte Belegleser können über 100 000 Belege (z.B. Schecks) in der Stunde lesen.

Drucker variieren je nach Typ sehr stark in der Menge des ausgestoßenen Papiers. Einfache Typenraddrucker drucken etwa 25—100 Zeichen pro Sekunde, Matrixdrucker können bis zu 900 Zeichen pro Sekunde erzeugen, typische Werte liegen bei 120—300 Zeichen. Zeilendrucker (Kettendrucker, Stahlbanddrucker, „Schnelldrucker") drucken typischerweise 400 bis 4 000 Zeilen in der Minute. Sehr schnelle Laserdrucker, die ganze Seiten aufbereiten (Seitendrucker), können über 200 Seiten pro Minute drucken (sie kosten dann allerdings über eine halbe Million DM). Die typische Druckauflösung liegt bei 200—400 Punkten pro Zoll (also bei 80—160 Punkten pro cm). Inzwischen sind auch billigere (und langsamere) Laserdrucker auf dem Markt. Sie sind im Druckverfahren ähnlich wie xerographische Fotokopiergeräte aufgebaut und können etwa 8—12 Seiten in der Minute ausdrucken. Typenrad-, Matrix- und Stahlbanddrucker schlagen den Buchstaben beim Drucken an — sie können auch mechanische Durchschläge erstellen. Laserdrucker erzeugen das Zeichenbild ohne Anschlag, ähnlich wie beim Fotokopieren.

Der Drucker ist ein wichtiges Ausgabegerät, da es die Daten gleichzeitig in für Menschen direkt lesbarer Form archiviert. Für das interaktive Arbeiten am Rechner ist das Datensichtgerät (Terminal), ergänzt durch eine Tastatur als Eingabegerät, am wichtigsten. Gängige (nichtgraphische) Bildschirme zeigen 24 oder 25 Zeilen mit je 80 Zeichen an, einige auch bis zu 64 Zeilen. Manchmal ist auch eine Zeilenbreite von 132 Zeichen einstellbar. Die Zeichen werden oft in einer 7×9-Punktmatrix dargestellt, doch zur Textverarbeitung werden auch höhere Auflösungen verwendet (die dafür auch nötig sind). Graphische Bildschirme lösen die zeilenorientierten Bildschirme langsam ab, insbesondere Bitraster-Displays, bei denen einzelne Schwarz/Weiß-Pixels (*picture elements*) zeilenweise angesteuert werden. Mit diesen Bildschirmen sind nicht nur Binärbilder darstellbar, sondern auch verschiedene Schrifttypen, hoch- und tiefgestellte Indices und Sonderzeichen mit hoher Auflösung. Ein Graphikbildschirm kann typischerweise zwischen 200×400 und 1200×1600 Bildpunkten darstellen. Für Anwendungen im rechnergestützten Entwurf (CAD) sind auch dreidimensional wirkende Bildschirme vorgestellt worden (Tektronix 4126).

Als graphische Ausgabegeräte kommen Plotter hinzu, die für DIN-A4- bis DIN-A0-Formate ein- oder mehrfarbig ausgelegt sein können. Die komplementären Eingabegeräte sind Digitizer, die zur Eingabe graphischer Zeichnungen benutzt werden und in den verschiedenen Bauformen geliefert werden. Auch CCD-Zeilen- oder CCD-Matrix-Kameras können mit geeigneten Digitalisiergeräten als Eingabegeräte benutzt werden (Scanner).

1.4 Von-Neumann-Rechnerkonzept

John von Neumann wurde durch seine beratende Tätigkeit am Manhattanprojekt zum Bau der Atombombe auf den ENIAC-Rechner von Eckert und Mauchly aufmerksam. Er schlug den Bau leistungsfähigerer Rechner, des EDVAC und JONIAC, vor. Moderne Rechner folgen meist mehr oder minder den durch den EDVAC/IAS-Entwurf festgelegten Prinzipien. Diese Eigenschaften werden manchmal als Von-Neumann-Prinzipien bezeichnet:

- Der Rechner besteht zumindest aus Speicher, Rechenwerk, Steuerwerk und Ein/Ausgabegeräten.
- Die Zentraleinheit arbeitet taktgesteuert.
- Die intern verwendete Signalmenge ist binär kodiert.
- Im Rechner werden Worte fester Länge verarbeitet.
- Der Hauptspeicher besteht aus fortlaufend adressierten Speicherworten. Der Inhalt eines Speicherwortes kann nur über seine Adresse angesprochen werden.
- Der Rechner verarbeitet extern eingegebene und intern gespeicherte Programme. Er ist bezogen auf die Ausdrucksmöglichkeiten der Programme universell.
- Programmbefehle und Datenworte werden in einem einheitlichen Hauptspeicher gespeichert.
- Der Prozessor verarbeitet Programmbefehle und Datenworte sequentiell. Ein Programmbefehl wird nach dem anderen ausgeführt.
- Die normale Verarbeitung der Programmbefehle geschieht fortlaufend in der Reihenfolge der Speicherung der Programmbefehle. Diese sequentielle Verarbeitung kann durch unbedingte Sprungbefehle oder datenbedingte Verzweigungen verändert werden.

Wesentliches Kennzeichen einer Von-Neumann-Struktur ist die Bearbeitung von jeweils genau einem Befehl mit genau einem Datenwort; man spricht von einer SISD-Struktur (*single instruction, single data*). Es ist die vorherrschende Rechnerstruktur; bei Großrechnern und bei Spezialrechnern (etwa zur Bildverarbeitung) wird dieses SISD-Prinzip vereinzelt aufgegeben.

Zwei weitere wesentliche Techniken sind auf von Neumanns Entwürfe zurückzuführen, nämlich die Trennung von logischer und elektrischer Schaltung durch die Einführung von logischen Schaltzeichen (die sich allerdings von den heute verwendeten Zeichen unterscheiden) und die Verwendung von Programmablaufplänen (*flow diagrams*) zur Programmbeschreibung.

Wir betrachten einen einfachen Verarbeitungsprozeß in einem Von Neumann-Rechner (s. Bild 1-12). Die zu verarbeitenden Daten werden in einem zusammenhängenden Hauptspeicherbereich abgespeichert, die binär kodierten Programmbefehle werden fortlaufend in einem anderen Hauptspeicherbereich des Rechners abgelegt. Ein Programmbefehl besteht im einfachsten Fall aus einem binären Speicherwort. Die Speicheradresse des aktuellen Programmbefehls steht im Befehlszähler BZ. Zur Abarbeitung wird die im BZ stehende Adresse über das Speicheradreßregister SAR angewählt und der Befehl über das Speicherdatenregister SDR in das Befehlsregister des Prozessors geladen.

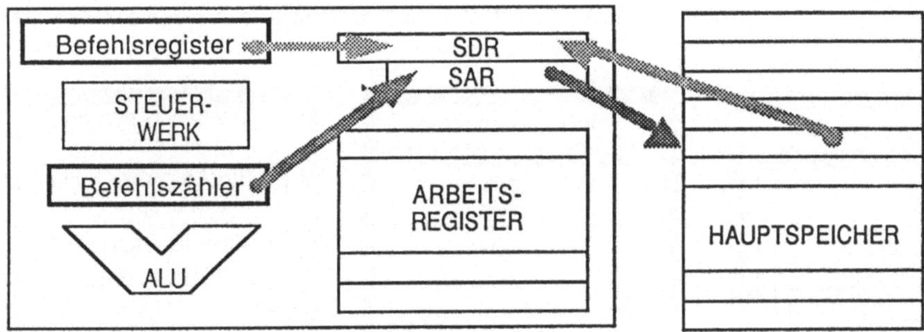

Bild 1-12 Befehlsweg im Rechner. Der Befehlszähler adressiert den Hauptspeicher über das Speicheradreßregister und lädt den gespeicherten Befehl über das Speicherdatenregister in das Befehlsregister.

Im Steuerwerk wird gemäß dem Befehl im BR eine Folge von Steueranweisungen für den Prozessor erzeugt. Typische Steueranweisungsfolgen sind:
- Bereitstellen einer Hauptspeicheradresse im SAR;
- Übertragen eines adressierten Speicherwortes in ein Arbeitsregister oder umgekehrt, Speichern eines Registerinhalts unter einer Speicheradresse;
- Bereitstellen von Operanden aus einem Arbeitsregister für die Arithmetische und Logische Einheit und das Speichern des Rechenergebnisses in einem Arbeitsregister;
- Erhöhen des BZ um eine Adresse.

Im Regelfall werden die Programmbefehle fortlaufend verarbeitet, d.h. der Befehlszähler wird automatisch mit jedem neuen Befehl um eins erhöht (inkrementiert). Es gibt besondere Programmbefehle, die abhängig von Rechenergebnissen oder aber unbedingt eine abweichende Befehlsverarbeitung erzwingen. Bei diesen *Sprungbefehlen* wird der Befehlszähler mit einer neuen Adresse geladen.

Die meisten Von-Neumann-Eigenschaften werden bei heutigen Rechnern eingehalten. Deshalb spricht man von „Von Neumann-Rechnerarchitekturen". Einige Eigenschaften des Von-Neumann-Konzeptes werden jedoch als Engpässe für die weitere Rechnerentwicklung angesehen. Insbesondere der Zwang, auf den Hauptspeicher sowohl für Programme wie für Daten über Speicherdaten- und Speicheradreßregister zugreifen zu müssen und das Verbot der gleichzeitigen Ausführung mehrerer Programmschritte gelten als *Von-*

Neumann-Bottleneck. Die Rechner der kommenden fünften Generation sollen deshalb in hohem Maße parallel arbeitende Prozessoren enthalten. Aber schon die heutigen mittleren und großen Rechner führen in gewissem Umfange parallele Verarbeitung außerhalb des Prozessors durch. Auch andere Prinzipien werden vereinzelt umgangen. So sind abweichende Speicherorganisationen möglich (z.B. assoziative Speicher, engl. auch CAM – *content-addressable memories*), und statt der binären Signalverarbeitung kann eine mehrwertige Signalmenge verwendet werden (*multi-valued logic*), wobei die Ausnutzung einer einzelnen Leitung höher ist, da nicht nur zwei, sondern mehrere verschiedene Signale über eine Leitung laufen können. Rechner, deren Architektur von den von Neumannschen Entwurfsprinzipien wesentlich abweichen, werden im technischen Jargon manchmal *Non-von-Computer* genannt.

Reale Rechenanlagen sind durch ein komplexes Zusammenspiel von Schaltungen und Geräten (Hardware) und System- und Benutzerprogrammen gekennzeichnet. Bild 1-13 zeigt drei „Schalenmodelle" des Rechners, jeweils aus einer anderen Sicht. Die drei Sichten sind natürlich eng miteinander verzahnt. Jede stellt einen bestimmten Aspekt der Rechnertechnik dar.

Bild 1-13 Drei Sichten des Rechners: Systemebene, Programmiersicht und Gerätesicht

Betrachtet man den Rechner als *programmierte Maschine*, die helfen soll, bestimmte Aufgaben zu lösen, so kann man ein Geflecht von Systemprogrammen sehen, die aufeinander aufbauen. Auf der untersten Ebene findet man *Steuerprogramme*, die Signalfolgen zur Rechnersteuerung erzeugen. Darüber liegen die binär kodierten Maschinenprogramme. Binärkodefolgen sind die einzige Form, in der Software auf dem Rechner ausführbar ist. Alle Programme müssen dazu in solche Kodeworte übersetzt werden. Die Verwaltung der Geräte, Daten und Programme geschieht durch ein besonderes Rechnerverwaltungsprogramm, das *Betriebssystem*. Der Benutzer kann das Betriebssystem durch Kommandos und Kommandofolgen steuern. Für jedes Einsatzgebiet des Rechners stehen meist eine Vielzahl von *Anwendungs- oder Hilfsprogrammen* zur Verfügung. Typische Beispiele solcher *Anwendungsprogramme* sind Texteditoren, Datenbankprogramme oder z.B. Zeichenprogramme zum rechnergestützten Entwurf (CAD – *computer aided design*).

Aus einem anderen Blickwinkel kann man den Rechner als *programmierbare Maschine* sehen. Auf der untersten Ebene gibt es Steuerprogramme, die nur vom Hersteller oder Systemprogrammierer verändert werden können (*Mikroprogrammierung*) oder gar festverschaltet sind. Darüber ist die erste vom Benutzer programmierbare Schicht, die *Maschinensprache*. Sie kann in Form einer strukturgleichen *Assemblersprache* programmiert werden. Diese Programme werden dann von einem Assembliererprogramm in die Maschinensprache übersetzt. Assemblersprachen werden mit Recht *maschinenorientiert* genannt. Die eigentlichen Programmiersprachen wie z. B. Pascal, Modula-2, C, COBOL, FORTRAN, Ada, LISP oder Prolog, werden als *problemorientierte* oder *höhere Programmiersprachen* bezeichnet. Sie müssen zur Ausführung auf dem Rechner durch Übersetzerprogramme (*Compiler*) in die binär kodierte Maschinensprache übersetzt werden. Auf einigen Maschinen stehen für bestimmte Programmiersprachen, wie LISP, Ada oder Modula-2 regelrechte Programmierunterstützungsumgebungen (*Programming Support Environments*) zur Verfügung, die eine Vielzahl von Programmbibliotheken und Hilfsprogrammen zur Programmierung bieten.

Aus der *Gerätesicht* ist der Rechner vor allem eine Maschine, die aus vielen Einzelteilen aufgebaut ist. Auf der untersten Ebene sind *Schaltungen* und *Register*, die aus Steuerwerk und Rechenwerk (ALU) einen *Prozessor* bilden. Dieser wird mit dem *Hauptspeicher* und den internen Verbindungsleitungen (*Bussen*) zur *Zentraleinheit*, die mit den *Zusatzspeichern* und *Ein/Ausgabegeräten* ein Rechnersystem bildet. Komplexere Rechnersysteme können mehrere Prozessoren haben und schließlich können mehrere Rechnersysteme zu eng oder locker gekoppelten *Rechnernetzen* vereint werden.

1.5 Übungen

1. Das Signalalphabet A enthalte s verschiedene Signale $a_0, ..., a_{s-1}$. Wieviel verschiedene Zeichen lassen sich mit Signalen aus A durch Kodewort $x_1, ..., x_n$ der Länge n darstellen? Beweis!

2. Wieviel verschiedene Zeichen lassen sich im Morsekode darstellen, wenn jedes Zeichen aus maximal 5 Strichen oder Punkten besteht? Wieviele Zeichen lassen sich mit maximal n Strichen oder Punkten darstellen? Beweisen Sie Ihre Vermutung! $\left(\text{Hinweis: Nutzen Sie die Beziehung } \sum_{i=0}^{n} 2^i = 2^{n+1} - 1. \right)$

3. Wieviele Byte enthält eine durchschnittliche Schreibmaschinenseite (1 1/2-spaltig geschrieben), wenn jedes Zeichen als Byte verschlüsselt wird? Wieviele Byte enthält der Text dieses Buches, wenn jedes Zeichen als Byte verschlüsselt wird? Wieviele Byte braucht man zur Darstellung eines Fernsehhalbbildes aus 325 Zeilen, die in 450 Punkten pro Zeile aufgelöst werden, wenn jeder einzelne Bildpunkt durch ein Bit dargestellt wird (binäre Darstellung von schwarz oder weiß). Wieviele Byte braucht man, wenn jeder Bildpunkt einzeln durch drei Farben in einer von 256 Intensitätsstufen kodiert wird? Wieviele Byte braucht man zur Übertragung einer Minute dieses binären bzw. farbigen Fernsehens, wenn in einer Sekunde 50 Halbbilder gesendet werden und keinerlei Datenkompression stattfindet, also jeder Bildpunkt einzeln gespeichert wird?

4. a) Wie lange dauert die Sicherung einer 40 MB-Platte, wenn die verwendete Bandeinheit eine durchschnittliche Übertragungsrate von 3 MB/s zuläßt?

   b) Die Sicherung einer 40 MB-Platte dauert 30 Minuten. Welche durchschnittliche Übertragungsrate wird erreicht?

   c) Wie lange dauert der Sicherungsvorgang, wenn Sie die Sicherung über eine Modemleitung mit 1200 Byte pro Sekunde vornehmen?

5. Diskutieren Sie die Vor- und Nachteile der Von-Neumann-Prinzipien. Welche Prinzipien sind Ihrer Einschätzung nach technisch leicht auflösbar, welche nicht? Begründen Sie Ihre Einschätzung. Ordnen Sie die Prinzipien nach Ihrer technischen Ersetzbarkeit an!

6. *Falls Sie Zugang zu einem Rechner haben:* Beschreiben Sie die verschiedenen Sichten eines Rechners (System-, Programmier- und Gerätesicht, vgl. Abb. 1-13) mit den Benennungen, die für diesen Rechnertyp verwendet werden.

2 Schaltungslogik

> „Das ist etwas anderes" – entgegnete die Maschine. „Warum hast Du mir das nicht gleich
> gesagt? Siehst Du wohl, wie unlogisch Du Dich ausdrückst! Wart einmal, ich muß erst nach-
> denken." Und sie krachte, summte und rauschte, und endlich räusperte sie sich und sprach:
> „Man muß einen Antimond anfertigen nebst einem Antidrachen, sodann muß man beides
> auf die Mondbahn bringen.." – hier knackste etwas in ihr –".. in die Hocke gehen und
> singen: ‚Bin ein Robot jung und keck, hab' vor Wasser keinen Schreck, hüpf' ich übers
> Wasser weg, komm' ich gut vom Fleck, Juchuu!!'.'"
> „Seltsam redest du" – sprach der König. „Was soll denn bei diesem Antimond dieser Ge-
> sang über den jungen Roboter?" „Wieso Roboter?" – fragte die Maschine. „Nein, eh
> nichts, ich habe mich geirrt; mir scheint, bei mir stimmt drinnen irgend etwas nicht. Ich
> muß irgendwo durchgebrannt sein."
>
> > aus: S. Lem, Das Märchen von der Rechenmaschine, die gegen den Drachen kämpfte,
> > 1964

Wir wenden uns nun dem inneren Aufbau eines Prozessors zu. Statt sofort die einzelnen
Funktionsgruppen an Hand der Schaltpläne zu untersuchen, verschaffen wir uns erst einmal einen allgemeinen Überblick über logische Schaltungen. Später werden wir dann sehen,
wie aus diesen logischen Grundbausteinen und Schaltungen konkrete Rechnerbauteile aufgebaut werden. Letztlich lassen sich nahezu alle digitalen Schaltungen des Rechnerbaus,
wie Prozessoren, Speicher, Ein/Ausgabe-Schaltungen, Gerätesteuerungen u. a. mit den Be-
griffen der Schaltungslogik beschreiben. Der Vorteil eines solchen Vorgehens liegt in seiner
Allgemeinheit, die es erlaubt, sehr unterschiedliche logische Geräte zu untersuchen; einen
Nachteil dieses Vorgehens mag man darin sehen, daß wir uns auf eine höhere Abstraktions-
ebene begeben müssen.
Grundbegriff dieser Abstraktionsstufe ist die logische Funktion. Der englische Logiker
George Boole hat diese Funktionen zuerst zur Beschreibung logischer Aussagen in eng-
lischer Sprache verwendet (um 1850). Ähnliche Ansätze finden sich um 1880 bei dem
deutschen Logiker Gottlob Frege in seiner *Begriffsschrift* und in anderen Texten. Die Konstruktion von Rechnern hat historisch viele Berührungspunkte mit der mathematischen
Logik.

2.1 Boolesche Funktionen

Sei $B = \{0, 1\}$ die Menge der beiden Signale 0 und 1.

Definition 2.1

a) Die Funktionen $f: B^n \rightarrow B^m$ heißen mit $n, m \geq 1$ Boolesche Funktionen.

b) Die Booleschen Funktionen $f: B^n \rightarrow B$ heißen mit $n \geq 1$ echte Boolesche Funktionen.

Wir nennen die Booleschen Funktionen auch Schaltfunktionen. Es sind *endliche* Funktionen (d.h. ihr Wertebereich und ihr Bildbereich sind endlich). Sie können deshalb vollständig in tabellarischer Form dargestellt werden. Die Tabellen geben die möglichen Belegungen der Eingabevariablen $x_1, ..., x_n$ und die definierte Ausgabefunktion $f(x_1, ..., x_n)$
an. Wir geben einige Beispiele Boolescher Funktionen an.

Identität $f(x) = x$ | Disjunktion $f(x, y) = \max(x, y)$ | Konjunktion $f(x, y) = \min(x, y)$

x	f(x)
0	0
1	1

x	y	f(x, y)
0	0	0
0	1	1
1	0	1
1	1	1

x	y	f(x, y)
1	1	0
1	1	0
1	0	0
1	1	1

Das Minimum zweiwertiger Funktionen wird oft als logische *Konjunktion* $x \cdot y$ (auch *logisches Und*), das Maximum als logische *Disjunktion* $x + y$ (auch *logisches Oder*) geschrieben.

Komplement $f(x) = \bar{x}$ | Antivalenz $f(x, y) = x \oplus y$ | Äquivalenz $(f(x, y) = (x \equiv y)$

x	f(x)
0	1
1	0

x	y	f(x, y)
0	0	0
0	1	1
1	0	1
1	1	0

x	y	f(x, y)
0	0	1
0	1	0
1	0	0
1	1	1

Das logische Komplement, geschrieben $\bar{x}$ oder $\neg x$, einer zweiwertigen Variablen x wird auch logische Negation (oder einfach Nicht-x) genannt. Man sieht $x = \neg(\neg x)$. Die Antivalenz $\oplus$ wird in der Schaltungstechnik oft als exklusives Oder (*engl.* EXOR) bezeichnet. Auch der Name modulo-2-Summe wird verwendet.

Verzweigung $f(x) = (x, x, x)$ | Kreuzung $f(x, y) = (y, x)$

x	f(x)		
0	0	0	0
1	1	1	1

x	y	f(x, y)	
0	0	0	0
0	1	1	0
1	0	0	1
1	1	1	1

Die Verzweigung $f: B \to B^n$ ist eine Boolesche Funktion, die für $n > 1$ den Eingabewert auf n Ausgänge verteilt. Für $n = 1$ ist sie die Identität. Die Überkreuzung $f: B^2 \to B^2$ vertauscht die beiden Eingänge (x, y) zu (y, x).
Es gibt genau vier echte Boolesche Funktionen $f: B \to B$, nämlich:

x	f(x) = 0	f(x) = 1	f(x) = x	f(x) = $\bar{x}$
0	0	1	0	1
1	0	1	1	0

Echte Boolesche Funktionen $f: B^2 \to B$ gibt es sechzehn:

x	y	f_0	f_1	f_2	f_3	f_4	f_5	f_6	f_7	f_8	f_9	f_{10}	f_{11}	f_{12}	f_{13}	f_{14}	f_{15}
0	0	0	0	0	0	0	0	0	0	1	1	1	1	1	1	1	1
0	1	0	0	0	0	1	1	1	1	0	0	0	0	1	1	1	1
1	0	0	0	1	1	0	0	1	1	0	0	1	1	0	0	1	1
1	1	0	1	0	1	0	1	0	1	0	1	0	1	0	1	0	1

Wir kennen einige Funktionen bereits, wie $f_0 = 0$, $f_1 = x \cdot y$, $f_6 = x \oplus y$, $f_7 = x + y$, $f_9 = (x \equiv y)$. Weiterhin sehen wir $f_3 = x$ und $f_5 = y$, $f_{10} = \bar{y}$ und $f_{12} = \bar{x}$. Für die Funktionen f_2 und f_4 schreiben wir $f_2 = x \cdot \bar{y}$ und $f_4 = \bar{x} \cdot y$. Ihre Komplemente f_{13} und f_{11} heißen in der Aussagenlogik, in der diese Funktionen auch betrachtet werden, Implikationen. Sie sind hier aus Disjunktion und Negation zusammengesetzt. Die Funktionen $f_8, ..., f_{15}$ sind Komplemente der Funktionen $f_7, ..., f_0$, wie man leicht sieht.

Für die Booleschen Funktionen sind eine Vielzahl von Bezeichnungen üblich. Wir geben einige an:

> $x \cdot y$ wird auch geschrieben als $x \wedge y$ oder $x \,\&\, y$
> $x + y$ wird auch geschrieben als $x \vee y$
> $x \oplus y$ wird auch geschrieben als $x \neq y$
> $\bar{x}$ bzw. $\neg x$ wird auch geschrieben als $\sim x$ oder x'

Zudem wird die Abkürzung xy für $x \cdot y$ verwendet; wir wollen diese ebenfalls benutzen, wenn der Zusammenhang klar erkennbar ist.

Nachdem wir wissen, daß vier einstellige und 16 zweistellige Schaltfunktionen existieren, können wir fragen, wieviele verschiedene Schaltfunktionen in n Variablen existieren. Dazu überlegen wir uns die Anzahl der Funktionstabellen, die diese Funktionen beschreiben.

Satz 2.1

a) Es gibt 2^n Möglichkeiten n verschiedene zweiwertige Variablen zu belegen.

b) Es gibt 2^{2^n} verschiedene echte Boolesche Funktionen in n Variablen und es gibt $2^{m 2^n}$ Boolesche Funktionen mit n Eingabevariablen und m Ausgabevariablen.

Beweis

a) Wir beweisen die Behauptung induktiv. Für eine zweiwertige Variable x gibt es zwei Belegungen, nämlich 0 und 1 (*Induktionsanfang*). Gilt für ein n-Tupel $x_n = (x_1, ..., x_n)$ die Behauptung, so läßt sich jede Belegung $(t_1, ..., t_n)$ von x_n erweitern zu zwei verschiedenen Belegungen $(t_1, ..., t_n, 0)$ und $(t_1, ..., t_n, 1)$ eines $n+1$-Tupels $x_{n+1} = (x_1, ..., x_{n+1})$. Ist $(x_1, ..., x_n)$ durch 2^n Varianten belegbar, so ist $(x_1, ..., x_{n+1})$ durch $2 * 2^n = 2^{n+1}$ Varianten belegbar (*Induktion von n auf n + 1*).
Da die Behauptung für n = 1 gilt, gilt sie mittels vollständiger Induktion für alle $n \geqslant 1$.

b) Es gibt 2^n unterschiedliche Belegungen der Variablen $(x_1, ..., x_n)$, wie wir vorher bewiesen haben. Eine Funktionstabelle einer Funktion mit n Eingabevariablen kann durch eine Funktionstabelle aus 2^n Zeilen für die Belegungen von $x_1, ..., x_n$ beschrieben werden, wobei in jeder Zeile der Funktionswert $f(x_1, ..., x_n)$ eingetragen wird. Da es nur die möglichen Funktionswerte $f = 0$ oder $f = 1$ gibt, können nur 2^{2^n} verschiedene Funktionstabellen echter Boolescher Funktionen dargestellt werden.
Die Tabelle einer Booleschen Funktion mit m Ausgängen läßt sich durch eine Tabelle beschreiben, die in jeder der 2^n Zeilen m Funktionswerte $f_1, ..., f_m$ zeigt. Es sind also in jeder Zeile 2^m verschiedene Einträge der Funktionswerte möglich. Es gibt also $(2^m)^{2^n} = 2^{m 2^n}$ unterschiedliche Möglichkeiten, die Funktionstabelle einer Booleschen Funktion $f: B^n \to B^m$ zu belegen.

Nun könnte man für jede Boolesche Funktion ein neues Operatorzeichen wählen, aber wir haben schon bei der Tabelle der zweistelligen Funktionen gesehen, daß es möglich ist, alle zweistelligen Funktionen mit den Operatoren $\{+, \cdot, \neg\}$ darzustellen. Dies läßt sich tatsächlich erweitern, indem man den Einsetzungsprozeß von Funktionen, also die Ersetzung einer zweiwertigen Variablen x durch das zweiwertige Ergebnis einer Funktion $f: B^n \to B$ betrachtet. Wir definieren diesen Kompositionsprozeß zuerst für ein- und zweistellige Funktionen und dann allgemein für Boolesche Funktionen.

Definition 2.2

a) Seien g: $B \to B$ und h: $B^n \to B$ einstellige Boolesche Funktionen. Dann definiert die *Komposition* (Einsetzung) von g mit den h, geschrieben f = g(h) die Boolesche Funktion f: $B^n \to B$ durch:

$$f(x) = g[h(x_1, ..., x_n)]$$

für alle $(x_1, ..., x_n) \in B$.

b) Sei g: $B^2 \to B$ eine Boolesche Funktion und seien h_1: $B^n \to B$ und h_2: $B^n \to B$ echte Boolesche Funktionen. Dann definiert die *Komposition* (Einsetzung) von g mit h_1 und h_2, geschrieben $f = [g(h_1, h_2)]$ die Boolesche Funktion f: $B^n \to B^2$ durch:

$$f(x_1, ..., x_n) = g[h_1(x_1, ..., x_n), h_2(x_1, ..., x_n)]$$

für alle $(x_1, ..., x_n) \in B$.

c) Allgemein gilt: Sei g: $B^p \to B^m$ eine Boolesche Funktion und seien für $1 \leqslant i \leqslant p$ die h_i: $B^n \to B$ echte Boolesche Funktionen. Dann definiert die *Komposition* (Einsetzung) von g mit den h_i, geschrieben $g(h_1, ..., h_p)$ die Boolesche Funktion f: $B^n \to B^m$ durch:

$$f(x_1, ..., x_n) = g[h_1(x_1, ..., x_n), ..., h_p(x_1, ..., x_n)]$$

für alle $(x_1, ..., x_n) \in B$.

Die Definition 2.2c hat als Spezialfälle die Definitionen 2.2a und 2.2b, wie man leicht sieht. Im Fortgang werden wir sehen, daß auch umgekehrt 2.2c aus 2.2a und b folgt; dies geschieht mit Hilfe von Normalformen, die auf ein- und zweistelligen Operationen aufgebaut werden können. Um die Funktionstabelle einer durch Komposition zusammengesetzten Funktion zu konstruieren, kann man die Tabellen ineinander einsetzen. Wir konstruieren als Beispiel die Tabelle der Funktion $f(a, b, c) = (\bar{a} \cdot b) + (c \oplus a)$. Der Ausdruck kann „von unten nach oben" (*bottom up*) verarbeitet werden, d.h. zuerst wird die Negation $f_1(a) = \bar{a}$ und die Antivalenz $f_2(a, c) = c \oplus a$ betrachtet, dann die Konjunktion $f_3(a, b) = f_1(a) \cdot b$ und schließlich die Disjunktion $f(a, b, c) = f_3(a, b) + f_2(a, c)$ berechnet. Bei den Tabellen von f und f_3 werden die Zwischenwerte f_1, f_2 und f_3 explizit angegeben, um den Prozeß deutlich zu machen. Man kann sie natürlich auch weglassen und implizit mitdenken.

a	$f_1(a) = \bar{a}$
0	1
1	0

a	c	$f_2(a, c) = c \oplus a$
0	0	0
0	1	1
1	0	1
1	1	0

a	b	$f_1(a)$	$f_3(a, b) = f_1 \cdot b$
0	0	1	0
0	1	1	1
1	0	0	0
1	1	0	0

a	b	c	$f_3(a, b)$	$f_2(a, c)$	$f(a, b, c) = f_3 + f_2$
0	0	0	0	0	0
0	0	1	0	1	1
0	1	0	1	0	1
0	1	1	1	1	1
1	0	0	0	1	1
1	0	1	0	0	0
1	1	0	0	1	1
1	1	1	0	0	0

Natürlich hätten wir auch eine andere Reihenfolge der Auswertung wählen können. Aus den zweistelligen Grundfunktionen $x_1 \cdot x_2$, $x_1 + x_2$ oder $x_1 \oplus x_2$ lassen sich nun mehrstellige Funktionen $x_1 \cdot (x_2 \cdot x_3)$, $x_1 + (x_2 + x_3)$ und $x_1 \oplus (x_2 \oplus x_3)$ oder allgemein $x_1 \circ (x_2 \circ (\dots \circ (x_{n-1} \circ x_n) \dots)$ für beliebige zweistellige Operationen $\circ$ konstruieren. Neben den Funktionstabellen haben wir nun eine zweite Möglichkeit, eine logische Funktion f: $B^n \to B$ darzustellen, indem wir einen geklammerten logischen Ausdruck aus Variablen und Operatoren für diese Funktion angeben. Dies eröffnet die Möglichkeit einer *algebraischen* Behandlung der Schaltfunktionen. Tatsächlich kann man die Schaltalgebra allgemeiner in die Algebra einordnen und sie als den Spezialfall einer zweiwertigen Booleschen Algebra (d.i. eines distributiven und komplementären Verbandes) ansehen. Wir wollen diesen mathematischen Ausflug unterlassen und den Leser auf entsprechende Bücher verweisen. Da wir hier mehr am praktischen Aspekt des Rechnens mit Funktionsausdrücken interessiert sind, geben wir einige grundlegende Beziehungen zwischen den Schaltoperationen an.

Satz 2.2

Mit den Funktionen $x + y$, $x \cdot y$, $x \oplus y$ und $\bar{x}$ gelten für $x, y, z \in B$:

a) Die Assoziativgesetze

$$(x + y) + z = x + (y + z) = x + y + z$$
$$(x \cdot y) \cdot z = x \cdot (y \cdot z) = x \cdot y \cdot z$$
$$(x \oplus y) \oplus z = x \oplus (y \oplus z) = x \oplus y \oplus z$$

b) Die Kommutativgesetze

$$x + y = y + x$$
$$x \cdot y = y \cdot x$$
$$x \oplus y = y \oplus x$$

c) Die Distributivgesetze

$$x \cdot (y + z) = (x \cdot y) + (x \cdot z)$$
$$x + (y \cdot z) = (x + y) \cdot (x + z)$$
$$x \cdot (y \oplus z) = (x \cdot y) \oplus (x \cdot z)$$

d) Die de Morganschen Regeln

$$\neg (x + y) = \bar{x} \cdot \bar{y}$$
$$\neg (x \cdot y) = \bar{x} + \bar{y}$$

e) Die Absorptionsregeln

$$x + \bar{x} = 1 \qquad x \cdot \bar{x} = 0 \qquad x \oplus x = 0$$
$$x + xy = x \qquad x \cdot (x + y) = x \qquad x \oplus \bar{x} = 1$$

f) Die Substitutionsregeln für Konstanten

$$x + 0 = x \qquad x \cdot 0 = 0 \qquad x \oplus 0 = x$$
$$x + 1 = 1 \qquad x \cdot 1 = x \qquad x \oplus 1 = \bar{x}$$

Beweis

Die einzelnen Behauptungen sind durch Einsetzen in die Funktionstabellen beweisbar.
Zum Beispiel erhält man für die Substitutionsregel $x \oplus 1 = \bar{x}$:

x	$x \oplus 1$
0	1
1	0

$$x \oplus 1 = \bar{x}$$

und für die Absorptionsregel $x + xy = x$:

x	y	$x + xy$
0	0	0
0	1	0
1	0	1
1	1	1

$$x + xy = x$$

Damit sind beide Regeln für Variablen aus $x, y \in \{0, 1\}$ bewiesen. Die anderen Regeln lassen
sich entsprechend beweisen.

Für die Umwandlung zwischen logischen Operationen benutzen wir neben den de Morganschen Regeln die Beziehungen:

$$x + y = x \oplus y \oplus x \cdot y$$
$$x \oplus y = x \cdot \bar{y} + \bar{x} \cdot y$$

Diese lassen sich ebenfalls mit Hilfe der Tabellen überprüfen. Es gilt:

x	y	$x + y$	$(x \oplus y) \oplus x \cdot y$
0	0	0	0
0	1	1	1
1	0	1	1
1	1	1	1

x	y	$x \oplus y$	$x \cdot \bar{y} + \bar{x} \cdot y$
0	0	0	0
0	1	1	1
1	0	1	1
1	1	0	0

Die Beziehungen aus Satz 2.2 sind durch Einsetzen von Schaltfunktionen in die Variablen
auf Ausdrücke mit mehreren Variablen erweiterbar. So läßt sich die de Morgansche Regel
für drei Variablen darstellen durch:

$$\neg\,(x + y + z) = \neg\,(x + y) \cdot \bar{z} = (\bar{x} \cdot \bar{y}) \cdot \bar{z} = \bar{x} \cdot \bar{y} \cdot \bar{z}$$

bzw. allgemein als

$$\neg\,(x_1 + \ldots + x_n) = \bar{x}_1 \cdot \ldots \cdot \bar{x}_n.$$

Entsprechend gilt für die zweite de Morgansche Regel allgemein:

$$\neg\,(x_1 \cdot \ldots \cdot x_n) = \bar{x}_1 + \ldots + \bar{x}_n.$$

Auch die anderen Gesetze und Regeln sind so erweiterbar, etwa das Distributivgesetz
$a(b \oplus c) = ab \oplus ac$ zu

$$a(b \oplus c \oplus d) = a(b \oplus (c \oplus d)) = ab \oplus a(c \oplus d) = ab \oplus (ac \oplus ad) = ab \oplus ac \oplus ad$$

oder allgemein

$$x(y_1 \oplus \ldots \oplus y_n) = xy_1 \oplus \ldots \oplus xy_n.$$

Die im Satz 2.2 gezeigten Gleichungen können als Basis für eine algebraische Behandlung der Schaltfunktionen verwendet werden. (Tatsächlich läßt sich zeigen, daß die im Satz 2.2 genannten Beziehungen sogar hinreichend sind, um jede korrekte Beziehung $g(x_0, ..., x_n) = h(x_0, ..., x_n)$ zwischen Schaltfunktionen g, h zu beweisen. Für diesen Beweis verweisen wir auf die Literatur der mathematischen Aussagenlogik.) So kann z.B. die Absorptionsregel auch durch Gleichungsumformung aus den anderen Regeln bewiesen werden, wobei das Verhältnis von rechter und linker Seite der Gleichung wie beim algebraischen Rechnen mit reellen Zahlen wertmäßig erhalten bleiben muß.

$$
\begin{array}{ll}
x + xy = & \\
x \cdot 1 + xy = & \text{wegen } x \cdot 1 = x \\
x(y + \bar{y}) + xy = & \text{wegen } x + \bar{x} = 1 \\
xy + x\bar{y} + xy = & \text{wegen } x(y + z) = xy + xz \\
x(y + \bar{y} + y) = & \text{dito} \\
x(y + \bar{y}) = x \cdot 1 & \text{wegen } y + \bar{y} = 1 \text{ und } y + y = y \\
= x & \text{wegen } x \cdot 1 = x
\end{array}
$$

Man kann die Umformungen auch an Hand entsprechender Tabellen überprüfen.

2.2 Normalformen logischer Funktionen

Wir schreiben $x^1 = x$ und $x^0 = \bar{x}$. Weiterhin schreiben wir für die Summe

$$
x_1 + ... + x_n = \sum_{1 \le i \le n} x_i,
$$

und für das Produkt

$$
x_1 \cdot ... \cdot x_n = \prod_{1 \le i \le n} x_i,
$$

wobei der Geltungsbereich der Indexvariablen i als Wertebereich $1 \le i \le n$ oder allgemeiner durch eine dem Problem angepaßte Relation $R(i)$ festgelegt wird.

Satz 2.3
Jede echte Boolesche Funktion $f: B^n \to B$ mit $n \ge 1$ läßt sich in den folgenden eindeutigen Normalformen schreiben:

a) *Disjunktive Normalform* DNF (f):

$$
f(x_1, ... x_n) = \sum_{(t_1, ..., t_n) \in B^n} [x_1^{t_1} \cdot ... \cdot x_n^{t_n} \cdot f(t_1, ..., t_n)].
$$

Die Terme $x_1^{t_1} \cdot ... \cdot x_n^{t_n}$ heißen *Minterme* von f.

b) *Konjunktive Normalform* KNF (f):

$$
f(x_1, ... x_n) = \prod_{(t_1, ..., t_n) \in B^n} [x_1^{\bar{t}_1} + ... + x_n^{\bar{t}_n} + f(t_1, ..., t_n)].
$$

Die Terme $x_1^{\bar{t}_1} + ... + x_n^{\bar{t}_n}$ heißen *Maxterme* von f.

c) *Polynomiale Normalform* PNF (f):

$$f(x_1, \ldots x_n) = a_0 \oplus a_1 \cdot x_1 \oplus a_2 \cdot x_2 \oplus \ldots \oplus a_n \cdot x_n \oplus a_{1,2} \cdot x_1 \cdot x_2 \oplus \ldots$$

$$\oplus a_{n-1,n} \cdot x_{n-1} \cdot x_n \oplus a_{1,2,3} \cdot x_1 \cdot x_2 \cdot x_3 \oplus \ldots$$

$$\oplus a_{1,\ldots,n} \cdot x_1 \cdot \ldots \cdot x_n.$$

Die Produktterme $a_{i1,\ldots,ij} \cdot x_{i1} \cdot \ldots \cdot x_{ij}$ nennen wir Polynome von f.

Beweis

Die Existenz disjunktiver Normalformen folgt aus den Funktionstabellen, da jeder Minterm m_i für genau eine Eintragung $f(x_1, \ldots, x_n)$ in der Funktionstabelle gebildet wird und die Gesamtfunktion f als Disjunktion dieser Produkte $m_i \cdot f$ beschrieben werden kann. Damit ist die Beschreibung eindeutig.

Die Existenz und Eindeutigkeit konjunktiver Normalformen läßt sich durch Anwendung der de Morganschen Regel auf die DNF erkennen.

Die Existenz polynomialer Normalformen folgt aus der Beobachtung, daß alle Minterme m_i und m_j völlig disjunkt sind (also stets $m_i + m_j = m_i \oplus m_j$ gilt) und daß $\bar{x} = x \oplus 1$ gilt. Wendet man diese Beobachtungen auf die disjunktive Normalform an, so kann man zuerst alle + durch $\oplus$ ersetzen und dann alle Negationen in $\oplus$ und Konstanten 1 umwandeln. Die Zusammenfassung aller Konstanten ergibt a_0. Die Eindeutigkeit der Polynomialform folgt aus der Tatsache, daß für die 2^{2^n} verschiedenen echten Booleschen Funktionen genau 2^{2^n} verschiedene polynomiale Normalformen erzeugt werden können, wobei jede Funktion f zu genau einer PNF(f) führt.

Bei der Konstruktion der DNF ist zu beachten, daß für Minterme mit $f(x_1, \ldots, x_n) = 0$ die Beziehung $x_1 \cdot \ldots \cdot x_n \cdot 0 = 0$ gilt, diese also aus der DNF-Summe weggelassen werden können. Entsprechend gilt bei der KNF für Maxterme mit $f(x_1, \ldots, x_n) = 1$ die Beziehung $x_1 + \ldots + x_n + 1 = 1$, die aus dem KNF-Produkt weggelassen werden können. Werden diese Regeln konsequent angewendet, so entstehen wieder eindeutige, aber gekürzte Normalformen, die wir ebenfalls mit DNF bzw. KNF bezeichnen werden, wenn der Zusammenhang klar erkennbar ist.

Wir zeigen einige Beispiele. Gegeben seien folgende zwei Funktionstabellen der Funktionen $g: B^3 \to B$ und $h: B^3 \to B$:

$x_1x_2x_3$	g		$x_1x_2x_3$	h
0 0 0	0		0 0 0	1
0 0 1	0		0 0 1	1
0 1 0	0		0 1 0	1
0 1 1	1		0 1 1	1
1 0 0	0		1 0 0	0
1 0 1	0		1 0 1	1
1 1 0	0		1 1 0	1
1 1 1	0		1 1 1	1

Die Funktion g ist offensichtlich durch einen einzigen Minterm, nämlich $g = \bar{x}_1 \cdot x_2 \cdot x_3$ beschreibbar, denn sie nimmt nur für diese Konjunktion den Wert $g = 1$ an. h läßt sich dagegen direkt als einfacher Maxterm beschreiben, nämlich durch $\bar{x}_1 + x_2 + x_3$. Damit sind die (verkürzten) DNF(g) und KNF(h) leicht als einelemtiger Ausdruck darstellbar, sofern man die Minterme mit dem Faktor 0 und die Maxterme mit dem Summanden 1 wegläßt. Offensichtlich lassen sich die Tabellen als Anordnung von Mintermen bzw. Maxtermen interpretieren, wobei die Minterme beim Funktionswert 1 von Bedeutung sind, während die Maxterme beim Funktionswert 0 entscheidend sind. Die KNF(g) und die DNF(h) sind entsprechend sehr viel umfangreicher, nämlich:

$$g = (x_1 + x_2 + x_3) \cdot (x_1 + x_2 + \bar{x}_3) \cdot (x_1 + \bar{x}_2 + x_3) \cdot (\bar{x}_1 + x_2 + x_3) \cdot (\bar{x}_1 + x_2 + \bar{x}_3)$$
$$\cdot (\bar{x}_1 + \bar{x}_2 + x_3) \cdot (\bar{x}_1 + \bar{x}_2 + \bar{x}_3)$$

und

$$h = \bar{x}_1\bar{x}_2\bar{x}_3 + \bar{x}_1\bar{x}_2 x_3 + \bar{x}_1 x_2\bar{x}_3 + \bar{x}_1 x_2 x_3 + x_1\bar{x}_2 x_3 + x_1 x_2\bar{x}_3 + x_1 x_2 x_3.$$

Man erkennt also leicht, daß es sinnvoll ist, abhängig von der Zahl der Einsen und Nullen entweder die DNF oder die KNF zur Konstruktion eines Funktionsausdruckes zu benutzen. Wir betrachten eine komplexere Funktion $f(x_1, x_2, x_3, x_4)$.

$x_1 x_2 x_3 x_4$	f
0 0 0 0	0
0 0 0 1	0
0 0 1 0	0
0 0 1 1	1
0 1 0 0	0
0 1 0 1	1
0 1 1 0	1
0 1 1 1	1
1 0 0 0	0
1 0 0 1	1
1 0 1 0	1
1 0 1 1	1
1 1 0 0	1
1 1 0 1	1
1 1 1 0	1
1 1 1 1	0

Zur Konstruktion der disjunktiven Normalform kann man die Tabelle direkt nutzen. Wir betrachten die Tabelle als Liste der Minterme von $m_0 = \bar{x}_1 \cdot \bar{x}_2 \cdot \bar{x}_3 \cdot \bar{x}_4$ [dargestellt durch $(t_1, t_2, t_3, t_4) = 0000$] bis $m_{15} = x_1 \cdot x_2 \cdot x_3 \cdot x_4$ [= 1111], denen jeweils der Funktionswert $f(m_i)$ zugeordnet ist. Wir lassen bei der Darstellung der DNF(f) Minterme m_j mit dem Funktionswert $f = 0$ weg (da $f + 0 \cdot m_j = f$ gilt). Es ergibt sich:

a) als *disjunktive* Normalform DNF(f):

$$f = \bar{x}_1\bar{x}_2 x_3 x_4 + \bar{x}_1 x_2\bar{x}_3 x_4 + \bar{x}_1 x_2 x_3\bar{x}_4 + \bar{x}_1 x_2 x_3 x_4 + x_1\bar{x}_2\bar{x}_3 x_4 + x_1\bar{x}_2 x_3\bar{x}_4$$
$$+ x_1\bar{x}_2 x_3 x_4 + x_1 x_2\bar{x}_3\bar{x}_4 + x_1 x_2\bar{x}_3 x_4 + x_1 x_2 x_3\bar{x}_4$$

b) Für die Konstruktion der konjunktiven Normalform KNF(f) aus der Tabelle machen wir einen gedanklichen Umweg. Das *Komplement* der DNF(f) führt formal offensichtlich zu einer KNF, die allerdings wegen der Negation aller Funktionswerte genau die Funktion $\bar{f}$ beschreibt. Bilden wir also die DNF($\bar{f}$) der negierten Funktion $\bar{f}$ (aus den Mintermen, an denen f den Wert 0 annimmt) und komplementieren wir diese DNF($\bar{f}$), so erhalten wir die KNF(f). Es gilt die Beziehung

$$KNF(f) = \neg\, DNF(\bar{f}).$$

Um das Verfahren abzukürzen, betrachten wir also nur die Funktionswerte $f = 0$ in der Tabelle und lesen dazu die Tabelle als Maxtermliste beginnend mit $M_0 = (\bar{x}_1 + \bar{x}_2 + \bar{x}_3 + \bar{x}_4)$ mit dem Eintrag 0000 bis zum Maxterm $M_{15} = (x_1 + x_2 + x_3 + x_4)$ mit dem Eintrag 1111. Wir erhalten als *konjunktive* Normalform KNF(f):

$$f = (x_1 + x_2 + x_3 + x_4) \cdot (x_1 + x_2 + x_3 + \bar{x}_4) \cdot (x_1 + x_2 + \bar{x}_3 + x_4) \cdot (x_1 + \bar{x}_2 + x_3 + x_4)$$
$$\cdot (\bar{x}_1 + x_2 + x_3 + x_4) \cdot (\bar{x}_1 + \bar{x}_2 + \bar{x}_3 + \bar{x}_4).$$

(Dabei sind Maxterme mit dem Wert Eins wegen $f \cdot (M_i + 1) = f$ weggelassen.)

c) Auf die Konstruktion der *polynomialen* Normalform PNF(f) gehen wir weiter unten ein; sie heißt für die Funktion f:

$$f = x_1 x_2 \oplus x_1 x_3 \oplus x_1 x_4 \oplus x_2 x_3 \oplus x_2 x_4 \oplus x_3 x_4$$

(Dabei sind Polynome mit dem Wert Null wegen $m \oplus 0 = m$ weggelassen.)

Durch Anwendung der Distributivgesetze, der Absorptionsregeln sowie der Regeln zur Substitution von Konstanten sind eine Vielzahl anderer Darstellungen der Funktion f erzeugbar, nämlich die Summen-von-Produkten-Darstellungen SOP(f) und die Produkte-von-Summen-Darstellungen POS(f). Die DNF ist so betrachtet eine spezielle, eindeutige SOP-Form, bei der alle Produkte Minterme sind und die KNF ist eine eindeutige POS-Form, bei der alle Summen Maxterme sind.

d) Beispiel zweier verschiedener SOP(f) der Funktion f:

$$f = \bar{x}_2 x_3 x_4 + \bar{x}_1 x_2 x_4 + x_2 x_3 \bar{x}_4 + x_1 \bar{x}_3 x_4 + x_1 x_3 \bar{x}_4 + x_1 x_2 \bar{x}_4$$

oder

$$f = \bar{x}_1 x_3 x_4 + x_2 \bar{x}_3 x_4 + x_2 x_3 \bar{x}_4 + x_1 \bar{x}_2 x_4 + x_1 x_3 \bar{x}_4 + x_1 x_2 \bar{x}_3.$$

e) Beispiel einer POS(f) der Funktion f:

$$f = (x_1 + x_2 + x_3) \cdot (x_1 + x_2 + x_4) \cdot (x_1 + x_3 + x_4) \cdot (x_2 + x_3 + x_4)$$
$$\cdot (\bar{x}_1 + \bar{x}_2 + \bar{x}_3 + \bar{x}_4)$$

POS(f) und SOP(f) sind *nicht eindeutig festgelegt*! Ihre Minimierung z.B. bezüglich der Länge des entstehenden Ausdrucks erfordert in der Praxis ein gewisses „Fingerspitzengefühl", sofern man nicht alle Möglichkeiten systematisch durchsuchen will.
Aus der Beobachtung, daß jede Boolesche Funktion durch Normalformen darstellbar ist, folgt als Korollar des Satzes 1.2.3:

Lemma 2.1
Zur Darstellung der Booleschen Funktionen durch Boolesche Ausdrücke genügen neben den Variablen x_i die Operationsmengen
a) $\{+, \neg\}$
b) $\{\cdot, \neg\}$
c) $\{NAND\}$
d) $\{NOR\}$ oder
e) wenn die Konstante 1 zur Verfügung steht $\{\cdot, \oplus, 1\}$.
Die Negation ist dabei einstellig, die anderen Operationen sind zweistellig. Diese Operatormengen heißen *logisch vollständig.*

Beweis

Wegen der de Morganschen Regeln lassen sich die Operatoren $\cdot$ der KNF durch einstellige Negationen und zweistellige Disjunktionen ersetzen, so daß aus der KNF ein Funktionsausdruck mit den Operatoren $\{+, \neg\}$ entsteht. Wegen NAND $(x, y) = \neg\,(x \cdot y) = \bar{x} + \bar{y}$ und NAND $(x, x) = \neg\,(x \cdot x) = \bar{x}$ folgt, daß dieser Ausdruck auch allein mit zweistelligen NAND-Gattern gebildet werden kann.

Entsprechend kann aus der DNF durch Ersetzung der Operatoren + ein Funktionsausdruck erstellt werden, der nur mit den Operatoren $\{\cdot, \neg\}$ gebildet wird. Die NOR-Form folgt daraus durch Anwendung der Beziehungen NOR $(x, y) = \neg\,(x + y) = \bar{x} \cdot \bar{y}$ und NOR (x, x) $= \neg\,(x + x) = \bar{x}$.

Die Polynomialnormalform verwendet nur die Operatoren $\{\cdot, \oplus\}$ und bei einigen Funktionsausdrücken die Konstante 1.

2.3 Kochrezepte zur Erzeugung von Normalformen

Die wechselseitige Umwandlung der verschiedenen Darstellungsformen von Schaltfunktionen und die Erzeugung von Normalformen gehört zur alltäglichen Praxis des Schaltungsentwurfs. Es werden einige praktische Verfahren angegeben, um Funktionstabellen und Funktionsausdrücke in Normalformen umzuwandeln. Die folgenden Umwandlungen von Funktionstabellen, Funktionsausdrücken und Normalformen werden beschrieben:

- Umwandlung einer Funktionstabelle in eine disjunktive Normalform
- Von der disjunktiven zur konjunktiven Normalform
- Umwandlung einer Funktionstabelle in eine konjunktive Normalform
- Umwandlung einer Funktionstabelle in eine polynomiale Normalform
- Von einem Funktionsausdruck zur disjunktiven Normalform
- Von einem Funktionsausdruck zur konjunktiven Normalform
- Von einem Funktionsausdruck zur polynomialen Normalform

a) *Umwandlung einer Funktionstabelle in eine disjunktive Normalform*

Die j-te Zeile $t_1 \ldots t_n\ f(t_1, \ldots, t_n)$ der Funktionstabelle für $f(x_1, \ldots, x_n)$ beschreibt den Wert der Funktion für den durch die Variablenbelegung erfüllten Minterm $m_j = x_1^{t_1} \cdot \ldots \cdot x_n^{t_n}$. Gilt $f(t_1, \ldots, t_n) = 0$, so kann der entsprechende Minterm mit dem Wert Null in der Summe der DNF wegfallen. Gilt $f(t_1, \ldots, t_n) = 1$, so ist der Minterm $x_1^{t_1} \cdot \ldots \cdot x_n^{t_n}$ Summand der DNF. Die DNF kann also als Summe dieser Minterme geschrieben werden:

$$\mathrm{DNF}(f) = \sum_{f(t_1,\ldots,t_n)\,=\,1} x_1^{t_1} \cdot \ldots \cdot x_n^{t_n} = m_{j_0} + m_{j_1} + \ldots + m_{j_k}$$

b) *Von der disjunktiven zur konjunktiven Normalform*

Wir gehen von der $\mathrm{DNF}(\bar{f})$ der komplementierten Funktion $\bar{f}$ aus, d. h. wir betrachten nur die Eintragungen $f(t_1, \ldots, t_n) = 0$. Um zu einer Konjunktion von Summen zu gelangen, wenden wir die de Morgansche Regel an, indem wir die $\mathrm{DNF}(\bar{f})$ komplementieren. Wegen $f = (\bar{\bar{f}})$ entsteht aus dem Komplement der $\mathrm{DNF}(\bar{f})$ die $\mathrm{KNF}(f)$. Aus der Mintermsumme $\mathrm{DNF}(\bar{f}) = m_1 + \ldots + m_k$ mit den Mintermen $m_i = x_1^{t_1} \cdot \ldots \cdot x_n^{t_n}$, läßt sich die $\mathrm{KNF}(f)$ nach der de Morganschen Regel als Maxtermprodukt $\mathrm{KNF}(f) = M_1 \ldots M_k$ mit den Maxtermen $M_j = \bar{m}_j = x_1^{\bar{t}_1} + \ldots + x_n^{\bar{t}_n}$ erzeugen.

c) *Umwandlung einer Funktionstabelle in eine konjunktive Normalform*

Die Umwandlung der DNF(f) in die KNF(f) bildet die Basis zum Verständnis des Verfahrens. Es sind also nur die Tabelleneinträge mit dem Funktionswert f = 0 zu betrachten und die Minterme dieser Tabelleneinträge nach de Morgan in Maxterme umzuwandeln.

$$\text{KNF}(f) = \prod_{f(t_1, ..., t_n) = 0} (x_1^{\bar{t}_1} + ... + x_n^{\bar{t}_n}) = M_{j0} \cdot M_{j1} \cdot ... \cdot M_{jk}.$$

d) *Polynomiale Normalform aus der Funktionstabelle von f*

1. Man betrachte entweder die Eintragungen mit $f(t_1, ..., t_n) = 0$ und setze g = f oder betrachte die Eintragungen mit $f(t_1, ..., t_n) = 1$ und setze $g = \bar{f}$.

2. Man bilde die Minterme von g. Ersetze in jedem Minterm m_j die negierten Variablen $\bar{x}_i$ durch $(x_i \oplus 1)$. Bilde aus dem für m_j entstehenden Produkt von EXOR-Summen eine EXOR-Summe e_j von Produkten durch Anwendung der Distribution

$$(x \oplus y) \cdot (z \oplus w) = x \cdot z \oplus x \cdot w \oplus y \cdot z \oplus y \cdot w.$$

3. Bilde aus den EXOR-Summen e_j der k Minterme m_j die EXOR-Summe von

$$e(g) = e_{j1} \oplus e_{j2} ... \oplus e_{jk}.$$

War g = f, so gilt PNF(f) = e(g). War $g = \bar{f}$, so gilt PNF(f) = e(g) $\oplus$ 1.

e) *Von einem Funktionsausdruck zur disjunktiven Normalform*

1. Man forme den Ausdruck mit den Assoziativ-, Kommutativ- und Distributivgesetzen und der de Morganschen Regel zu einer Summe von Produkten SOP(f) um.

2. Man betrachte jedes einzelne Produkt (also jeden Summanden der SOP). Die Produkte werden gemäß den folgenden Schritten solange umgewandelt, bis sie von jeder Funktionsvariablen x_i genau die Variable oder ihr Komplement $\bar{x}_i$ enthalten. Enthält das Produkt ein Literal x_i doppelt, so wende die Regel $x_i \cdot x_i = x_i$ an. Enthält es die Konstante 1, so wird diese wegen $x_i \cdot 1 = x_i$ entfernt. Enthält es die Konstante 0 oder ein Literal x_i nebst dem Komplement $\bar{x}_i$, so wird es wegen $x_i \cdot 0 = 0$ bzw. $x_i \cdot \bar{x}_i = 0$ entfernt. Nimmt das Produkt den Wert 1 an, so gilt für die Summe der Produkte wegen x + 1 = 1, also für die Funktion f = 1 und DNF(f) = 1. Enthält das Produkt die Variable x nicht, so wird es mit $(x_i + \bar{x}_i)$, also dem Wert 1 ausmultipliziert und die beiden neu entstehenden Produkte werden getrennt betrachtet.

3. Das Verfahren nach 2. wird solange wiederholt, bis alle Summanden der SOP(f) Minterme sind. Die DNF wird als Summe dieser Minterme gebildet.

f) *Von einem Funktionsausdruck zur konjunktiven Normalform*

1. Forme den Ausdruck mit den Assoziativ-, Kommutativ- und Distributivgesetzen und der de Morganschen Regel zu einem Produkt von Summen POS(f) um.

2. Betrachte jede einzelne Summe (also jeden Faktor der POS). Die Produkte werden nach folgenden Schritten solange umgewandelt, bis sie von jeder Funktionsvariablen genau die Variable oder ihr Komplement enthalten. Enthält die Summe ein Literal x_i doppelt, so wende die Regel $x_i + x_i = x_i$ an. Enthält es die Konstante 0, so kann diese mit x + 0 = x entfernt werden. Enthält es die Konstante 1 oder ein Literal x_i nebst dem Komplement $\bar{x}_i$, so kann die Summe wegen $x_i + 1 = x_i + \bar{x}_i = 1$ entfernt werden.

Hat eine Summe den Wert 0 angenommen, so gilt mit dem Produkt wegen $x \cdot 0 = 0$ für die Funktion $f = 0$ und $KNF(f) = 0$. Enthält die Summe die Variable x_i nicht, so wird $(x_i \cdot \bar{x}_i)$ (also der Wert 0) addiert und die beiden durch Anwendung des Distributivgesetzes

$$z = z + (y \cdot \bar{y}) = (z + y) \cdot (z + \bar{y})$$

entstehenden Summen untersucht.

3. Das Verfahren nach 2. wird solange wiederholt, bis alle Produkte der POS(f) Maxterme sind. Die KNF wird als Summe dieser Maxterme gebildet.

g) *Von einem Funktionsausdruck zur polynomialen Normalform*

1. Die Funktion f sei als geklammerter Ausdruck über den zweistelligen Operationen $\{+, \cdot\}$ und der Negation gegeben.
2. Ersetze alle Negationen mit Hilfe der Beziehung $\bar{x} = x \oplus 1$.
3. Ersetze die Summen $(a + b)$ mit der Beziehung $a + b = a \oplus b \oplus a \cdot b$.
4. Ersetze rekursiv die Produkte $(a \oplus b) \cdot (c \oplus d)$ mittels

$$(a \oplus b) \cdot (c \oplus d) = a \cdot c \oplus a \cdot d \oplus b \cdot c \oplus b \cdot d$$

solange, bis eine EXOR-Summe von Produkten entsteht.
5. Fasse die Konstanten der EXOR-Summe mit den Regeln $1 \oplus 1 = 0$ und $x \oplus 0 = x$ zusammen, so daß nur eine Konstante übrigbleibt.

2.4 Karnaugh-Diagramme

Neben den bisher gezeigten Darstellungen Boolescher Funktionen mittels Tabellen und Ausdrücken wird für Funktionen mit wenigen Variablen (meist nur bis fünf) eine graphische Darstellung benutzt. Karnaugh-Diagramme falten die tabellarische eindimensionale in eine zweidimensionale Darstellung, die die Nachbarschaftsbeziehungen zwischen den Mintermen sichtbarer machen. Benachbarte Zellen des Karnaugh-Diagramms unterscheiden sich in der Belegung genau einer Variablen z, also in den „Literalen" z und $\bar{z}$. Sie sind somit durch die Regel $x \cdot z + x \cdot \bar{z} = x$ zusammenzufassen; dies ist die Basis der Bildung einer vereinfachten SOP(f) aus der DNF(f). Wir zeigen den Aufbau von Karnaugh-Diagrammen für 3, 4 und 5 Variablen in Bild 2-1.

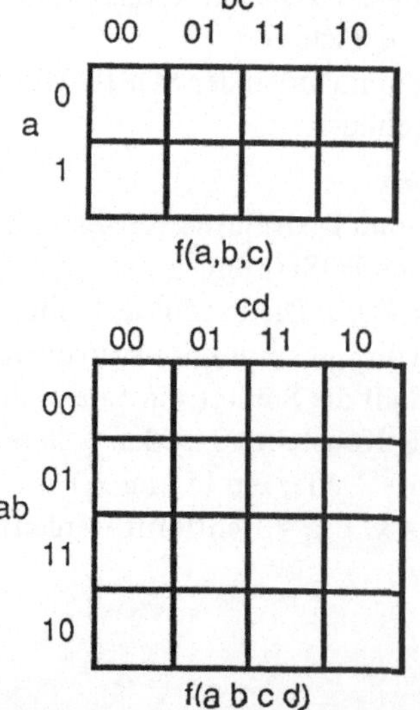

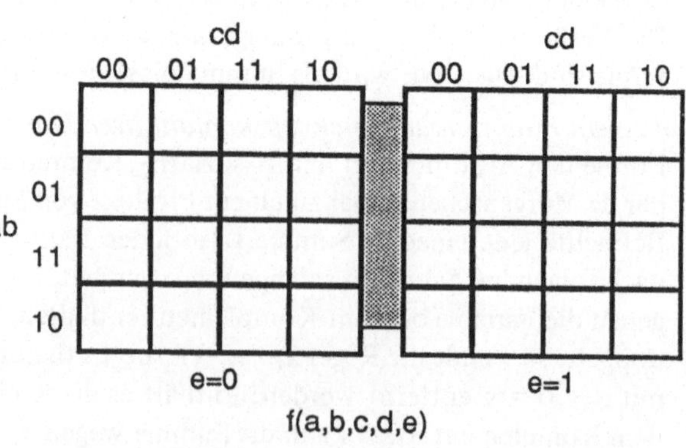

Bild 2-1 Karnaugh-Diagramme für drei, vier und fünf Variablen

Karnaugh-Diagramme sind auch für mehr als fünf Variablen konstruierbar. Sie werden dann aber recht unübersichtlich. Wir zeigen den Zusammenhang von Funktionstabellen und Karnaugh-Diagrammen an zwei Beispielen in Bild 2-2.

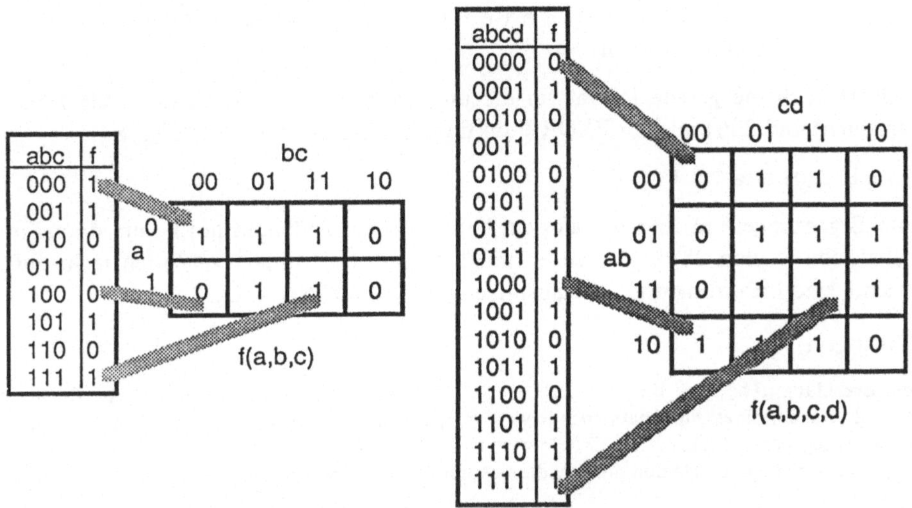

Bild 2-2 Karnaugh-Diagramme und Funktionstabellen drei- und vierstelliger Funktionen. Die Verbindungslinien zeigen einander entsprechende Tabellen- und Diagrammeinträge.

2.5 Unvollständig spezifizierte Funktionen

Die Spezifikation von Schaltfunktionen muß nicht immer vollständig sein. So können bei der Festlegung eines Parity-Generators für die BCD-Ziffern abcd (der die BCD-Bits durch Ergänzung mit dem Wert f zu einer geraden Anzahl von Bits abcde ergänzt) die höheren Eingabewerte 1010, 1011, 1100, 1101, 1110 und 1111 unspezifiziert bleiben, wenn sie nicht benutzt werden sollen. Unspezifizierte Stellen werden im englischen mit *don't care* bezeichnet. In der Tabelle geben wir sie mit dem Zeichen − an (in der Literatur sind auch die Belegungen mit d oder x üblich). Wir zeigen neben der unvollständig spezifizierten Funktion e verschiedene Ergänzungen von f zu vollständig spezifizierten Funktionen f, g, h.

abcd	e(a, b, c, d)	f	g	h
0000	0	0	0	0
0001	1	1	1	1
0010	1	1	1	1
0011	0	0	0	0
0100	1	1	1	1
0101	0	0	0	0
0110	0	0	0	0
0111	1	1	1	1
1000	1	1	1	1
1001	0	0	0	0
1010	−	0	1	0
1011	−	0	1	1
1100	−	0	1	0
1101	−	0	1	1
1110	−	0	1	1
1111	−	0	1	0

Die ergänzte Funktion f erzeugt eine DNF mit wenig Termen durch die Ergänzung mit Nullen, die Funktion g erlaubt eine einfache KNF durch die Ergänzung mit Einsen.

$$f(a, b, c, d) = \bar{a}\bar{b}\bar{c}d + \bar{a}bc\bar{d} + \bar{a}b\bar{c}\bar{d} + \bar{a}bcd + ab\bar{c}\bar{d}$$

$$g(a, b, c, d) = (a + b + c + d)(a + b + \bar{c} + \bar{d})(a + \bar{b} + c + \bar{d})(a + \bar{b} + \bar{c} + d)$$
$$(\bar{a} + b + c + \bar{d})$$

h berechnet auch die gerade Parität für die unspezifizierten Eingaben (also alle Hexadezimalzahlen) und führt mit der EXOR-Funktion zu der einfachen Darstellung

$$h(a, b, c, d) = a \oplus b \oplus c \oplus d.$$

Um gute Ergänzungen zu finden, kann ein beträchtlicher Aufwand nötig sein, da bei m unspezifizierten Stellen 2^m Ergänzungen möglich sind. Da formale Verfahren recht aufwendig sind, sind Erfahrung und „Fingerspitzengefühl" nützlich.

2.6 Übungen

1. In der Erzählung „The Nine Billion Names of God" von Arthur C. Clarke sollen mit einer Rechenanlage alle Namen eines Alphabets erstellt werden, die nicht mehr als zehn Zeichen lang sind. Nehmen Sie als gegebenes Alphabet die Großbuchstaben $\{A, ..., Z\}$ an.
   a) Wieviele verschiedene Namen gibt es, die aus mindestens zwei und höchstens zehn Buchstaben bestehen?
   b) Das Alphabet sei $\{A, \Omega\}$. Verallgemeinern Sie das Ergebnis auf Namen der minimalen Länge 2 und der maximalen Länge n.
   Beweisen Sie Ihre Behauptungen!
2. Geben Sie die konjunktive und disjunktive Normalform der Funktionen
   $f(x, y, z) = x \oplus y \oplus z \oplus 1$
   $g(a, b, c, d) = (a \cdot b + c) \cdot d + \bar{a} \cdot (b \oplus c)$
   $h(x, y, z) = (x \oplus y) + x \cdot y + z$
   an.
3. a) Sei $B = \{0, 1\}$. Geben Sie die Funktionstabelle einer Funktion $f: B^4 \to B^2$ an, die aus den Eingabewerten a, b, c, d die Ausgabewerte x mit y mit

   $$x = \begin{cases} a \text{ wenn } b = c \text{ und } a \neq d \\ c \text{ wenn } b \neq c \text{ und } a = d \\ b \text{ sonst} \end{cases}$$

   und $y = a \cdot (b \oplus c) \cdot \bar{x}$ erzeugt.
   b) Geben Sie den Funktionsausdruck $x(a, b, c, d)$ in Form einer Summe-von-Produkten und den Funktionsausdruck $y(a, b, c, d)$ in Form eines Produkts-von-Summen an.
4. Beweisen Sie mit Hilfe algebraischer Umformung, daß die folgenden Behauptungen für a, b, c, $d \in \{0, 1\}$ stimmen oder zeigen Sie ein Gegenbeispiel:
   a) Aus $a + b = 0$ folgt $a = b$
   b) Aus $a + c = b + c$ folgt $a = b$
   c) $a + b + c = (\bar{a} \cdot \bar{b}) \oplus c$
   d) $a \oplus (b + c) = (a \oplus b) + (a \oplus c)$
   e) Aus $a + b + c + d = 0$ folgt $a \cdot b = c \cdot d$
   f) Aus $a + b + c = d$ folgt $a = b + c + d$
   g) Aus $a \cdot b \cdot c + d = 1$ folgt $a + d = b + d = c + d$
   h) $(x + \bar{y}) \oplus \bar{y} = x \cdot y$
5. Erzeugen Sie die disjunktive Normalform DNF(f) und die konjunktive Normalform KNF(f) aus den folgenden Funktionsausdrücken durch algebraische Umformung (ohne auf Funktionstabellen zurückzugreifen):
   a) $f(x, y, z) = (x \cdot y + z) \oplus (\bar{x} \cdot y)$
   b) $g(x, y, z) = x \cdot (y + z)$

6. Sei $e(x, y) = x \cdot y + \bar{x} \cdot \bar{y}$ und sei $z = e(x, y)$ mit $x, y, z \in \{0, 1\}$.
   Welche der folgenden Gleichungen gelten:
   a) $x = e(y, z)$
   b) $y = e(x, z)$
   c) $e(x, e(y, z)) = 1$
   d) $e(e(x, y), e(y, x)) = 1$
   e) $e(x + w, w + y) = e(x, y)$
7. Sei $B = \{0, 1\}$. Geben Sie die konjunktive Normalform einer Funktion $f: B^3 \to B$ an, die aus den Eingabewerten a, b, c den Ausgabewert f mit

$$f = \begin{cases} a \cdot (\bar{b} + c) & \text{wenn } b + c = 0 \\ (\bar{a} \cdot \bar{b}) \oplus c & \text{wenn } c = 1 \text{ und } b = 1 \end{cases}$$

   erzeugt.
8. Welches Distributivgesetz gilt, welches nicht? $(x, y, z \in \{0, 1\})$
   a) $x + (y \oplus z) = (x + y) \oplus (x + z)$
   b) $x \cdot (y \oplus z) = (x \cdot y) \oplus (x \cdot z)$
   c) $x \oplus (y + z) = (x \oplus y) + (x \oplus z)$
   d) $x \oplus (y \cdot z) = (x \oplus y) \cdot (x \oplus z)$
   Beweisen Sie die Gültigkeit oder zeigen Sie ein Gegenbeispiel!

3 Digitallogische Schaltungen

> Allerdings, es ist nicht zu leugnen, daß alle diese Urträume nach Meinung der Nichtmathematiker mit einem Mal in einer ganz anderen Weise verwirklicht waren, als man sich das ursprünglich vorgestellt hatte. Münchhausens Posthorn war schöner als die fabriksmäßige Stimmkonserve, der Siebenmeilenstiefel schöner als ein Kraftwagen, Laurins Reich schöner als ein Eisenbahntunnel, die Zauberwurzel schöner als ein Bildtelegramm, vom Herz seiner Mutter zu essen und die Vögel zu verstehn, schöner als eine tierpsychologische Studie über die Ausdrucksbewegungen der Vogelstimme. Man hat Wirklichkeit gewonnen und Traum verloren. Man liegt nicht mehr unter einem Baum und guckt zwischen der großen und der zweiten Zehe hindurch in den Himmel, sondern man schafft; man darf auch nicht hungrig und verträumt sein, wenn man tüchtig sein will, sondern man muß Beefsteak essen und sich rühren. Genau so ist es, wie wenn die alte untüchtige Menschheit auf einem Ameisenhaufen eingeschlafen wäre, und als die neue erwachte, waren ihr die Ameisen ins Blut gekrochen, und sie muß seither die gewaltigsten Bewegungen ausführen, ohne dieses lausige Gefühl von tierischer Arbeitsamkeit abschütteln zu können. Man braucht wirklich nicht viel darüber zu reden, es ist den meisten Menschen heute ohnehin klar, daß die Mathematik wie ein Dämon in alle Anwendungen unseres Lebens gefahren ist. Vielleicht glauben nicht alle Menschen an die Geschichte vom Teufel, dem man seine Seele verkaufen kann; aber alle Leute, die von der Seele etwas verstehen müssen, weil sie als Geistliche, Historiker und Künstler gute Einkünfte daraus beziehen, bezeugen es, daß sie von der Mathematik ruiniert worden sei und daß die Mathematik die Quelle eines bösen Verstandes bilde, der den Menschen zwar zum Herrn der Erde, aber zum Sklaven der Maschine mache.
>
> Aus: Robert Musil, Der Mann ohne Eigenschaften, Band I, 1931

Die ersten Untersuchungen technischer Strukturen mit Hilfe logischer Funktionen dienten zur Analyse und Synthese von Telefonnetzen. Die Schaltung von Telefonleitungen mit Relais-Netzen läßt sich als Boolescher Ausdruck beschreiben. Ein einfacher durch eine Magnetspule gesteuerter Relaisschalter kann zwei Zustände annehmen: „offen" und „geschlossen". Der aktuelle Zustand kann als Wert einer Booleschen Variable interpretiert werden.

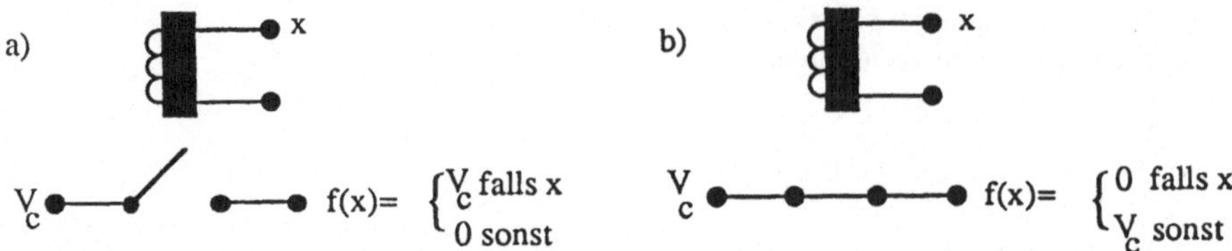

Bild 3-1 Relaisschalter mit a) offenem und b) geschlossenem Ruhekontakt

In dem in Bild 3-1 dargestellten Beispiel wird $f(x)$ gerade dann zum Eingang durchgeschaltet, wenn das Relais x geschlossen ist. Das durchgeschaltete Signal V_c muß nicht digital sein (z.B. im Telefonnetz). $f(x)$ gibt nur die Bedingungen für die Schaltung an, nicht die Form des Signals, das durch V_c bestimmt wird.

Gesteuert werden die Relais durch Anlegen einer Spannung. Es gibt Relaisschalter, die im stromlosen Zustand offen sind und solche, die im stromlosen Zustand geschlossen sind. In der digitalen Interpretation der Schaltfunktionen mit $V_c = 1$ kann die Variante mit geschlossenem Ruhekontakt als komplementierte Variable $\bar{x}$, die Variante mit offenem Ruhekontakt als nicht-komplementierte Variable x interpretiert werden.

Leitungen können mit zwei Grundoperationen verknüpft werden: Durch die Hintereinanderschaltung (also die *sequentielle* Verknüpfung; s. Bild 3-2) und durch die *Parallelschaltung* (Bild 3-3). Die Hintereinanderschaltung führt zu einer Konjunktion x · y der Signale x und y (also einem logischen UND), während die Parallelschaltung zweier Schalter die Disjunktion x + y (also ein logisches ODER) realisiert.

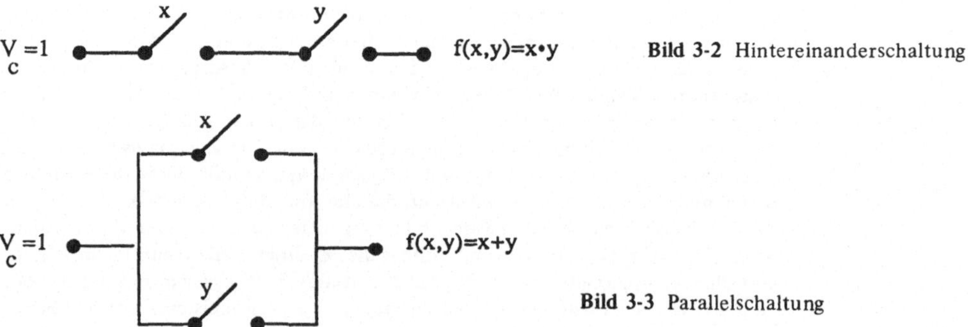

Bild 3-2 Hintereinanderschaltung

Bild 3-3 Parallelschaltung

Elektromechanische Relaisschalter waren die technische Basis der ersten Rechner, wie Zuses *Z2* und Aikens *Harvard Mark 1*. Dennoch sind Relais wegen der mechanisch bewegten Schalter in ihrer Schaltgeschwindigkeit beschränkt (> 5 ms pro Schaltvorgang, entsprechend 200 Hz) und sehr fehleranfällig. Deshalb wurden als schnellere Alternative Elektronenröhren eingesetzt (Schaltgeschwindigkeit im MHz-Bereich möglich). Röhren sind freilich ebenfalls recht störanfällig und verbrauchen für ihren Heizdraht viel Energie. Dies führt zu einer unerwünschten Hitzeentwicklung im Rechner. Halbleiterdioden bzw. die ab 1947 entwickelten Halbleiterschalter (*Transistoren*) haben ähnlich hohe Schaltgeschwindigkeiten wie Röhren und verbrauchen erheblich weniger Energie. Deshalb werden heute nur noch Halbleiterschaltungen verwendet. Als nahe Verwandte der Relaisschalter erweisen sich dabei die Feldeffekt-Transistoren (FET). Mit einem Widerstand und einem FET-Transistor, der im Sättigungsbereich von V_c arbeitet, läßt sich ein Inverter-schaltgatter bauen, das gerade die Komplementfunktion $f(x) = \bar{x}$ realisiert (s. Bild 3-4). Der englische Name *gate* wird hier mit Gatter übersetzt; manchmal werden diese Bauelemente in der deutschsprachigen Literatur auch Schalt-„Tore" genannt.

In der *positiven* Schaltlogik wird die positive Spannung $+V_c$ (engl. *high*) als logische 1 interpretiert, die logische Null wird durch 0 Volt (*low*) dargestellt, bei der *negativen* Schaltlogik werden die Spannungen umgekehrt interpretiert. In der technischen Realität können allerdings keine festen Spannungspegel, sondern nur zulässige Pegelbereiche zur Darstellung der logischen Werte vereinbart werden. Das ist abhängig von den verwendeten Schaltelementen und kann z.B. $+2{,}4$ V bis $+5$ V für Eins und 0 V bis $+0{,}4$ V für die Null betragen.

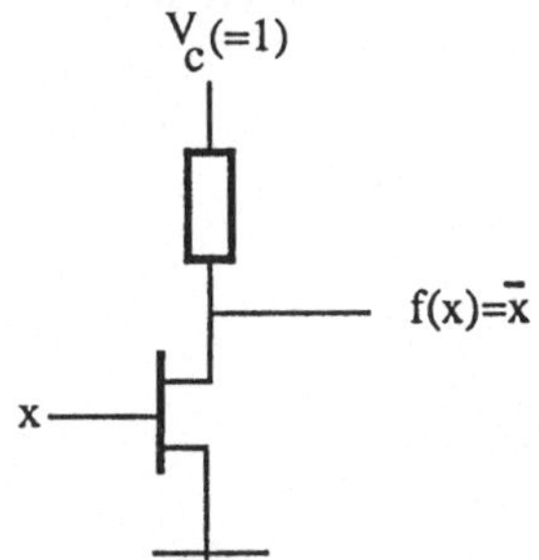

x	f(x)
0	V_c
V_c	0

Bild 3-4 Prinzipschaltung: Invertergatter aus einem FET-Transistor

Mit dieser Schaltfunktion lassen sich durch Serien- bzw. Parallelschaltung NAND- bzw. NOR-Gatter realisieren. In Bild 3-5 zeigen wir ein zweistelliges NAND-Gatter, bestehend aus einem Widerstand und zwei FET-Gattern.

a b	f(a,b)
0 0	V_c
0 V_c	0
V_c 0	0
V_c V_c	0

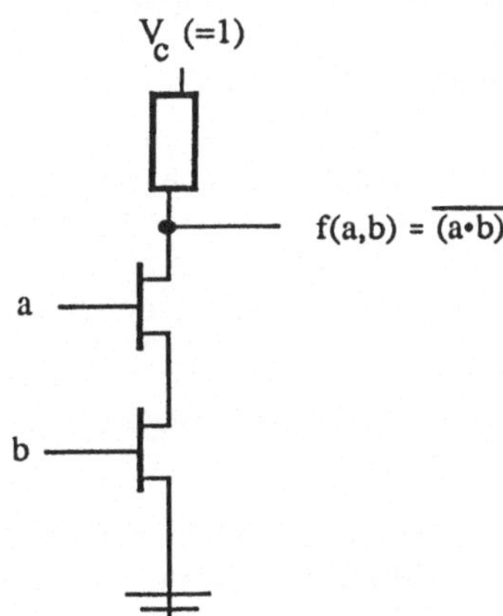

Abb. 3-5 Prinzipschaltung:
NAND-Gatter aus FET-Transistoren

Man beachte, daß Relaisschalter vom Typ her *bidirektional* sind, da sie nur eine Verbindung durchschalten. Gatterschaltungen lassen dagegen wegen der einseitigen Stromsperre der verwendeten Dioden kein Vertauschen von Ausgang und Eingang zu. Sie sind *unidirektional*. Relaisleitungen tragen einen festen Signalwert; die Schalter entsprechen den Variablenwerten. Bei Gatterleitungen sind die Signale die Schaltvariablenwerte. Interessanterweise sind inzwischen auch Halbleiterschalter verfügbar, die das ursprüngliche Relais-Konzept direkt nachbilden können. Diese *Transmissionsgatter* haben die Schaltgatter jedoch nur in Spezialfällen ersetzen können.

Die FET-NAND-Schaltung in Abb. 3-5 läßt sich leicht auf mehrere Eingangsleitungen erweitern, indem weitere FET-Transistoren in Serie geschaltet werden. Mit solchen Schalttechniken lassen sich alle kommutativen zweistelligen Operatoren und die Negation realisieren.

Für die zu realisierende logische Funktion ist die zugrundeliegende Schalttechnik ohne Bedeutung, da man von den physikalischen Eigenschaften, wie Schaltgeschwindigkeit, Energieverbrauch, Platzbedarf usw. absieht. Deshalb werden für den rein logischen Schaltungsaufbau Gattersymbole verwendet, die von der zugrundeliegenden elektrischen Schaltung unabhängig sind. Gatterschaltungen sind eine nützliche Abstraktion, die die für die logische Funktion unerheblichen Schaltungsdetails verbirgt. Diese Art der Abstraktion ist ein wichtiges Entwurfsprinzip. (Man kann es als eine Ausprägung des „information hiding"-Prinzips ansehen.)

Es gibt verschiedene Benennungssysteme für Schaltgatter; das in Bild 3-6 dargestellte ist durch den Deutschen Normenausschuß (DIN) festgelegt.

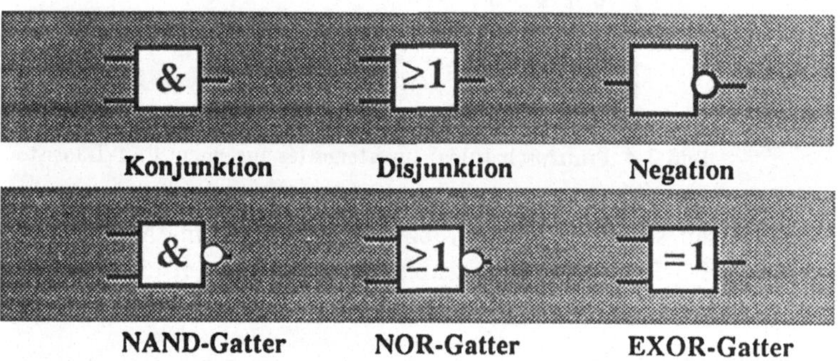

Bild 3-6 DIN-Symbole für zweistellige Schaltgatter

Wie Bild 3-7 zeigt, können die Schaltsymbole auch mit mehr als zwei Eingängen verwendet werden.

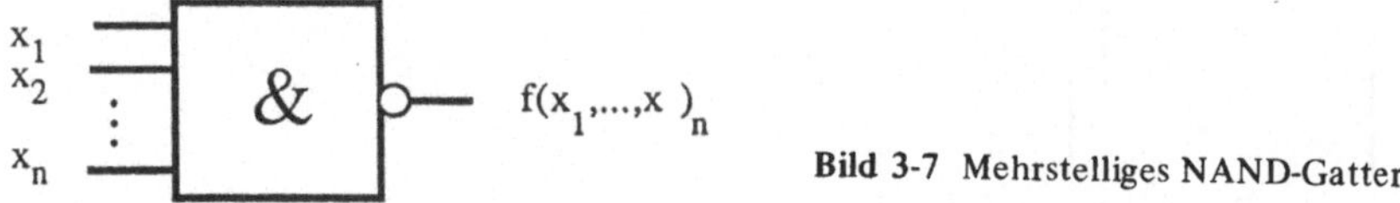

Bild 3-7 Mehrstelliges NAND-Gatter

In der Literatur sind noch andere Schaltsymbole üblich. Z.B. zeigt Bild 3-8 eine noch häufig benutzte Notation, welche von der DIN-Norm abgelöst werden sollte.

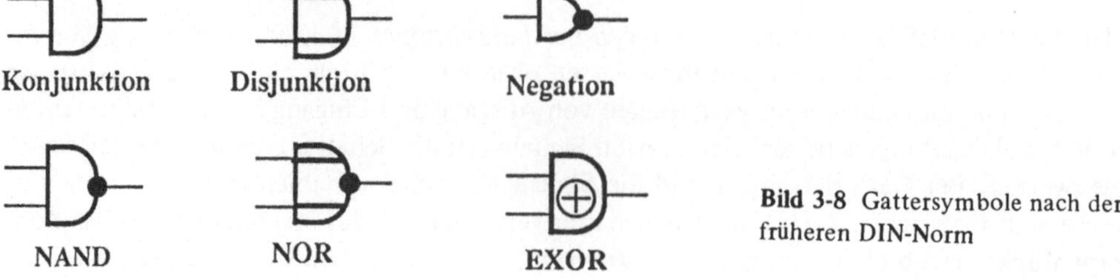

Bild 3-8 Gattersymbole nach der früheren DIN-Norm

In der amerikanischen Literatur (und in den Handbüchern vieler Hersteller) werden wiederum andere Zeichen verwendet, wie sie Bild 3-9 zeigt.

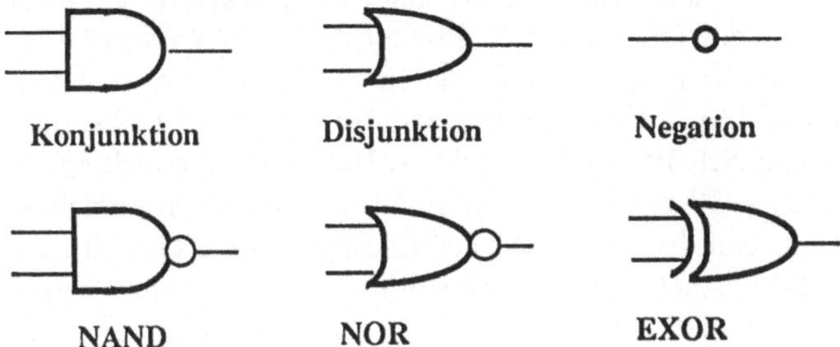

Bild 3-9 In der amerikanischen Literatur verwendete Gattersymbole

Die Darstellung der Negation durch einen einfachen Punkt wird (entgegen der DIN-Norm) oft verwendet, wenn der Zusammenhang eindeutig ist. Leitungen werden als einfache Striche gezeichnet. Komplexere digitale Schaltungen werden aus den Gattern mit Hilfe der Hintereinanderschaltung und der Parallelschaltung und den Leitungsoperatoren der Kreuzung und Verzweigung gebildet (s. Bild 3-10). Verzweigungen (engl. *fan-outs*) sind abhängig von den verwendeten Bauelementen und nur bis zu einem gewissen Grad möglich, da sonst das Signal zu sehr geschwächt wird. Der zulässige Maximalwert schwankt zwischen 5 und 50 je nach Art der verwendeten Schalttechnik.

Bild 3-10 Leitungsoperatoren

Eine Maßnahme gegen die Abschwächung und Verformung von binären Signalen ist der Einsatz von Verstärkerbausteinen (s. Bild 3-11). Sie dienen auch als *Puffer* bei Schaltungsein- und ausgängen, da sie das Signal auf einen einheitlichen Pegel bringen und als unidirektionale Leitung wirken.

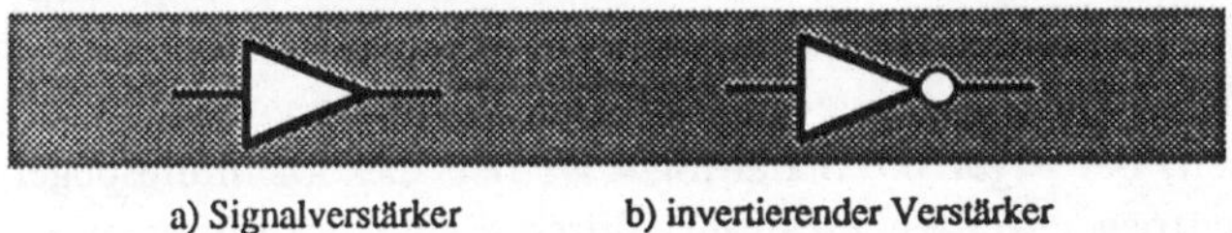

Bild 3-11 Schaltsymbole für Verstärkungsbausteine

Es gibt unterschiedliche technische Realisierungen der Schaltgatter, die jeweils mit gewissen Vor- und Nachteilen in bezug auf Schaltgeschwindigkeit, Energieverbrauch und Preis verbunden sind. Eine noch gebräuchliche Schaltungstechnik ist die bipolare *Transistor-Transistorlogik* (TTL) und ihre schnelle Variante *Schottky TTL*, die bei niedriger Packungsdichte kurze Schaltzeiten ermöglicht (unter 10 ns). Sie werden nach dem verwendeten

Transistortyp *bipolar* genannt. TTL wird besonders für den Aufbau aus diskreten Elementen und bei Bauteilen niedriger Komplexität eingesetzt. Ist die Minderung der Hitzeabfuhr (und damit Energieverbrauch) ein wesentliches Ziel, so kann als Variante *Low Power Schottky* TTL verwendet werden. Schnellere Schaltzeiten bietet *Advanced Schottky* TTL (unter 3 ns). Für sehr schnelle Schaltungen mit Schaltzeiten zwischen 0,2 ns und 1 ns werden emittergekoppelte bipolare Transistoren (*emitter coupled logic* – ECL) benutzt. Hochleistungsrechner sind in dieser Schalttechnik aufgebaut. Hohe Packungsdichten bei relativ langsamen Schaltzeiten (25–150 ns) sind mit *unipolaren* Transistoren erreichbar (MOS-*Metalloxidhalbleiter*, die aus den drei Schichten Metall, Siliziumoxid und Silizium aufgebaut sind), wobei die CMOS-Version (komplementäre unipolare Transistoren) besonders störsicher und verlustarm geschaltet werden kann. MOS-Varianten sind die derzeit typische Schaltungstechnik der hochintegrierten Speicher und Mikroprozessoren. Eine schnelle und energiesparende Alternative bieten MESFET-Schaltungen (*metal semiconductor field effect transistors*), die statt Silizium als kristallines Material Galliumarsenid (GaAs) benutzen. Sie lösen möglicherweise ECL-Schaltungen bei Großrechnern ab. Die Schaltzeiten liegen auf der Gatterebene zwischen 50 und 300 ps, beim 4 KBit-Speicherbaustein sind Zugriffszeiten von 4 ns erreichbar. Nachteilig sind die derzeit niedrige Packungsdichte (ein Zehntel der Dichte von CMOS-Bausteinen) und die hohe Komplexität der Herstellung. So sind Ausschußraten von 98–99% der hergestellten GaAs-Chips derzeit typisch. Bei Silikonhalbleitern liegen diese Ausschußraten zwischen 30% und 90%, je nach Komplexität des Fertigungsprozesses.

Als schnelle und packungsdichte Perspektive gilt die *integrierte Injektionslogik* (I^2L), die bisher jedoch nicht in größerem Umfang eingesetzt wird. Für Speicher und Analog/Digital-Wandler werden auch ladungsgekoppelte Transistoren (*charge coupled devices* – CCD) eingesetzt.

Im eigentlichen Produktionsprozeß der integrierten Bausteine werden auf Kristallscheiben eines Halbleitermaterials (typischerweise Silizium) verschiedene Maskenschichten aufgebracht, die an einzelnen Stellen Transistoren und Widerstände erzeugen. Diese werden wiederum zu logischen Gattern oder Speicherzellen zusammengefaßt. Eine andere Maske schafft die Verbindungsleitungen (mit einer Breite von 0,7 μm bis 2 μm).

Baustein-Familien umfassen üblicherweise elementare Bausteine wie NAND-, und NOR-Gatter, Inverter, UND-, ODER- und EXOR-Gatter, sowie Speicherelemente und komplexere Bausteine bis hin zu Mikroprozessoren. Ihr logisches Verhalten wird durch die entsprechenden logischen Gatterfunktionen beschrieben. Manchmal wird die logische Funktion auch in Form des idealisierten Signalverhaltens beschrieben. Bei *positiver* Schaltlogik (vgl. Bild 3-12) wird die logische Eins durch hohe Spannung H, die logische Null durch niedrige Spannung L beschrieben; bei *negativer* Schaltlogik werden die Spannungspegel umgekehrt verwendet. Die Schaltpegel werden idealisiert durch *Rechtecksprünge* angesteuert.

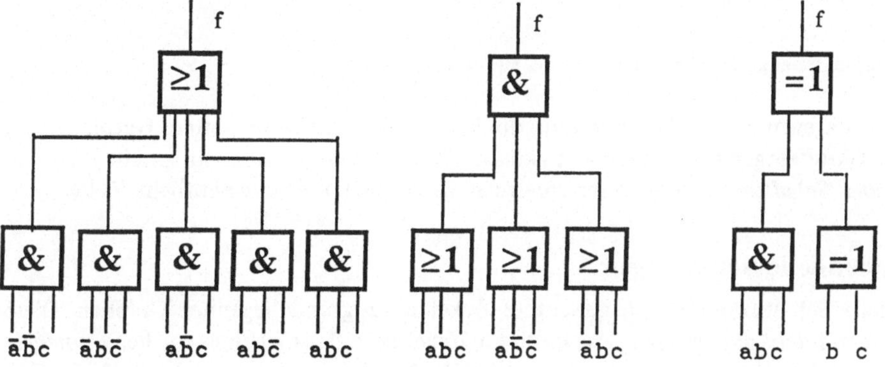

Bild 3-12 Rechtecksignale: links positive Schaltlogik, rechts negative Schaltlogik

Mit den elementaren Bausteinen lassen sich die logischen Funktionen direkt realisieren. Wir zeigen verschiedene Schaltungsrealisierungen einer logischen Funktion, die direkt aus den logischen Ausdrücken abgeleitet werden können.

a	b	c	f(a, b, c)
0	0	0	0
0	0	1	1
0	1	0	1
0	1	1	0
1	0	0	0
1	0	1	1
1	1	0	1
1	1	1	1

$$
\begin{aligned}
f(a, b, c) &= \bar{a}\bar{b}c + \bar{a}b\bar{c} + a\bar{b}c + ab\bar{c} + abc \\
&= (a + b + c)(a + \bar{b} + \bar{c})(\bar{a} + b + c) \\
&= b \oplus c \oplus abc \\
&= \overline{(\overline{\bar{a}\bar{b}c})\,(\overline{\bar{a}b\bar{c}})\,(\overline{a\bar{b}c})\,(\overline{ab\bar{c}})\,(\overline{abc})} \qquad (NAND) \\
&= \overline{\overline{(a + b + c)} + \overline{(a + \bar{b} + \bar{c})} + \overline{(\bar{a} + b + c)}} \qquad (NOR)
\end{aligned}
$$

Negationen von Variablen können durch explizite Negationsgatter aus den Variablen erstellt werden. Oft sind aber in einer technischen Anwendung die negierten Werte $\bar{x}$ der Variablen x direkt abgreifbar. Dann wird dieser Eingang direkt mit $\bar{x}$ bezeichnet. Die verschiedenen Funktionsausdrücke lassen sich durch zweistufige Schaltungen realisieren, wobei die Zahl der Stufen die maximale Zahl der Schaltgatter in den Leitungen vom Eingang bis zum Ausgang der Schaltung sein soll. Bild 3-13 zeigt, daß die verschiedenen Realisierungen recht unterschiedlichen Aufwand erfordern.

Bild 3-13 Verschiedene Realisierungen einer logischen Funktion

Schaltungen können auch mehrstufig aufgebaut werden. Die Schaltung in Bild 3-14 realisiert die Funktion $a \oplus (b + (c \oplus d))$ allein aus zweistelligen NAND-Gattern.

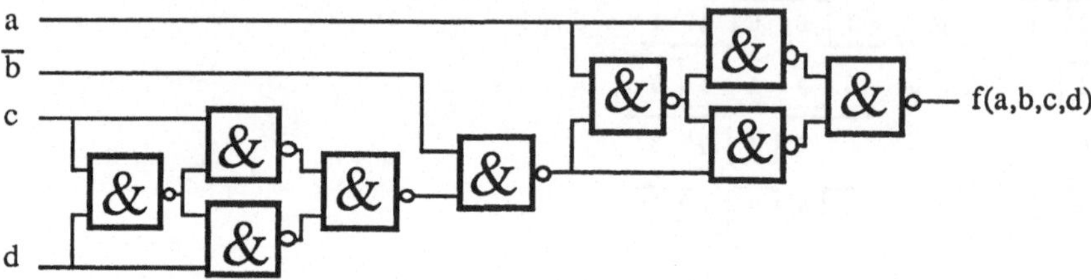

Bild 3-14 Mehrstufige Realisierung einer logischen Funktion

Jeder Schaltung kann ein *Graph* zugeordnet werden, der die Leitungen als Kanten und die Gatter als Knoten abbildet. Die Leitungen zwischen zwei Schaltgattern können als einseitig gerichtete Kanten interpretiert werden, da sie stets von einem Gatterausgang zu einem Gattereingang führen. Gatter und Verzweigungen sowie die Ein- und Ausgänge der Schaltung werden als Knoten betrachtet. Schaltungen, deren gerichteter Graph keine geschlossenen Wege (Zykel) enthält, heißen *kombinatorische Schaltungen* (s. Bild 3-15). Die kombinatorischen Schaltungen über binären Gattern realisieren Boolesche Funktionen $f: B^n \to B^m$, die als so schnell angesehen werden, daß ihr Zeitverhalten unwesentlich ist. Das heißt, daß die Berechnung der Funktion f aus den Variablen $x_1, ..., x_n$ ohne relevante Verzögerung der Gatter und Leitungen erfolgen soll. Dies ist natürlich eine Idealisierung, die bei den heute üblichen hohen Schaltgeschwindigkeiten (bis zu einigen Hundert MHz) zu Schwierigkeiten führen kann.

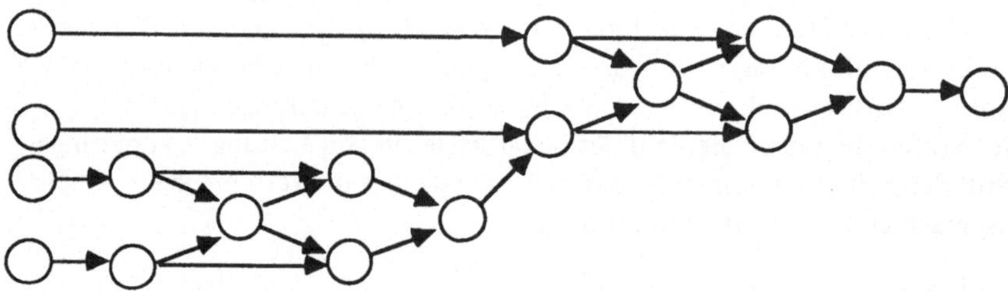

Bild 3-15 Zykelfreier gerichteter Graph der Schaltung aus Bild 3-14

Führt man dagegen einen Gatterausgang direkt oder über mehrere weitere Gatter zurück zu einem Gattereingang, so daß eine zyklische Berechnung entsteht, so spricht man von *sequentiellen Schaltungen*. Bei diesen spielt das Zeitverhalten eine wesentliche Rolle.

3.1 Sequentielle Schaltungen

Sequentielle Schaltungen haben gerichtete Zykel im zugrundeliegenden Graphen. Diese Zykel heißen *Rückkoppelungen*. Das in Bild 3-16 gezeigte Beispiel eines solchen *asynchronen Schaltwerkes* entsteht, indem wir ein NAND-Gatter vom Ausgang zu einem der Eingänge rückkoppeln.

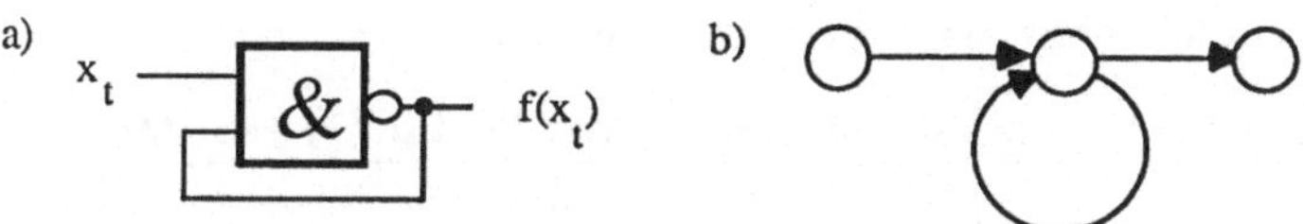

Bild 3-16 a) Rückgekoppeltes NAND-Gatter b) Zugeordneter zyklischer gerichteter Graph

Bei kombinatorischen Schaltungen haben wir die Schaltverzögerungen von Gattern mißachtet — eine Annahme, die im konkreten Fall zu überprüfen ist. Mit der Rückkoppelung, also bei sequentiellen Schaltungen, kann das Zeitverhalten der Schaltung nicht länger vernachlässigt werden. Dazu schreiben wir den Index t (für die Zeit) an der Variablen x. Die Dauer eines Schaltvorgangs (die Gatterlaufzeit) beschreiben wir grob mit Δ_t. Wir zeigen das Verhalten der obigen Schaltung über drei Schaltvorgänge (das Eingangssignal x_t soll in dieser Zeit konstant anliegen).

x_t	$f_{t+\Delta t}$	$f_{t+\Delta t+\Delta t}$	$f_{t+\Delta t+\Delta t+\Delta t}$
0	1	1	1
1	$\bar{f}_t$	f_t	$\bar{f}_t$

Der Schaltungsausgang schwingt mit den Werten f_t und $\bar{f}_t$ abhängig von der maximalen Schaltgeschwindigkeit des Gatters und dem elektrischen Widerstand der Leitungen — meist eine sehr unerwünschte Eigenschaft bei digitalen Schaltungen. Die Analyse *asynchroner sequentieller Schaltungen* ist wegen dieser Effekte ein schwieriger Prozeß. Die meisten digitalen Rechnerschaltungen sind deshalb durch einen gemeinsamen Grundtakt synchronisiert (*synchrone sequentielle Schaltungen*). Dies wurde schon bei den Von-Neumann-Prinzipien für den Zentralprozessor gefordert.

Bild 3-17 zeigt eine weitere asynchrone sequentielle Schaltung, bestehend aus zwei NAND-Gattern (eine Analyse der gleichen Schaltung mit NOR-Gattern führt zu entsprechenden Ergebnissen). Sie nutzt die Zeitabhängigkeit sequentieller Schaltungen zur Konstruktion eines Speicherelementes.

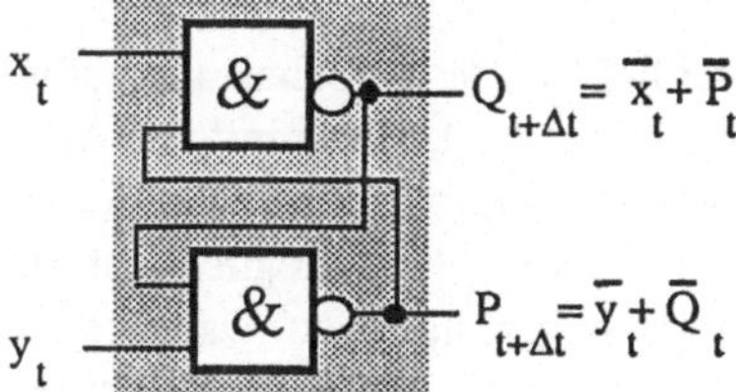

Bild 3-17 Bistabile NAND-Kippstufe

Das Zeitverhalten dieser Schaltung hängt offensichtlich davon ab, ob das obere oder das untere Gatter schneller schaltet. Schaltet das untere Gatter zuerst, wird zuerst ein neuer Wert für P erzeugt.

$x_t\ y_t$	$P_{t+\Delta t} = \bar{y}_t + \bar{Q}_t$	$Q_{t+\Delta t} = \bar{x}_t + \bar{P}_{t+\Delta t}$	$P_{t+2\Delta t} = \bar{y}_t + \bar{Q}_{t+\Delta t}$	$Q_{t+2\Delta t} = \bar{x}_t + \bar{P}_{t+2\Delta t}$
0 0	1	1	1	1
0 1	$\bar{Q}_t$	1	0	1
1 0	1	0	1	0
1 1	$\bar{Q}_t$	Q_t	$\bar{Q}_t$	Q_t

Schaltet dagegen das obere Gatter zuerst, wird zuerst Q verändert:

$x_t\ y_t$	$Q_{t+\Delta t} = \bar{x}_t + \bar{P}_t$	$P_{t+\Delta t} = \bar{y}_t + \bar{Q}_{t+\Delta t}$	$Q_{t+2\Delta t} = \bar{x}_t + \bar{P}_{t+\Delta t}$	$P_{t+2\Delta t} = \bar{y}_t + \bar{Q}_{t+2\Delta t}$
0 0	1	1	1	1
0 1	1	0	1	0
1 0	$\bar{P}_t$	1	0	1
1 1	$\bar{P}_t$	P_t	$\bar{P}_t$	P_t

Wegen dieser Eigenheit, abhängig vom Zeitverhalten der Gatter zwei verschiedene stabile Zustände P oder Q zu erreichen, heißt die Schaltung bistabile NAND-Kippstufe (engl. *latch*). Wir betrachten die beiden möglichen Fälle der Anfangsbelegung von P_t und Q_t im einzelnen:

a) Sei anfänglich $P_t \neq Q_t$, also $P_t = \bar{Q}_t$. Dann ist das Ergebnis des Schaltvorganges unabhängig von der Schaltgeschwindigkeit der beiden Gatter. Die Schaltung schwingt dann gerade einen Schaltvorgang Δt lang und stabilisiert sich nach $2\Delta t$. Man kann dieses Ergebnis auch ohne die dynamischen Einschwingvorgänge verkürzt darstellen. Durch Einsetzen erhält man:

$$Q_{t+2\Delta t} = \bar{x}_t + \bar{P}_{t+2\Delta t} = \bar{x}_t + y_t \cdot Q_{t+\Delta t} = \bar{x}_t + y_t \cdot (\bar{x}_t + \bar{P}_{t+\Delta t}) = \bar{x}_t + y_t \cdot Q_t$$

und mit unserer anfänglichen Annahme $P_t = \bar{Q}_t$:

$$P_{t+2\Delta t} = \bar{y}_t + \bar{Q}_{t+2\Delta t} = \bar{y}_t + x_t \cdot P_{t+\Delta t} = \bar{y}_t + x_t \cdot (\bar{y}_t + \bar{Q}_{t+\Delta t}) = \bar{y}_t + x_t \cdot P_t$$
$$= \bar{y}_t + x_t \cdot \bar{Q}_t.$$

b) Betrachten wir $P_t = Q_t$. Legt man $x_t = y_t = 0$ an, so erzwingt dies die Gleichheit von $P_{t+2\Delta t} = Q_{t+2\Delta t} = 1$. Wird nun $x_{t+2\Delta t} = y_{t+2\Delta t} = 1$ angelegt, so entsteht, wie man den obigen Tabellen entnimmt, entweder $Q_{t+4\Delta t} = Q_{t+2\Delta t} = 1$ oder $Q_{t+4\Delta t} = \bar{P}_{t+2\Delta t} = 0$. Die reale Reaktion der Schaltung hängt von den Schaltzeiten der einzelnen Gatter (bzw. ihrer technischen Realisation) ab — wiederum eine unerwünschte Reaktion digitaler Schaltungen. Um die bistabile Kippstufe als Speicherelement nützlich zu machen, soll $P_t = Q_t$ vermieden werden. Dazu wird die Belegung der Eingänge mit $x = y = 0$ verboten. Wir fordern also stets $xy^t \neq 0^t$.

Man kann sich dieses Phänomen auch folgendermaßen erschließen: Da die Schaltung völlig symmetrisch bezüglich x und y sowie bezüglich P und Q aufgebaut ist, kann es mit der Ausgangslage $P_t = Q_t$ des Falls b) keine logische Bevorzugung von $Q_{t+4Dt} = 0$ oder $Q_{t+4Dt} = 1$ geben. Nach der Analyse des Falls sind aber beide Varianten als Ergebnis möglich, sofern wir unterschiedliches Laufzeitverhalten der Rückkopplungen berücksichtigen. Da es keine logisch begründete Eindeutigkeit des Funktionsverhaltens gibt, ist die mißliche Ausgangssituation $P_t = Q_t$ zu vermeiden. Dazu genügt es, die Eingabe $x = y = 0$ zu verbieten.
Wir betrachten die *Ansteuertabelle der Kippstufe* mit der Anfangsbelegung $P_t = \bar{Q}_t$:

$x_t\ y_t$	$P_{t+2\Delta t} = \bar{y}_t + x_t \cdot \bar{Q}_t$	$Q_{t+2\Delta t} = \bar{x}_t + y_t \cdot Q_t$
0 0	1	1
0 1	0	1
1 0	1	0
1 1	$\bar{Q}_t$	Q_t

Die Kippstufe kann also für $P_t \neq Q_t$ einen Wert Q_t (oder $P_t = \bar{Q}_t$) speichern und um die Zeitspanne $2\Delta t$ verzögert ausgeben, indem die Eingangswerte $x_t = 1$ und $y_t = 1$ angelegt werden. Zudem kann sie mit dem festen Wert $Q = 1$ (und $P = 0$) geladen werden, indem $y_t = 1$ und $x_t = 0$ angelegt werden und sie kann $Q = 0$ ($P = 1$) speichern durch Anlegen von $x_t = 1$ und $y_t = 0$. Diese Speichereigenschaft wird aber gestört, wenn irgendwann die Eingangsbelegung $x = y = 0$ angelegt wird und damit $P = Q = 1$ erzeugt wird.

Das bloße Verbot dieser Eingangsbelegung genügt nicht; beim Wechsel der Eingangsbelegungen, etwa von ($x = 1$, $y = 0$) auf ($x = 0$, $y = 1$), kann bei schnellem Schalten versehentlich die Belegung $x = y = 0$ kurz anliegen und die unstabile Arbeitsweise unerwünscht hervorrufen. Um dies zu verhindern, wird die Kippstufe getaktet, indem die Eingangsleitungen durch NAND-Gatter mit einer *Taktleitung* t unterbrochen werden, die immer nur dann schaltet, wenn x und y stabil anliegen. Aus der asynchronen bistabilen Kippstufe wird so eine *synchrone sequentielle Schaltung*, das RS-Flip-Flop (s. Bild 3-18). Flip-Flops können wegen ihrer beiden stabilen Zustände als Speicherelement verwendet werden.

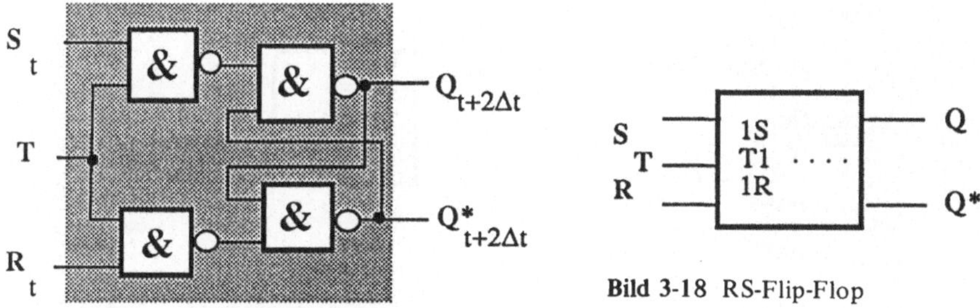

Bild 3-18 RS-Flip-Flop

In der DIN-Norm-Darstellung zeigen die Bezeichnungen 1S und 1R, daß aufsteigende Impulsflanken den Wert steuern, beim Takt T1 steuert dagegen die absteigende Flanke. Die internen Eingänge $x = \bar{S} + \bar{T}$ und $y = \bar{R} + \bar{T}$ werden durch die externen Eingänge S und R und das Taktsignal T bestimmt. Ein Ausgang erzeugt Q, der andere Q*. Mit der eingeschränkten Eingaberelation $R \cdot S = 0$ (also $x \cdot y \neq 0$) gilt $Q^* = \bar{Q}$. Für die Ausgabefunktion $Q_{t+2\Delta t} = \bar{x}_t + y_t \cdot Q_t$ ergibt sich durch Einsetzen:

$$Q_{t+2\Delta t} = T \cdot (S_t + \bar{R}_t \cdot Q_t) + \bar{T} \cdot Q_t.$$

Der Wert Q bleibt also bei abgeschaltetem Taktsignal erhalten, Änderungen treten nur während des Taktens auf. Betrachtet man nur diese Schaltzeiten T, so vereinfacht sich das Schaltverhalten zu:

$$Q_{t+2\Delta t} = S_t + \bar{R}_t Q_t \qquad \text{und}$$
$$Q^*_{t+2\Delta t} = \bar{S}_t (R_t + \bar{Q}_t) \qquad \text{bzw. unter der Randbedingung } RS = 0$$
$$Q^*_{t+2\Delta t} = R_t + \bar{S}_t \bar{Q}_t.$$

Wir geben die *Ansteuertabelle des RS-Flip-Flops* bei angelegtem Taktsignal an:

S_t	R_t	$Q_{t+2\Delta t} = S_t + \bar{R}_t \cdot Q_t$
0	0	Q_t
0	1	0
1	0	1
1	1	nicht erlaubt ($RS \neq 0$!)

Die Maßgabe, daß RS-Flip-Flops nicht mit der Eingabe R = S = 1 belegt werden dürfen, ist
eine mißliche Beschränkung in der Praxis des Schaltungsentwurfs. Es liegt deshalb nahe,
das RS-Flip-Flop in Schaltungen einzubetten, für die diese Belegung entweder vermieden
oder aber definiert wird. Die erste Variante ist das D-Flip-Flop, das die Belegung R = S = 1
schaltungstechnisch dadurch vermeidet, daß R = $\bar{S}$ erzwungen wird und damit stets R ≠ S
gilt. D ist die Abkürzung für das englische Wort *delay* und das D-Flip-Flop gibt das Eingangssignal stets um einen Takt verzögert weiter.

D_t	Q_t	$Q_{t+\Delta t}$
0	0	0
0	1	0
1	0	1
1	1	1

$$D = S = \bar{R}$$

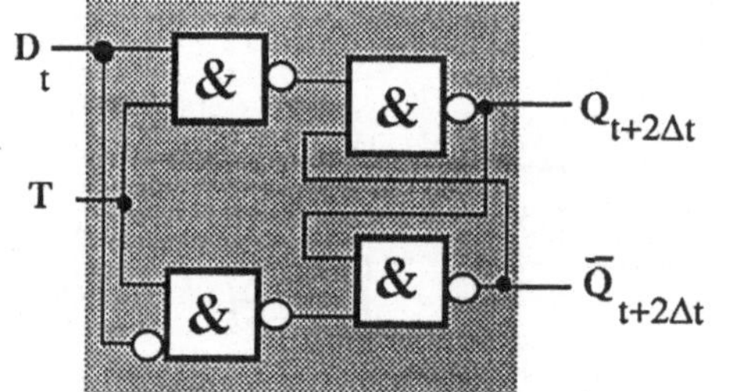
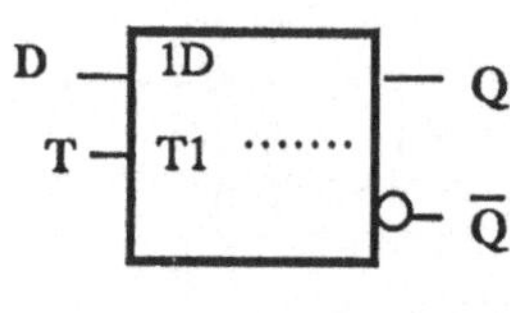

Bild 3.19 D-Flip-Flop

Das Schaltbild in Bild 3-19 folgt der amerikanischen Praxis und markiert den Ausgang $\bar{Q}$
mit einem Negationssymbol, um die beiden Ausgänge in Schaltbildern leichter unterscheiden zu können (im Unterschied zur DIN-Norm).

Eine andere sinnvolle Erweiterung des RS-Flip-Flops besteht in der Festlegung, daß die
Eingangsbelegung 11 gerade den Speicherzustand komplementiert. Wir geben die Funktionstabelle eines derart erweiterten RS-Flip-Flops an, das in der Literatur den Namen
JK-Flip-Flop hat. Die rechte Seite der linken Tabelle zeigt die notwendigen Belegungen
eines RS-Flip-Flops, um das gewünschte Verhalten des JK-Flip-Flops auf der linken Seite
zu erzeugen (dabei bedeutet J das Set-Signal und K das Reset-Signal). Die zweite Tabelle
zeigt das Verhalten des entstehenden JK-Flip-Flops.

J	K	Q_t	R	S	$Q_{t+\Delta t}$
0	0	0	0	–	0
0	0	1	–	0	1
0	1	0	–	0	0
0	1	1	1	0	0
1	0	0	0	1	1
1	0	1	0	–	1
1	1	0	0	1	1
1	1	1	1	0	0

$$R(J, K, Q_t) = K \cdot Q_t$$
$$S(J, K, Q_t) = J \cdot \bar{Q}_t$$
$$Q_{t+\Delta t}(J, K, Q_t) = J \cdot \bar{Q}_t + \bar{K} \cdot Q_t$$

J	K	$Q_{t+\Delta t}$
0	0	Q_t
0	1	0
1	0	1
1	1	$\bar{Q}_t$

Dies führt zu der in Bild 3-20 gezeigten Schaltung:

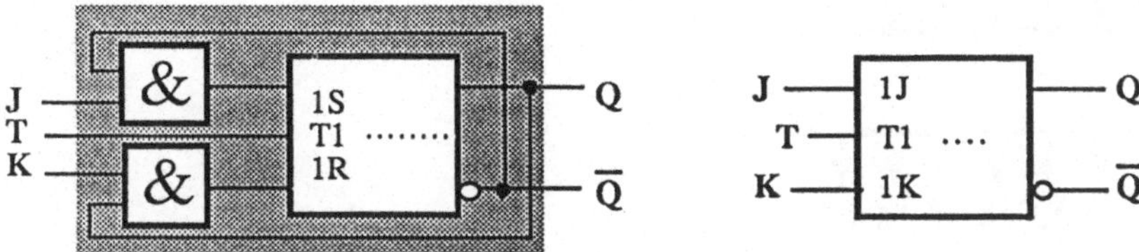

Bild 3-20 JK-Flip-Flop

Bei integrierten Flip-Flops werden oft zwei RS-Flip-Flops mit versetztem Taktsignal verbunden (s. Bild 3-21). Die Schaltung wird manchmal *Master-Slave*-Flip-Flop genannt (vielleicht ist der seltsame Name im amerikanischen Süden entstanden). Die Ausgabe wird dabei nicht direkt von einem Wechsel der Eingabebelegung verändert, da niemals beide Flip-Flops gleichzeitig getaktet werden, sondern ein Wechseltakt angelegt ist. Insbesondere kann man mit einem solchen Flip-Flop-Paar zirkuläre Schaltungen realisieren, bei denen die Flip-Flop-Ausgänge mit den Flip-Flop-Eingängen verbunden werden, obwohl nur ein einheitliches Taktsignal vorliegt.

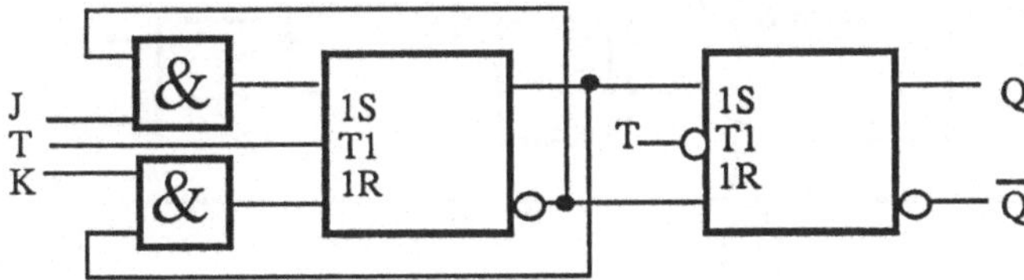

Bild 3-21 Master-Slave-Flip-Flop

Das linke Flip-Flop in Bild 3-21 ist ein Zwischenspeicher, der durch das Taktsignal T gesteuert wird, das rechte Flip-Flop dient als Hauptspeicher, der durch das invertierte Taktsignal $\overline{T}$ angesteuert wird und dann den Inhalt des Zwischenspeichers lädt.

Schaltet man die beiden Eingänge J und K des Master-Slave-Flip-Flops parallel und belegt sie fest mit Eins, so entsteht eine digitale „Uhr", die das Taktsignal T gerade halbiert. Diese Schaltvariante heißt T-Flip-Flop. Sie kann zur Erzeugung von aus dem Grundtakt abgeleiteten Taktfrequenzen verwendet werden.

Bei manchen Flip-Flop-Bausteinen werden zusätzlich zu den beschriebenen Ein- und Ausgängen weitere Eingänge zur Verfügung gestellt, die z. B. das Setzen (Set) oder Zurücksetzen (Clear, Reset) des inneren Zustandes ermöglichen. Die konkreten Bauformen kann man den Datenblättern der Halbleiterhersteller entnehmen.

Man kann aus den einzelnen Flip-Flops Speicherregister oder ganze Speicher aufbauen. Schieberegister dienen dazu, Information zellenweise mit jedem Takt zu verschieben. Im einfachsten Fall kann das Register den gespeicherten Inhalt nur in eine Richtung verschieben (Links- oder Rechts*shift*). Oft können Schieberegister nicht nur seriell, sondern auch parallel einlesen und auslesen. Bild 3-22 zeigt ein einfaches Schieberegister mit einem seriellen Eingang x_s, acht parallelen Eingängen $x_0, ..., x_7$ und acht parallelen Ausgängen $y_0, ..., y_7$.

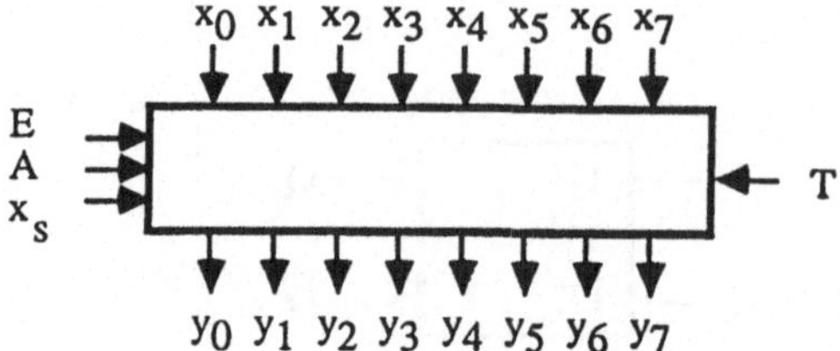

Bild 3-22 Blockbild eines einfachen 8-Bit Schieberegisters (mit serieller und paralleler Ein/Ausgabe)

Der Schalter E bewirkt entweder serielles oder paralleles Lesen, der Schalter A schaltet die
Ausgänge durch oder blockiert sie mit dem Wert 0. Das Register ändert seinen Inhalt mit
jedem Takt T. Der Ausgang y_7 kann auch als sequentieller Ausgang benutzt werden. Ein
vier Bit langes Register kann realisiert werden wie in Bild 3-23.

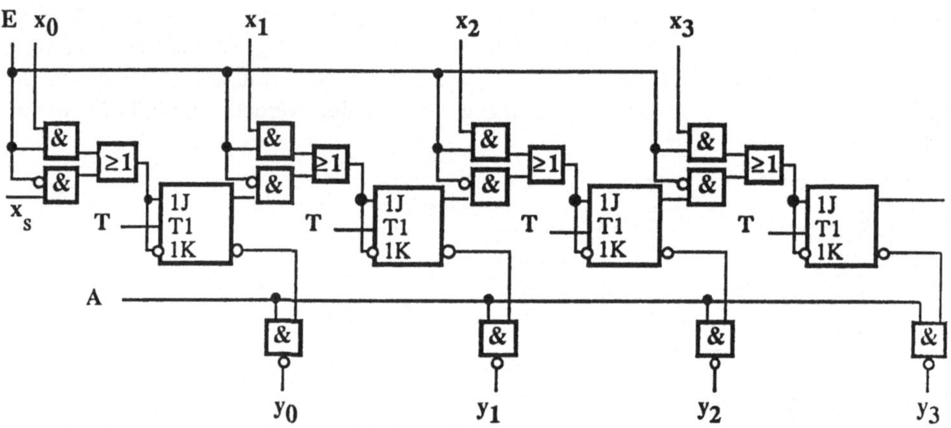

Bild 3-23 Logischer Aufbau eines 4-Bit Schieberegisters mit serieller und paralleler Ein/Ausgabe

Sehr schnelle RAM-Halbleiterspeicher (*random access memories* mit Zugriffszeiten von
5—35 ns) werden derzeit mit einer Speicherkapazität bis 16 Kilobit als bipolare Schaltun-
gen hergestellt. Sie benutzen ähnlich wie die Registerbausteine bipolare Kippstufen als
Speicherelemente. Da die hierfür eingesetzte bipolare Schalttechnik eine relativ große
Chipfläche beansprucht und einen relativ hohen Energieverbrauch aufweist, wird für höhere
Speicherkapazitäten (von 4 Kilobit bis derzeit 4 Megabit) die langsamere Metalloxid-
Schalttechnik (MOS-Schaltungen mit 50—200 ns Zugriffszeit) verwendet.
Bei RAM-Halbleiterspeichern in MOS-Schalttechnik werden zwei Bauformen unterschie-
den: *statische* und *dynamische* Speicher. Statische Speicher sind im Prinzip mit bistabilen
Speicherelementen aufgebaut; sie benutzen für die Speicherschaltung vier oder sechs Transistoren pro Bit. Die hochintegrierten dynamischen Speicher (vgl. Bild 3-24) benutzen als
Bitspeicherelement einen Kondensator, der mit einem einzigen Transistorschalter beschrieben oder gelesen werden kann. Dies ist sowohl vom Energie- wie vom Platzbedarf her
günstig. Da der Kondensator eine sehr kleine Kapazität besitzt, entlädt er sich schnell und
muß deshalb in kurzen Zeitabständen (typischerweise alle 2 ms) wieder aufgeladen werden. Die dazu notwendige Chipfläche für eine Erneuerungslogik (*refresh logic*) fällt bei
größeren Speichern (≥ 4 Kbit) nicht mehr ins Gewicht.

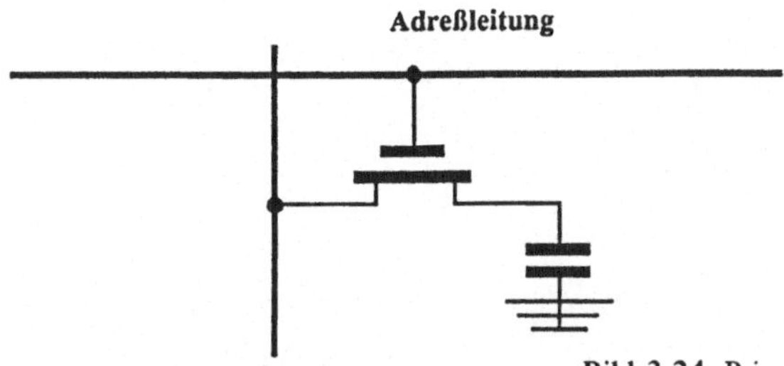

Bild 3-24 Prinzipschaltung einer dynamischen Speicherzelle

Wegen der Notwendigkeit des ständigen Wiederbeschreibens spricht man von *dynamischen* Speichern. Bei bistabilen Schaltungen ist eine solche Erneuerung nicht notwendig (jedoch nur, solange die Spannungsversorgung anliegt!); man spricht deshalb von *statischen* Speichern. Es gibt statische Speicherchips bis $32\,K \times 8$ Bit, auf denen eine kleine NiCad-Batterie integriert wurde, so daß sie ihren Inhalt auch nach dem Abschalten der äußeren Spannungsversorgung behalten (Lagerzeit bis zu 10 Jahre).

3.2 Übungen

1. Zeigen Sie mit Hilfe algebraischer Umformung, daß die folgenden Behauptungen $A, B, C, D \in \{0, 1\}$ stimmen, oder zeigen Sie ein Gegenbeispiel:
   a) Aus $A + B = 0$ folgt $A = B$
   b) Aus $A + C = B + C$ folgt $A = B$
   c) $A + B = A + B$
   d) $A + (B + C) = (A + B) + (A + C)$
   e) $(A + B) = A + B = A + B$
   f) Aus $A + B + C + D = 0$ folgt $A + B = C + D$
   g) Aus $A + B + C = D$ folgt $A = B + C + D$
2. Geben Sie möglichst einfache Schaltungen aus zweistelligen Gattern und Invertern an, die folgende Funktionsausdrücke realisieren:

$$f\,(x,\,y,\,z) = \bar{x}\bar{y}z + \bar{x}y\bar{z} + x\bar{y}\bar{z} + xyz$$
$$g\,(x,\,y,\,z) = \bar{x}yz + x\bar{y}z + xy\bar{z} + \overline{xyz}$$
$$h(x,\,y,\,z) = f(x,\,y,\,z) \cdot g(x,\,y,\,z)$$

3. a) Geben Sie eine möglichst einfache Schaltung aus Invertern und zweistelligen Disjunktions- und Konjunktionsgattern an, die folgenden Funktionsausdruck realisiert:

$$f(a,\,b,\,c,\,d) = a\,(\bar{b} + c \oplus cd \oplus bcd)$$

   b) Wandeln Sie die Schaltung aus a) in eine Schaltung aus zweistelligen NOR-Gattern um, indem Sie jedes einzelne Gatter durch ein zweistelliges NOR-Gatter ersetzen und eventuell weitere Inverter (aus zweistelligen NOR-Gattern) einfügen.
4. Listen Sie die digitalen Schalttechniken CMOS, Schottky TTL, Advanced Schottky TTL, ECL und GaAs-MESFET nach den Eigenschaften Schaltgeschwindigkeit, Integrationsdichte, Energieverbrauch und Preis auf, soweit Ihnen dazu aktuelle Werte zugänglich sind. Überprüfen Sie Ihre Einschätzung an Hand eines aktuellen Katalogs eines Halbleiterherstellers, falls Sie Zugang dazu haben. Stellen Sie fest, welche Halbleitertechnologie bei den Ihnen zugänglichen Rechnern verwendet wird.
5. a) Formen Sie den folgenden Funktionsausdruck

$$\bar{a}\bar{b}\bar{c} + \bar{a}bd + abc + ac\bar{d}$$

   um in

$$\bar{a}\bar{b}\bar{c} + \bar{a}\bar{c}d + bcd + ac\bar{d}$$

   oder zeigen Sie ein Gegenbeispiel.

b) Formen Sie den folgenden Funktionsausdruck

$$\bar{a}bd + abc$$

um in

$$\bar{a}\bar{c}d + bcd$$

oder zeigen Sie ein Gegenbeispiel.

c) Formen Sie den folgenden Funktionsausdruck

$$bc + ab + a\bar{b}c$$

um in

$$ac + bc + ab\bar{c}$$

oder zeigen Sie ein Gegenbeispiel.

6. Gegeben seien f, g, h: $B^3 \to B$ mit $B = \{0, 1\}$:

a	b	c	f	g	h
0	0	0	0	0	1
0	0	1	1	0	0
0	1	0	0	0	1
0	1	1	1	0	0
1	0	0	0	1	1
1	0	1	1	1	0
1	1	0	0	0	1
1	1	1	1	1	0

a) Geben Sie Schaltungen für die drei Funktionen f, g, h an, die nur aus zweistelligen NOR-Gattern bestehen und möglichst wenige dieser Gatter enthalten. Die Variablen a, b, c seien nur nicht-komplementiert anlegbar.

b) Geben Sie Schaltungen für die drei Funktionen f, g, h an, die nur aus zweistelligen NAND-Gattern bestehen und möglichst wenige solche Gatter haben. Die Variablen a, b, c seien nur nicht-komplementiert anlegbar.

4 Integrierte Schaltungen und einfache Rechnerbausteine

"What computers do General Enterprises use, sir?"
"You must ask Miss Bullen."
"I'm certain it's the Revolg. We gave them up five years ago. In the old age they have a tendency to slip, but only when the 2 and the 7 are in relationship, and then not always, and then only in subtraction not addition. Now, here, sir, if you'll look, the combination happens four times, but only once has the slip occured..."
"Please don't explain to me, Mr. Bertrand. It would be useless."
"There's nothing wrong except mechanically. Put these figures through one of our new machines. And scrap the Revolg (they've served long enough)."
I sat back on the sofa with a gasp of triumph. I felt the equal of any man. It had really been a very neat piece of detection. So simple when you knew, but everyone before me had accepted the perfection of the machine and no machine is perfect; in every join, rivet, screw lies original sin.

aus: Graham Greene, Loser Takes All, 1955

Der Aufbau von Halbleiterschaltungen erfolgte zuerst mit einzelnen Transistoren, Dioden, Widerständen und Kondensatoren. Eine der ersten transistorisierten Rechenanlagen, die IBM 7090, war im wesentlichen ein Nachbau der röhrenbestückten IBM 709, bei der die

Röhrenschaltkreise durch Transistorschaltkreise ersetzt wurden, ohne die Rechnerarchitektur grundsätzlich zu ändern. Um 1958 begann man, mehrere Transistoren auf einem gemeinsamen Substratplättchen (engl. *wafer*) aufzubauen, anfangs zwei oder vier Transistoren, bald aber ganze Schaltungen, wie mehrere Gatter oder Flip-Flops. Die so erzeugten Bausteine heißen integrierte Schaltungen (*integrated circuits* — IC oder kurz chips). Die damals verwendete Technik wird heute *Small Scale Integration* (SSI) genannt. Typische Repräsentanten dieser Technik sind ICs mit vier NAND- oder NOR-Gattern oder zwei oder vier Flip-Flops. Bald wurde die Zahl der Bauelemente pro Chip höher, Teilschaltungen wie etwa ein Addierwerk wurden in dieser *Medium Scale Integration* (MSI) verfügbar. Der nächste Schritt, die *Large Scale Integration* (LSI) führte zu Bausteinen mit mehreren tausend Schaltfunktionen pro Chip.

Das wichtigste Produkt der LSI ist der Mikroprozessor, zuerst der Intel 4004, der 1971 aus dem Wunsch heraus entworfen wurde, eine Schaltung aufzubauen, die möglichst vielseitig beim Bau von Taschenrechnern benutzt werden konnte. Da er BCD-Ziffern verarbeiten sollte, wurde er als 4-Bit-Mikroprozessor ausgelegt. Um ASCII- und EBCDIC-Zeichen in „intelligenten" Terminals zu verarbeiten, waren 8-Bit-Prozessoren nötig. Mit Blick auf solche Anwendungen folgten dem 4004 bald 8-Bit-Mikros, wie Intel 8008, Intel 8080 und Motorola 6800. Mit dem billigen 6502 von MOS Technologies und einer verbesserten, schnellen Version des 8080, dem Zilog Z80, wurde es möglich, eigenständige Kleinrechner zu bauen: *Home Computer* und *Personal Computer*.

Neben Mikroprozessoren waren Speicherbausteine wesentliche Bausteine der LSI-Technik, insbesondere der 4 Kilobit-Speicherchip und der 16 Kb-Speicher. Die nächste Stufe der Integration, die *Very Large Scale Integration* (VLSI) führte zum 64 KB-Speicher, dem 256 Kb-Speicher und zum 1 Mb-Speicherchip. Aus den Mikroprozessoren wurden über die 16-Bit-Typen Intel 8086 und der Variante 8088 mit einem externen 8-Bit-Datenbus, dem Intel 80286 und dem Texas Instruments TI 9900 die 16/32-Bit-Mikros entwickelt, wie z.B. die Motorola-Typen 68000 und 68010, die 16 Bit breite externe Datenpfade mit 32 Bit breiten internen Datenpfaden kombinieren. Dies führte zu den echten 32-Bit-Mikros, wie dem experimentellen Intel 432 und dem Intel 80386, den Motorola 68020 und 68030, dem National Semiconductor 32032, dem AT&T WE 32000 und WE 32200 und dem NEC V60. Auch viele Rechnerhersteller, wie DEC, IBM, Data General, Burroughs, haben integrierte Versionen ihrer Rechner-CPUs hergestellt. Eine andere Entwicklung läuft zum Ein-Chip-Computer, bei dem Mikroprozessor und Speicher in einem Chip zusammengefaßt werden und der vor allem in der Regeltechnik eine Rolle spielt. Beispiele sind die Inteltypen 8048, 8051 und 8096. Auch die Schalttechnik hat sich mit dieser Integrationsstufe verändert. Es werden auf einem Chip in Rohform viele hundert oder tausend Gatter in regulärer Weise untergebracht; so entsteht eine Art Normalform, die dann erst durch eine anwenderspezifische Maskierung zu einer fertigen Schaltung gemacht wird (ASIC — anwenderspezifische ICs, engl. *Application Specific Integrated Circuits*). Zu den ASIC-Bausteinen gehören programmierbare Logikfelder (*PLA — Programmed Logic Arrays*), Gatterfelder (*gate arrays*) und kundenspezifische Schaltungen (*Standard Zellen* und *full custom-Schaltungen*). Auch die nächste Stufe der Integration, die *Ultra Large Scale Integration* (ULSI) ist bereits angekündigt. Ihr Paradeprodukt ist der 4-Megabit-Speicherchip, dessen Produktion 1988 beginnt. Doch auch der 16-Megabit-Speicher wird schon geplant und in

Laborexemplaren vorgestellt. Die Prozessorentwicklung führt zu 64-Bit-Prozessoren und es zeichnet sich die Möglichkeit ab, Mehrfachprozessorchips zur Parallelverarbeitung herzustellen. Dies ist ein Schwerpunkt der Forschungen zur „fünften" Rechnergeneration.

Wir klassifizieren die Integrationsstufen grob nach der Zahl der auf einem Chip integrierten logischen Schaltfunktionen (s. Bild 4-1), wobei die Grenzen nicht scharf sind, da die Herstellung regulärer Strukturen, wie sie bei Speichern vorkommen, einfacher ist als die Herstellung komplexer Prozessoren.

SSI (*small scale integration*) :	$< 2^5$	Schaltelemente
MSI (*medium scale integration*) :	$< 2^{10}$	Schaltelemente
LSI (*large scale integration*) :	$< 2^{15}$	Schaltelemente
VLSI (*very large scale integration*) :	$< 2^{20}$	Schaltelemente
ULSI (*ultra large scale integration*) :	$> 2^{20}$	Schaltelemente

Bild 4-1 Integration aktiver Schaltelemente

Die Komplexität solcher Schaltkreise stößt langsam an physikalische Grenzen. In der Produktion sind $1-2$ µm Leitungsbreiten jetzt üblich. $0,7-0,8$ µm gilt als großtechnisch machbar (z.B. für 4 MB-Speicherchips). Mit den bekannten Ätztechniken scheint eine untere Grenze der noch aufätzbaren Leitungsbreiten bei $0,1-0,3$ µm zu liegen. Dabei ist eine Leitung nur noch einige hundert Moleküle breit, so daß die Fehleranfälligkeit entsprechend steigt. Im Labor sind bereits Chips mit $0,1$ µm breiten Leitungen hergestellt worden, jedoch stößt eine ökonomisch vertretbare Umsetzung solcher Leistungen in die alltägliche Produktion auf große Schwierigkeiten.

Die Leitungsbreite bestimmt wesentlich die erreichbare Packungsdichte. Einen Ausweg aus der absehbaren unteren Grenze der Packungsdichte bieten größere *wafer* und Chip-Plättchen. Typischerweise werden Siliziumscheiben mit $10-12,5$ cm Durchmesser erzeugt, die in quadratische Plättchen zwischen 5 mm und 10 mm zerschnitten werden. Größere Plättchen führen ebenso wie eine größere Anzahl der Schaltfunktionen zu Hitzeproblemen. Auch die Entdeckung und Markierung fehlerhafter Teile des Plättchens ist nicht unproblematisch: Ausschußquoten, die deutlich über 90% liegen, sind bei Beginn der Produktion integrierter Schaltungen durchaus normal. Eine Minderung der Wärmeprobleme und der Gefahr des Spannungsüberschlags zwischen zwei Leitungen liegt in der Verringerung der Betriebsspannung von jetzt etwa 5 V auf 3 V oder noch weniger. Dies führt andererseits wieder zu verringerter Störsicherheit gegen Fremdsignale.

Die in Bild 4-2 gezeigten Bausteine der Baureihe 74 sind Beispiele gängiger Bausteine der SSI-Logik.

4.1 Multiplexer und Kodierbausteine

Das Durchschalten von Signalleitungen gehört zu den wichtigsten Grundoperationen in einem elektrischen System. So ist häufig eine Leitung aus mehreren Eingängen auszuwählen (Multiplexer) und umgekehrt eine Leitung auf eine von mehreren Ausgangsleitungen (Demultiplexer) zu schalten. Dazu sind einige Schaltleitungen notwendig, die das kodierte Selektionssignal tragen; im strengen Sinne sind nur diese Schaltleitungen notwendigerweise in digitaler Technik auszulegen. Die durchgeschalteten Signalleitungen können

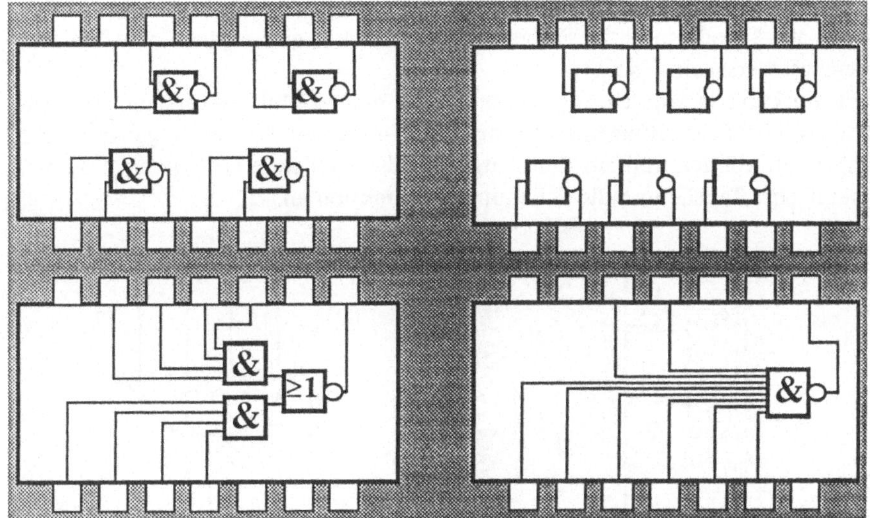

Bild 4-2 Integrierte Bausteine: a) 74 LS00 (vier Nand-Gatter), b) 74 LS04 (sechs Inverter), c) 74 LS55 (zwei vierstellige UND-Gatter über ein NOR-Gatter verbunden), d) 74 LS30 (achtstelliges NAND). Die 5 V-Versorgungsspannung wird links oben, der Nulleiter rechts unten angelegt.

dagegen digitale oder analoge Signale tragen und Multiplexer/Demultiplexer sind sowohl in der Digitaltechnik wie in der Analogtechnik (etwa der Telefonvermittlungstechnik) einsetzbar. Hier sieht man deutlich eine logische Schnittstelle zwischen Rechner- und Nachrichtentechnik.

Wir konstruieren eine Demultiplexer-Schaltung, die eine Eingangsleitung x auf eine von vier Ausgangsleitungen y_1, y_2, y_3, y_4 durchschalten kann. Zur Realisierung der vier möglichen Schalterstellungen werden zwei binäre Leitungen s_1 und s_2 gebraucht. Wir geben die Funktionstabelle ausführlich und in verkürzter Form an. Zum Schaltungsentwurf genügt die verkürzte Tabelle, da die Ausgangsleitungen nur von den Schaltleitungen, nicht aber von den Signalbelegungen abhängen.

An der verkürzten Tabelle erkennt man, daß die Eingangsvariable x in der Tat für die Schaltlogik ohne Bedeutung ist; sie wird nicht verarbeitet, sondern bloß durchgeschaltet. Deshalb kann der Demultiplexer – im EDV-Jargon kurz als Demux bezeichnet – auch ein Analogsignal x statt des digitalen Signals durchschalten (z.B. im Telefonbau).

Die Realisierung als baumartige Schaltung ist einfach, wie Bild 4-3 zeigt.

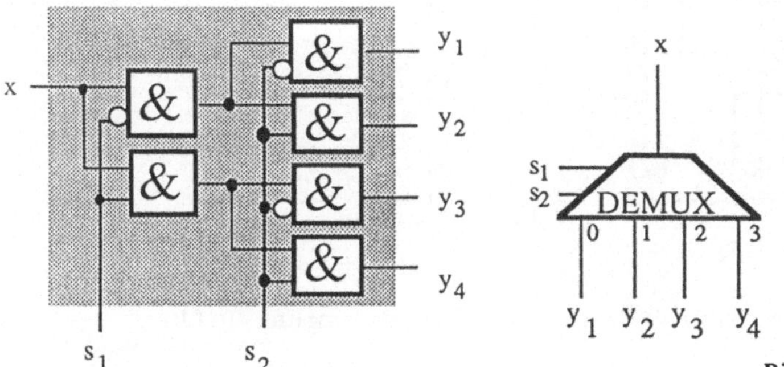

Bild 4-3 1-auf-4-Demultiplexer

Der Demultiplexer kann auch als Kodierbaustein aufgefaßt werden, der eine binäre Kodierung in einen 1-auf-4-Kode umsetzt. Neben diesem Kodierer gibt es noch eine Vielzahl anderer Kode-Umsetzerschaltungen.

Wir bauen die funktionale Umkehrung in Form eines 4-auf-1-Multiplexers auf. Zur Ansteuerung sind wieder zwei Leitungen s_1, s_2 notwendig, um einen der vier Eingänge x_1, x_2, x_3, x_4 auswählen zu können und auf den Ausgang y durchschalten zu können. Bild 4-4 zeigt eine vereinfachte Tabelle und die Schaltung der Funktion an.

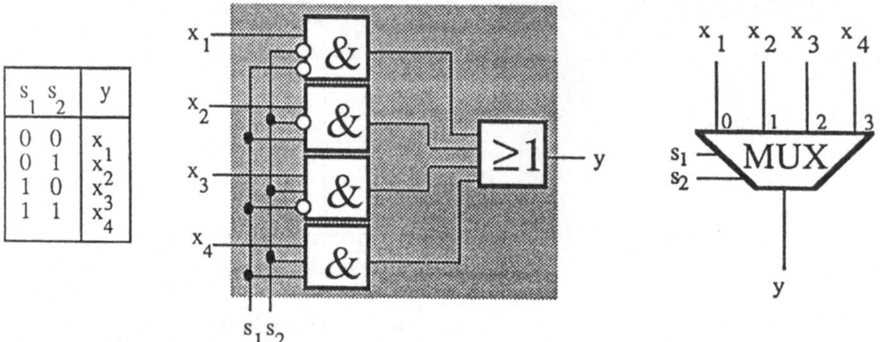

Bild 4-4 4-auf-1 Multiplexer

Multiplexer und Demultiplexer sind in verschiedenen Ausführungen als integrierte Schaltungen erhältlich. Meist ist noch ein weiterer Eingang zum Abschalten der Übertragung vorhanden. Einen sehr übersichtlichen Aufbau erhalten Multiplexer und Demultiplexer, wenn sie nicht mit Schaltgattern, sondern mit *Transmissionsgattern* aufgebaut werden. Bei dem in Bild 4-5 gezeigten Transmissionsgatter vom Industrietyp 4051 B, das als achtfacher elektronischer Stufenschalter ausgelegt ist, liegt das Signal zwischen den Anschlußpunkten x_8 und einem der Punkte x_0, ..., x_7 an. Die Auswahl der konkreten Verbindung erfolgt durch die Schalter s_1, s_2, s_3. Mit $s_0 = 1$ kann die Signalleitung unterbrochen werden (d.h. $x_8 = 0$). Signalleitungen und Steuerleitungen sind in Bild 4-5 mit unterschiedlichen Strichstärken gezeichnet; Signalleitungen sind stark, Steuerleitungen schwach gezeichnet.

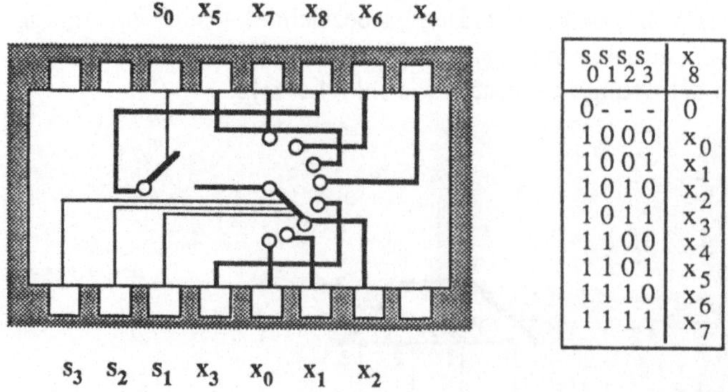

s_0	s_1	s_2	s_3	x_8
0	-	-	-	0
1	0	0	0	x_0
1	0	0	1	x_1
1	0	1	0	x_2
1	0	1	1	x_3
1	1	0	0	x_4
1	1	0	1	x_5
1	1	1	0	x_6
1	1	1	1	x_7

Bild 4-5 Elektronischer Stufenschalter als MUX/DEMUX (Transmissionsgatter 4051 B)

Die Signalleitungen sind, anders als bei Schaltgattern, bidirektional. Deshalb kann der elektronische Stufenschalter sowohl als Multiplexer (von x_i nach x_8) oder als Demultiplexer (von x_8 nach einer Leitung x_i) verwendet werden ($0 \leqslant i \leqslant 7$).

Die Verbindung zwischen verschiedenen Geräten kann über Multiplexer und Demultiplexer mit entsprechenden Steuersignalen geschehen. Werden mehrere solcher Geräte sowohl zur Eingabe wie zur Ausgabe miteinander verbunden, wird als Verbindungsstruktur ein Bus verwendet. Ein Bus ist ein Leitungsstrang, der nach Bedarf ein- und ausgeschaltet werden kann. Im Grunde ließe sich eine solche Busverbindung mit einfachen Ein/Aus-Schaltern realisieren (s. Bild 4-6).

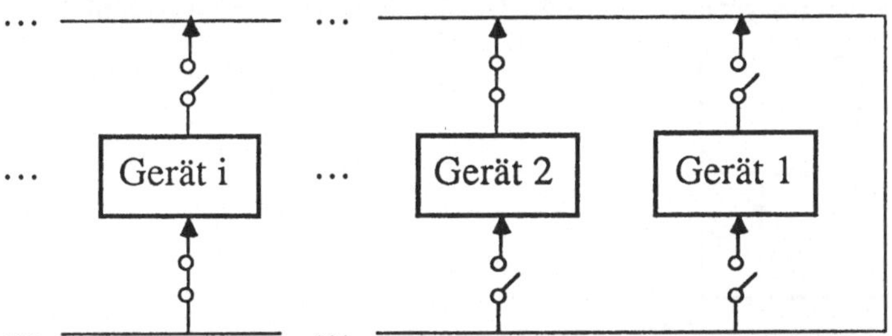

Bild 4-6 Prinzip einer Busschaltung (Verbindung von Gerät 2 nach Gerät i geschaltet)

In der Schaltlogik läßt sich mit Hilfe von Multiplexern (MUX) und Demultiplexern (DEMUX) ein Bus konstruieren. Die Abbildung 4-7 zeigt einen ansteuerbaren Bus, der vier 4-Bit-Register miteinander verbindet. Über die MUX-Steuerleitungen s_0, s_1 wird das Ausgabe-Register angesteuert, über die DEMUX-Selektorleitungen l_0, l_1 wird das Eingabe-Register angesteuert. Der Vorteil der Busstruktur liegt in der relativ geringen Zahl von Verbindungsleitungen, ein Vorteil, der mit wachsender Zahl der mit dem Bus verbundenen Leitungen deutlicher wird. Ein Nachteil besteht jedoch darin, daß immer nur ein Gerätepaar (in Bild 4-7 ein Registerpaar) verbunden werden kann. In schnellen Rechnern arbeiten deshalb mehrere interne Busse parallel.

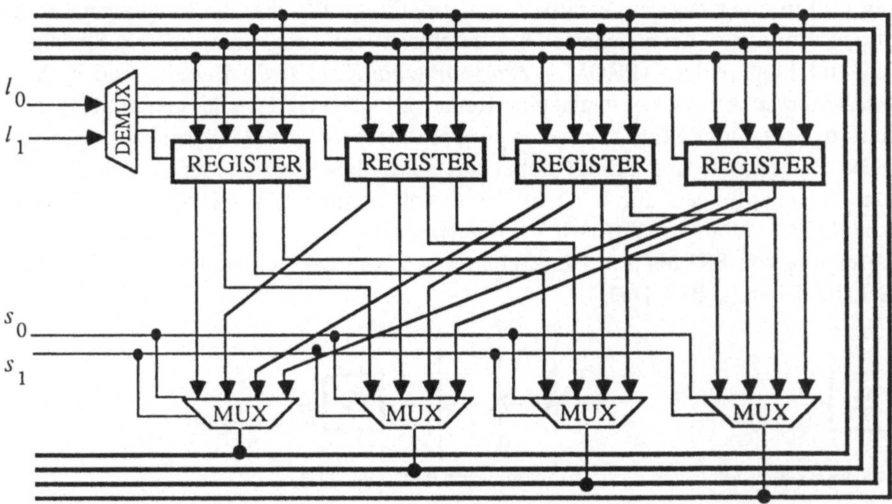

Bild 4-7 Busverbindung zwischen vier 4-Bit-Registern (Leseauswahl $l_0 l_1$, Schreibauswahl $s_0 s_1$)

Ein Schaltungsproblem entsteht dadurch, daß an allen mit dem Bus verbundenen Geräten die Bussignale anliegen, auch wenn sie nicht verarbeitet werden. Um bei einer Leitung zwischen dem logischen Wert 0 und dem Zustand „abgeschaltet" zu unterscheiden, gibt es *Tri-State*-Puffer. Diese haben die drei Zustände 1 (niederohmiger Ausgang mit etwa 4 V Spannung bei positiver TTL-Logik), 0 (niederohmiger Ausgang mit 0 V Spannung bei positiver TTL-Logik) und Abkoppeln der Ausgangsleitung (interner hochohmiger Abschluß der Leitung). Der hochohmige Abschluß ist für praktische schaltlogische Zwecke einem Abtrennen der Leitung äquivalent. Logisch sind die Tri-State-Puffer einfach Identitätselemente (manchmal auch als Inverter ausgelegt); ihre Bedeutung liegt in der physikalisch-technischen Realisierung von Schaltgattern unterhalb der rein logischen Ebene (s. Bild 4-8).

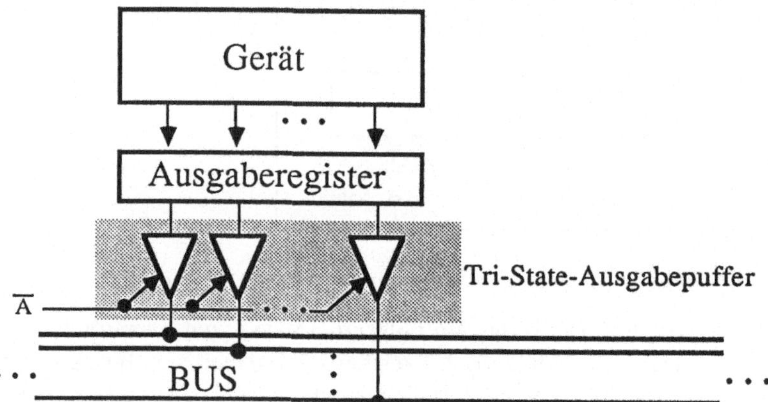

Bild 4-8 Geräteanschluß über Tri-State-Ausgabepuffer (mit A = 1 wird das Gerät „abgeschaltet")

4.2 Kombinatorische Hardware-Normalformen

Beim Schaltungsentwurf haben wir uns die Normalformkonstruktion als einfache, reguläre Entwurftechnik angesehen. Es liegt nahe, fertige Bausteine für die Normalformoperationen anzubieten und in einer zweiten Verarbeitungsstufe die spezifischen Verbindungen der zu realisierenden Funktion herzustellen. Dies geschieht mit programmierbaren Speicherbausteinen und Logikfeldern (PROM – *Programmable Read Only Memory* und PLA – *Programmable Logic Array*), bei denen eine Reihe von UND-Gattern der ersten Stufe und ODER-Gattern der zweiten Stufe durch eine programmierbare Verbindungsmaske verknüpft werden. Die Programmierung erfolgt dabei mit speziellen Programmiergeräten, die die dauerhaften Verknüpfungen durch einen Stromstoß elektrisch herstellen. Dies ist ein wesentlicher Schritt zum automatisierten Entwurfsprozeß.

Zur Beschreibung von PROMs und PLA-Schaltungen benutzen wir eine Variation der bisherigen Schaltzeichen (s. Bild 4-9).

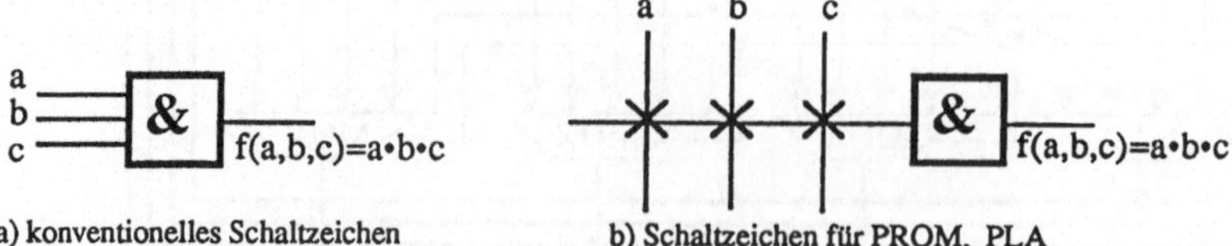

Bild 4-9 Zwei Darstellungen eines dreistelligen UND-Gatters; andere Gattertypen werden entsprechend dargestellt.

Das Kreuz zwischen zwei Leitungen zeigt eine Verknüpfung an, die im Baustein angelegt ist, aber durch besondere Prozesse gelöst werden kann. Im einfachsten Fall verhält sich die Verbindung wie eine Schmelzsicherung, die normale Signalpegel und -ströme aushält, bei höheren Pegeln aber durchbrennt (vgl. den Prinzipaufbau in Bild 4-10). Durch gezieltes Anlegen der höheren Spannungspegel brennt die Verbindung durch, sie wird hardwaremäßig „programmiert" (was natürlich nicht unbedingt einem softwareorientierten Verständnis von „Programmierung" entspricht).

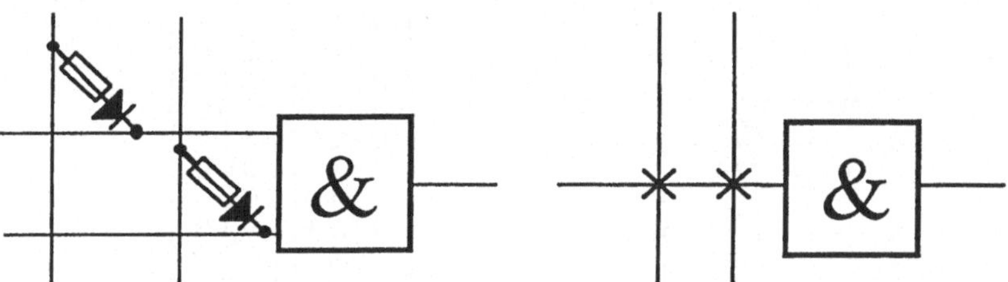

Bild 4-10 Programmierbares zweistelliges UND-Gatter: Prinzipaufbau und Schaltsymbol

Diese Programmierung des Bausteins findet üblicherweise vor seinem Einsatz mit Hilfe besonderer Programmiergeräte statt. Betrieben wird er dann mit den üblichen Signalpegeln. Statt der nur einmal programmierbaren Schmelzsicherungen werden auch ladungsprogrammierte Verbindungen (sogenannte *floating gates*) verwendet, bei denen die durch Programmierung getrennten Verknüpfungen wiederherstellbar sind. Bei einigen Varianten geschieht dies durch UV-Bestrahlung (EPROM – *Erasable PROM*) oder auf elektrischem Weg (EEPROM – *Electrically Erasable PROM*). Es handelt sich hier um einen sehr aktiven Forschungs- und Entwicklungsbereich der Halbleiterentwicklung.

Mit den neuen Schaltzeichen beschreiben wir die Grundstruktur integrierter Hardware-Normalformen am Beispiel eines programmierbaren Festwertspeichers (PROM). Der Einfachheit halber nehmen wir an, daß der Baustein vier Eingangsleitungen a, b, c, d und vier Ausgangsleitungen f_1, f_2, f_3, f_4 besitze. Die Schaltung besteht aus vier Verstärkern, die die Eingangswerte und ihre Komplemente auf eine Reihe von 16 festverdrahteten achtstelligen Konjunktionen geben. Diese beschreiben jeweils einen Minterm. Vier 16stellige Disjunktionen bilden jeweils eine DNF aus den Mintermen. Man spricht von einem UND-Feld und einem ODER-Feld (engl. *AND/OR-Array*). Faßt man den Baustein als Festwertspeicher auf, so kann man die Eingangswerte als Adressen 0, ..., 15 und die Ausgangswerte als gespeichertes Wort zwischen 0, ..., 15 interpretieren. Man kann ihn aber auch als Realisierung einer kombinatorischen Funktionstabelle sehen, wobei die Funktionswerte gerade die Verknüpfungen der Disjunktionen sind (s. Bild 4-11).

Faßt man das PROM als Speicher auf, so werden hintereinander unter den Adressen 0–15 die Hexadezimalziffern 5, A, A, 8, 7, 8, 8, A, 7, 1, 0, 2, 4, 6, 2, 8 gespeichert. Faßt man es als Funktionsbaustein auf, so werden die kombinatorischen Funktionen $f_1 = (c + d)\bar{a} +$ abcd, $f_2 = \bar{c}\bar{d} + ab\bar{c}$, $f_3 = a \oplus b \oplus c \oplus d$ und $f_4 = \bar{a}c\bar{d} + ab\bar{c}$ realisiert. PROM-Bausteine sind also Hardware-Ausprägungen der disjunktiven Normalform. Derzeit sind PROM-Bausteine bis zu 256 K × 8 Bit lieferbar (als EPROM). Löschbare PROM-Bausteine (EEPROM) sind bis 64 Kb lieferbar. Ein Nachteil der PROM-Bausteine besteht in ihrem im Vergleich zu diskret aufgebauten Schaltungen eher langsamen Schaltverhalten. 20–400 ns sind abhängig von der verwendeten Schalttechnik typisch; sie sind meist bei vergleichbaren Kosten schneller als RAM-Speicherbausteine.

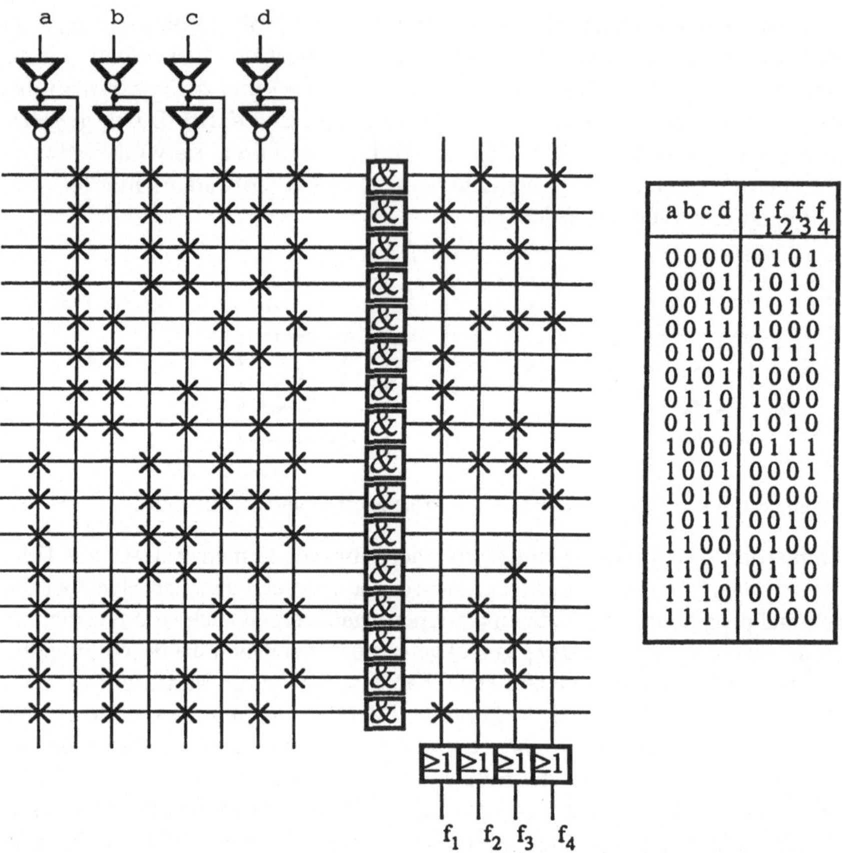

a b c d	$f_1\,f_2\,f_3\,f_4$
0 0 0 0	0 1 0 1
0 0 0 1	1 0 1 0
0 0 1 0	1 0 1 0
0 0 1 1	1 0 0 0
0 1 0 0	0 1 1 1
0 1 0 1	1 0 0 0
0 1 1 0	1 0 0 0
0 1 1 1	1 0 1 0
1 0 0 0	0 1 1 1
1 0 0 1	0 0 0 1
1 0 1 0	0 0 0 0
1 0 1 1	0 0 1 0
1 1 0 0	0 1 0 0
1 1 0 1	0 1 1 0
1 1 1 0	0 0 1 0
1 1 1 1	1 0 0 0

Bild 4-11 PROM zur Darstellung der tabellarisch aufgelisteten Funktionen $f_1 - f_4$. Die Produktterme (Minterme) sind fest verdrahtet, die Summenterme sind intern programmierbar.

Wir wissen aus dem Entwurf von Schaltungen mit diskreten Bauelementen, daß Normalformen im allgemeinen nicht die einfachsten Schaltungsrealisierungen sind. Sie sind für die meisten Funktionen sogar ausgesprochen aufwendige Realisierungen. Dies war schon am Verhältnis von disjunktiver Normalform DNF(f) zu den verschiedenen Summe-von-Produkten-Darstellungen SOP(f) zu sehen. Die PROM-Realisierung verlangt aber stets die Konstruktion aller Minterme, ob sie nun gebraucht werden oder nicht. D.h., für eine Funktion in n Variablen wird immer ein PROM-Baustein mit 2^n Speicherworten gebraucht, auch wenn die Funktion nur aus wenigen Mintermen zusammensetzbar wäre. Eine Alternative zu diesem aufwendigen Verfahren besteht in den technisch mit den PROM-Bausteinen eng verwandten PAL-Bausteinen (*Programmable Array Logic*) und ihren elektrisch löschbaren Varianten, den GAL-Bausteinen (*Generic Array Logic*), bei denen nicht die zusammenfassenden Disjunktionen, sondern die Konjunktionen programmiert werden. Konkret wird jede Funktion f_i als Summe von Produkten (SOP) dargestellt. Die Schaltung weist f_i eine Disjunktion und eine feste Zahl m von Konjunktionen zu. Typische Werte sind PAL-Bausteine mit 16 Eingängen und 8 Ausgängen, die je 8 Minterme zusammenfassen. Bild 4-12 zeigt einen kleineren PAL-Baustein mit 14 Eingängen und vier Ausgängen, die je vier

Minterme zusammenfassen. PAL-Bausteine besitzen typische Schaltzeiten zwischen 15 ns und 25 ns. Anders als beim PROM belegen Eingänge, die komplementiert und nicht-komplementiert verwendet werden sollen, zwei Eingangsleitungen. Ein Vorteil des PAL gegenüber dem PROM ist es, daß ein weiterer Eingang die Fläche des Bausteins nicht notwendigerweise verdoppelt. Ein gewisser Nachteil besteht darin, daß die Zahl der Produktterme beschränkt ist. Der konsequente Schritt zu noch größerer Flexibilität besteht darin, sowohl Produkt- wie auch Summenterme programmierbar zu gestalten. Dies geschieht im PLA (*Programmable Logic Array*). Nachteile des PLA gegenüber kombinatorischen ICs sind der höhere Energieverbrauch, langsamere Schaltzeiten und die derzeit noch höheren Bausteinkosten.

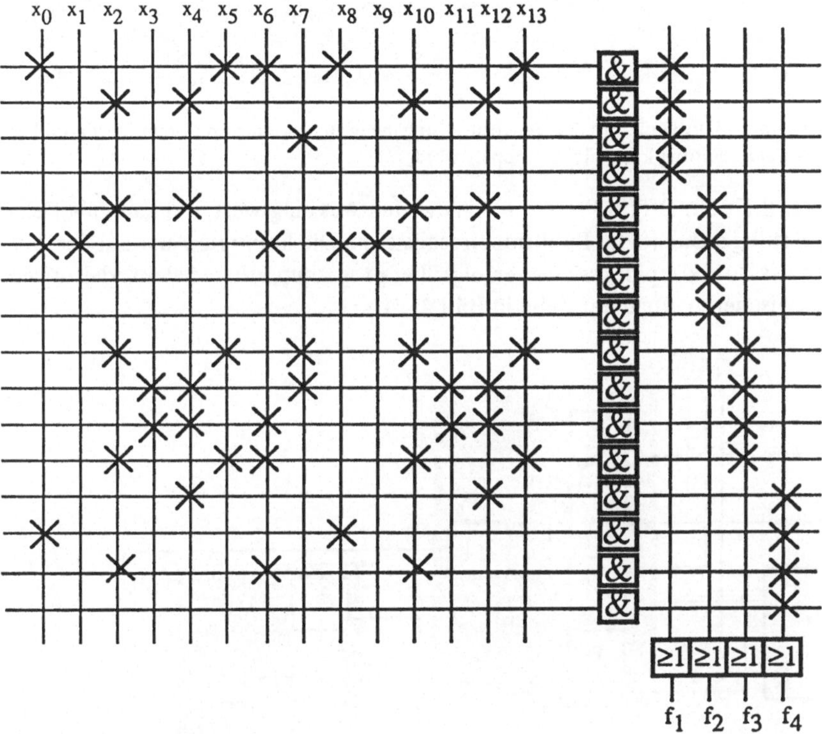

Bild 4-12 PAL-Baustein zur Darstellung von vier Funktionen $f_1 - f_4$. Jeder Ausgang kann als Summe von vier Produkttermen über den 14 Eingängen zusammengesetzt werden. Die Summenterme sind fest verdrahtet; die Verdrahtung der Produktterme ist programmierbar.

Der nächste Schritt zum programmierbaren IC-Baustein (*semi-custom-chip*) folgt durch die Erweiterung der UND/ODER-Felder um Register (D-Flip-Flops), so daß programmierbare *Makrozellen* entstehen. Wie in Bild 4-13 dargestellt, besteht der Baustein dann z.B. aus 8 Makrozellen, die jeweils 16 Eingangsvariablen mit 8 UND-Gattern und einem ODER-Gatter zusammenfassen. Jede Makrozelle führt in einen Ein/Ausgabe-Block, der aus einem D-Flip-Flop und der zugehörigen Ein/Ausgabe- und Rückkopplungslogik besteht.

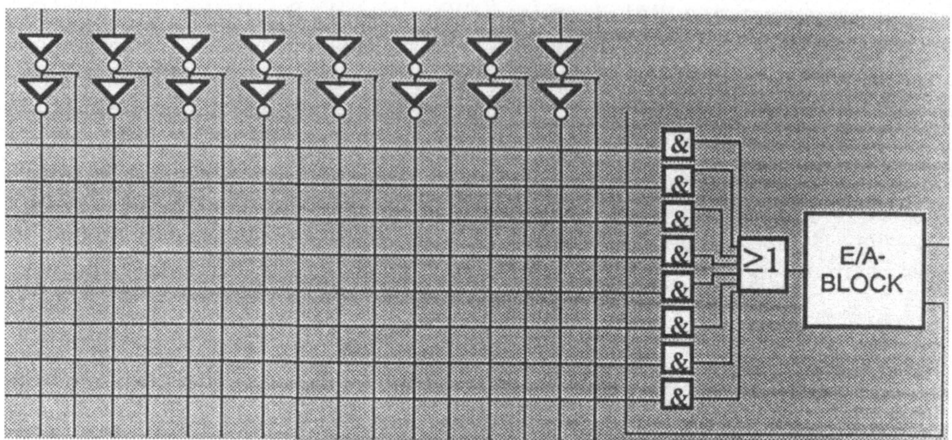

Bild 4-13 Aufbau einer Makrozelle mit 8 gepufferten Eingängen und 8 intern programmierbaren Produkttermen. Die Ausgangsleitung kann rückgekoppelt werden.

Der E/A-Block enthält ein D-Flip-Flop und erzeugt den Ausgangswert und kann über eine Rückkopplungsleitung sequentielle Funktionen realisieren. Die konkrete Auswahl des Ausgangssignals und des Rückkopplungssignals erfolgt über programmierbare Selektorleitungen. Wir zeigen den logischen Aufbau der Zelle in Bild 4-14.

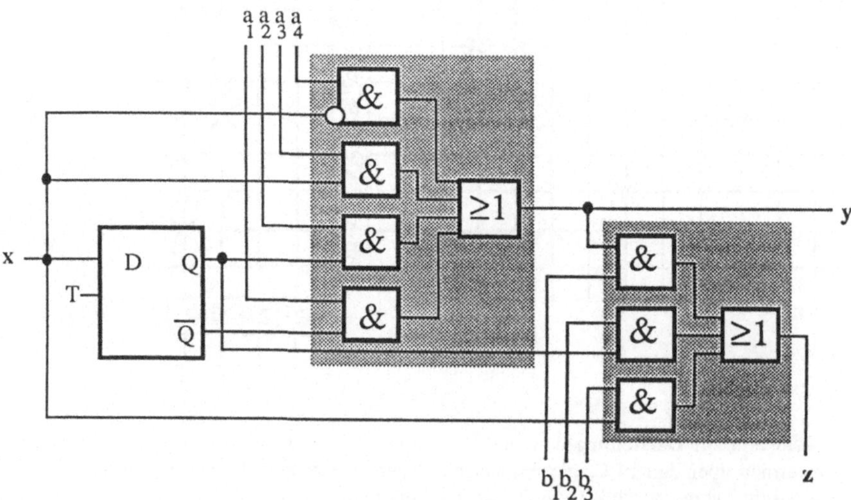

Bild 4-14 Struktur eines E/A-Blocks; neben der Eingangsleitung x, der Ausgangsleitung y und dem Rückkopplungsausgang z gibt es intern programmierbare Selektoreingänge $a_1a_2a_3a_4$ und $b_1b_2b_3$, die die grau unterlegten Auswahlschalter zur funktionalen Festlegung von y und z schalten.

Statt der kundenseitigen Programmierung der Makrozellen (letztlich in PROM-Technik) gibt es für höhere Stückzahlen auch die Möglichkeit, Verbindungsmasken kundenspezifisch beim Hersteller zu programmieren. Bei fester Geometrie der Bausteine spricht man von Gatterfeldern (*Gate Arrays*). Standardzellen (*Standard Cells*) lassen dagegen eine vom

Kunden frei wählbare Anordnung von Schaltgattern auf dem IC zu. Dies ist ein umfangreicher Prozeß, der sich erst bei hohen Stückzahlen lohnt (mehr als 1000 Stück bei Gatterfeldern und mehr als 20000 bei Standardzellen).

Vorteilhaft ist es, daß höhere Packungsdichten in der Schaltung erreichbar sind. Ein weiterer Schritt in der Entwicklung anwenderspezifischer ICs (ASIC) führt von der halb-kundenspezifischen Schaltung zum vollintegrierten, kundenspezifischen Baustein (*Full Custom Chip*), der in der Grundform statt aus logischen Grundelementen nur aus Transistoren und Widerständen besteht und auf dem sowohl Gatter wie Register und logische Schaltung erst mittels anwendungsspezifischer Masken aufgebracht werden. Zum Entwurf solcher Bausteine sind komplexe Entwurfsprogramme notwendig (sogenannte *Silicon Compiler*), die von den Halbleiterherstellern bereitgestellt werden. Vollintegrierte kundenspezifische Schaltungen lohnen erst bei sehr hohen Stückzahlen (über 50000 Stück). Bild 4-15 zeigt die „trade-offs" der unterschiedlichen Schaltungsentwurfsvarianten bezüglich der Anzahl der Chips, der Anzahl der Platinen, der Entwicklungs-, Änderungs- und Herstellungskosten. Die Gesamtkosten sind auf eine hypothetische integrierte Schaltung mit rund 10000 Gattern bezogen, die in 50000 Stück hergestellt werden soll; die Preise sind in Tausend DM für das Jahr 1986 angegeben. Es sind typische Werte angegeben, die im Einzelfall stark variieren können.

	SSI/MSI	PLA	Gatterfelder	Standardzellen	Vollintegriert
Zahl der Chips	800	65	12	10	6
Zahl der Platinen	16	2	1	1	1
Typische Entwicklungszeit in Wochen	4-15	4-15	6-20	10-20	36-90
Entwicklungskosten der Chips (TDM)	160	20	10	10	10
Entwicklungskosten der Platinen (TDM)	0	20	180	270	500
Änderungskosten(TDM)	6	6	30	56	80
Herstellungskosten der Chips (TDM)	24000	3000	2400	2400	2000
Herstellungskosten der Platinen (TDM)	16000	11600	2600	2000	1000
Gesamtkosten (TDM)	40166	14646	5220	4736	3590

Bild 4-15 Vergleich anwenderspezifischer Schaltungentwicklung: Schaltungen mit diskretem Aufbau, programmierten Logikfeldern, Gatterfelder, Standardzellen und vollintegrierte Schaltungen.

4.3 Addierwerke

Die wesentliche Eigenschaft eines „Rechners" ist die Fähigkeit, arithmetische Operationen mit Hilfe von Schaltungen zu realisieren, also arithmetische Operationen über Worten (Zahlen) durch logische Operationen über Bits darzustellen. Die Addition ist der Kern einer solchen arithmetischen und logischen Einheit, der ALU. Wir betrachten die bitweise Addition, die natürlich eine Addition modulo-2 ist. Zwei Bitstellen x und y werden zu einer einstelligen Summe s(x, y) und eventuell einem Übertrag c(x, y) addiert, also

$$x + y = [c, s].$$

Dabei muß die Lesart x + y für die arithmetische Summe unterschieden werden von der logischen Disjunktion x + y (die wir auch als x ∨ y schreiben, um diese Verwechslung zu vermeiden) und der Exor-Summe x ⊕ y. Der Leser mache sich immer den Bezug klar! Mit [c, s] soll die Hintereinanderschreibung der beiden Bitstellen c und s beschrieben werden. Es ergibt sich die in Bild 4-16 dargestellte Funktionstabelle mit zugehöriger Schaltung, einem sogenannten *Halbaddierer*.

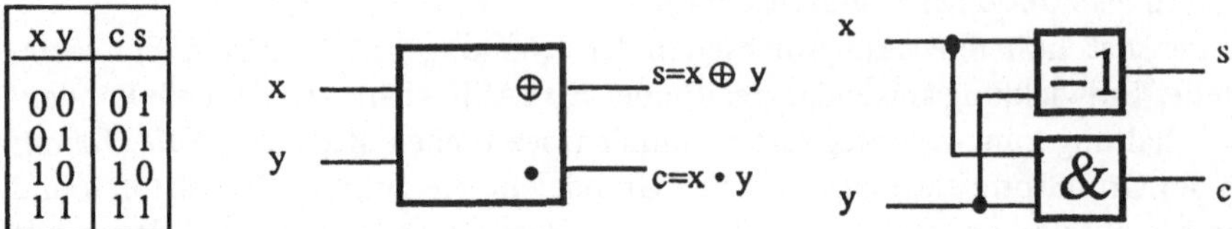

Bild 4-16 Halbaddierer zur Addition zweier Bits x, y mit Summe s und Übertrag c: Funktionstabelle, Blocksymbol und Realisierung durch Gatter.

Ein Halbaddierer kann zwei einstellige Zahlen x und y korrekt arithmetisch (in modulo-2-Arithmetik) addieren. Um zwei beliebige Bitstellen x_i und y_i (also Binärziffern) in zwei n-stelligen Binärzahlen $x = x_n \ldots x_1$ und $y = y_n \ldots y_1$ in Stellendarstellung zu addieren, muß die Schaltung bei der Berechnung des Summenbits s_i und des Übertrages c_i auch einen eventuell vorhandenen Übertrag c_{i-1} der vorherigen Bits x_{i-1} und y_{i-1} berücksichtigen. Diese in Bild 4-17 gezeigte Schaltung heißt *Volladdierer*. Wir bauen sie aus zwei Halbaddierern auf.

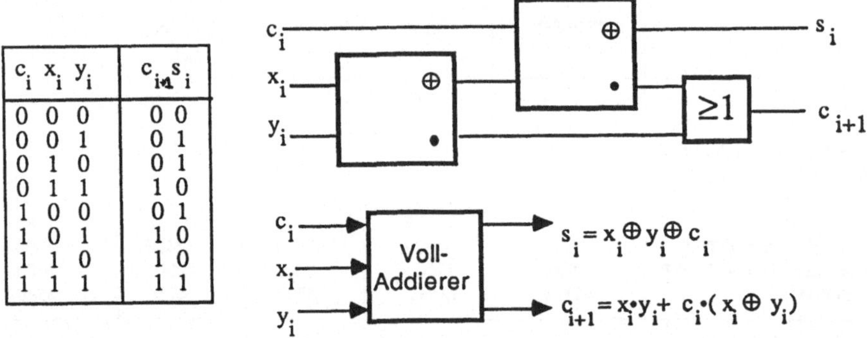

Bild 4-17 Volladdierer zur Summierung zweier Bits x_i, y_i in Binärzahlen mit einem Übertrag c_{i-1}: Funktionstabelle, Aufbau aus zwei Halbaddierern und Blocksymbol

Mit der iterativen Schaltung aus Volladdierern läßt sich ein Addierwerk aufbauen (s. Bild 4-18). Das Addierbit für s_1 erhält den initialen Übertrag $c_0 = 0$; es könnte auch durch einen Halbaddierer ohne initialen Übertrag realisiert werden. Alle weiteren Ziffernadditionen s_i können ein Übertragsbit als Eingabe erhalten und ein neues Übertragsbit als Ausgabe erzeugen. Dazu werden Volladdierer eingesetzt.

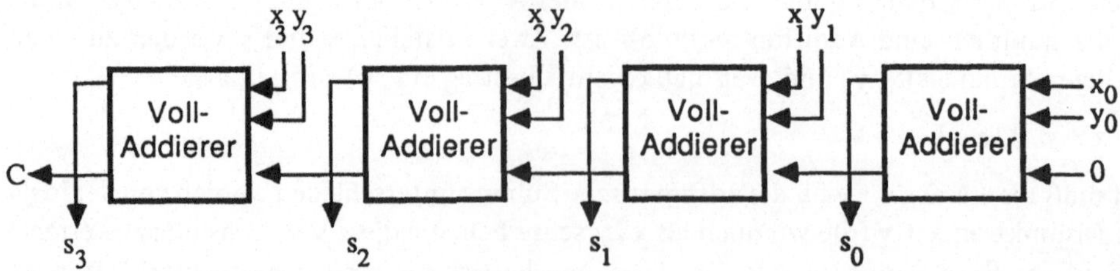

Bild 4-18 Addierer aus vier Volladdierern für vier Bits $x_0 x_1 x_2 x_3$ und $y_0 y_1 y_2 y_3$ mit dem Ergebnis $s_0 s_1 s_2 s_3$ und dem finalen Übertrag $c_4 = C$. Initialer Übertrag ist $c_0 = 0$.

Der Volladdierer addiert die beiden Zahlen $x_3x_2x_1x_0$ und $y_3y_2y_1y_0$ zur Summe $s_3s_2s_1s_0$ und dem finalen Übertrag C. Die vorgestellte Schaltung ist nicht die einzige Realisierung eines Addierwerks; es gibt andere Schaltungen. Addierwerke sind für verschiedene Wortlängen als IC erhältlich. Sie sind auch die Basis der arithmetischen und logischen Einheit (ALU) und damit eines Prozessors.

Wichtig ist die Erkenntnis, daß Volladdierer die Realisierung der (Wort-)Arithmetik aus logischen Operatoren sind. Man sieht, daß ein höheres, komplexeres Konzept, nämlich die Addition binärer Zahlen aus einem niederen, einfacher strukturierten Konzept, nämlich den binären Schaltfunktionen aufgebaut wird.

Die iterative Realisierung eines Addierers hat stets eine feste Wortlänge (bestimmt durch die Anzahl der Addiererzellen). Die Addition ist in einem n-bit-Wortaddierer also nur für Summen zwischen 0 und 2^{n-1} erklärt. Ist n groß genug, so mag dies belanglos sein, aber die ganzzahlige Addition in 16-bit-Rechnern beschreibt maximal den Bereich von 0 bis 65535 (sofern auf die negativen Zahlen verzichtet wird), und das ist bei der weltweit anhaltenden Inflationstendenz eine recht kleine Obergrenze. Ein „Programm"-orientierter Ausweg besteht darin, längere Zahlen gruppenweise zu zerlegen und die Gruppen hintereinander im Wortaddierer zu verarbeiten.

4.4 Übungen

1. a) Die Funktion $f: \{0, 1\}^5 \to \{0, 1\}$ mit

   $$f(s_0, ..., s_4) = s_0s_3 + s_1s_4 + s_0s_2s_4 + s_1s_2s_3$$

   soll mit zweistelligen Konjunktions- und Disjunktionsgattern realisiert werden. Wieviele Gatter benötigen Sie? Zeichnen Sie die entworfene Schaltung.

   b) Sie haben zur Realisierung der Funktion f einfache Schalter, wobei jeder Schalter mit einer Steuerleitung s_i geschaltet werden kann und dabei eine Signalleitung $x = 1$ schaltet (also ein einfacher Ein/Aus-Schalter). Sie können die Schaltereingänge und -ausgänge beliebig miteinander verbinden. Wieviele solcher Schalter benötigen Sie zur Realisierung der Funktion f? Zeichnen Sie die entworfene Schaltung.

2. Programmieren Sie einen PROM-Baustein, der die Funktionen

   $$f_1(a, b, c, d) = a \oplus ab \oplus abc \oplus 1$$
   $$f_2(a, b, c, d) = ab + ac + ad + \bar{a}\bar{b}\bar{c}\bar{d}$$
   $$f_3(a, b, c, d) = acd \cdot (ad + \bar{a}\bar{b}\bar{c}\bar{d})$$
   $$f_4(a, b, c, d) = (a + b) \cdot (c + d) \cdot (\bar{a} + \bar{b})$$

   realisiert. Zeichnen Sie ein entsprechendes Schaltbild und markieren Sie die programmierten Verbindungen.

3. a) Der PAL-Baustein aus Abb. 4-12 sei mit sieben Eingabevariablen $\bar{x}_0, ..., \bar{x}_6$ und ihren Komplementen $x_0, ..., x_6$ belegt. Er habe vier Ausgabeleitungen $f = (f_1, ..., f_4)$, die als Summe von jeweils bis zu vier Produkttermen zusammengesetzt werden können. Wieviele Funktionen $f: \{0, 1\}^7 \to \{0, 1\}^4$ können mit dem PAL-Baustein realisiert werden.

   b) Tatsächlich lassen sich mehr Funktionen mit dem PAL-Baustein realisieren. Erklären Sie dies. Können Sie diese Zahl abschätzen?

   c) Wieviele Funktionen $f: \{0, 1\}^7 \to \{0, 1\}^4$ gibt es überhaupt?

4. Programmieren Sie einen PAL-Baustein gemäß Abb. 4-12 mit sieben Eingängen $x_0, ..., x_6$, die jeweils in komplementierter und nichtkomplementierter Form vorliegen, und vier Ausgängen $f_1, ..., f_4$, so daß die Funktionen $f_i: \{0, 1\}^7 \to \{0, 1\}$

   $$f_1(x_0, ..., x_6) = x_1\bar{x}_2x_4 + x_3x_6 + x_5x_6 + \bar{x}_0x_1\bar{x}_2x_3x_4x_5\bar{x}_6$$
   $$f_2(x_0, ..., x_6) = x_0 + x_3 + x_5 + x_6 + x_0\bar{x}_2x_3\bar{x}_4x_5x_6$$
   $$f_3(x_0, ..., x_6) = (x_0 + x_0x_3) \cdot (x_1 + x_2) \cdot (x_5 + x_6)$$
   $$f_4(x_0, ..., x_6) = x_5 \oplus \bar{x}_6 \oplus 1$$

   realisiert werden. Zeichnen Sie ein entsprechendes Schaltbild und markieren Sie die programmierten Verbindungen.

5. a) Entwerfen Sie einen 4-bit-Wortaddierer aus zweistelligen NOR-Gatterbausteinen. Der Addierer berücksichtige kein initiales Überlaufbit und besitze zwei Eingänge $x_3 \ldots x_0$ und $y_3 \ldots y_0$ und die Ausgänge $z_3 \ldots z_0$ sowie eine Überlaufanzeige c_4 für das Ergebnis.

   b) Wie müssen Sie die Schaltung verändern, wenn nicht die Addition $z = x + y$, sondern die Subtraktion

$$z = \begin{cases} x - y & \text{falls } x > y \\ 0 & \text{sonst} \end{cases}$$

ausgeführt werden soll.

6. Konstruieren Sie eine Schaltung für die Funktionen

$$f(a, b, c) = \bar{a}c + a(b \oplus c)$$
$$g(a, b, c, d) = \bar{a}\bar{b}\bar{c}\bar{d} + \bar{a}\bar{b}\bar{c}d + \bar{a}\bar{b}cd + \bar{a}\bar{b}c\bar{d} + a\bar{b}\bar{c}\bar{d} + a\bar{b}\bar{c}d + a\bar{b}cd + a\bar{b}c\bar{d}$$
$$h(a, b, c) = (a \oplus c \oplus 1)(abc + \bar{a}\bar{b}\bar{c})(a + bc)$$

aus je einem Multiplexerbaustein. Welchen Multiplexertyp wählen Sie und wie belegen Sie die Eingänge?

Hinweis: Belegen Sie die Steuereingänge je mit einer Variablen und nutzen Sie die verbleibenden Eingänge. Sie können sowohl negierte wie nicht-negierte Variablen anlegen.

5 Schaltungen mit Speicherbausteinen

> Ich war auch in der Mathematikschule, wo der Lehrer seine Schüler nach einer Methode unterrichtet, von der man sich in Europa kaum einen Begriff machen kann. Lehrsatz und Beweis werden auf eine dünne Oblate mit Tinte aus Gehirntinktur aufgezeichnet. Diese muß der Schüler auf nüchternen Magen schnell hinunterschlucken, und dann darf er drei Tage lang nichts als Brot und Wasser zu sich nehmen. Ist die Oblate verdaut, so steigt die Tinktur ins Hirn und nimmt den mathematischen Satz mit. Bisher aber hat sich der Erfolg noch nicht gezeigt, teilweise wegen der falschen Menge oder eines Fehlers in der Zusammensetzung, teilweise auch wegen der Störrigkeit der Knaben, denen diese Medizin so ekelhaft ist, daß sie sich gewöhnlich wegstehlen und sich übergeben, bevor die Oblate wirken kann; auch hat man sie bis jetzt nicht überreden können, so lange zu hungern, wie es bei dem Rezept notwendig ist.
>
> aus: Jonathan Swift, Gullivers Reisen, London 1726

Bei der Konstruktion des sequentiellen Addierers und des Schieberegisters sind wir intuitiv vorgegangen. Regulär aufgebaute Schaltungen mit Speicherbausteinen kann man auf diese handwerkliche Art zusammenfügen. Für komplexere Schaltungen braucht man Konstruktionsmethoden, die sich mit ähnlicher Zuverlässigkeit anwenden lassen wie die formale Erzeugung einer kombinatorischen Schaltung aus einer Funktionstabelle. Betrachten wir diesen Entwurfsprozeß genauer, so finden wir verschiedene Entwurfsniveaus, die jeweils eigene Entwurfsmethoden verlangen:

— Erkennen und Beschreiben der konkreten Aufgabe, die durch eine Schaltung gelöst werden soll;

— formale Beschreibung der Aufgabe als Schaltfunktion;

— Entwurf eines logischen Schaltplans aus den vorhandenen Bausteinen;

— Umsetzung in den elektrischen Schaltplan einschließlich Versorgung mit den notwendigen Spannungen u. ä.;

— Produktion der Schaltung gemäß dem Schaltplan.

Die beiden unteren Ebenen interessieren uns in diesem Zusammenhang nicht. Die Umsetzung eines logischen Plans in einen elektrischen Schaltplan ist durch die Technik der integrierten Bausteine in vielen Fällen recht einfach geworden, obwohl man Schwierigkeiten wie Entstörung, hinreichende Wärmeableitung und stabile Energieversorgung bei komplexen Schaltungen nicht unterschätzen darf. Für die Erzeugung einer logischen Schaltung aus einer kombinatorischen Funktionstabelle oder einem Funktionsausdruck haben wir uns geeignete, praktikable Methoden angeeignet. Für sequentielle Schaltungen müssen wir solche Methoden noch herleiten. Der eigentliche schöpferische Prozeß wird damit auf den Bereich der *Spezifikation* verlegt, also der Festlegung der formalen Funktionsbeschreibung aus der konkreten Aufgabe. Dieser Bereich wird damit zur wesentlichen Quelle möglicher Fehler: Falsch verstandene Aufgabenbeschreibungen führen zu falschen Lösungen. Die Fähigkeit zum richtigen „Formalisieren" kann man nur durch Übung erlangen; für sie gibt es keinen formalen Ersatz. Die Parallele zum Programmentwurf ist unverkennbar.

5.1 Zustandsdiagramme und sequentielle Maschinen

Bei kombinatorischen Funktionen haben wir das Zeitverhalten außer acht gelassen. Bei Schaltungen mit Speicherelementen, wie z.B. Flip-Flops, ist dies nicht mehr möglich, da das Verhalten der Schaltung direkt von den inneren Zuständen der Speicherelemente abhängt. Wir wollen diese Speicherbelegungen einer Schaltung aus p Flip-Flops mit dem Zustandsvektor $Z = (z_1, ..., z_p)$ bezeichnen. Entsprechend bezeichnen wir die n Eingabewerte als Vektor $E = (e_1, ..., e_n)$ und die m Ausgangswerte mit $A = (a_1, ..., a_m)$. Das funktionale Verhalten der Schaltung läßt sich dann durch zwei endliche Funktionen δ und λ mit $\delta: E \times Z \to Z$ und $\lambda: E \times Z \to A$ beschreiben, die den Zustandsübergang und die Ausgabe bestimmen.

Als Beispiel einer konkreten sequentiellen Funktion betrachten wir einen Zähler, der vom Anfangszustand z_1 an mit Eingaben 1 die periodische Ausgabesequenz 1, 2, 3, 4 erzeugt (s. Bild 5-1). Wann immer e = 0 eingegeben wird, soll der Zähler in den Anfangszustand zurückgehen und dabei a = 0 ausgeben. Eine sequentielle Schaltung dieser Art muß mindestens vier Zustände z_1, z_2, z_3, z_4 unterscheiden, da sie zur Eingabesituation (e, z_i) mit e = 1 vier verschiedene Ausgaben a_1, a_2, a_3, a_4 erzeugen muß. Hätte sie weniger Zustände, so wäre λ nicht eindeutig definiert. Das funktionale Verhalten der Schaltung läßt sich mit einer *Zustandstabelle* darstellen, die als Eingabe die Werte aus $e \in E$ und $z \in Z$ hat und als Ausgabe die neuen Zustände $z' \in Z$ und die Ausgaben $a \in A$ angibt.

e	z	z'	a
0	-	z_1	0
1	z_1	z_2	1
1	z_2	z_3	2
1	z_3	z_4	3
1	z_4	z_1	4

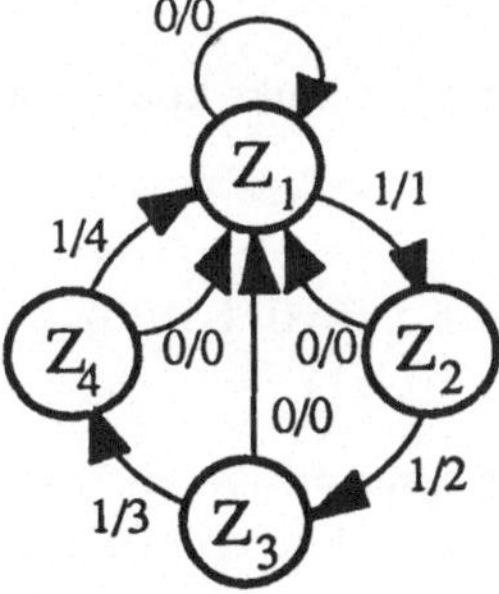

Bild 5-1 Zustandstabelle und Zustandsdiagramm

Die Tabelle ist mit e = 0 für alle z gleich, so daß dies mit einem Strich abgekürzt wurde. (Der Strich bedeutet, daß die Zeile für alle z die Werte $z' = z_1$ und a = 0 erzeugt; dies darf nicht mit einer ‚don't care'-Belegung eines Ausgangs verwechselt werden.) Statt der Tabelle kann auch ein *Zustandsdiagramm* zur Beschreibung verwendet werden. Ein Zustandsdiagramm ist im mathematischen Sinne ein Graph, dessen Knoten mit den Zustandsnamen markiert sind. Die Kanten geben den Zustandsübergang an; ihre Markierungen e/a geben die Eingabe an, die den Übergang erzeugt und die Ausgabe, die dazu erfolgt. Wir fassen diese Überlegungen in einer Definition zusammen.

Definition 5.1

a) Eine *sequentielle Maschine* $M = (Z, E, A, \delta, \lambda, Z_0)$ wird beschrieben durch
   die endliche Zustandsmenge Z (Zustandsalphabet),
   die Untermenge $Z_0 \subseteq Z$ der Anfangszustände,
   die endliche Menge E der Eingabesignale (Eingabealphabet),
   die endliche Menge A der Ausgabesignale (Ausgabealphabet),
   die Zustandsübergangsfunktion $\delta: E \times Z \to Z$ und
   die Ausgabefunktion $\lambda: E \times Z \to A$.
   Die beiden Funktionen müssen nicht vollständig definiert sein.

b) Die Funktion $\delta: E \times Z \to Z$ erzeugt durch *induktive Fortsetzung* die Funktion δ^*: $E^* \times Z \to Z$, die den Zustand berechnet, der nach einer Folge $\epsilon = \epsilon_n \ldots \epsilon_1 \in E^*$ von Eingabesignalen erreicht wird: Für das Leerzeichen $\square$ sei $\delta^*(\square, \zeta_j) = \zeta_j$ (bei fehlender Signaleingabe) und es sei $\delta^*(\epsilon_i\epsilon, \zeta_j) = \delta(\epsilon_i, \delta^*(\epsilon, \zeta_j))$ mit $\epsilon_i \in E$ und $\epsilon \in E^*$.

c) Die Maschine M berechnet aus dem Anfangszustand $\zeta_0 \in Z_0$ die *sequentielle Funktion* f: $E^* \to A^*$; mit der Eingabefolge $\epsilon_n \ldots \epsilon_1 \in E^*$ gelte $f(\epsilon_n, \ldots, \epsilon_1) = \lambda(\epsilon_n, \delta^*(\epsilon_{n-1} \ldots \epsilon_1, \zeta_0))$.

Die Definition verlangt keine binär kodierten Mengen! Im Zusammenhang mit den bisher verwendeten Bauelementen ist dies eine etwas großzügige Generalisierung. Bei konkreten Schaltungen kann mit der heute verwendeten Technik erwartet werden, daß die zugrundeliegenden Signalmengen binär kodiert sind. Es gebe also eine Kodierung κ, die die Mengen Z, E und A in binäre Mengen B^p, B^n und B^m einbettet. Dann können die Funktionen δ und λ zu kombinatorischen Funktionen $\delta: B^n \times B^p \to B^p$ und $\lambda: B^n \times B^p \to B^m$ erweitert werden. Die sequentielle Maschine wird also aus kombinatorischen Funktionen δ und λ aufgebaut.

Als Beispiel soll die oben dargestellte Aufgabe binär kodiert werden. Wir wählen als eine Kodierung κ beispielsweise

$$\kappa(E) = \kappa((0, 1)) \qquad = (0, 1)$$
$$\kappa(A) = \kappa((0, 1, 2, 3, 4)) = (000, 001, 010, 011, 100)$$
$$\kappa(Z) = \kappa((1, 2, 3, 4)) \quad = (00, 01, 10, 11).$$

Die binär kodierten Zustände sollen mit s_0s_1 und die binär kodierten Ausgabewerte mit $\alpha_0\alpha_1\alpha_2$ bezeichnet werden. Dies führt zur binär kodierten Zustandstabelle, wie sie Bild 5-2 zeigt.

e	s_0	s_1	s_0'	s_1'	α_0	α_1	α_2
0	–	–	0	0	0	0	0
1	0	0	0	1	0	0	1
1	0	1	1	0	0	1	0
1	1	0	1	1	0	1	1
1	1	1	0	0	1	0	0

Bild 5-2 Binär kodierte Zustandstabelle

Eine solche Tabelle stellt die kombinatorischen Funktionen $s_i' = f(e, s_0, s_1)$ und $\alpha_j = f(e, s_0, s_1)$ für $i \in \{0, 1\}$ und $j \in \{0, 1, 2\}$ dar. Wir geben sie explizit an:

$$s_0' = e \cdot (s_0 \oplus s_1) \qquad \alpha_0 = e \cdot s_0 \cdot s_1$$
$$s_1' = e \cdot \bar{s}_1 \qquad \alpha_1 = s_0' = e \cdot (s_0 \oplus s_1)$$
$$\alpha_2 = s_1' = e \cdot \bar{s}_1$$

Die Ergebnisfunktionen hängen nicht nur von der Zustandstabelle, sondern auch von der gewählten Kodierung κ ab. Wir wählen als eine alternative Kodierung κ'

$$\kappa'(E) = \kappa'((0, 1)) = (0, 1)$$
$$\kappa'(A) = \kappa'((0, 1, 2, 3, 4)) = (100, 000, 001, 011, 010)$$
$$\kappa'(Z) = \kappa'((1, 2, 3, 4)) = (00, 01, 11, 10).$$

Wir bezeichnen wiederum die binär kodierten Zustände mit $s_0 s_1$ und die binär kodierten Ausgabewerte mit $\alpha_0 \alpha_1 \alpha_2$. Als binär kodierte Zustandstabelle erhalten wir dann Bild 5-3.

e	s_0	s_1	s_0'	s_1'	α_0	α_1	α_2
0	–	–	0	0	1	0	0
1	0	0	0	1	0	0	0
1	0	1	1	1	0	0	1
1	1	0	0	0	0	1	0
1	1	1	1	0	0	1	1

Bild 5-3 Binär kodierte Zustandstabelle

Daraus folgt:

$$s_0' = e \cdot s_1 \qquad \alpha_0 = \bar{e}$$
$$s_1' = e \cdot \bar{s}_0 \qquad \alpha_1 = e \cdot s_0$$
$$\alpha_2 = s_0' = e \cdot s_1$$

Man sieht, daß die Auswahl der binären Kodierung entscheidend zur Komplexität der resultierenden Funktionen beiträgt. Dieses Problem der optimalen Zustandskodierung (engl. *state assignment*) ist prinzipiell lösbar, da es nur endlich viele Kodierungen minimaler Länge gibt. In der Praxis sind aber keine einfachen Methoden zu seiner Lösung bekannt, so daß hier wieder das „Fingerspitzengefühl" oder der Fleiß des Entwerfers zum Tragen kommt.

Zur Realisierung einer sequentiellen Funktion gibt es verschiedene Vorgehensweisen. Sie kann als sequentielle Schaltung mit Speicherelementen (z.B. Flip-Flops) implementiert werden oder als rein kombinatorische Schaltung in Form eines iterativen Netzes. Wir wollen zur Realisierung der Funktion die etwas einfacheren Gleichungen verwenden, die sich mit der zweiten Kodierung κ' ergaben.

5.2 Entwurf sequentieller Schaltungen

Die beiden Funktionen δ und λ sind durch kombinatorische Schaltkreise realisierbar; sie können aber nur ein Eingabesignal verarbeiten und ein Ausgabesignal erzeugen. Um den Zustandsübergang zu realisieren, müssen Möglichkeiten zum Speichern des inneren Zustands und zur Erzeugung des neuen Zustandes bereitstehen. Die einfachste Realisation geschieht durch ein Verzögerungselement Δ, das gerade den aktuellen inneren Zustand speichert (s. Bild 5-4).

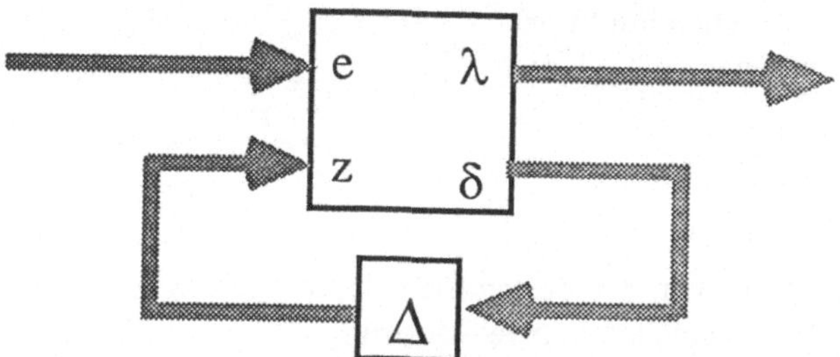

Bild 5-4 Prinzipschaltung einer sequentiellen Maschine mit kombinatorischer Zelle zur Realisierung von δ (e, z) und λ (e, z) und Verzögerungselement Δ.

Die technische Realisierung einer solchen Verzögerungsleitung Δ kann durch ein D-Flip-Flop erfolgen, das ja gerade die Eigenschaft hat, ein gespeichertes Zustandsbit am Ausgang bereitzustellen und mit einem Taktsignal durch das am Eingang liegende neue Bit zu ersetzen. Anders als bei der sequentiellen Maschine verlangen wir jetzt, daß ein Taktsignal T anliegt, das die Veränderungen des Zustandes taktet. Solche getakteten Schaltungen heißen *synchrone sequentielle Schaltungen*. Man kann auch Speicherelemente ohne Taktung betrachten, z. B. die aus zwei NANDs aufgebaute bistabile Kippstufe. Solche Schaltungen werden dann *asynchrone* sequentielle Schaltungen genannt. In der Rechnerzentraleinheit werden nur synchrone Schaltungen verwendet. Wir wollen deshalb nur solche Schaltungen betrachten.

Die Zustandstabelle und die Ansteuertabelle des D-Flip-Flops findet sich in Bild 5-5 (D ist Eingabesignal, $Q = Q_t$ ist der aktuelle Zustand und Ausgabewert, $Q' = Q_{t+\Delta t}$ ist der Nachfolgezustand).

D	Q	Q'		Q	Q'	D
0	0	0		0	0	0
0	1	0		0	1	1
1	0	1		1	0	0
1	1	1		1	1	1

Bild 5-5 Zustandstabelle und Ansteuertabelle des D-Flip-Flops

Die Ansteuertabelle gibt direkte Auskunft über die zur Veränderung des Zustandes Q (und des Ausgangs) notwendige Belegung des Eingangs D. Beim D-Flip-Flop ist diese Ansteuerung sehr einfach, da der Zustand $Q_{t+\Delta t}$ direkt dem Eingabesignal D_t entspricht. Die Zustandstabelle (Bild 5-3) kann also direkt als Vorlage für eine sequentielle Schaltung mit D-Flip-Flops verwendet werden (s. Bild 5-6), da es genügt, an den Eingängen D_0 und D_1 die Folgezustände s'_0 und s'_1 anzulegen.

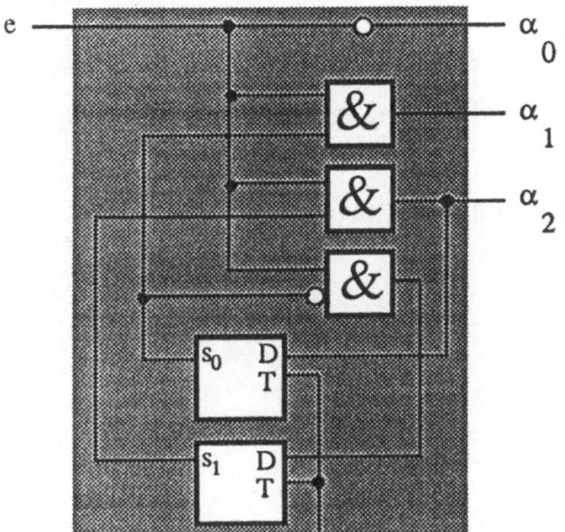

Bild 5-6 Zählerschaltung mit D-Flip-Flops

Etwas komplizierter wird die Konstruktion, wenn wir statt D-Flip-Flops andere Speicherbausteine verwenden, z. B. JK-Flip-Flops. Bei diesen Bausteinen ist die Eingangsbelegung nicht mit dem neuen inneren Zustand identisch, so daß hier zusätzlich kombinatorische Logik notwendig wird. Wir betrachten zuerst die Zustandstabellen und die Ansteuertabellen des JK-Flip-Flops (s. Bild 5-7).

J	K	Q'
0	0	Q
0	1	0
1	0	1
1	1	$\overline{Q}$

Q	Q'	J	K
0	0	0	–
0	1	1	–
1	0	–	1
1	1	–	0

Bild 5-7 Zustandstabelle und Ansteuertabelle des JK-Flip-Flops

Wir erweitern die binär kodierte Zustandstabelle (vgl. Bild 5-3) so, daß die Eingangsbelegungen J_0, K_0 und J_1, K_1 für die beiden JK-Flip-Flops aus der Ansteuertabelle eingetragen werden. Um die Funktionen J_i, K_i zu optimieren, wird die Tabelle für e = 0 explizit angegeben. Damit erhalten wir Bild 5-8.

e	s_0	s_1	s_0'	s_1'	J_0	K_0	J_1	K_1	α_0	α_1	α_2
0	0	0	0	0	0	–	0	–	1	0	0
0	0	1	0	0	0	–	–	1	1	0	0
0	1	0	0	0	–	1	0	–	1	0	0
0	1	1	0	0	–	1	–	1	1	0	0
1	0	0	0	1	0	–	1	–	0	0	0
1	0	1	1	1	1	–	–	0	0	0	1
1	1	0	0	0	–	1	0	–	0	1	0
1	1	1	1	0	–	0	–	1	0	1	1

Bild 5-8 Ansteuertabelle der JK-Flip-Flops für die Tabelle aus Abb. 5-3

Man sieht, daß die Ansteuerfunktionen $J_i(e, s_0, s_1)$ und $K_j(e, s_0, s_1)$ unvollständig definiert sind, während die Ausgangsfunktionen nicht von der Wahl des Flip-Flop-Typs abhängen.

Eine mögliche Realisierung ist:

$$J_0(e, s_0, s_1) = e \cdot s_1 \qquad K_0(e, s_0, s_1) = \bar{e} + \bar{s}_1 = \bar{J}_0 \qquad \alpha_0(e, s_0, s_1) = \bar{e}$$

$$J_1(e, s_0, s_1) = e \cdot \bar{s}_0 \qquad K_1(e, s_0, s_1) = \bar{e} + s_0 = \bar{J}_1 \qquad \alpha_1(e, s_0, s_1) = e \cdot s_0$$

$$\alpha_2(e, s_0, s_1) = e \cdot s_1 = J_0$$

Diese Gleichungen führen zu der in Bild 5-9 gezeigten Schaltung.

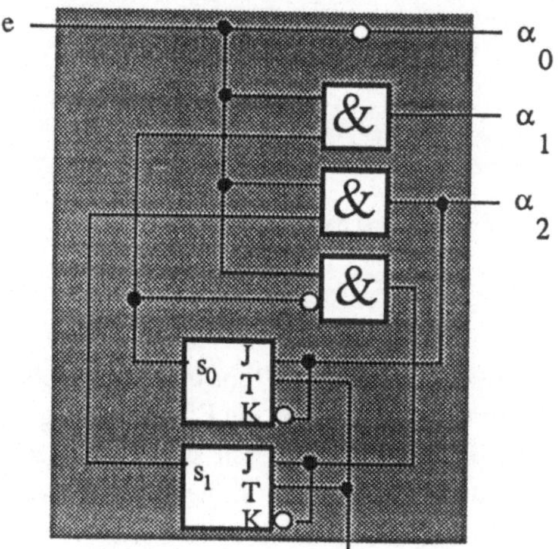

Bild 5-9 Zählerschaltung mit JK-Flip-Flops

Als weiteres Beispiel soll eine Addiererschaltung erstellt werden. Im letzten Kapitel haben wir (Wort-)Addierer für feste Wortlängen als rein kombinatorische Schaltungen aufgebaut (vgl. Bild 4-17f.). Will man aber beliebig lange Binärzahlen addieren, so reichen diese iterativen Addiererschaltungen nicht aus, da die Addition im Grunde eine sequentielle Funktion ist. Wir greifen auf den Schulalgorithmus zur Addition zurück. Dieser läßt sich auf beliebig lange Zahlen anwenden. Ein sequentieller Addierer liest die beiden Summanden von rechts nach links und speichert den Übertrag in einem Speicherelement. Der interne Zustand Z ist also der Übertrag der vorher erfolgten Addition zweier Ziffern x und y. Tabelle und Zustandsdiagramm in Bild 5-10 zeigen das Übergangs- und Ausgabeverhalten des sequentiellen Addierers.

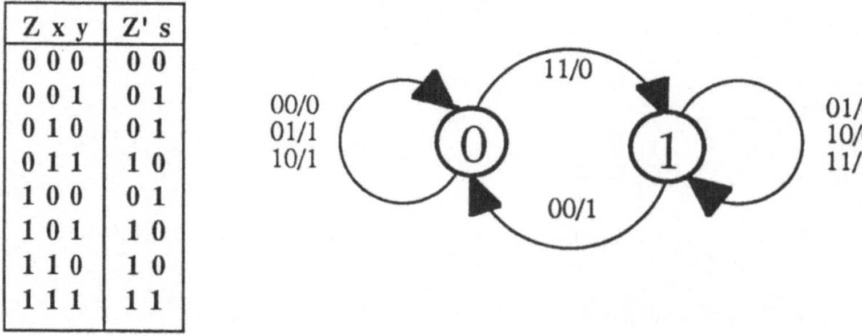

Z x y	Z' s
0 0 0	0 0
0 0 1	0 1
0 1 0	0 1
0 1 1	1 0
1 0 0	0 1
1 0 1	1 0
1 1 0	1 0
1 1 1	1 1

Bild 5-10 Zustandstabelle und Zustandsdiagramm eines sequentiellen Addierers

Da die Signale x, y und s, ebenso wie der Zustand Z bereits binär sind, verwenden wir diese als Binärkodierung. Aus der Zustandstabelle lassen sich direkt die kombinatorischen Funktionen Z' und s ablesen:

$$Z' = xy + Z(x + y)$$
$$s = x \oplus y \oplus Z$$

Dies sind natürlich die gleichen Funktionen, wie in der Volladdierer-Zelle bei der iterativen Realisierung (vgl. Bild 4-18). Für eine Realisierung mit JK-Flip-Flops ergibt sich die Ansteuertabelle von Bild 5-11.

x	y	Z	Z'	J	K	s
0	0	0	0	0	–	0
0	0	1	0	–	1	1
0	1	0	0	0	–	1
0	1	1	1	–	0	0
1	0	0	0	0	–	1
1	0	1	1	–	0	0
1	1	0	1	1	–	0
1	1	1	1	–	0	1

Bild 5-11 Ansteuertabelle des sequentiellen Addierers mit JK-Flip-Flops

Für die Ansteuersignale J und K kann als eine von mehreren Möglichkeiten abgeleitet werden:

$$J = x \cdot y \qquad K = \neg\,(x + y) \qquad s = x \oplus y \oplus z$$

Als Schaltung für den sequentiellen Addierer ergibt sich Bild 5-12.

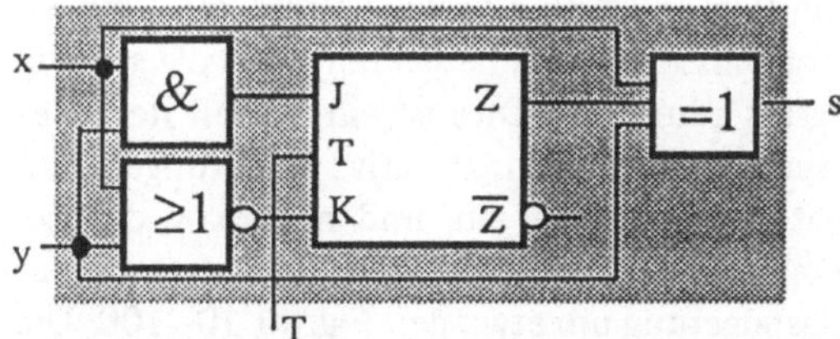

Bild 5-12 Sequentieller Addierer aus einem JK-Flip-Flop

5.3 Iterative Netze

Die Realisierung von sequentiellen Schaltungen durch Schaltungen mit Speicherelementen ist nicht die einzig mögliche Realisierung. Die Speicherelemente sind an sich nicht nötig, da sie nur die getaktete, mehrfache Ausnutzung der kombinatorischen Elemente ermöglichen. Stellt man den kombinatorischen Teil beliebig oft zur Verfügung, ergibt sich die zweite Realisierungsform der sequentiellen Schaltung, das iterative Netz.

Die binäre Schaltungsrealisierung einer sequentiellen Funktion ist vollständig durch ihre binär kodierte Zustandstabelle bestimmt, also durch die Funktionen $\delta: B^n \times B^p \to B^p$, $\lambda: B^n \times B^p \to B^m$ und die Kodierung κ. Die Arbeitsweise der sequentiellen Funktion besteht nun darin, aus einer Eingabefolge $\epsilon_0, ..., \epsilon_k$ die Ausgabefolge $\alpha_0, ..., \alpha_k$ zu berechnen, wobei die Berechnung der ϵ_i in die α_i abhängig vom aktuellen inneren Zustand ζ_i und damit von den Funktionen δ und λ erfolgt. Die kombinatorischen Funktionen δ und λ lassen sich als kombinatorische Schaltung realisieren; diese ist eine iterative kombinatorische Zelle. Das iterative Netz besteht nun aus einer Kette solcher Zellen (vgl. Bild 5-13). Legt man an die Zelle den Eingabewert ϵ_0 und den Anfangszustand ζ_0 an, so wird der nächste Zustand ζ_1 und die Ausgabe α_0 erzeugt. ζ_1 und ϵ_1 können nun in einer weiteren Zelle gleichen Typs verarbeitet werden. Jeder Eingabewert ϵ_i braucht eine eigene kombinatorische Zelle.

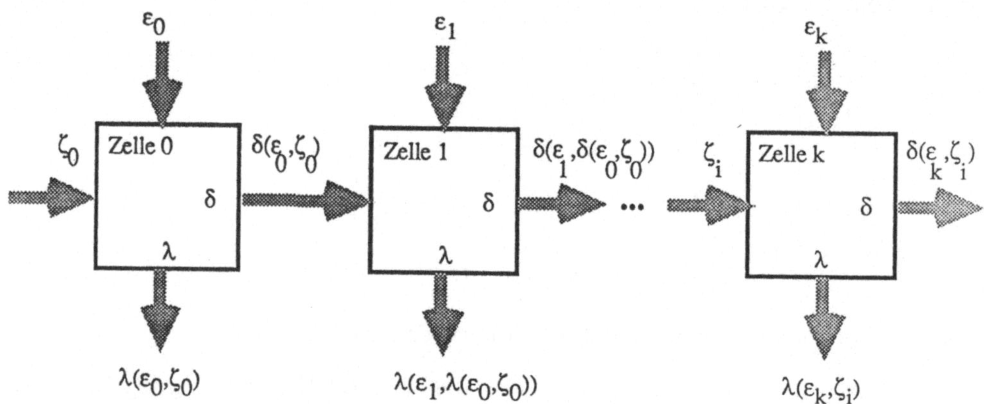

Bild 5-13 Iteratives Netz zur Realisierung einer sequentiellen Maschine

Die Realisierung einer sequentiellen Schaltfunktion als iteratives Netz erfordert einen hohen Schaltaufwand. Trotzdem kann von der sequentiellen Funktion $f: E^* \rightarrow A^*$ letztlich immer nur ein reduzierter, endlicher Ausschnitt $f_{red}: E^k \rightarrow A^k$ als Schaltung erzeugt werden. Statt eines Speichers, der die Zwischenergebnisse δ und λ berechnet, wird die sequentielle Funktion f jedoch nahezu verzögerungslos berechnet. Dies ist ein Vorteil iterativer Schaltungen gegenüber Realisierungen mit Speicherelementen: Iterative Schaltungen hängen von der Schaltgeschwindigkeit kombinatorischer Gatter ab, und nicht von der viel langsameren Schaltgeschwindigkeit getakteter Speicherelemente. Dies bedeutet in der heutigen Schalttechnik eine Geschwindigkeitssteigerung um etwa den Faktor 10–100. Die Einschränkung auf die reduzierte Funktion f_{red} spielt bei festen Eingabelängen keine Rolle. Wortorientierte Schaltungen, wie sie im Rechner meist vorkommen, können deshalb sinnvoll als schnelle iterative Netze aufgebaut werden.

Ein typisches Beispiel ist die *Wortaddiererschaltung*, die für feste Wortlängen praktisch immer iterativ aufgebaut wird (vgl. Bild 4-18), wenngleich auch eine sequentielle Realisierung mit der Möglichkeit, beliebig lange Worte zu verarbeiten, möglich ist (vgl. Bild 5-12).

Als weiteres praktisches Beispiel wird die iterative Realisierung eines *Shifters* gezeigt. Shifter oder Verschiebeschaltungen dienen zur Verschiebung eines Wortes $x_1 \ldots x_n$ um eine Stelle nach links oder rechts, bezeichnet mit $shl(x_1 \ldots x_n) = x_1 \ldots x_n 0$ und $shr(x_1 \ldots x_n) = x_1 \ldots x_{n-1}$. Dies ist bei der Multiplikation und Division von Bedeutung, da bei Zahlen w_p in einem Stellensystem zur Basis p die Verschiebung um eine Stelle nach links einer Multiplikation mit dem Faktor p entspricht und die Verschiebung um eine Stelle nach rechts einer Division durch p gleichkommt. So ist Binärsystem $2 * 1011 = shl(1011) = 10110$ und $110011\ div\ 2 = shr(110011) = 11001$.

Wir betrachten einen Bitbaustein, der abhängig von den Steuersignalen shr und shl den Shifter für ein Bit des Ausgabeworts y_i realisiert (s. Bild 5-14). Sind shr = shl = 1, wird das Bit x_i nicht verschoben, mit shl = 1 wird das Eingabewort um ein Bit nach links, mit shr = 1 um eins nach rechts verschoben. shr = shl = 0 setzt den Ausgang y_i auf null. Eine solche Shifterzelle läßt sich direkt aus vier NAND-Gattern aufbauen.

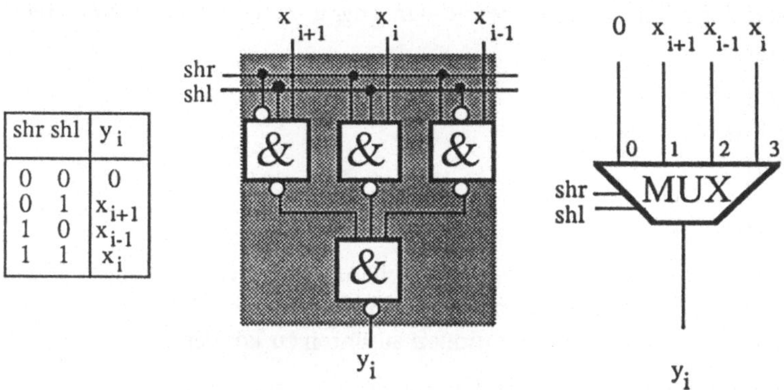

Bild 5-14 Shifterzelle: SSI-Schaltung aus NAND-Gattern und MSI-Schaltung mit Multiplexer

Aus solchen Zellen lassen sich iterative Verschiebeschaltungen für jede feste Wortlänge n aufbauen, indem man die gemeinsamen Steuersignale *shr* und *shl* zwischen den Zellen durchschaltet (s. Bild 5-15). An den Zellen liegen von links nach rechts die Eingangswerte $x_1, ..., x_n$ an. Werden die formalen Eingangswerte $x_0 = 0$ und $x_{n+1} = 0$ gesetzt, so führt der Shifter sogenannte nicht-zyklische Verschiebeoperationen aus (*logische Shifts*). Für zyklische Shifts (*rotierende Shifts*) wird $x_{n+1} = x_1$ und $x_0 = x_n$ angelegt. Zur Unterscheidung zyklischer und nicht-zyklischer Verschiebungen kommt eine dritte Steuerleitung *zyk* hinzu.

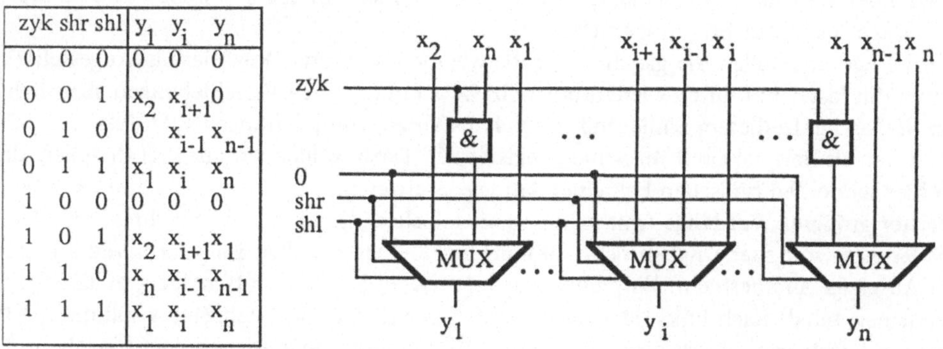

Bild 5-15 Kombinatorischer iterativer Shifter in MSI-Technik für Worte der Länge n.

Der iterative Shifter kann dann sechs verschiedene Operationen ausführen, den (identischen) Registertransfer, die beiden nichtzyklischen (logischen) Shifts *lsl* und *lsr*, die zyklischen (rotierenden) Shifts *ror* und *rol* und das Löschen des Ausgangs.

zyk	shr	shl	Operation
-	0	0	Transfer y=x
0	0	1	Logischer Linksshift y=lsl(x)
0	1	0	Logischer Rechtsshift y=lsr(x)
1	0	1	Rotierender Linksshift y=rol(x)
1	1	0	Rotierender Rechtsshift y=ror(x)
-	1	1	Löschen y=0

Wir zeigen die vier verschiedenen Schiebeoperationen angewendet auf ein achtstelliges Binärwort $x = x_7, ..., x_0$.

$$
\begin{aligned}
x &= 10000111 \\
\text{lsl}\,(x) &= 00001110 \\
\text{lsr}\,(x) &= 01000011 \\
\text{rol}(x) &= 00001111 \\
\text{rol}(x) &= 11000011
\end{aligned}
$$

Shifter werden üblicherweise der ALU vor- oder nachgeschaltet, um bei den arithmetischen Operationen die notwendigen Verschiebungen für Multiplikationen und Divisionen vornehmen zu können oder um logische Shiftoperationen auführen zu können.

5.4 Weitere sequentielle Schaltungen: Register, Zähler, Speicher

Mit sequentiellen Schaltungen kann man Daten speichern. Dazu gibt es im Rechner einerseits schnelle, flexible Speicherregister, die einzelne Worte speichern können und zum anderen eine Hauptspeicherhierarchie, die durch die Zusatzspeicher wie Band- und Platteneinheiten ergänzt werden.

5.4.1 Schieberegister

Neben dem Addierwerk enthält die ALU eine Menge von Registern, die die schnellsten Speichereinheiten eines Rechners sind. In Registern werden zu verarbeitende Zahlen (oder besser Worte) zwischengespeichert; ebenso das Ergebnis eines Arbeitsschrittes. Register dienen auch der Kommunikation mit dem Hauptspeicher und den Speichern des zu verarbeitenden Befehls. Register müssen also geladen werden können und lesbar sein. Sie werden taktgesteuert aus Flip-Flops aufgebaut.

Schieberegister erfüllen die gleiche Aufgabe wie die als iterative Realisierung vorgestellten Shifter. Sie lassen nur durch wiederholte Schiebeoperation auch Verschiebungen über mehrere Stellen zu. In diesem Sinne sind sie auch als Verzögerungsleitungen aufzufassen.

Wir bauen als Beispiel ein 3-Bit-Schieberegister auf. Dazu wählen wir nur drei Bitzellen, da wir hier schon den typischen Fall einer Anfangs-, Mittel- und Endzelle betrachten können. Register größerer Wortlänge (mit weiteren Mittelzellen) lassen sich daraus direkt ableiten. Das Register soll zuerst neben dem Takteingang T einen seriellen Eingang x und 3 parallele Ausgänge abc besitzen. Ein Schaltsignal $\xi = l$ oder $\xi = r$ soll entscheiden, ob das Register seinen Inhalt nach links oder nach rechts schiebt. Der Schalteingang x soll mit x = 0 oder x = 1 festlegen, ob das durch das Verschieben freiwerdende Bit mit dem Eingabebit 0 oder 1 belegt werden soll. Die Ausgabe abc besteht aus dem aktuellen Registerinhalt. Die mit ξx/abc markierten Transitionspfeile werden also mit den Eingabesignalen ξ, x und den Ausgabesignalen a, b, c markiert. Mit diesen Festlegungen ergibt sich dann das in Bild 5-16 gezeigte Zustandsdiagramm.

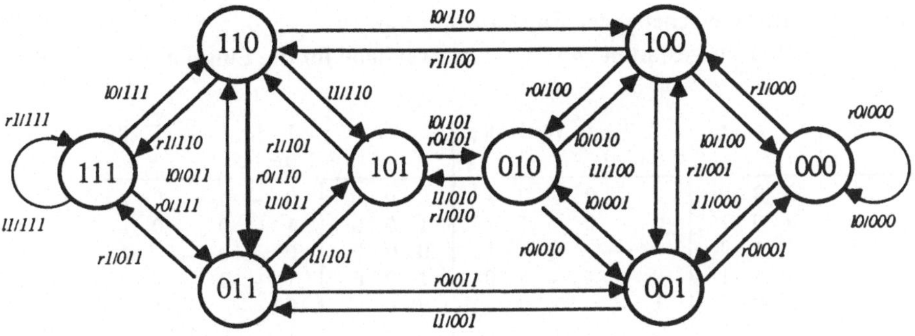

Bild 5-16 Zustandsdiagramm eines bidirektionalen sequentiellen Shifters

Die Kodierung des Shifters ergibt sich fast zwangsläufig, da wir sinnvollerweise den inneren Zustand beibehalten, also $z_0 z_1 z_2$ wie im Zustandsdiagramm wählen. Für r und l wählen wir $r = 1$ und $l = \bar{r} = 0$; für x wählen wir die Werte 0 und 1. Die Ausgaben a, b, c werden durch $a = z_0$, $b = z_1$, $c = z_2$ kodiert; in der kodierten Zustandstabelle können die Ausgangsgleichungen für a, b, c wegen dieser direkten Beziehung zum gespeicherten Zustand deshalb weggelassen werden. Als kodierte Zustandsübergangstabelle erhalten wir Bild 5-17.

z_0	z_1	z_2	X	z_0'	z_1'	z_2'	z_0'	z_1'	z_2'
				r = 0 (links)			r = 1 (rechts)		
0	0	0	0	0	0	0	0	0	0
0	0	0	1	0	0	1	1	0	0
0	0	1	0	0	1	0	0	0	0
0	0	1	1	0	1	1	1	0	0
0	1	0	0	1	0	0	0	0	1
0	1	0	1	1	0	1	1	0	1
0	1	1	0	1	1	0	0	0	1
0	1	1	1	1	1	1	1	0	1
1	0	0	0	0	0	0	0	1	0
1	0	0	1	0	0	1	1	1	0
1	0	1	0	0	1	0	0	1	0
1	0	1	1	0	1	1	1	1	0
1	1	0	0	1	0	0	0	1	1
1	1	0	1	1	0	1	1	1	1
1	1	1	0	1	1	0	0	1	1
1	1	1	1	1	1	1	1	1	1

Bild 5-17 Kodierte Zustandsübergangstabelle des bidirektionalen Shifters

Eine Schaltungsrealisierung mit JK-Flip-Flops ergibt sich mit Hilfe der entsprechenden Ansteuergleichungen.

z	z'	J	K
0	0	0	–
0	1	1	–
1	0	–	1
1	1	–	0

Daraus folgt die Ansteuertabelle der Shifter-Flip-Flops, wie sie Bild 5-18 zeigt. Um die Tabelle übersichtlicher zu gestalten, wurde sie in zwei Teile für die Eingabe $r = 0$ und $r = 1$ zerlegt.

z_0 z_1 z_2 x	z_0' z_1' z_2'	J_0 K_0 J_1 K_1 J_2 K_2 $r = 0$ (links)	z_0' z_1' z_2'	J_0 K_0 J_1 K_1 J_2 K_2 $r = 1$ (rechts)
0 0 0 0	0 0 0	0 – 0 – 0 –	0 0 0	0 – 0 – 0 –
0 0 0 1	0 0 1	0 – 0 – 1 –	1 0 0	1 – 0 – 0 –
0 0 1 0	0 1 0	0 – 1 – – 1	0 0 0	0 – 0 – – 1
0 0 1 1	0 1 1	0 – 1 – – 0	1 0 0	1 – 0 – – 1
0 1 0 0	1 0 0	1 – – 1 0 –	0 0 1	0 – – 1 1 –
0 1 0 1	1 0 1	1 – – 1 1 –	1 0 1	1 – – 1 1 –
0 1 1 0	1 1 0	1 – – 0 – 1	0 0 1	0 – – 1 – 0
0 1 1 1	1 1 1	1 – – 0 – 0	1 0 1	1 – – 1 – 0
1 0 0 0	0 0 0	– 1 0 – 0 –	0 1 0	– 1 1 – 0 –
1 0 0 1	0 0 1	– 1 0 – 1 –	1 1 0	– 0 1 – 0 –
1 0 1 0	0 1 0	– 1 1 – – 1	0 1 0	– 1 1 – – 1
1 0 1 1	0 1 1	– 1 1 – – 0	1 1 0	– 0 1 – – 1
1 1 0 0	1 0 0	– 0 – 1 0 –	0 1 1	– 1 – 0 1 –
1 1 0 1	1 0 1	– 0 – 1 1 –	1 1 1	– 0 – 0 1 –
1 1 1 0	1 1 0	– 0 – 0 – 1	0 1 1	– 1 – 0 – 0
1 1 1 1	1 1 1	– 0 – 0 – 0	1 1 1	– 0 – 0 – 0

Bild 5-18 Bidirektionaler sequentieller Shifter: Ansteuertabelle für JK-Flip-Flops

Einfache Schaltgleichungen zur Ansteuerung der JK-Flip-Flops sind:

$$J_0 = \bar{r}z_1 + rx \qquad J_1 = \bar{r}z_2 + rz_0 \qquad J_2 = \bar{r}x + rz_1$$
$$K_0 = \bar{J}_0 \qquad K_1 = \bar{J}_1 \qquad K_2 = \bar{J}_2$$
$$a = z_0 \qquad b = z_1 \qquad c = z_2$$

Mit der Wahl der K_i als Komplemente der J_i bringt die Wahl von JK-Flip-Flops keine wesentlichen Vorteile. Man kann mit dieser Festlegung ebenso SR-Flip-Flops verwenden, da nur die Eingangsbelegungen $JK = 01$ und $JK = 10$ verwendet werden. Aus den Gleichungen ergibt sich die in Bild 5-19 gezeigte Schaltung.

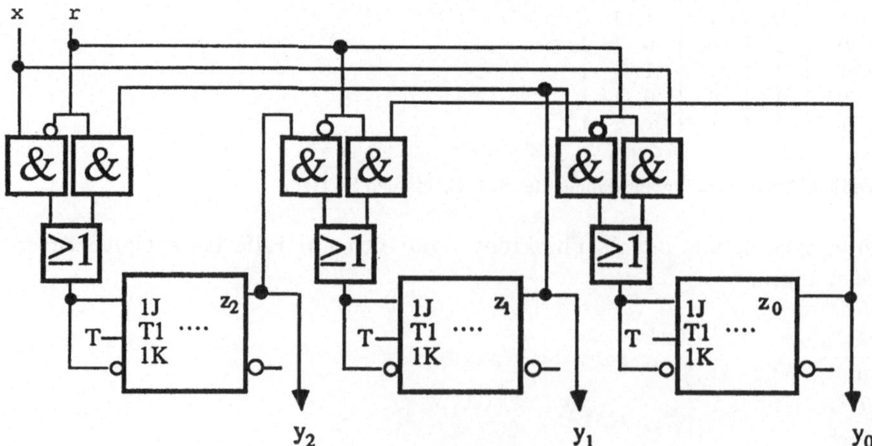

Bild 5-19 Bidirektionaler sequentieller Shifter mit seriellem Eingang x, Ausgängen y_i und Signal r zur Bestimmung der Schieberichtung

5.4.2 Zähler

Eine weitere Gruppe von Rechnerbausteinen sind die Zähler. Wesentliches Charakteristikum der Von-Neumann-Strukturen ist ihr zentraler Arbeitstakt, der die Verarbeitungsgeschwindigkeit des Rechners bestimmt. Nun wird der durch eine Quarzschaltung vorgegebene Arbeitstakt T nicht von allen Bauelementen in voller Geschwindigkeit genutzt, sondern im Regelfall auf ganzzahlige Bruchteile herunter transformiert. Der Arbeitstakt fortgeschrittener Mikroprozessoren liegt zwischen 6 und 25 MHz. Die zentralen Quarzbausteine, die den Prozessor ansteuern, müssen die doppelte oder dreifache Taktfrequenz für diesen Arbeitstakt zur Verfügung stellen. Andere Bauelemente verwenden wiederum nur einen Bruchteil des Arbeitstaktes des Prozessors. Für die Umwandlung all dieser Zeitsignale aus dem zentralen Quarztakt werden sequentielle Zähler und Frequenzteiler verwendet. Sie sind einfache reguläre Bausteine. Ein einfacher rücksetzbarer modulo-4-Zähler wurde zur Einleitung dieses Kapitels beschrieben. Wir konstruieren einen modulo-6-Vorwärts/Rückwärts-Zähler aus SR-Flip-Flops (s. Bild 5-20). Das Eingabesignal e = a schaltet den Zähler um eins weiter, das Signal e = b setzt den Zähler um eins zurück. Die Ausgabe y zeigt den inneren Zustand Z an.

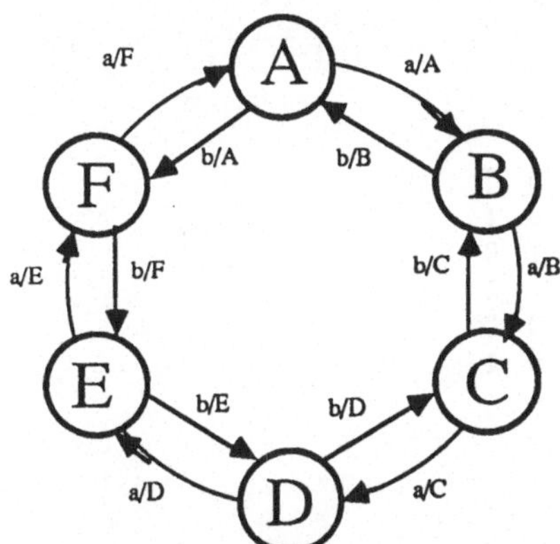

Bild 5-20 Zustandsdiagramm eines modulo-6-Vorwärts/Rückwärtszählers

Das Zustandsdiagramm kann auf verschiedene Weisen kodiert werden. Wir wählen in Bild 5-21 für die Zustandsfolge A, B, C, D, E, F die Binärkodierung $z_0 z_1 z_2$ = 000, 001, 010, 011, 100, 101. Die Eingabesignale e $\in$ {a, b} kodieren wir mit a = 1, b = 0. Die Ausgabe y kodieren wir wie die inneren Zustände mit den drei Signalen $y_0 = z_0$, $y_1 = z_1$, $y_2 = z_2$.

e	z_0	z_1	z_2	z_0'	z_1'	z_2'	y_0	y_1	y_2
0	0	0	0	1	0	1	0	0	0
0	0	0	1	0	0	0	0	0	1
0	0	1	0	0	0	1	0	1	0
0	0	1	1	0	1	0	0	1	1
0	1	0	0	0	1	1	1	0	0
0	1	0	1	1	0	0	1	0	1
0	1	1	0	–	–	–	–	–	–
0	1	1	1	–	–	–	–	–	–
1	0	0	0	0	0	1	0	0	0
1	0	0	1	0	1	0	0	0	1
1	0	1	0	0	1	1	0	1	0

e	z_0	z_1	z_2	z_0'	z_1'	z_2'	y_0	y_1	y_2
1	0	1	1	1	0	0	0	1	1
1	1	0	0	1	0	1	1	0	0
1	1	0	1	0	0	0	1	0	1
1	1	1	0	–	–	–	–	–	–
1	1	1	1	–	–	–	–	–	–

Bild 5-21 Kodierte Zustandstabelle

Zur Realisierung von sechs Zuständen sind mindestens drei Speicherbausteine notwendig.
Für die Realisierung der Schaltung mit SR-Flip-Flops muß die in Bild 5-22 gezeigte An-
steuertabelle für die S_iR_i erstellt werden. Dazu wird die Zustandsübergangstabelle der SR-
Flip-Flops verwendet.

e	z_0	z_1	z_2	z_0'	z_1'	z_2'	S_0	R_0	S_1	R_1	S_2	R_2	y_0	y_1	y_2
0	0	0	0	1	0	1	1	0	0	–	1	0	0	0	0
0	0	0	1	0	0	0	0	–	0	–	0	1	0	0	1
0	0	1	0	0	0	1	0	–	0	1	1	0	0	1	0
0	0	1	1	0	1	0	0	–	–	0	0	1	0	1	1
0	1	0	0	0	1	1	0	1	1	0	1	0	1	0	0
0	1	0	1	1	0	0	–	0	0	–	0	1	1	0	1
0	1	1	0	–	–	–	–	–	–	–	–	–	–	–	–
0	1	1	1	–	–	–	–	–	–	–	–	–	–	–	–
1	0	0	0	0	0	1	0	–	0	–	1	0	0	0	0
1	0	0	1	0	1	0	0	–	1	0	0	1	0	0	1
1	0	1	0	0	1	1	0	–	–	0	1	0	0	1	0
1	0	1	1	1	0	0	1	0	0	1	0	1	0	1	1
1	1	0	0	1	0	1	–	0	0	–	1	0	1	0	0
1	1	0	1	0	0	0	0	1	0	–	0	1	1	0	1
1	1	1	0	–	–	–	–	–	–	–	–	–	–	–	–
1	1	1	1	–	–	–	–	–	–	–	–	–	–	–	–

Q	Q'	S	R
0	0	0	–
0	1	1	0
1	0	0	1
1	1	–	0

Bild 5-22 Ansteuertabelle für SR-Flip-Flops

Aus der Ansteuertabelle folgen logische Ausdrücke zur Realisierung der Schaltung. Wir
wählen unter den verschiedenen Möglichkeiten:

$$S_0 = \bar{e}(\bar{z}_0z_1\bar{z}_2 + z_0z_2) + e(z_0\bar{z}_2 + z_1z_2) \qquad S_1 = \bar{e}(z_0\bar{z}_2 + z_1z_2) + e(\bar{z}_0z_1z_2 + z_1\bar{z}_2) \qquad S_2 = \bar{z}_2$$

$$R_0 = \bar{S}_0 \qquad\qquad R_1 = \bar{S}_1 \qquad\qquad R_2 = z_2 = \bar{S}_2$$

$$y_0 = z_0 \qquad\qquad y_1 = z_1 \qquad\qquad y_2 = z_2$$

Als mögliches Schaltbild erhält man Bild 5-23.

5.4.3 Speicher

Speicherbausteine sind wohl die wichtigste Form integrierter Schaltungen. Technologisch
werden bipolare Speicher (in Schottky TTL oder ECL-Technik) und MOS-Speicher unterschieden. Bipolare Speicher bestehen aus Feldern einzeln adressierbarer bistabiler Kippstufen; sie können als eine Erweiterung der Registerbausteine angesehen werden. Sie sind
derzeit in Größen zwischen 256×1 Bit und 16384×1 Bit lieferbar, aber es gibt auch Bauformen, die byte- oder halbbyteweise adressierbar sind (also z.B. 1024×4 Bit). Die eigentliche Speichermatrix ist meist quadratisch aufgebaut und wird über Zeilen und Spalten

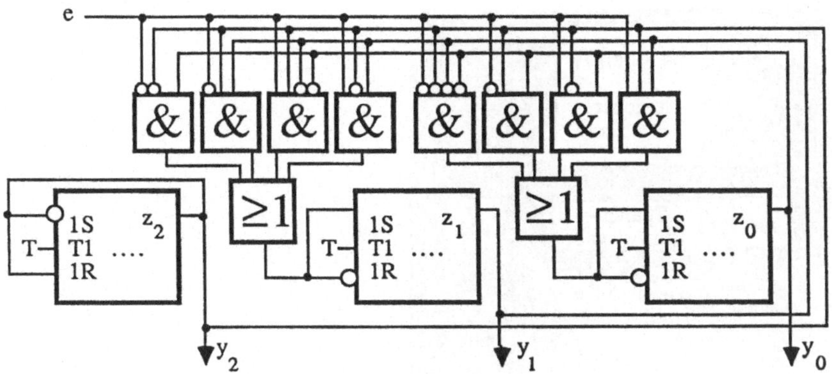

Bild 5-23 Modulo-6-Vorwärts/Rückwärts-Zähler aus RS-Flip-Flops

adressiert. Ein 256×1 Bit-Speicher besteht aus einer 16×16-Matrix, ein 4096×1-Speicher aus einer 64×64-Matrix. Zur Ansteuerung des 4 K-Speichers sind 12 Adreßleitungen notwendig, die in sechs Zeilenadressen A_0-A_5 und sechs Spaltenadressen A_6-A_{11} aufgeteilt sind. Zudem steht ein Dateneingang D_{ein} und ein Datenausgang D_{aus} bereit, sowie ein Lese/Schreibsignal WE (*write enable*) und ein Ein/Ausschalter CS (*chip select*). Die logische Funktion einer Speicherzelle wird durch das in Bild 5-24 gezeigte Prinzipschaltbild beschrieben.

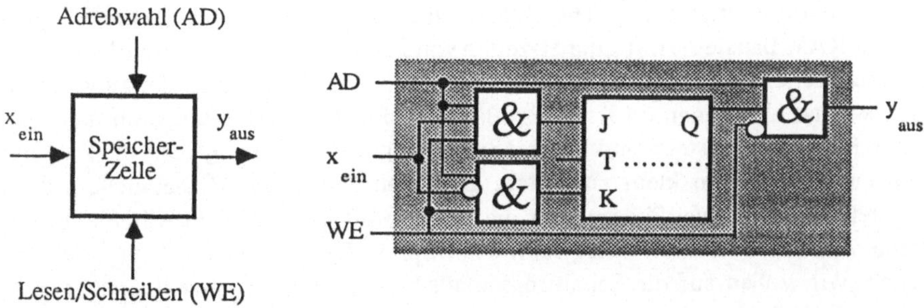

Bild 5-24 Logische Funktion einer Speicherzelle mit Adreßwahl (AD) und Lese/Schreibwahl (WE)

Die Speicherzellen werden quadratisch in n Zeilen aus jeweils n Spaltenbitzellen zusammengefaßt. Zum Lesen oder Beschreiben wird jeweils die adressierte Zeile i und die adressierte Spalte j ausgewählt. So wird genau ein Bit durch die Angabe von Zeile und Spalte ausgewählt. Bei manchen RAM-Bausteinen werden statt eines einzelnen Bits auch Halbbytes oder Bytes adressiert.

Ein 4096×1 Bit-Speicherchip wird aus einer regelmäßigen 64×64 Matrix von Bitspeicherzellen und der notwendigen Ansteuerlogik, also zwei Demultiplexern und der 1-aus-64-Auswahl- und Ein/Ausgabelogik für die adressierte Spalte zusammengesetzt (s. Bild 5-25). Der Baustein wird nur dann angesteuert, wenn das Bausteinauswahlsignal (CS – *chip select*) anliegt. Die Unterscheidung von Aus- und Eingabe erfolgt über das Lese/Schreibsignal (WE – *write enable*).

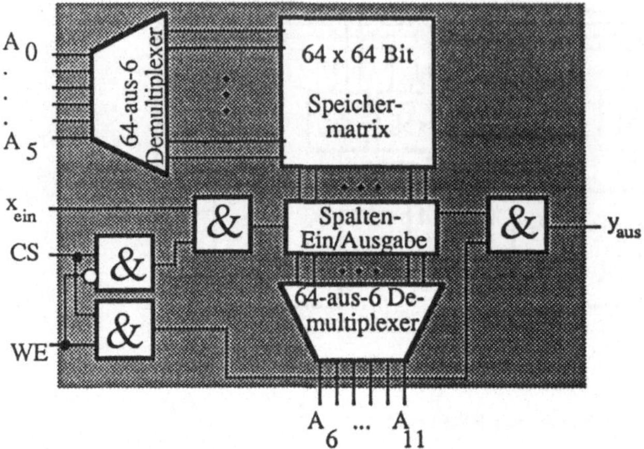

Bild 5-25 Funktionaler Aufbau eines 4 K-MOS-RAM-Bausteins

Bipolare Speicher können sehr schnell sein (Zugriffszeiten 5 ns–35 ns). Sie benötigen allerdings viel Chipfläche pro Speicherzelle und relativ viel Betriebsenergie. Deshalb ist es schwierig, bipolare Speicher mit mehr als 16 KBit Speicherkapazität zu bauen. In MOS-Technologie lassen sich erheblich größere Speicherbausteine herstellen. Derzeit sind 1-Megabit-RAM-Bausteine lieferbar und 4-Megabit-Chips für 1988 angekündigt. Laborversionen von 16 Megabit-Bausteinen sind bereits vorgestellt worden. Die Zugriffszeiten zu einer Speicherzelle liegen typischerweise bei 60–200 ns, aber es sind auch extrem schnelle dynamische 256 KB-RAM-Bausteine mit Zugriffszeiten von 25 ns lieferbar. Ein wesentliches Problem beim Bau solcher Speicherbausteine mit hoher Kapazität ist die Zahl der zu verarbeitenden Adreßsignale. Für einen 64 K × 1 Bit-Baustein sind 16 Adreßleitungen notwendig, für einen 256 K × 1 Bit-Baustein sind sogar 18 Adreßsignale notwendig. Um die Zahl der Adreßleitungen am Baustein klein zu halten, geht man bei diesen MOS-Speichern dazu über, die Adreßsignale in zwei Phasen über die in beiden Phasen gleichen Adreßleitungen bereitzustellen. Dieses Verfahren heißt Adreß-Multiplex. Dies verlangsamt natürlich die Zugriffszeiten. Wir wollen auf die Schaltungsdetails hier nicht weiter eingehen, aber es ist festzuhalten, daß *Refreshlogik* und *Adreßmultiplex* zusätzlichen Schaltungsaufwand beim Einsatz von dynamischen RAM-Chips verlangt.

Zum Rechnen brauchen wir einen Speicher, ein Rechenwerk und eine Steuereinheit. Der Datenaustausch von Rechenwerk und Speicher erfolgt durch die Übergabe von Speicheradresse und Speicherinhalt über Speicheradreßregister SAR und Speicherdatenregister SDR. Ob eine Adresse bereitgestellt wird und ob diese zum Lesen oder Beschreiben des Speichers dient, hängt von einem Lese/Schreibsignal des Steuerwerks ab. Im Rechenwerk selber sind weitere Register zur Bearbeitung der Programmschritte vorhanden, die beim Von-Neumann-Rechner als Speicherworte im Hauptspeicher gespeichert sind. Die eigentliche Verarbeitung besteht in logischen oder arithmetischen Operationen, die einen oder mehrere Operanden verarbeiten. Diese Operanden müssen zur Verarbeitung in Registern gespeichert werden, genau wie das Ergebnis der Operation. Lassen wir das Steuerwerk vorerst unbeachtet, so haben wir die wesentlichen Bausteine eines Rechners vorgestellt.

5.5 Übungen

1. a) Zeichnen Sie das Zustandsdiagramm eines Vorwärts/Rückwärtszählers, der von 0 bis 7 zählt und diesen Wert ausgibt. Als Eingabe diene ein Zählimpuls ξ; ist $\xi = 1$ wird aufwärts gezählt, ist $\xi = 0$ wird abwärts gezählt.
   b) Wählen Sie eine binäre Kodierung der Zustände des Zählers und geben Sie die Ansteuergleichungen für eine Realisierung mit D-Flip-Flops an.
   c) Realisieren Sie den Zähler mit RS-Flip-Flops. Geben Sie die Ansteuergleichungen an.
2. Gegeben sei folgende Schaltung aus D-Flip-Flops. Für das Eingangssignal e und das Ausgangssignal a gelte e, a $\in \{0, 1\}$.

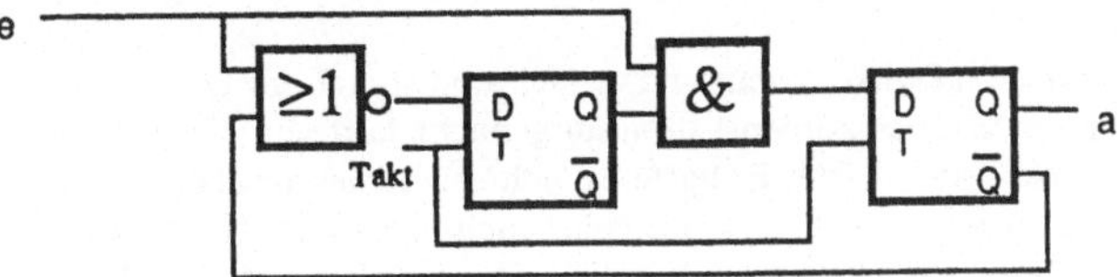

Vollenden Sie das Zustandsdiagramm.

3. Konstruieren Sie einen Sequenzendetektor als sequentielle Schaltung aus D-Flip-Flops. Immer, wenn die Eingabefolge die Teilfolge 010110 enthält, soll mit der letzten eingegebenen 0 eine 1 ausgegeben werden, sonst eine 0.
4. Konstruieren Sie einen Zähler, der sechs Zustände durchläuft und dabei die Ziffernfolge 012345 im 2-aus-5-Kode ausgibt.

Dezimal	2-aus-5-Kode
0	11000
1	00011
2	00101
3	00110
4	01001
5	01010
6	01100
7	10001
8	10010
9	10100

   a) Zeichnen Sie ein Zustandsdiagramm!
   b) Wählen Sie eine binäre Kodierung der Zustände des Zählers und geben Sie die Ansteuergleichungen für eine Realisierung mit RS-Flip-Flops an.

II Rechnerarchitektur

6 Einfache Zahldarstellungen im Rechner

> Funes Stimme, aus dem Dunkel kommend, sprach und sprach. Er erzählte mir, daß er um 1866 sich ein eigenes Zahlensystem ausgedacht hatte und in ganz wenigen Tagen 24000 überschritten hatte. Er hatte es nicht niedergeschrieben, denn was er nur einmal richtig durchdacht hatte, konnte ihm nicht mehr entwischen. Den ersten Anstoß gab ihm, glaube ich, der Ärger über die Unbequemlichkeit, daß die berühmten „Drei und dreißig Uruquayer" 2 Ziffern oder 3 Worte brauchten, anstatt eines einzigen Wortes und einer einzigen Ziffer. Dieses verrückte Prinzip wendete er dann auf die anderen Zahlen an. Anstatt siebentausend und dreizehn sagte er (zum Beispiel) „Máximo Pérez"; anstatt siebentausend und vierzehn „Die Eisenbahn". Andere Zahlen waren „Luis Melian Lafinur", „Olimar", „Sulfur", „der Walfisch", „das Gras", „der Dampfkessel", „Napoleon", „Agustin de Vedia". Anstatt fünfhundert sagte er neun. Jedes Wort hatte sein eigenes Sinnbild, eine Art Merkzeichen; die letzten waren sehr kompliziert... Ich versuchte, ihm auseinanderzusetzen, daß eine Rhapsodie aus unzusammenhängenden Stimmen genau das Gegenteil eines Zahlensystems sei. Ich sagte ihm, daß, wenn man dreihundertfünfundsechzig sagt, man 3 Hunderter, 6 Zehner, 5 Einer nennt. Funes begriff mich nicht oder wollte mich nicht begreifen.
>
> aus: Jorge Louis Borges, Das unerbittliche Gedächtnis

Wir haben bei der Konstruktion des Addierers gesehen, daß eine arithmetische Operation, nämlich die Addition, als logische Operation realisierbar ist, wenn wir die Operanden (vorerst nur natürliche Zahlen) in binärer Darstellung kodieren. Diese Bemerkung führt uns zu einem neuen Problem. Bisher haben wir nur Worte als Bitfolgen interpretiert, was der untersten Ebene der digitalen Schalttechnik entspricht. Für einen „Rechner" ist aber, anders als bei Schaltungen, die Zahl die unterste Bedeutungsebene. Wir werden uns also mit Zahldarstellungen beschäftigen, um daraus Forderungen für die Rechnerarchitektur ableiten zu können.

6.1 Stellensysteme zur Darstellung natürlicher Zahlen

Die uns vertraute Zahldarstellung der natürlichen Zahlen ist die Dezimalzahldarstellung, die eine Stellenwertdarstellung mit fester Basis ist. Allgemein sind solche Darstellungen einer natürlichen Zahl δ zur festen Basis n in folgender Weise aufgebaut:

$$\delta = \sum_{i=0}^{\beta} \alpha_i \cdot n^i$$

wobei für die natürliche Zahl α_i die Beziehung $0 \leqslant \alpha_i < n$ gilt und die natürliche Zahl β für $\delta > 0$ durch die Beziehung $n^{\beta+1} > \delta \geqslant n^{\beta}$ festgelegt wird, um führende Nullen zu unterdrücken (*ein Triumph der Mathematik über die soziale Realität*). Der Sonderfall $\delta = 0$ läßt sich durch $\delta = 0 \cdot n^0$ darstellen.

Historisch sind Stellensysteme eine späte Entwicklung. Die römischen Zahlen sind nicht als Stellensystem aufgebaut und die Null hat sich erst im 14. Jahrhundert in Europa durchgesetzt, das Dezimalkomma gar erst im 17. Jahrhundert.

Konkret gilt für das Dezimalsystem $n = 10$ und $\alpha_i \in \{0, ..., 9\}$. So ist zum Beispiel die Zahl 365 als abgekürzte Schreibweise von $3 \cdot 10^2 + 6 \cdot 10^1 + 5 \cdot 10^0$ interpretierbar.

$$\delta_{10} = \sum_{i=0}^{\beta} \alpha_i \cdot 10^i$$

Für die binäre Zahldarstellung gilt mit $\alpha_i \in \{0, 1\}$:

$$\delta_2 = \sum_{i=0}^{\beta} \alpha_i \cdot 2^i$$

Weitere Zahldarstellungen in der Informatik sind die Oktaldarstellung mit $\alpha_i \in \{0, ..., 7\}$:

$$\delta_8 = \sum_{i=0}^{\beta} \alpha_i \cdot 8^i$$

und die Hexadezimaldarstellung mit $\alpha_i \in \{0, ..., 9, A, ..., F\}$

$$\delta_{16} = \sum_{i=0}^{\beta} \alpha_i \cdot 16^i$$

Wir zeigen einige Zahlen in den verschiedenen Darstellungen:

Dezimal	Binär	Oktal	Hexadezimal
15_{10}	1111_2	17_8	F_{16}
16_{10}	10000_2	20_8	10_{16}
511_{10}	111111111_2	777_8	$1FF_{16}$
1000_{10}	1111101000_2	1750_8	$3E8_{16}$
4711_{10}	1001001100111_2	11147_8	1267_{16}
12345_{10}	11000000111001_2	30071_8	3039_{16}
31415_{10}	111101010110111_2	75267_8	$7AB7_{16}$
65535_{10}	1111111111111111_2	177777_8	$FFFF_{16}$
703710_{10}	10101011110011011110_2	2536336_8	$ABCDE_{16}$

Die Umwandlung einer Zahl aus der Basis q in die Basis p ergibt sich mit Hilfe von Addition und Multiplikation zur Basis p. Man nutzt das direkte Ausrechnen der Summendarstellung. Sei

$$\delta = \delta_q = \sum_{i=0}^{\beta} \alpha_i \cdot q^i$$

Dann rechnet man mit der Basis p

$$\delta = \delta_p = \alpha_0 + q \cdot (\alpha_1 + q \cdot (\alpha_2 + q \cdot (\alpha_3 + ...))).$$

Es muß also nur der Wert der Ziffern $\alpha_i \in \{0, ..., q-1\}$ und der Zahl q zur Basis p bekannt sein und es müssen die Operationen + und $\cdot$ zur Basis p verfügbar sein, um den Wert von δ

als δ_p auszudrücken. Wir zeigen als Beispiel die Umwandlung von $ABCDE_{16}$ in eine Dezimalzahl x. Es gilt:

$$x = E_{16} + 10_{16} \cdot (D_{16} + 10_{16} \cdot (C_{16} + 10_{16} \cdot (B_{16} + 10_{16} \cdot A_{16})))$$
$$= 14_{10} + 16_{10} \cdot 13_{10} + 16_{10} \cdot (12_{10} + 16_{10} \cdot (11_{10} + 16_{10} \cdot 10_{10})))$$
$$= 703710_{10}$$

Eine zweite Variante zur Umwandlung einer Zahl δ in der Darstellung zur Basis q in eine Darstellung zur Basis p nutzt die Gleichheit $\delta = \delta_p = \delta_q$ zu einem rekursiven Verfahren:

$$\delta_p = \sum_{i=0}^{\infty} \alpha_i \cdot p^i = \alpha_0 + p \cdot \left(\sum_{i=1}^{\infty} \alpha_i \cdot p^{i-1} \right) = \delta_q.$$

Damit folgt:

$$\alpha_0 = \delta_q \bmod p.$$

Für die Ziffern $\{0, ..., p\}_p$ können die äquivalenten Zahlen zur Basis q durch Aufzählen in einer Tabelle zusammengefaßt werden. Mit dieser endlichen (und bei kleinen Basen auch kleinen) Tabelle wird die eigentliche Umwandlung vollzogen.

Nun läßt sich diese Argumentation rekursiv verfolgen. Ist α_0 bekannt, so läßt sich δ_p darstellen als $\delta_p = \alpha_0 + p \cdot (\delta \text{ div } p)$. Es bleibt die Aufgabe $(\delta \text{ div } p)$ in der Basis p darzustellen. Die Aufgabe ist also vereinfacht worden, da $(\delta \text{ div } p)$ kleiner ist als δ_p. Da

$$(\delta \text{ div } p) = \sum_{i=1}^{\infty} \alpha_i \cdot p^i = \alpha_1 + p \cdot \left(\sum_{i=2}^{\infty} \alpha_i \cdot p^{i-1} \right)$$

gilt, folgt als induktives Berechnungsschema der α_i:

$$\alpha_0 = \delta_q \bmod p$$
$$\alpha_1 = (\delta_q \text{ div } p) \bmod p$$
$$\alpha_2 = ((\delta_q \text{ div } p) \text{ div } p) \bmod p$$
$$...$$

wobei die rechte Seite als Operation zur Basis q auszuführen ist. (Gilt q = p, so ergibt sich gerade die Aufspaltung der Zahl δ in ihre Ziffernstellen.)

Wir zeigen den Umwandlungsprozeß von einer Dezimalzahl in ihr binäres Äquivalent.

$\alpha_0 = 703710_{10} \bmod 2_{10} = 0_{10} = 0_2$		$\alpha_{10} = 687_{10} \bmod 2_{10} = 1_{10} = 1_2$
$\alpha_1 = 351855_{10} \bmod 2_{10} = 1_{10} = 1_2$		$\alpha_{11} = 343_{10} \bmod 2_{10} = 1_{10} = 1_2$
$\alpha_2 = 175927_{10} \bmod 2_{10} = 1_{10} = 1_2$		$\alpha_{12} = 171_{10} \bmod 2_{10} = 1_{10} = 1_2$
$\alpha_3 = 87963_{10} \bmod 2_{10} = 1_{10} = 1_2$		$\alpha_{13} = 85_{10} \bmod 2_{10} = 1_{10} = 1_2$
$\alpha_4 = 43981_{10} \bmod 2_{10} = 1_{10} = 1_2$		$\alpha_{14} = 42_{10} \bmod 2_{10} = 0_{10} = 0_2$
$\alpha_5 = 21990_{10} \bmod 2_{10} = 0_{10} = 0_2$		$\alpha_{15} = 21_{10} \bmod 2_{10} = 1_{10} = 1_2$
$\alpha_6 = 10995_{10} \bmod 2_{10} = 1_{10} = 1_2$		$\alpha_{16} = 10_{10} \bmod 2_{10} = 0_{10} = 0_2$
$\alpha_7 = 5497_{10} \bmod 2_{10} = 1_{10} = 1_2$		$\alpha_{17} = 5_{10} \bmod 2_{10} = 1_{10} = 1_2$
$\alpha_8 = 2748_{10} \bmod 2_{10} = 0_{10} = 0_2$		$\alpha_{18} = 2_{10} \bmod 2_{10} = 0_{10} = 0_2$
$\alpha_9 = 1374_{10} \bmod 2_{10} = 0_{10} = 0_2$		$\alpha_{19} = 1_{10} \bmod 2_{10} = 1_{10} = 1_2$

Man erhält als Binärdarstellung $1010\ 1011\ 1100\ 1101\ 1110_2$. Man braucht zur Umrechnung einmal die (triviale) tabellarische Umwandlung der Dezimalziffern $\{0_{10}, 1_{10}\}$ in ihre Binär-Äquivalente $\{0_2, 1_2\}$ und zum anderen die Ganzzahldivision zur Basis 10.

Besonders einfach wird der Umwandlungsprozeß, wenn eine Basis q eine Potenz der anderen Basis p ist oder umgekehrt, also $q = p^{\pm n}$. Die Umwandlung einer Zahldarstellung δ_{10} in eine Zahldarstellung δ_{100} verlangt nur eine Umgruppierung der Ziffern: Jeweils zwei Ziffern, beginnend von rechts nach links werden zusammengefaßt, so daß die Umwandlung einer Zifferngruppe „lokal" ohne Kenntnis der übrigen Ziffern erfolgen kann. Umgekehrt läßt sich eine Zahl im Hunderter-System direkt in eine Dezimalzahl umwandeln, indem für jede Zahl ihr dezimales Äquivalent (zwischen 0 und 99) geschrieben wird. Diese vereinfachte Umwandlung wird bei den binär arbeitenden Rechnern genutzt, um dem Programmierer beim Lesen von Speicherinhalten das Studium von Bitketten in Wortlänge (also 16 oder 32 oder mehr Bits) zu ersparen. Die binären Speicherauszüge (engl. *core dumps*) werden für den menschlichen Leser meist oktal oder hexadezimal ausgedruckt, also statt zur Basis 2 zu den Basen 8 ($= 2^3$) oder 16 ($= 2^4$). Jede Oktalziffer wird direkt als Dreiergruppe von Binärziffern dargestellt, ebenso jede Hexadezimalzahl als Vierergruppe von Binärzahlen. So kann dann leicht das genaue Bitbild der Zahl konstruiert werden, falls es nötig ist. Wir betrachten als Beispiel die 20stellige Binärzahl 10101011110011011111_2 und wandeln diese in eine Oktalzahl um, indem wir immer bis zu drei Bits (am rechten Ende beginnend) zusammenfassen und diese dreistelligen Ziffernfolgen direkt in ihr oktales Ziffernäquivalent umsetzen.

Binär	010	101	011	110	011	011	111
Oktal	2	5	3	6	3	3	7

Entsprechend wird das Hex-Äquivalent aus Vierergruppen gebildet.

Binär	1010	1011	1100	1101	1111
Hexadezimal	A	B	C	D	F

Diese speziellen Umwandlungen sind leicht zu bewältigen. Für allgemeine Basisumwandlungen (von Zahlen der Basis p_0 zur Basis p_1) brauchen wir, wie wir vorher gesehen haben, die arithmetischen Operationen der Addition und Multiplikation in beliebigen Basen oder die Operation **div** p und **mod** p. Wir wollen diese kurz einführen und dabei ohne weitere Vertiefung den algorithmischen Prozeß durch kleine Programme in der Programmiersprache Pascal beschreiben. Dies läßt sich leicht in andere Programmiersprachen übertragen.
Für Stellendarstellungen mit der festen Basis p läßt sich eine allgemeine *Additionsmethode* angeben, die auf der Ziffernaddition mit Summen- und Übertragsbildung, dem Aufwärtszählen bis $2 * p - 1$ und dem Rechtsshift beruht. Wir unterscheiden bei der Summe der Ziffernaddition *EinerStelle* und *Übertrag* und verstehen das Aufwärtszählen von x als Addition x + 1. Die folgende Pascal-Prozedur beschreibt die Addition zweier natürlicher Zahlen zur Basis p > 1.

```
procedure Addition;
var i: integer;
begin
   Übertrag:= 0;
     for i:= 1 to Länge do
       begin
       Summe [i]: = Ziffernaddition (Ziffer1 [i], Ziffer2 [i]);
         if Übertrag = 1 then Summe [i]:= Summe [i] + 1;
         Übertrag:= RechtsShift (Summe [i]);
         Summe [i] := EinerStelle (Summe [i]);
     end;
   end;
```

Aufwärtszähler und Ziffernaddition mit EinerStelle und Übertrag sind in endlichen Tabellen mit $2 \cdot p - 1$ bzw. $2p$ Einträgen realisierbar, da der Aufwärtszähler maximal die Summe zweier Ziffern und einen Übertrag 1 addieren muß, und EinerStelle und Übertrag nur aus den Zahlen $0, ..., 1p$ zu berechnen ist. Zum Verständnis der Prozedur ist es nützlich, die Zusammenhänge Rechtsshift $(x) = x$ **div** p und EinerStelle $(x) = x$ **mod** p zu beachten. Für die Basis $p = 2$ sind diese Basisfunktionen direkt als Schaltoperationen an Registern realisierbar (RechtsShift bzw. LinksShift).

Die *Multiplikation* kann in unterschiedlicher Weise auf die wiederholte Addition zurückgeführt werden. Die einfachste Methode ist die n-malige Addition des Multiplikanten m, um das Produkt $n \cdot m$ zu berechnen. Dies ist aber zu zeitaufwendig und kann sehr viel schneller durch eine Kombination von Shift und Addition realisiert werden. Für die Basis $p = 10$ lernt man diese Methode in der Schule. Die folgende Pascal-Prozedur beschreibt das Vorgehen.

```
procedure Multiplikation;
var Zaehler, Index: integer;
begin
   Produkt:= 0;
   for Zaehler:= 1 to Laenge do
   begin
    if Multiplikator > 0 then
      begin
      for Index:= 1 to EinerStelle (Multiplikator) do
          Produkt:= ZahlenAddition (Produkt, Multiplikand);
      Multiplikator:= RechtsShift (Multiplikator);
      Multiplikand:= LinksShift (Multiplikand);
      end;
    end;
end;
```

Zum Verständnis der Prozedur beachte man den Zusammenhang LinksShift $(x_1 ... x_n) = x_1 ... x_n \cdot p = x_n 0$ und RechtsShift $(x_1 ... x_n) = x_1 ... x_n$ div $p = x_1 ... x_{n-1}$; eine Multiplikation mit der Basis p kann als Linksshift um eine Stelle beschrieben werden, eine Division durch p kann als Rechtsshift beschrieben werden.

Die Subtraktion $x - y$ zweier Zahlen x, y mit $x \geqslant y$ wird, wie wir es in der Schule gelernt haben, durch Übertrag geregelt. Die Subtraktion $\alpha - \beta$ von Ziffern $\alpha, \beta \in \{0 .. p\}$ kann in einer Tabelle τ für $\alpha \in \{0, .. 1\,p\}$ und $\beta \in \{0 .. p\}$ festgehalten werden. Es gilt:

$$\tau(\alpha, \beta) = \begin{cases} \alpha - \beta \ \text{falls} \ \alpha \geqslant \beta \\ 1\,\alpha - \beta \ \text{falls} \ \alpha < \beta \end{cases}$$

Die Subtraktion erfolgt ziffernweise, rechts beginnend. Falls $y_0 \leqslant x_0$ ist, kann die Differenz $\tau(y_0, x_0) = y_0 - x_0$ aus der Tabelle abgelesen werden. Falls $y_0 > x_0$, so wird aus der Tabelle $1\,y_0 - x_0$ berechnet und x_1 um den Übertrag eins erhöht (der Übertrag ist „geborgt"). Ist $x \geqslant y$, so wird die Subtraktion $x - y$ mit einem initialen Übertrag 0 iterativ von 0 bis zur Länge von x berechnet durch:

$$x_i - y_i = \begin{cases} \tau(x_i + 1, y_i) \quad \text{falls ein Übertrag von } y_{i-1} - x_{i-1} \text{ besteht} \\ \tau(x_i, y_i) \qquad \text{sonst} \end{cases}$$

Die negativen Zahlen können in einem Stellensystem durch Zufügen eines Minuszeichens dargestellt werden, wobei die Bedeutung von $-x$ durch $0 - x$ erklärt wird und für zwei Zahlen x, y mit $x < y$ die Subtraktion $x - y$ als $-(y - x)$ behandelt wird.

6.2 Wortarithmetik

Im Rechner werden Zahlen im Regelfall als Binärzahlen in Worten $w_n \ldots w_1$ fester Länge n gespeichert, also etwa in Längen von 16 oder 32 Bit. Eine Zahldarstellung in Worten der Länge n Bit hat zur Folge, daß schon bei den natürlichen Zahlen nur ein endlicher Zahlbereich lückenlos darstellbar ist. Mit der Wortlänge n lassen sich 2^n verschiedene binär kodierte natürliche Zahlen darstellen, also etwa das geschlossene Intervall $[0, 2^n-1]$ oder $[-2^{n-1}, +2^{n-1} - 1]$, wenn 0 eindeutig dargestellt wird. Bei der Wortlänge 16 kann der lückenlos darstellbare Bereich positiver natürlicher Zahlen also nur von 0 bis 65 535 reichen. Damit stellt sich das Problem des Bereichsüberlaufs: Operationen, wie etwa die Addition, deren Ergebnis größer als die Obergrenze des darstellbaren Bereichs sind, können nicht mehr exakt dargestellt werden.

Die Wortaddition erfolgt bitweise mit initialem Übertrag $c_0 = 0$. Für die bitweise Addition von Binärzahlen gilt, wie wir schon bei der Konstruktion der Addiererschaltung gesehen haben:

$$c_i = x_i \oplus y_i \oplus c_{i-1}$$

und mit dem Disjunktionsoperator V:

$$s_i = x_i y_i \vee c_{i-1}(x_i \oplus y_i).$$

Die Einführung der negativen Zahlen in der Wortarithmetik kann auf verschiedene Weise erfolgen. Dazu wird ein Bit für die Vorzeichenverschlüsselung reserviert, so daß $n - 1$ Bitstellen für den absoluten Zahlenwert verbleiben. In allen Fällen geht die Darstellung von den in $n - 1$ Stellen binär kodierten natürlichen Zahlen $\delta_2 \in [0, ..., 2^{n-1} - 1]$ im Stellensystem aus.

$$\delta_2 = \sum_{i=0}^{n-2} \alpha_i \cdot 2^i$$

Dabei gelte für positive Zahlen δ_2 im einzelnen $w_{i+1} = \alpha_i$ für alle $0 \leqslant i \leqslant n-1$ und $w_n = 0$. Dann ist die n-stellige Wortdarstellung $w_n \ldots w_1$ für die positiven ganzen Zahlen stets mit linksäußerem Bit $w_n = 0$ definiert. Für die Darstellung negativer Zahlen gibt es nun verschiedene Möglichkeiten, die Worte mit $w_n = 1$ nutzen. Die folgenden drei Darstellungen negativer Binärzahlen als n-stellige Worte sind technisch üblich.

- Das erste Bit des Speicherwortes kann als *Vorzeichen* interpretiert werden, also $w_n = 0$ als positives Vorzeichen und $w_n = 1$ als negatives Vorzeichen. Dann kann die Subtraktion wie oben beschrieben erfolgen. Bei Worten der Länge n werden also 2^{n-1} positive Zahlen $[0, \ldots, 2^{n-1} - 1]$ und genauso viele negative Zahlen $[-2^{n-1} + 1, \ldots, -0]$ dargestellt. Die Zahldarstellung mit explizitem Vorzeichen ist prinzipiell unabhängig von einer bestimmten Wortlänge; d.h. es können Worte unterschiedlich und unbeschränkter Wortlänge verarbeitet werden. Nachteilig ist es, daß zwei Darstellungen des Wertes Null existieren, nämlich 0 und -0. (Dies gilt natürlich auch für das gebräuchliche Dezimalsystem.)

- Beim n-stelligen *Einerkomplement* einer nichtnegativen Zahl x wird die Menge der 2^n darstellbaren Zahlen in zwei symmetrische Hälften geteilt, und zwar so, daß stets die definierende Beziehung

$$-x = (2^n - 1) - x \qquad (*)$$

gilt. Dann gilt insbesondere $-0 = 2^n - 1 - 0 = 2^n - 1$ oder in Speicherworten w ausgedrückt: $0_n 0_{n-1} \ldots 0_1 = 1_n 1_{n-1} \ldots 1_1$. Es gibt also auch hier zwei verschiedene Darstellungen des Wertes Null. Beachtet man, daß für die Addition einer Zahl x mit ihrem Komplement $-x$ gilt:

$$|x| + (-|x|) = x_n x_{n-1} \ldots x_1 + (-x_n x_{n-1} \ldots x_1) = 1_n 1_{n-1} \ldots 1_1$$

so folgt wegen $x_i \vee \bar{x}_i = 1$, daß die Negation der Zahl x durch logisches Komplementieren der einzelnen Stellen erfolgen kann. Schaltungstechnisch ist dies durch die bitweise Invertierung direkt möglich.

- Vom n-stelligen *Zweierkomplement* einer nichtnegativen Zahl x wird als definierende Beziehung

$$-x = 2^n - x \qquad (**)$$

gefordert. Hier wird die Null eindeutig dargestellt, da die für n-stellige Worte die Gleichung $0_n 0_{n-1} \ldots 0_1 = 1_{n+1} 0_n 0_{n-1} \ldots 0_1$ gilt (die führende Stelle 1_{n+1} fällt in der n-stelligen Darstellung weg). Dies ist beim Test, ob ein Speicherwort den Wert Null hat, günstig. Dafür läßt sich das Zweierkomplement nicht ganz so leicht wie das Einerkomplement oder die Vorzeichendarstellung berechnen.

Aus (*) und (**) folgt für die Darstellung von $-x$ als $K_1(x)$ im Einerkomplement und als $K_2(x)$ im Zweierkomplement die Beziehung

$$K_2(x) = K_1(x) + 1.$$

Daraus folgt, daß das Zweierkomplement $K_2(x)$ durch bitweise Negation und die nachfolgende Inkrementierung des Ergebnisses um eins erfolgen kann. Schaltungstechnisch ist dies mit einem Wortaddierer durch Invertierung eines Eingangs realisierbar.

Zur Umwandlung negativer Dezimalzahlen in binäre Einer- oder Zweierkomplemente läßt sich die in Bild 6-1 gezeigte Umwandlung positiver Dezimalzahlen in ihre Binäräquivalente erweitern. Wir zeigen einige Beispiele von Komplementen als 8-Bit-Speicherworte. Zur Berechnung des Einerkomplements $-x$ aus einer Dezimalzahl genügt es, die Binärdarstellung x bitweise zu invertieren. Um $x = -65_{10}$ im 8stelligen Einerkomplement zu erzeugen, wandelt man $|x| = 65_{10}$ zu $|x| = 01000001_2$. Durch bitweise Invertierung erhält man im Einerkomplement $-x = 10111110_2$. Das n-stellige Zweierkomplement von $-x$ kann man wegen (**) aus $|x|$ durch die Subtraktion $2^n - |x| = -x$ mit nachfolgender Binärwandlung erzeugen. Um $x = -65_{10}$ im 8stelligen Zweierkomplement zu erzeugen, subtrahiert man $|x|$ von $2^8 (= 256_{10})$ und wandelt das Ergebnis $-x = 191_{10}$ zu $-x = 10111111_2$.

Dezimaldarstellung	Binärdarstellung		
	Komplement mit Vorzeichen	Einerkomplement	Zweierkomplement
+127	01111111	01111111	01111111
+1	00000001	00000001	00000001
+0	00000000	00000000	00000000
−0	10000000	11111111	00000000
−1	10000001	11111110	11111111
−9	10001001	11110110	11110111
−15	10001111	11110000	11110001
−65	11000001	10111110	10111111
−127	11111111	10000000	10000001
−128	nicht darstellbar	nicht darstellbar	10000000

Bild 6-1 Binäre Zahlenkomplemente in 8-Bit-Wortdarstellungen

Die Addition von positiven, ganzen Zahlen $x_n \dots x_1 + y_n \dots y_1$ in Wortdarstellung geschieht mit einem n-stelligen Wortaddierer passender Länge. Ein Problem ist ein möglicher Überlauf $c_n = 1$ und damit ein Vorzeichenbit $s_n = c_n = 1$, das in allen drei Darstellungen eine nichtpositive Zahl anzeigt. Mit $x_n = 0$ und $y_n = 0$ ist $s_n = 1$ also eine *Fehlermeldung.*
Die Addition zweier Zahlen mit Vorzeichen verlangt eine Fallunterscheidung nach Vorzeichen und Betrag der Operanden. Bei gleichen Vorzeichen kann unter Beibehaltung des Vorzeichens die Addition als Addition der positiven Absolutwerte erfolgen, da $-x - y = (-|x|) + (-|y|) = -(|x| + |y|)$ gilt. Bei ungleichem Vorzeichen wird nach einem Größenvergleich der Absolutwerte $|x|$ und $|y|$ die kleinere Zahl von der größeren abgezogen:

i) $|x| + (-|y|) = +(|x| - |y|)$ falls $|x| \geqslant |y|$

und

ii) $|x| + (-|y| = -(|y| - |x|)$ falls $|y| > |x|$.

Die Subtraktion mit Vorzeichen beruht demnach auf Vorzeichenprüfung und Größenvergleich und der getrennten Ausführung von Addition oder Subtraktion je nach Vorzeichen und Betrag der Operanden.
Die Addition zweier Zahlen x, y im Zweierkomplement führt zu folgenden Fällen:

a) $s = x + y$ mit $x, y \geqslant 0$ entspricht der Addition positiver Zahlen. Das Ergebnis s ist korrekt, wenn $s_n = 0 (= x_n = y_n)$. Mit $s_n = 1$ liegt *Überlauffehler* vor und es gilt $s_n \neq c_{n+1}$, da c_{n+1} mit positivem x, y, also $x_n = y_n = 0$ nur den Wert 0 annehmen kann.

b) Bei zwei negativen Zahlen x, y folgt aus

$$-x - y = (-x) + (-y) = (2^n - x) + (2^n - y) = 2^{n+1} - (x + y)$$

daß der Summand 2^{n+1} bei einem Speicherwort der Länge n ohne Wirkung bleibt. Es gilt also $-x - y = -(x + y)$ und dies ist das korrekte Ergebnis der Addition. Gilt $s_n = 1$, ist eine negative Zahl im zulässigen Bereich erzeugt worden. Mit $s_n = 0$ ist fälschlich eine positive Zahl erzeugt worden und es muß wegen $x_n = y_n = 1$ der Wert $c_{n+1} = 1$ erzeugt worden sein. Es liegt ein *Überlauffehler* vor; dabei gilt wiederum $s_n \neq c_{n+1}$.

c) Bei ungleichen Vorzeichen von x und y sei o.B.d.A. $x \geqslant 0$ und $y < 0$. Dann gilt

$$x - y = x + (-|y|) = 2^n - 2^n + x - |y| = (2^n - |y|) + x - 2^n.$$

Addiert man also das Zweierkomplement von y zu x, so entsteht ein Ergebnis $s' = x - y + 2^n$, das um 2^n zu groß ist. Das korrekte Ergebnis muß im zulässigen Zahlbereich liegen, d.h. es kann keinen Überlauffehler geben. Ist formal ein linksäußerer Übertrag $c_{n+1} = 1$ entstanden, kann dieser demnach durch Abziehen von 2^n neutralisiert werden und s' ist das korrekte Ergebnis. Ist $c_{n+1} = 0$, gilt $x - y = -(2^n - s') = 2^n - (2^n - s') = s'$, d.h. das Ergebnis ist ebenfalls korrekt.

Der Wortaddierer kann demnach für Addition und Subtraktion im Zweier-Komplement gleichermaßen verwendet werden. Er arbeitet mit den Operanden $x_n \dots x_1$, $y_n \dots y_1$ und dem Ergebnis $s_n \dots s_1$ mit ganzen Zahlen $x, y, s \in [-2^{n-1}, +2^{n-1} - 1]$ korrekt. Als Überlauffehlerbedingung γ (engl. *overflow*) erhalten wir mit $s_n = c_n \oplus x_n \oplus y_n$:

$$\gamma = (\bar{x}_n \oplus y_n)(s_n \oplus c_{n+1}) = (\bar{x}_n \oplus y_n)(c_{n+1} \oplus c_n \oplus x_n \oplus y_n) = c_n \oplus c_{n+1}$$

mit den beiden linksäußeren Übertragsbits c_n und c_{n+1}. Softwaremäßig läßt sich $(\bar{x}_n \oplus y_n)$ $(s_n \oplus c_{n+1})$ direkt abfragen. Kann die Leitung c_n hardwaremäßig abgegriffen werden, so läßt sich die vereinfachte Bedingung $c_n \oplus c_{n+1}$ testen.

Wegen seiner einfachen Eigenschaften wird das Zweierkomplement häufig zur internen Zahldarstellung in Rechnern verwendet. Bei komplexeren Operationen, wie der Multiplikation und Division, ist dieser Komplexitätsvorteil gegenüber Zahldarstellungen mit Vorzeichen allerdings nicht mehr gegeben.

Wir zeigen einige Beispiele mit bytelangen Zahlen $z_8 \dots z_1$ im Zweierkomplement. Das linksäußere Überlaufbit c_9 wird zur Fehlerkontrolle mit berechnet.

1.	17_{10}	00010001_2	2.	85_{10}	01010101_2
	$+\ \ 4_{10}$	$+\ 00000100_2$		$+\ 42_{10}$	$+00101011_2$
	21_{10}	$0\ \ 00010101_2$		$128_{10}\ \Rightarrow$	$0\ \ 10000000_2$
3.	125_{10}	00010001_2	4.	100_{10}	01100100_2
	$+\ \ 0_{10}$	$+00000000_2$		$-\ \ 0_{10}$	$+00000000_2$
	125_{10}	$0\ \ 00010001_2$		100_{10}	$0\ \ 01100100_2$
5.	65_{10}	01000001_2	6.	-32_{10}	11000000_2
	$-\ \ 3_{10}$	$+11111101_2$		-16_{10}	$+11110000_2$
	62_{10}	$1\ \ 00111110_2$		-48_{10}	$1\ \ 11010000_2$

7.	16_{10}	00010000_2	8.	-115_{10}	10001101_2
	$\underline{-32_{10}}$	$\underline{+11100000_2}$		$\underline{-13_{10}}$	$\underline{+11110011_2}$
	-16_{10}	$0 \;\; 11110000_2$		-128_{10}	$1 \;\; 10000000_2$

9.	65_{10}	01000001_2	10.	-115_{10}	10001101_2
	$\underline{+\;\;63_{10}}$	$\underline{+00111111_2}$		$\underline{-16_{10}}$	$\underline{+11110000_2}$
	$128_{10} \;\Rightarrow$	$0 \;\; 10000000_2$		$-113_{10} \;\Rightarrow$	$0 \;\; 11111101_2$

Man sieht, daß bei ungleichen Vorzeichen der Operanden einflußlose linksäußere Überträge entstehen können (5) und daß die Zahl -2^{n-1} noch korrekt darstellbar ist (8). Bei gleichen Vorzeichen der Operanden führt das Ergebnis $+2^{n-1}$ zu einem mit $\Rightarrow$ markierten fehlerhaften Überlauf mit $s_8 \neq c_9$ ebenso wie in (9) und (10).

Bei der Darstellung im Einer-Komplement kann ebenfalls die Addiererschaltung für Addition und Subtraktion verwendet werden.

a) Sind beide Vorzeichen positiv, geschieht das gleiche wie beim Zweierkomplement, da sich bei positiven Zahlen Einer- und Zweierkomplementdarstellung nicht unterscheiden. Insbesondere ist $c_{n+1} = 0$. Ein Überlauffehler liegt vor, wenn das Vorzeichen $s_n = 1$ wird.

b) Sind beide Zahlen negativ, werden die Zweierkomplemente addiert. Bei zwei negativen Zahlen x, y folgt aus $-x -y = (-x) + (-y) = (2^n - 1 - x) + (2^n - 1 - y) = 2^{n+1} - (x + y) - 2$, daß der Summand 2^{n+1} bei einem Speicherwort der Länge n ohne Wirkung bleibt. Es gilt also

$$-x - y = -(x + y) - 2 = 2^n - (x + y) - 1.$$

Das Ergebnis ist ein Einerkomplement, aber um 1 zu klein. Man kann dies schaltungstechnisch dadurch korrigieren, daß man c_n, das in diesem Fall immer eins ist, zu s' addiert (engl. *end-around-carry*). Ein Überlauffehler liegt vor, wenn $s_n = 0$ gilt.

c) Sind die Vorzeichen ungleich, wird

$$x - y = x + (-|y|) = 2^n - 1 - 2^n + 1 + x - |y| = (2^n - 1 - |y|) + x - 2^n + 1.$$

Addiert man $-y$ im Einerkomplement zu x, so gilt

$$s' = x - y + (2^n - 1) \qquad\qquad\qquad (***)$$

Liegt kein Übertrag $c_{n+1} = 1$ vor, ist s' wegen $s' - 2^n + 1 = s' = x - y$ bereits das korrekte Ergebnis. Komplizierter ist der Fall $c_{n+1} = 1$; dieser kann durch die Subtraktion von 2^n neutralisiert werden, wenn zu s' gemäß $(***)$ noch eine 1 addiert wird. Man kann dies wie bei b) schaltungstechnisch dadurch erreichen, daß man bei ungleichen Vorzeichen x_n, y_n der Operanden den Übertrag c_{n+1} zu s' addiert.

Wir zeigen einige Beispiele zum Einerkomplement.

1.	125_{10}	00010001_2	2.	100_{10}	01100100_2
	$\underline{+\;\;0_{10}}$	$\underline{+00000000_2}$		$\underline{-\;\;0_{10}}$	$\underline{+11111111_2}$
	125_{10}	$0 \;\; 00010001_2$			$1 \;\; 01100011_2$
					$\underline{+ \qquad\qquad 1_2}$
				100_{10}	$1 \;\; 01100100_2$

3.	65_{10}	01000001_2	4.	16_{10}	00010000_2
	$-\ 3_{10}$	$+11111100_2$		-32_{10}	$+11011111_2$
		$1\ \ 00111101_2$			$0\ \ 11101111_2$
		$+\ \ \ \ \ \ \ \ 1_2$			$+\ \ \ \ \ \ \ \ 0_2$
	62_{10}	$1\ \ 00111110_2$		-16_{10}	$0\ \ 11101111_2$
5.	-115_{10}	10001101_2	6.	65_{10}	01000001_2
	-13_{10}	$+11110010_2$		$+\ 63_{10}$	$+00111111_2$
	$-128_{10} \Rightarrow$	$1\ \ 01111111_2$		$128_{10} \Rightarrow$	$0\ \ 10000000_2$

Man sieht, daß in den Fällen (2) und (3) ein End-around-Carry $c_{n+1} = 1$ addiert werden muß. Bei (4) kann natürlich auf die Addition des *End-around-Carrys* $c_{n+1} = 0$ verzichtet werden, wenn man zuvor den Wert von c_{n+1} abfragt. (5) und (6) zeigen, daß der darstellbare Zahlbereich symmetrisch aufgebaut ist und das ganzzahlige Intervall $[-2^{n-1}, +2^{n-1}]$ umfaßt. Überlauffehler können wie im Zweierkomplement nur bei gleichen Vorzeichen der Operanden vorkommen und werden wie im Zweierkomplement durch die Bedingung $(\bar{x}_n \oplus y_n)$ $(s_n \oplus c_{n+1}) = c_n \oplus c_{n+1}$ erkannt.

Das Einerkomplement wird seltener in Rechnern eingesetzt, da das End-around-Carry zusätzliche Schaltungskomplikationen bringt.

6.3 Übungen

1. a) Stellen Sie die folgenden Dezimalzahlen binär, oktal und hexadezimal dar:
   870353_{10}, 367070_{10}, 532286_{10}, 787_{10}, 32323_{10}.
   b) Stellen Sie die folgenden Zahlen hexadezimal dar.
   68_9, 118_{11}, 550_6, 1810_{10}, 238705_9, 18162_{15}.
2. Erzeugen Sie für die folgenden Dezimalstellen 16stellige binäre Darstellungen in einer Darstellung mit Vorzeichen, im Einerkomplement und im Zweierkomplement, soweit dies möglich ist:
   $+1451_{10}$, -2048_{10}, -1917_{10}, -333_{10}, 32768_{10}, -32768_{10}, -32767_{10}
3. Führen Sie die folgenden Operationen in der Basis des ersten Operanden aus.
   $18765_{10} + 23667_8$
   $7545_{11} - 6976_{10}$
   $769C8_{16} \cdot 545_6$
   $-786767_{16} - 766_8$
   $34413_5 \cdot 8787_9$
4. Beschreiben Sie ein binäres Zahlensystem zur Darstellung ganzer Zahlen aus fünf Bits. Geben Sie alle Zahlen an.
   a) Verwenden Sie eine Darstellung mit Vorzeichen.
   b) Verwenden Sie eine Einerkomplementdarstellung.
   c) Verwenden Sie eine Zweierkomplementdarstellung.
5. a) Bilden Sie Einer- und Zweierkomplement für folgende 8-Bit-Zahlen:
   01010100_2, 11101010_2, 01111111_2, 10000000_2, 10000001_2, 01111110_2, 01101101_2
   b) Stellen Sie die folgenden Zahlen als binäre Einer- und Zweierkomplemente mit 8 Stellen dar, sofern dies möglich ist.
   100_{10}, 67_8, -210_3, 105_{11}, 90_{13}, -4_{29}, 151_8, -50_{12}, 8_{17}, 128_{10}, $5A_{16}$, -128_{10}
6. Konstruieren Sie einen kombinatorischen Drei-Bit-Addierer, der Zahlen im Einerkomplement verarbeitet.

7 Aufbau und Arbeitsweise einer Zentraleinheit

> Die Zentrale weiß alles besser. Die Zentrale hat die Übersicht, den Glauben an die Übersicht und eine Kartothek. In der Zentrale sind die Männer mit unendlichem Stunk untereinander beschäftigt, aber sie klopfen dir auf die Schulter und sagen: „Lieber Freund, Sie können das von Ihrem Einzelposten nicht so beurteilen! Wir in der Zentrale..."
> Die Zentrale hat zunächst eine Hauptsorge: Zentrale zu bleiben. Gnade Gott dem untergeordneten Organ, das wagte, etwas selbständig zu tun! Ob es vernünftig war oder nicht, ob es nötig war oder nicht, ob es da gebrannt hat oder nicht: Erst muß die Zentrale gefragt werden. Wofür wäre sie denn sonst Zentrale! Dafür, daß sie Zentrale ist! Merken Sie sich das. Mögen die draußen sehen, wie sie fertig werden. In der Zentrale sitzen nicht die Klugen, sondern die Schlauen.
>
> Kurt Tucholsky, Die Zentrale, 1925

7.1 Arithmetische und Logische Einheit (ALU)

Der iterative Addierer und der Shifter bilden den operativen Kern des Rechenwerks. Die natürlichen Zahlen seien als Binärzahlen im 1er- oder 2er-Komplement dargestellt. Um eine Zahl $x_n \ldots x_1$ im 1er-Komplement zu negieren, genügt ein Negationsbaustein $\bar{x}_i$ für jedes Bit x_i. Um x, x und die Konstanten 0 und 1 auszuwählen, kann eine parametrische Schaltung verwendet werden, die aus einem Eingangswert x je nach Belegung der beiden Steuerparameter a und b alle vier einstelligen Booleschen Funktionen erzeugt (s. Bild 7-1).

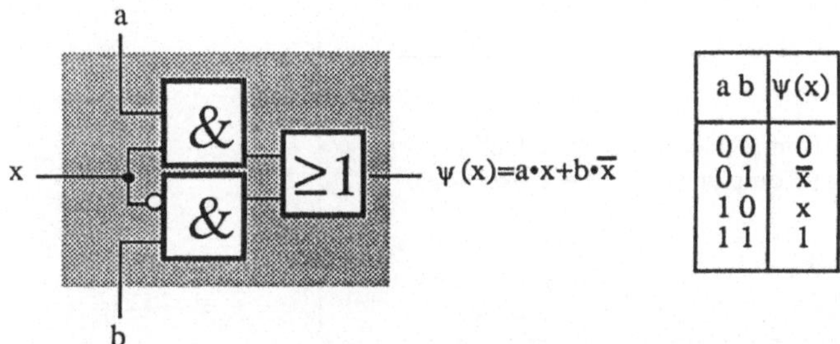

Bild 7-1 Parametrische Schaltung zur Erzeugung der einstelligen Schaltfunktionen

Mit diesem Baustein läßt sich nun aus einem iterativen Wortaddierer eine einfache arithmetische Einheit konstruieren, die dann zur Arithmetischen und Logischen Einheit (ALU) erweitert werden kann (s. Bild 7-2). Dazu sei ein Eingabewort für alle Stellen auf eine parametrische Schaltung mit den Steuersignalen a und b gelegt. Die arithmetische Einheit läßt sich als Addierer mit vorgeschaltetem parametrischen Eingang und wählbarem initialen Überlaufbit c_0 aufbauen. Als Fehlermeldung können die Überlaufbits c_n und c_{n+1} der höchsten Stellen gesetzt werden. Für die Eingabewerte und das Ergebnis soll jeweils ein Register in Wortlänge zur Verfügung stehen.

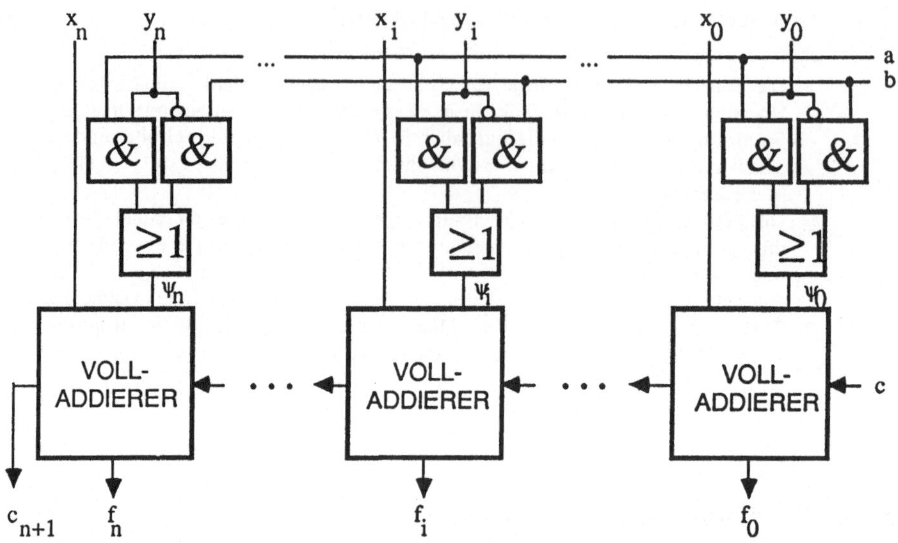

Bild 7-2 Einfache n-stellige arithmetische Einheit

Die arithmetischen Wortoperationen der Addition, Subtraktion, Multiplikation und Division lassen sich mit dieser Schaltung durchführen. Um dies zu zeigen, wird die Funktion $f(x, y, a, b, c)$ und der Ausgabewert ψ_i der parametrischen Schaltung in Bild 7-3 tabellarisch dargestellt.

a b c	ψ_i	$f(x, y, a, b, c)$	
0 0 0	0	x	
0 0 1	0	x + 1	
0 1 0	$\overline{y}_i$	x − y im Einer-Komplement	$(= x + 2^n - 1 - y)$
0 1 1	$\overline{y}_i$	x − y im Zweier-Komplement	$(= x + 2^n - y)$
1 0 0	y_i	x + y	
1 0 1	y_i	x + y + 1	
1 1 0	1	x − 1	$(= x + 2^n - 1)$
1 1 1	1	x	$(= x + 2^n)$

Bild 7-3 Von der arithmetischen Einheit erzeugte Funktionen

Wesentliche arithmetische Funktionen werden also von dieser Schaltung erzeugt. Um auch logische Funktionen zu realisieren, wird der Transport des Übertrags von einer Zelle zur nächsten unterbrochen (s. Bild 7-4). Das Schaltsignal d = 0 schaltet die Übertragung ab, d = 1 schaltet sie durch. Die arithmetischen Funktionen werden also mit d = 1 erzeugt, die logischen mit d = 0.

Für die logischen Funktionen mit d = 0 sind die Überträge einschließlich des initialen Übertrags c ohne Bedeutung; es ergibt sich folgende Tabelle:

a b c d	ψ_i	$f(x, y, a, b, c, d)$
0 0 − 0	0	x
0 1 − 0	$\overline{y}_i$	$x \oplus \overline{y} = (x \equiv y)$
1 0 − 0	y_i	$x \oplus y$
1 1 − 0	1	$x \oplus 1 = \overline{x}$

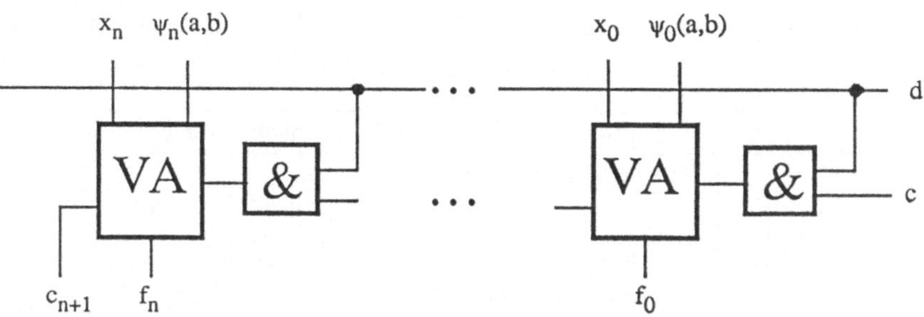

Bild 7-4 Steuerung der Übertragsbits einer ALU (d = 1 arithmetisch, d = 0 logisch)

Als logische Operationen wurden neben der Negation beider Eingaben so die EXOR- und die Äquivalenzfunktion gewonnen; leider bilden diese Funktionen keine vollständige logische Basis. Es fehlt die Disjunktion $\vee$ und/oder die Konjunktion $\wedge$. Um die Schaltung zu erweitern, ist einige Intuition nötig. Im Prinzip müssen die weniger wichtigen logischen Funktionen durch die zusätzlich erwünschten ersetzt werden. Wir opfern die Identität $z = x$ und die Äquivalenz $z = (x \equiv y)$. Die Identität $z = x$ wird sowohl mit $\bar{a}\bar{b}\bar{d}$ als „logische" Funktion wie mit abcd und $\bar{a}b\bar{c}d$ als „arithmetische" Funktion erzeugt. Wir benutzen das Steuersignal $\bar{a}\bar{b}\bar{d}$ zur Erzeugung der Disjunktion $x_i \vee y_i$, indem wir den Eingang x_i der Addiererzelle i durch Einfügen eines ODER-Gatters und eines UND-Gatters zu $x_i' = x_i \vee \bar{a}\bar{b}\bar{d}y_i$ verändern. Auch die Äquivalenz $x \equiv y$ wird nicht unbedingt gebraucht, da sie als Komplement der EXOR-Funktion darstellbar ist. Mit ihrem Steuersignal $\bar{a}b\bar{d}$ kann man x_i' zu $x_i'' = x_i \vee \bar{a}\bar{b}\bar{d}y_i \vee \bar{a}b\bar{d}\bar{y}_i = \xi_i$ erweitern. Die Funktionstabelle ändert sich zu:

a	b	c	d	ξ_i	ψ_i	f(x, y, a, b, c, d)
0	0	–	0	$x_i \vee y_i$	0	$x \vee y$
0	1	–	0	$x_i \vee \bar{y}_i$	$\bar{y}_i$	$(x \vee \bar{y}) \oplus \bar{y} = x \wedge y$
1	0	–	0	x_i	y_i	$x \oplus y$
1	1	–	0	x_i	1	$x \oplus 1 = \bar{x}$

Als Kernzelle einer Arithmetischen und Logischen Einheit (ALU) ergibt sich die in Bild 7-5 gezeigte Schaltung.

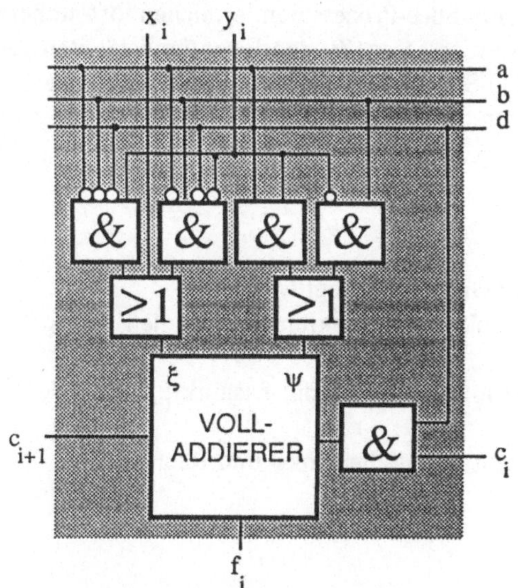

Bild 7-5 Zelle einer Arithmetischen und Logischen Einheit (ALU)

Mit $d = 0$ werden die arithmetischen, mit $d = 1$ die logischen Funktionen der ALU beschrieben:

a	b	c	d	ξ_i	ψ_i	f(x, y, a, b, c)	Bemerkungen
						Arithmetische Funktionen	
0	0	0	1	x_i	0	x	Identität (Transfer)
0	0	1	1	x_i	0	x + 1	Inkrement
0	1	0	1	x_i	$\bar{y}_i$	x − y im Einer-Komplement	Subtraktion
0	1	1	1	x_i	$\bar{y}_i$	x − y im Zweier-Komplement	Subtraktion
1	0	0	1	x_i	y_i	x + y	Addition
1	0	1	1	x_i	y_i	x + y + 1	Addition mit Übertrag
1	1	0	1	x_i	1	x − 1	Dekrement
1	1	1	1	x_i	1	x	Identität
						Logische Funktionen	
0	0	−	0	$x_i \vee y_i$	0	x $\vee$ y	Disjunktion
0	1	−	0	$x_i \vee \bar{y}_i$	$\bar{y}_i$	x $\wedge$ y	Konjunktion
1	0	−	0	x_i	y_i	x $\oplus$ y	Antivalenz
1	1	−	0	x_i	1	x	Einer-Komplement

Der Entwurfsweg, den wir für die Arithmetische und Logische Einheit gewählt haben, nämlich

- Entwurf der wesentlichen, arithmetischen Schaltung,
- Erweitern um die logischen Funktionen, bei denen kein Übertrag benutzt wird,
- Modifikation der Schaltung zur Konstruktion der fehlenden logischen Funktionen,

ist typisch für das ingenieursmäßige Konstruieren komplexer Bausteine. Er erklärt auch, warum es eine Vielzahl unterschiedlicher ALU-Entwürfe gibt.

Für die konkrete Wahl einer Arithmetischen und Logischen Einheit wird man in vielen Fällen auf einen Baustein mit den gewünschten logischen und physikalischen Eigenschaften zurückgreifen. Es gibt 1-Bit- und 4-Bit-ALU-Zellen als integrierte Bausteine, aber auch Erweiterungen der ALU-Schaltungen mit den notwendigen Registern zu integrierten Mikroprozessoren mit 8-, 16- oder 32-Bit Wortlänge. Eine andere Erweiterung der ALU-Zellen besteht darin, 4-Bit-ALUs zu 4-Bit-Prozessor-Scheiben (4-*Bit-Slice Processor* oder *Chip-Slice Processor*) zu ergänzen. Aus diesen Zentralprozessoren können Prozessoren beliebiger Wortlänge zusammengestellt werden. Chip-Slice-Prozessoren erreichen oft höhere Arbeitsgeschwindigkeiten als integrierte Mikroprozessoren. Zu den Eigentümlichkeiten des Halbleitermarktes gehört es, daß auch die Chip-Slice-Prozessoren wieder zusammengefaßt als Mikroprozessorbausteine angeboten werden. So integriert der 32-Bit-Mikroprozessor WS 59032 acht Chip-Slice-Prozessoren vom Typ 2901 mit 32 Registern zu einem einzigen IC.

7.2 Ein einfaches Rechenwerk

Die Aufgaben des Rechenwerks können in vier Gruppen zerlegt werden:
(1) Arithmetische Operationen wie Addition, Inkrement, Dekrement und die Bildung von Zahlkomplementen,
(2) Logische Operationen wie bitweise Negation, Konjunktion, Disjunktion, EXOR-Bildung,
(3) Schiebeoperationen, also zyklische und nicht-zyklische Links- und Rechtsshifts,
(4) Vergleichsoperationen zwischen Zahlen.

Die komplexeren arithmetischen Operationen, wie Multiplikation und Division können aus der Addition und Komplementbildung und den Shiftoperationen zusammengesetzt werden oder durch besondere Schaltungen implementiert werden.

Die vorher konstruierte Arithmetische und Logische Einheit erfüllt die arithmetischen und logischen Aufgaben, die zur Verarbeitung der Daten notwendig sind. Die *Verschiebeoperationen* können von einem der ALU vor- oder nachgeschalteten iterativen Shifter bitweise vorgenommen werden. Die *Vergleichsoperationen* können durch eine weitere Ergänzung der ALU-Schaltung realisiert werden, so daß das Ergebnis der Vergleiche in einem *Statusregister* angezeigt wird (s. Bild 7-6). Das Statusregister für eine n-stellige ALU erzeugt aus dem Ergebnis $s_n \ldots s_1$ und den Überträgen c_n und c_{n+1}:

— Ein Übertragsbit $C = c_{n+1}$ der n-ten ALU-Zelle, das anzeigt, ob eine arithmetische Operation ein Übertragsbit generiert hat.

— Ein Vorzeichenbit $N = s_n$, das mit $N = 1$ ein Minuszeichen des Ergebnisses anzeigt.

— Ein Nullbit $Z = \bar{s}_n \cdot \ldots \cdot \bar{s}_1$, das anzeigt, ob das Ergebnis nur aus Nullen besteht.

— Ein Überlaufbit V für Zweier-Komplemente, das aus den beiden Übertragsbits c_n und c_{n+1} die Überlaufbedingung $V = c_n \oplus c_{n+1}$ berechnet.

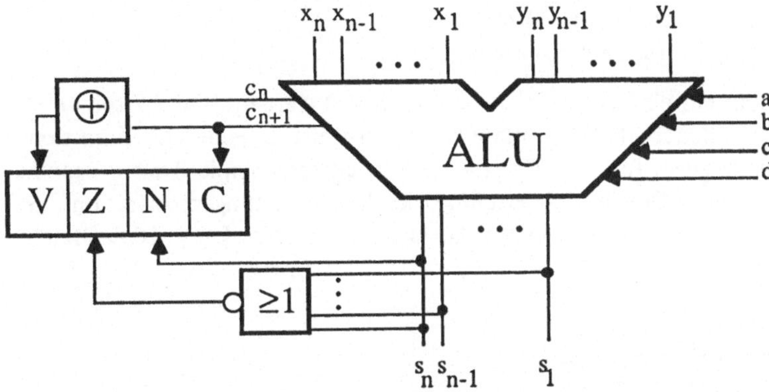

Bild 7-6 Statusregister zur Anzeige von Vergleichoperationen in der ALU mit arithmetischem Überlaufanzeiger V, Nulltest Z, Vorzeichenbit N und linksäußerem Übertragsbit C.

Das Statusregister erlaubt den Vergleich von Eingabeworten x, y. x und y seien vorzeichenlose Binärzahlen. Subtrahiert man y und x, folgt aus $Z = 1$, daß $x = y$ gilt und aus $Z = 0$ folgt $x \neq y$. Von der Subtraktion wissen wir, daß $C = 1$ genau dann gilt, wenn $x \geqslant y$. Bei der Subtraktion von Binärzahlen im Zweierkomplement, kann aus dem Vorzeichen $N = 0$ ohne Überlauf V geschlossen werden, daß $x \geqslant y$ galt. Das gleiche gilt bei Überlauf $V = 1$ mit dem dadurch geänderten negativen Vorzeichen $N = 1$. Man kann also aus $N = V$ folgern, daß $x \geqslant y$. Negatives Vorzeichen $N = 1$ ohne Überlauf ebenso wie positives Vorzeichen mit Überlauf bedeutet $x < y$. Zusammengefaßt gilt:

Relation	vorzeichenlose Zahlen	Zahlen im 2er-Komplement
$x > y$	$Z = 0$ und $C = 1$	$Z = 0$ und $N = V$
$x \geqslant y$	$C = 1$	$N = V$
$x < y$	$C = 0$	$N \neq V$
$x \leqslant y$	$Z = 1$ oder $C = 0$	$Z = 1$ oder $N \neq V$
$x = y$	$Z = 1$	$Z = 1$
$x \neq y$	$Z = 0$	$Z = 0$

7.3 Steuerung eines Prozessors

Die verschiedenen Elemente eines Prozessors sind nun vorgestellt worden. Über die Arbeitsweise des Prozessors auf der untersten Ebene entscheiden die *Steuersignale*, die den Zustand der Hardware bestimmen. Auf dieser Schaltebene arbeitet der Rechner taktgesteuert parallel, d.h. es wird eine Vielzahl von Steuersignalen gleichzeitig ausgelöst und verarbeitet. Die Hardware-Elemente des Prozessors, also Register, Steuerwerk und ALU sind fest gegeben. Jeder einzelne Steuerschritt kann durch ein Steuerwort beschrieben werden, das die Steuersignale für diesen Schritt enthält. Als Beispiel soll die Steuerung einer 16-Bit-ALU mit acht Arbeitsregistern betrachtet werden. Für diesen einfachen Prozessor genügt ein 16-Bit Steuerwort, das 16 Steuerleitungen bedient. (Reale Prozessoren haben weit mehr als 16 Steuerleitungen). Folgende Funktionen des Steuerworts $\sigma = \sigma_0 \dots \sigma_{15}$ werden festgelegt:

$\sigma_0\sigma_1\sigma_2$	$X_0X_1X_2$	Auswahl des Quellregisters als x-Operand der ALU
$\sigma_3\sigma_4\sigma_5$	$Y_0Y_1Y_2$	Auswahl des Quellregisters als y-Operand der ALU
$\sigma_6\sigma_7\sigma_8$	$F_0F_1F_2$	Auswahl der ALU-Funktion
σ_9	C_{ein}	Initialer Übertrag
$\sigma_{10}\sigma_{11}\sigma_{12}$	$S_0\,S_1\,S_2$	Shiftersteuerung
$\sigma_{13}\sigma_{14}\sigma_{15}$	$R_0R_1R_2$	Auswahl des Zielregisters

Mit diesen Signalen kann ein einfacher Prozessor angesteuert werden. Bild 7-7 zeigt einen Prozessor, der die obigen Steuerbefehle ausführen kann. Er weist für jede ALU-Funktion σ zwei frei wählbare Quellregister und ein Zielregister über entsprechende Busleitungen zu. Man spricht deshalb von einer *Drei-Adreß-Maschine*, die drei Busleitungen besitzt und deshalb Maschinenbefehle mit drei unabhängigen Adressen verarbeiten kann. Diese Befehle heißen *Drei-Adreß-Befehle*.

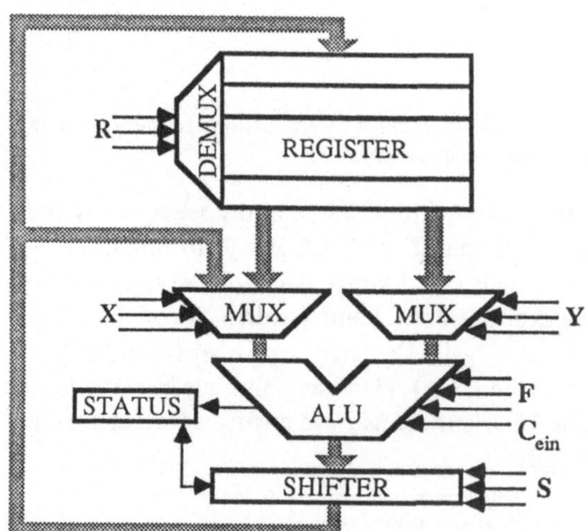

Bild 7-7 Steuerleitungen eines einfachen Prozessors

Drei-Adreß-Befehle dienen der bequemen Verarbeitung zweistelliger arithmetischer oder logischer Operationen. Andererseits machen solche Befehle statistisch nur einen geringen Teil der in typischen Programmen verwendeten Maschinenbefehle aus (oft weniger als zwanzig Prozent). Bei vielen Prozessoren wird deshalb eines der Quellregister als Zielregister verwendet; die Steuersignale X und R werden zusammengefaßt. Man spricht dann von einer *Zweiadreß*-Maschine. Sie sind einfacher als Drei-Adreß-Maschinen aufzubauen. Es gibt auch *Ein-Adreß*-Maschinen, bei denen oft nur ein einziges Arbeitsregister, der sogenannte Akkumulator, benutzt wird und der zweite Operand direkt aus dem Speicher oder aus einem zweiten Register geholt wird. Dabei fallen die Steuersignale X, Y und R zusammen.

Die Steuerung kann für diese Hardware fest als Schaltung vorgegeben sein; dann ergeben sich die *Steuerworte* σ aus dem zwangsweisen Ablauf dieser getakteten Verdrahtung. Dies ist bei Mikroprozessoren die normale Situation. Die Steuerworte können aber auch in einem ROM- oder RAM-Speicher stehen. Das ist bei neueren Mini- und Großrechnern der Fall, aber auch bei Bit-Slice-Mikroprozessoren der Baureihe AMD 2900. In diesem Fall spricht man von *mikroprogrammierbaren* Rechnern, da das Maschinensteuerprogramm als Ablauf einer Folge von Steuerworten durch Veränderung von speziellen RAM- oder ROM-Speichern (den *Mikroprogrammspeichern*) geändert werden kann. Die Mikroprogrammierung bildet einen „Computer im Computer", dessen Programmierung schwierig und fehlerträchtig ist und deshalb dem Normalbenutzer nicht zugänglich gemacht wird. Bei realen Prozessoren sind die Steuerworte meist erheblich länger als in dem hier gezeigten vereinfachten Beispiel. So hat der mikroprogrammierbare Prozessor der VAX 11/750 Steuerworte aus 80 bits, die VAX 11/780 99-bit Worte.

7.4 Register-Transfer-Sprachen

Zur formalen Beschreibung der einzelnen Arbeitsschritte im Prozessor kann man Beschreibungssprachen einsetzen, die Programmiersprachen ähneln. Diese Sprachen heißen *Register-Transfer-Sprachen*. Ihr Kennzeichen ist es, Hardwareeigenschaften auf der Ebene der Register und Funktionsbausteine zu modellieren. Dazu ist der Datenfluß über die Leitungen anzuzeigen, also die Hardwareebene zu modellieren. Auch die zeitlichen Bedingungen für einen Arbeitsschritt werden angegeben. Als Beispiel eines Registertransferbefehls beschreiben wir die Übergabe eines gespeicherten Wortes aus dem Hauptspeicher HS an das Speicherdatenregister SDR zum Zeitpunkt τ. Der Operator $\Leftarrow$ zeigt den Transfer an.

$$\tau: SDR \Leftarrow HS\,[SAR].$$

Dabei wird der Hauptspeicher HS mit der Adresse aus dem Speicheradreßregister SAR angesprochen. Ein anderes Beispiel ist die Addition des Inhalts der ALU mit den Inhalten der Arbeitsregister R0 und R3. R0 und R3 sind die Operanden der Addition, R0 dient auch als Ergebnis:

$$\tau: R0 \Leftarrow R3 + R0$$

Die Beschreibung ist allerdings unvollständig, denn tatsächlich passiert noch mehr durch diese Addition, denn mit der Operation wird gleichzeitig das Statusregister belegt. Auch eine solche gleichzeitige Aktion läßt sich in der Register-Transfer-Notation beschreiben, indem die einzelnen Operationen mit gleichem Taktsignal τ durch Kommata getrennt geschrieben werden.

$$\tau: R0 \Leftarrow R3 + R0,\ C \Leftarrow c_{n-1},\ Z \Leftarrow NOR(s_1 \dots s_n),\ V \Leftarrow c_n \oplus c_{n+1},\ N \Leftarrow s_n$$

Eine zeitliche Abfolge von Befehlen zu den Taktsignalen $\tau_1 < \tau_2 < \ldots < \tau_i$ wird durch die Indizierung 1, .., i angezeigt.

$$\tau_1: \quad \text{R0} \quad \Leftarrow \text{SDR}$$
$$\tau_2: \quad \text{SDR} \Leftarrow \text{R0}$$
$$\tau_3: \quad \text{R0} \quad \Leftarrow \text{R3 + R0}$$
$$\tau_4: \quad \text{SDR} \Leftarrow \text{R0}$$

Es gibt bei Register-Transfer-Sprachen, anders als bei den meisten Programmiersprachen, keine innere Sequentialisierungsvereinbarung zur zeitlichen Abfolge der Befehle. Parallel abzuarbeitende Befehle können durchaus hintereinandergeschrieben sein. Zu jedem Takt werden alle Befehle abgearbeitet werden, deren Vorbedingungen erfüllt sind. Unter der Annahme, daß τ_1 vor τ_2 eintritt und die Bedingungen a und b gelten, wird in der folgenden Befehlsfolge erst (1) und dann gleichzeitig (3) und (4) ausgeführt.

$$\tau_1 \cdot a: \quad \text{R0} \quad \Leftarrow \text{SDR} \tag{1}$$
$$\tau_1 \cdot \bar{a}: \quad \text{SDR} \Leftarrow \text{R0} \tag{2}$$
$$\tau_2 \cdot a: \quad \text{R0} \quad \Leftarrow \text{R3 + R0} \tag{3}$$
$$\tau_2 \cdot b: \quad \text{SDR} \Leftarrow \text{R0} \tag{4}$$

Gilt b nicht, wird erst (1) und dann (3) ausgeführt. (1) und (2) können jedoch niemals gleichzeitig ausgeführt werden. Auf diese Art lassen sich bedingte Transferbefehle ebenfalls leicht ausdrücken. Um die Bedingung „Wenn $s_1 \oplus s_2$, dann $\text{R1} \Leftarrow \text{R7 + R1}$, sonst $\text{R1} \Leftarrow \text{SDR}$" auszudrücken, kann man schreiben:

$$\tau \cdot (s_1 \oplus s_2): \quad \text{R1} \quad \Leftarrow \text{R7 + R1}$$
$$\tau \cdot (\bar{s}_1 \oplus s_2): \quad \text{R1} \quad \Leftarrow \text{SDR}$$

Register haben im allgemeinen mehr als eine Speicherstelle. Die einzelnen Bit eines Registers S können durch tiefgestellte Indices S_i, Bitbereiche durch tiefgestellte indizierte Bereiche $S_{i\ldots j}$ oder durch eine Parameterangabe S (P) markiert werden. So kann das links außen stehende Vorzeichen einer 16-Bit-Zahl im Register $R = R_{15\ldots 0}$ dem Bit N zugewiesen werden durch:

$$\tau: \quad \text{N} \Leftarrow R_{15}$$

Falls das Vorzeichenbit im Register C mit dem Namen VZ beschrieben wird und die Zahl mit ZA beschrieben wird, läßt sich parametrisiert schreiben:

$$\tau: \quad \text{R0}_{14\ldots 0} \Leftarrow \text{C (ZA); N} \Leftarrow \text{C (VZ)}$$

Die Register-Transfer-Befehle lassen sich zu einer algorithmischen Hardwarebeschreibungssprache, einer *Hardware Description Language*, erweitern. Solche Sprachen werden zum automatisierten Schaltungsentwurf und zur Schaltungssimulation verwendet. Sie ähneln Programmiersprachen und verwenden explizite Deklarationen und Befehle zur statischen und dynamischen Beschreibung der Rechnerhardware. Die wesentliche Unterscheidung zu den Programmiersprachen liegt in den Datenstrukturen und in der Bindung der Operationen an die definierte Hardware. Die Notation lehnt sich an ALGOL 60-ähnliche Sprachen wie Pascal oder Modula-2 an. So läßt sich zum Beispiel ein einfacher 16-Bit-Zwei-Adreß-Prozessor mit 64 KB-Hauptspeicher durch ein Hardwarebeschreibungsprogramm festlegen.

DEFINITION MODULE Prozessor; {Eine formale Beschreibung eines 16-Bit Zwei-Adreß-
       Prozessors auf der Ebene der Register}

CONST SpeicherAusbau=65535; {32K Worte Hauptspeicher}

TYPE   Bit=(0, 1);
         Byte=**ARRAY**   [0 . . 7] **OF** Bit;
         Wort=**ARRAY**   [0 . . 15] **OF** Bit;
         Register=Wort;
         KurzRegister:Byte;
         SignalBit=Bit;
         Takt=Integer;

VAR Hauptspeicher: **ARRAY**   [0 . . SpeicherAusbau] **OF** Byte;
       ArbeitsRegister: **ARRAY**   [0 . . 7] **OF** Register;
       StatusRegister:KurzRegister;
       BefehlsZähler, BefehlsRegister:Register;
       SpeicherAdreßRegister, SpeicherDatenRegister:Register;
       Eingaberegister, Ausgaberegister:
                   RECORD Flag:SignalBit; Reg:Register; **END**;
       SteuerWort: **RECORD** xReg:**ARRAY** [0 . . 2] **OF** Bit,
                            yReg:**ARRAY** [0 . . 2] **OF** Bit,
                            ALU_Funktion:**ARRAY** [0 . . 2] **OF** Bit,
                            InitÜbertrag:SignalBit;
                            Shifter:**ARRAY** [0 . . 2] **OF** Bit;
               END;
       TaktImpuls:Takt;

Im Speicher ist hier jedes Byte einzeln adressierbar. Hintereinanderfolgende Worte (aus
zwei Bytes) unterscheiden sich in ihren Adressen demnach jeweils um 2 Schritte. Die Ein-
und Ausgaberegister dienen zur byteweisen Ankopplung von Peripheriegeräten über Ein-
gabe- und Ausgabeschnittstellen (z.B. ein E/A-Bus). Die Signalbits (engl. *flag*: „Flagge")
teilen mit, ob die entsprechenden Geräte, wie z.B. Tastatur und Bildschirm oder Drucker,
zur Datenübergabe bereit sind. Das Steuerwort beschreibt die ALU, zum Teil durch ihre
Hardwareregister, zum Teil durch ihre kombinatorischen Schaltfunktionen.
Die dynamische Arbeitsweise des Rechners kann in einer Hardwarebeschreibungssprache
durch eine Reihe von Programmprozeduren beschrieben werden. So ist die Arbeitsweise
der ALU als Programmprozedur ausdrückbar, die sich in der Schreibweise an Pascal oder
Modula-2 anlehnt:

BEGIN {Es wird die Funktion der ALU für einen Takt beschrieben}
  IF TaktImpuls **THEN BEGIN**
   CASE ALU_Funktion **OF**
       0:**IF** InitÜbertrag **THEN** xReg ⇐ xReg **ELSE** xReg ⇐ xReg+1;
       1:**IF** InitÜbertrag **THEN** xReg ⇐ xReg+yReg **ELSE** xReg ⇐ xReg+yReg+1;
       2:**IF** InitÜbertrag **THEN** xReg ⇐ xReg−yReg−1 **ELSE** xReg ⇐ xReg−yReg;
       3:**IF** InitÜbertrag **THEN** xReg ⇐ xReg−1 **ELSE** xReg ⇐ xReg;
       4:xReg ⇐ xReg ∨ yReg;
       5:xReg ⇐ xReg ⊕ yReg;

```
    6:xReg ⇐ xReg ∧ yReg;
    7:xReg ⇐ ¬ (xReg);
  END {CASE};
 END {IF};
END {ALU}.
```

Im Unterschied zu üblichen Programmiersprachen ist zu beachten, daß die Transferoperation x ⇐ y strikt voraussetzt, daß entsprechende Leitungen zwischen diesen Registern bestehen! Durch die zulässige Parallelität können Nebenbedingungen auftreten. Ein typisches Problem ist die Wertübergabe $R0 ⇐ R7$ zwischen zwei Registern, die über einen Bus verbunden sind. Sie ist nur dann möglich, wenn der Bus nicht durch eine andere Wertübergabe wie z.B. $R1 ⇐ R2$ blockiert ist. Dies ist ein wesentlicher Unterschied zur Zuweisungsanweisung x: = y, die in Pascal für alle x und y gleichen Typs und bei sequentieller Ausführung ohne Nebenbedingungen möglich ist.

Hardwarebeschreibungssprachen erlauben formale Beschreibung der statischen Struktur und der dynamischen Arbeitsweise von Prozessoren oder anderen digitalen Systemen. Da die Sprachen klaren syntaktischen Regeln unterliegen, lassen sich viele Inkonsistenzen des Entwurfs durch eine Syntaxprüfung (wie beim Übersetzen von Rechnerprogrammen) überprüfen. Ihr wesentlicher Vorteil liegt darin, daß zudem eine dynamische Überprüfung der beschriebenen Schaltungen möglich ist, indem man einen maschinellen Interpreter der Sprache konstruiert, der eine Schaltung mit entsprechenden Anfangsdaten ablaufen läßt. Diese Möglichkeiten führen aus dem Rahmen des Buches heraus. Sie sind Teil moderner rechnergestützter Entwurfsprozesse.

7.5 Übungen

1. a) Konstruieren Sie einen Halbsubtrahierer, der zwei Bit x_i und y_i voneinander abzieht und die Differenz $d_i = x_i - y_i$ und einen eventuell entstehenden Fehlbetrag b_{i+1} (analog dem Übertrag) erzeugt, der angibt, daß der Minuend x_i kleiner als der Subtrahend y_i ist.
   b) Konstruieren Sie einen Vollsubtrahierer, der von einer Minuendenziffer x_i sowohl die Subtrahendenziffer y_i wie eine vorher entstandene Fehlbetragsziffer b_i abzieht.
2. Konstruieren Sie einen Vier-Bit-Wortaddierer aus Volladierern und verändern Sie die Schaltung so, daß sie durch einen Steuereingang σ entweder als Addierer oder als Vier-Bit-Wortsubtrahierer verwendet werden kann.
3. a) Erläutern Sie die Differenz zwischen einem Mikroprogramm und einem Maschinenprogramm.
   b) Kann man programmierbare Maschinen bauen, die nicht mikroprogrammierbar sind? Kann man mikroprogrammierbare Maschinen bauen, die nicht programmierbar sind? Können Sie Einsatzfälle für diese beiden Maschinentypen angeben?
4. Die Summe

$$\sum_{1 \leqslant i \leqslant 5} \text{SpeicherWort}[i]$$

wird durch das Modula-2-Programm

```
Summe:= 0;
for index:=1 to 5 do Summe:= Summe + SpeicherWort[index];
```

berechnet. Die gleiche Berechnung soll auf einem Rechner mit dem Drei-Adreß-Prozessor gemäß Abb. 7-7 ausgeführt werden. Die Daten SpeicherWort [1], ..., SpeicherWort [5] sollen im Hauptspeicher stehen. Um welche Bauteile müssen Sie Prozessor und Hauptspeicher erweitern, um eine Schaltung zur Ausführung der Aufgabe zu erhalten? Schreiben Sie ein Register-Transfer-Programm zur Lösung der Aufgabe auf der erweiterten Schaltung.
5. Erklären Sie den Unterschied zwischen der Zuweisung x: = y in einer Programmiersprache wie Pascal und der Transferoperation x ⇐ y in einer Register-Transfer-Sprache.

8 Maschinenbefehle und Mikroprogrammierung

> Fabry: Unmöglich, Fräulein Glory. Nichts ist dem Menschen fremder als Roboter.
> Helene: Warum erzeugt man sie dann?
> Busman: Hahaha, das ist gut! Warum werden Roboter erzeugt?
> Fabry: Für die Arbeit, Fräulein. Ein Roboter ersetzt zweieinhalb Arbeiter. Die
> menschliche Maschine, Fräulein Glory, ist äußerst unvollkommen. Man hat sie
> dann schließlich einmal aufgeben müssen.
> Busman: Sie war zu teuer.
> Fabry: Zu wenig produktiv. Der modernen Technik hat sie nicht genügen können.
> Und zweitens ... und zweitens ... es ist ein großer Fortschritt ... bitte um Ver-
> zeihung ...
> Helene: Was?
> Fabry: Verzeihen Sie. Es ist ein großer Fortschritt, maschinell zu gebären. Es ist
> bequemer und rascher. Jede Beschleunigung ist ein Fortschritt. Die Natur hat
> vom modernen Arbeitstempo keine Ahnung. Die ganze Kindheit ist, technisch
> betrachtet, ein reiner Unsinn. Verlorene Zeit. Eine untragbare Zeitvergeudung,
> Fräulein Glory. Und drittens ...
> Helene: Hören Sie auf!
>
> aus: Karel Čapek, R.U.R., 1921

Die Programmierung des Rechners erfolgt durch Befehlsfolgen aus Speicherworten. Jeder konkrete Rechner hat eine eigene hardwareabhängige Programmiersprache (die *Maschinensprache*), für die zwei Eigenschaften festgelegt werden müssen:
- Befehlsformate und
- Befehlsvorrat.

In diesen Größen unterscheiden sich praktisch alle Prozessoren. Es gibt allerdings Rechner- oder Prozessor-*Familien*, für die eine weitgehend einheitliche Maschinensprache festgelegt wird, etwa für die IBM/360 und /370-Rechner, für die Intel-Mikroprozessoren 8080/8086/ 80×86 oder für die Motorola 68000-Mikroprozessoren. Bei solchen Familien unterscheiden sich die einzelnen Mitglieder nur durch Varianten; in den häufig benutzten Befehlen sind sie kompatibel. Die *Architektur* eines Prozessors ist durch die programmierbaren Register und die Funktionsblöcke (ALU, Steuerung) und dem darauf implementierten Maschinen- befehlssatz, der *Maschinensprache*, festgelegt. Unterhalb dieser logischen Ebene der Archi- tektur, also auf der Ebene der Gatter, Speicherelemente, Busse und Steuerleitungen, spricht man von der *Organisation* des Rechners.

8.1 Maschinenbefehle

Die Maschinenbefehle hängen direkt von den Möglichkeiten der Hardware des Rechners ab. So bildet der Funktionsvorrat der ALU den Kern der arithmetischen, logischen, Shift- und Vergleichsbefehle. Der Umfang des Maschinenbefehlssatzes kann bei verschiedenen Rechnern sehr unterschiedlich sein. Es gibt „barocke" Maschinensprachen mit 200–400 Maschinenbefehlen einschließlich aller Adressierungsvarianten und es gibt Prozessoren mit „reduzierten" Maschinensprachen (engl. RISC – *Reduced Instruction Set Computer*), die fünfzig bis hundertfünfzig verschiedene Befehle kennen. Beispiele für Rechner mit redu- zierter Maschinensprache sind der IBM PC/RT auf Basis des IBM 801-Mikroprozessors, der Bull SPS9-Rechner, die Nixdorf Targon-Linie oder die Hewlett-Packard Spectrum-Rechner.

Komplexe Maschinenbefehlssätze findet man bei praktisch allen IBM- und IBM-kompatiblen Großrechnern und vielen Minirechnern, wie der VAX-Linie von Digital Equipment. Wir konstruieren einen hypothetischen Rechner mit einem schon aus Darstellungsgründen extrem reduzierten Maschinenbefehlssatz, der einen sehr einfachen Prozessor als Grundlage benutzt.

Als Minimum braucht ein Prozessor
— Befehle zum Datenaustausch zwischen Speicher und Prozessorregistern;
— Arithmetische, Logische, Shift- und Vergleichsbefehle im Prozessor;
— Steuerbefehle für den Programmablauf, die den Befehlszähler verändern können;
— Ein/Ausgabebefehle, die den Datenaustausch zwischen Zentraleinheit und den peripheren Geräten regeln.

Wir konstruieren den Befehlssatz und die Steuerung eines sehr einfachen, hypothetischen Prozessors. Da er selbst im Vergleich zu einfachen Mikroprozessoren schlicht aufgebaut ist, soll er *Pico-Prozessor* heißen. Es ist eine hypothetische 16-Bit-Zwei-Adreß-Maschine, die alle wesentlichen Operationen registerbasiert ausführt. Sie kann drei Datenformate verarbeiten, die entweder zwei Byte lange Zeichen (*characters*), ein 16-Bit langes logisches Wort oder eine 16-Bit lange Binärzahl darstellen (s. Bild 8-1). Jedes Datum kann in einem 16-Bit-Speicherwort abgelegt werden. Bei realen Prozessoren werden meist noch 8-Bit-Formate verarbeitet, bei leistungsstarken Einheiten auch 32-Bit-Formate, bei Großrechnern noch längere Worte.

15	14	13	12	11	10	9	8	7	6	5	4	3	2	1	0
VZ	BINÄRZAHL IM 2-er-KOMPLEMENT														

15	14	13	12	11	10	9	8	7	6	5	4	3	2	1	0
LOGISCHER OPERAND															

15	14	13	12	11	10	9	8	7	6	5	4	3	2	1	0
EIN/AUSGABE-BYTE 1								EIN/AUSGABE-BYTE 2							

Bild 8-1 Datenformate für den Pico-Prozessor

Bei den Befehlsformaten werden registerbezogene, speicherbezogene oder E/A-bezogene Befehle unterschieden. Bei der Namensgebung folgen wir dem herstellerunabhängigen IEEE-Standard 694 (IEEE *Micro Processor Assembly Language Standard*), dem sich bei Neuentwicklungen die meisten Hersteller anschließen sollen. Leider sind die jetzigen Abkürzungen alle herstellerspezifisch, so daß man bei verschiedenen Prozessoren nicht nur unterschiedliche Befehlssätze, sondern bei gleichen Befehlen auch noch verschiedene Namen lernen muß. Der Einfachheit halber nehmen wir ein einheitliches Befehlsformat wie in Bild 8-2 an.

15	14	13	12	11	10	9	8	7	6	5	4	3	2	1	0
OPERATION								ADRESSE							

Bild 8-2 Allgemeines Befehlsformat des Pico-Prozessors

Der Operationsteil ist in den ersten vier Bit mit der Befehlsart markiert, die zweiten vier Bit tragen die Identifikationsnummer des konkreten Befehls. Die zentralen Verarbeitungsbefehle, wie Addition, Subtraktion, Konjunktion, Disjunktion usw. brauchen zwei Quelloperanden und einen Zieloperanden. Durch das Zwei-Adreß-Format wird ein Quellregister dabei wieder zum Zielregister, d.h. die Zwei-Adreß-Operationen haben die Form

Register_x : = Register_x ∘ Register_y,

wobei wir das Zeichen : = setzen, um die logische Operation von der hardwaremäßigen Realisierung ⇐ zu unterscheiden, die ja erst durch die Implementierung entsprechender Steuersignale und Leitungen möglich wird.

Die Operation ∘ wird dabei meist durch einen kurzen mnemotechnischen Namen („Symbolischer Name") abgekürzt, der eine Assoziation zur Operation ∘ ermöglichen soll, also etwa ADD für die Addition, MOVE für einen Transfer. Im Speicher stehen nur die von der Maschine ausführbaren Binärfolgen (*Binärkode*). Für den Programmierer ist der symbolische Kode leichter zu bearbeiten; er muß aber zur Ausführung auf der Maschine in den Binärkode übersetzt werden. Im IEEE Standard 694 ist dabei als symbolische Schreibweise eine Präfix-Notation vorgesehen.

Symbolischer_Befehlsname x, y

wobei x das Zielregister sein soll, in dem das Ergebnis der Operation steht (wie es sich z.B. bei der Subtraktion x: = x − y ergäbe). Darin unterscheidet sich dieser neue Standard von manchen realen Maschinensprachen, wo die Reihenfolge von Quell- und Zielregister umgekehrt oder nicht einheitlich gewählt wurde. Neben den Registernamen werden Adreßbits im Maschinenbefehl angegeben. Die Adreß-Bits I lassen *direkte* und *indirekte* Adressierungen zu. Bei *direkter* Adressierung folgt im Maschinenbefehl auf I = 0 der Name des Registers, das den Operanden enthält. Bei *indirekter* Adressierung folgt im Maschinenbefehl auf I = 1 der Name eines Registers, das die Adresse des zu verarbeitenden Operanden enthält. Weiterhin lassen wir relative Adressen zu, die durch Addition einer positiven oder negativen Verschiebung (engl. *displacement*) zum Befehlsregister eine Adresse anspringen, an der der nächste Befehl steht. Die Adreßumrechnungen führen zur *effektiven* Adresse, unter der das zu verarbeitende Datum zu finden ist. Reale Prozessoren kennen noch weitere Adressierungs-Modi. Die Adressierung der Register erfolgt durch ihren Namen $x_2 x_1 x_0$, die einfach dreistellige Binärzahlen 000 bis 111 zur Adressierung der Register R0 bis R7 sind.

Die Festlegung der Maschinenbefehle muß sich an den Hardware-Möglichkeiten des Rechners und den Nutzungsanforderungen orientieren. Wir wählen einen recht kleinen Satz von Maschinenbefehlen, der den Eigenschaften der vorher konstruierten ALU (allerdings in einer Zwei-Adreß-Version) entsprechen. Fast alle Befehle kommen in einem einzigen Speicherwort von 16 Bit unter. Damit sind allerdings durch direkte Adressierung des Speichers nur für $2^8 = 256$ Adressen erreichbar. Für die beiden speicherbezogenen Befehle werden wir also, abweichend vom generellen Befehlsformat, zwei Speicherworte pro Befehl verwenden, wobei das erste die Operation enthält und das zweite nachfolgende Speicherwort eine 16 Bit-Adresse des Speichers enthält, womit immerhin 64 K Adressen ansprechbar sind. Der Hauptspeicher sei byte-adressierbar, d.h. zwei aufeinanderfolgende Maschinenbefehle unterscheiden sich normalerweise um zwei Adreßnummern bzw. bei speicherbezogenen Befehlen um vier Adressen.

Die folgenden Zwei-Adreß-Operationen bestehen im Kern aus den ALU-Funktionen. Der Quell- und Zieloperand muß ein Register sein, der zweite Quelloperand kann direkt (als Register) oder indirekt (mit einer Speicheradresse als Registerinhalt) adressiert werden. Um die indirekte Adressierung des zweiten Operanden y anzuzeigen, schreibt man bei indirekter Adressierung den Operanden in Klammern:

      ADD x, (y)   (indirekte Adressierung)

Durch den Befehl wird der Inhalt der Speicherzelle, deren Adresse im Register y steht, zum Inhalt des Registers x hinzuaddiert. Soll der Inhalt des Registers y zum Inhalt des Registers x addiert werden, schreibt man für diese direkte Addition:

      ADD x, y   (direkte Adressierung)

Die Speicherform der Zwei-Adreß-Befehle ist in Bild 8-3 gezeigt. Die Operationen sind binär kodiert und nehmen das erste Byte ein. Die Registeradressen beanspruchen jeweils drei Bit, der Adreßmodus ein Bit. Neben der Addition gibt es weitere Zwei-Adreß-Befehle im Pico-Prozessor, nämlich Subtraktion, Wertetransfer (MOVE) und logische Operationen.

15	14	13	12	11	10	9	8	7	6	5	4	3	2	1	0
			OPERATION					0		REGISTER		I		REGISTER	

Symbolischer Name	Operations- kode	Funktion	Beschreibung
SUB x,y	10000000	$x := x - y$	Subtraktion (2-er Komplement)
ADD x,y	10000001	$x := x + y$	Addition
OR x,y	10000010	$x := x \vee y$	Disjunktion
AND x,y	10000011	$x := x \wedge y$	Konjunktion
EXOR x,y	10000100	$x := x \oplus y$	Antivalenz
MOVE x,y	10000101	$x := y$	Transfer

Bild 8-3 Zwei-Adreß-Befehle

Einige Operationen, wie die Verschiebeoperationen oder die Negation, werden direkt auf den Inhalt eines Registers angewandt. Sie werden in Bild 8-4 gezeigt.

15	14	13	12	11	10	9	8	7	6	5	4	3	2	1	0
			OPERATION					0	0	0	0	I		REGISTER	

Symbolischer Name	Operations- kode	Funktion	Beschreibung
SHL x	11000000	$x := shl(y)$	Logischer LinksShift
SHR x	11000001	$x := shr(y)$	Logischer RechtsShift
ROL x	11000010	$x := rol(y)$	zyklischer RechtsShift
ROR x	11000011	$x := ror(y)$	zyklischer RechtsShift
NEG x	11000100	$x := -y$	Negation (Zweierkomplement)
NOT x	11000101	$x := \neg x$	Logische Negation (Einerkomplement)
INC x	11000110	$x := x+1$	Inkrement
DEC x	11000111	$x := x-1$	Dekrement

Bild 8-4 Ein-Adreß-Befehle

Um mit einem Speicherwort für einen Befehl auszukommen, gibt es einen lokalen Adressierungsmodus, der von diesem Befehl bis zu 128 Speicheradressen nach vorn oder zurück springen kann. Da die zu bearbeitende Adresse im Befehlszähler steht, spricht man von befehlszählerbezogener Adressierung (Bild 8-5). Ein Adreßbyte reicht für diese relativen Sprungadressen in Zweierkomplement-Darstellung aus.

15	14	13	12	11	10	9	8	7	6	5	4	3	2	1	0
OPERATION								RELATIVE ADRESSE IM 2er-KOMPL.							

Symbolischer Name	Operations- kode	Funktion	Beschreibung
BR x	00010001	BZ := BZ+x	unbedingter Sprung
BRZ x	00010010	BZ:=BZ+x falls Z=0	bedingter Sprung, abhängig vom Z-Bit im Statusregister
BRP x	00010101	BZ:=BZ+x falls N=0,Z=1	bedingter Sprung, abhängig vom N-Bit und Z-Bit im Statusregister
BRN x	00011000	BZ:=BZ+x falls N=1,Z=1	bedingter Sprung, abhängig vom N-Bit und Z-Bit im Statusregister

Bild 8-5 Befehle mit befehlszählerrelativer Adressierung

Es gibt Befehle, die zur Ausführung gar keine Adresse benötigen (s. Bild 8-6).

15	14	13	12	11	10	9	8	7	6	5	4	3	2	1	0
OPERATION								0	0	0	0	0	0	0	0

Symbolischer Name	Operations- kode	Funktion	Beschreibung
NOP	01100001	BZ := BZ+2	Keine Operation
HLT	01100010		Anhalten

Bild 8-6 Befehle ohne Adresse

Die Verarbeitung von Hauptspeicheradressen kann bisher nur durch registerindirekte Adressierung geschehen. Die direkte Adressierung ist insofern schwierig, als der Adreßraum von einem Byte nur 256 verschiedene Adressen zuläßt. Eine praktische Lösung ist es, bei speicherbezogenen Befehlen dem Befehl eines oder mehrere Speicherworte mit der absoluten Adresse nachfolgen zu lassen. Da im Pico-Rechner Arbeitsregister und Speicheradreßregister auf 16 Bit ausgelegt ist, also nur maximal 64 K-Speicheradressen ansprechbar sind, begnügen wir uns mit den 16 Bit eines zweiten Befehlswortes (s. Bild 8-7).

15	14	13	12	11	10	9	8	7	6	5	4	3	2	1	0
OPERATION								0	0	0	0	0	0	0	0

15	14	13	12	11	10	9	8	7	6	5	4	3	2	1	0
SPEICHERADRESSE															

Symbolischer Name	Operations- kode	Funktion	Beschreibung
LD x,y	010100001	x:= HS(y)	Speicher Lesen
ST x,y	010100010	HS(y):= x	Speicher beschreiben

Bild 8-7 Speicheradressierende Befehle

Die Ein/Ausgabe für periphere Geräte erfolgt über zwei besondere 16-Bit-Register EIN und
AUS, die wegen der unterschiedlichen Arbeitsgeschwindigkeit von (langsamem) E/A-Bus
und (schnellem) Prozessor nur bei entsprechender Stellung der Signalbits EF = 1 und
AF = 1 angesprochen werden können (s. Bild 8-8).

15	14	13	12	11	10	9	8	7	6	5	4	3	2	1	0
OPERATION								0	0	0	0	0	REGISTER		

Symbolischer Name	Operations-kode	Funktion	Beschreibung
IN x	00100001	x := EIN	Eingaberegister lesen
OUT x	00101010	AUS := x	Ausgabereg. beschreiben
SKIZ	00100100	Wenn EF dann BZ:=BZ+2 sonst BZ:=BZ+4	bedingter Sprung
SKOZ	00101000	Wenn AF dann BZ:=BZ+2 sonst BZ:=BZ+4	bedingter Sprung

Bild 8-8 Ein/Ausgabebusorientierte Befehle

Der Befehlssatz reicht für einfache Programme, wenngleich er wohl selten eine elegante
Programmierung erlaubt. Es sind nur 24 Operationskodes der 256 möglichen belegt worden. Einige dieser unbenutzten Operationskodes können, wie bei realen Prozessoren, für
diagnostische Zwecke, also Hardwareprüfprogramme verwandt werden. Andere können zur
späteren Erweiterung der Maschinensprache benutzt werden. Bei realen Befehlssätzen sind
noch weitere Operationen vorhanden. Diese bieten die
— einfache Behandlung von Unterprogrammen,
— eine Vielzahl weiterer Sprungbefehle und
— komplexere Adressierungsmodi.
Im Pico-Prozessor müssen solche Maschinenbefehle durch Befehlsfolgen ersetzt werden.
Da viele Operationskodes noch nicht einem Maschinenbefehl zugeordnet sind, ist bei zukünftigen *upgrades* des Pico-Rechners noch reichlich Platz für eine entsprechende Befehls-
satzerweiterung, so daß diese Nachfolger des Pico-Prozessors die alten Programme weiter-
verwenden könnten. Eine solche Betriebsweise, wie sie zum Beispiel beim Intel 80286 und
80386 mit binären Maschinenbefehlen der Vorläufer 8086/8088 möglich ist, heißt *Emulation* des alten Befehlssatzes. Die Prozessoren werden vom älteren zum neueren Prozessor
(Binärkode) *aufwärtskompatibel* genannt. Eine solche Emulation birgt immer die Gefahr
von unerwünschten Kompromissen, da Eigenheiten des älteren Maschinenbefehlssatzes
beibehalten werden müssen. Dies ist gegen das ökonomische Potential der auf dem alten
Prozessor entwickelten Software abzuwägen. Im Gegensatz zur Intel-Entscheidung hat
Motorola beim 16/32-Bit-Prozessor MC 68000 einen völlig anderen Befehlssatz als bei den
8-Bit-Prozessoren MC 6800 und MC 6809 entworfen. Andererseits ist der MC 68000 aufwärtskompatibel zu den 32-Bit-Prozessoren MC 68020, MC 68030 und MC 68040.

8.2 Befehlsverarbeitungszyklus

Die Programmierung des Prozessors erfolgt durch die gezielte Hintereinanderreihung
von Maschinenbefehlen. Eine solche Maschinenbefehlsfolge heißt Maschinenprogramm.
Maschinenprogramme werden im Hauptspeicher als Folge einzelner *Maschinenbefehle* ge-

speichert, wobei die meisten Befehle gerade ein Speicherwort belegen. Die Umsetzung dieser Maschinenbefehlsworte geschieht über das Befehlsregister durch die Steuereinheit. Die Abarbeitung eines Programms geschieht in fester Folge, dem *Arbeitszyklus*. Dieser Zyklus unterscheidet zwei Grundschritte, nämlich

1. das Lesen des nächsten Maschinenbefehls (engl. *fetch*) und
2. das Ausführen des Befehls (engl. *execute*).

Beim Lesen eines Befehls mit indirekter oder speicherbezogener Adressierung kann dieser nicht sofort ausgeführt werden; es muß ein weiterer Adreßschritt eingefügt werden. Die Folge *Lesen-Ausführen* kann jedoch nur Programmschritte verarbeiten. Auch äußere Signale, die das Maschinenprogramm unterbrechen (engl. *interrupts*), z.B. um die Funktionsbereitschaft eines im Vergleich zum Prozessor viel langsameren Ein/Ausgabe-Gerätes oder -Busses mitzuteilen oder um einen behebbaren Fehler anzuzeigen, müssen u.U. in einem zusätzlichen Unterbrechungsschritt behandelt werden. Wir erweitern deshalb den Verarbeitungszyklus *Lesen-Ausführen* um einen besonderen Adressierungs- und einen Unterbrechungsschritt, die nach Bedarf ausgeführt werden. Es ergibt sich als erweiterter Arbeitszyklus des Prozessors:

1. *Lies den Befehl* mit der Adresse BZ, also dem Inhalt des Befehlszählers, über das SDR in das Befehlsregister BR.
1a. Erzeuge fehlende *Adressen* bei indirekter oder speicherbezogener Adressierung.
2. *Führe* die für den jeweiligen Befehl notwendige Mikrooperationsfolge *aus*. Erhöhe den Befehlszähler um eine Wortadresse, sofern der aktuelle Befehl kein Sprungbefehl ist. Bei Sprungbefehlen lade BZ mit der effektiven Adresse.
2a. Führe eine *Unterbrechungsbehandlung* aus, falls eine Ein/Ausgabe-Unterbrechung, eine Unterbrechung durch Fehler oder eine andere Unterbrechungsbedingung vorliegt.

Schritt 1 und Schritt 2, also Lesen und Ausführen, werden immer durchgeführt. Schritt 1a muß nur abgearbeitet werden, wenn eine Adreßberechnung erforderlich ist. Schritt 2a wird nur durchgeführt, wenn eine Unterbrechungsbedingung eingetreten ist und das Unterbrechungssignalbit gesetzt wird.

Unterbrechungsbehandlungen sind notwendig, da der Prozessor nicht autonom arbeitet, sondern mit (meist viel langsameren) Ein/Ausgabegeräten verbunden ist. Wegen der Geschwindigkeitsunterschiede (etwa zwischen Prozessor und Drucker) ist eine feste, synchrone Anbindung der E/A-Geräte nicht empfehlenswert. Besser ist eine Steuerung, die den Zyklus Lesen-Verarbeiten nur dann unterbricht, wenn ein Signalbit (Unterbrechungsbit) gesetzt ist. Andere Unterbrechungen mögen durch Fehlermeldungen erzwungen werden. Da der Prozessor nahezu jederzeit mit einer solchen Unterbrechung rechnen muß, werden die Signalbits jedem Ausführungszyklus abgefragt.

Das Schema LIES BEFEHL – ERZEUGE ADRESSE – FÜHRE BEFEHL AUS – UNTERBRECHUNGSBEHANDLUNG wird für jeden Maschinenprogrammschritt auf der Ebene des Registertransfers durchgeführt. Es liegt also nahe, diese Details als Prozessorsteuerfolge hardwaremäßig zu implementieren. Die genaue Ablaufsteuerung wird durch mehrere Signalbits (*flags*) bestimmt (vgl. Bild 8-9). Das F-Flag unterscheidet Lesezyklus und Ausführungszyklus, das R-Flag entscheidet, ob der zusätzliche Zyklus für die indirekte oder speicherbezogene Adressierung auszuführen und ob der zusätzliche Unterbrechungszyklus auszuführen ist. Die Unterbrechungsbedingungen für die Ein- und Ausgabe über den E/A-Bus

werden durch zwei Flags AF und EF geregelt. Im Prinzip können weitere Unterbrechungs-
bits U, etwa für Fehlermeldungen, zur Verfügung stehen. Das Schaltbit H kann mit H = 1
den Rechner abschalten; es wirkt logisch wie ein Ein/Aus-Schalter, ohne daß der Rechner
elektrisch abgeschaltet wird.

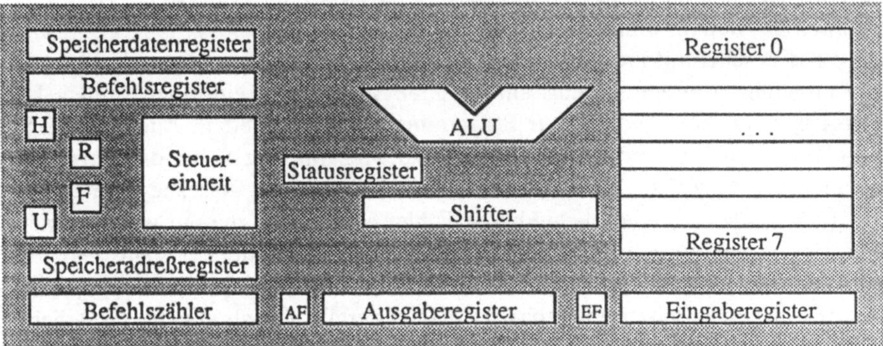

Bild 8-9 Registeraufbau des Pico-Prozessors

Jeder Schritt des Verarbeitungszyklus besteht aus einer Folge von Register-Transfer-Opera-
tionen, die natürlich strikt an die Möglichkeiten der Prozessor-Hardware gebunden sind.
Dies ist die Schnittstelle zwischen Prozessorhardware und Maschinenprogramm. Sie ist die
unterste Programmierebene des Rechners; sie bleibt dem normalen Benutzer weitgehend
verborgen. Im allgemeinen soll er diesen „Computer im Computer", also das Mikroprogramm, als gegeben ansehen und damit die Maschinensprache als die unterste ihm zugängliche programmierbare Ebene akzeptieren. Bei vielen einfachen Rechnern (auf Basis von
Mikroprozessoren) ist dies schaltungstechnisch unveränderbar festgelegt. Es entsteht die
Illusion eines Prozessors, der die Maschinenbefehle einer gegebenen Maschinensprache
‚unmittelbar ausführt‘, wobei dies durch komplex ablaufende Steuersignale bewirkt wird.
Bei *mikroprogrammierbaren* Rechnern sieht dies im Normalfall genauso aus, doch hat der
privilegierte Benutzer (der Systemprogrammierer) die Möglichkeit, sogar die Maschinensprache zu verändern oder auszutauschen, indem er die Steuersignale als *Mikroprogramme*
in einem ROM- oder RAM-Speicher programmiert.
Die Teile des Verarbeitungszyklus sollen nun im einzelnen untersucht werden. Dabei wird
für den Pico-Rechner angenommen, daß jeder einzelne Verarbeitungsschritt aus genau vier
Maschinentaktzyklen $t_0, ..., t_3$ aufgebaut wird. Für die einzelnen Maschinenbefehlsformate
und -befehle unterscheiden sich diese Schritte.

BR_{15}	BR_{14}	BR_{13}	BR_{12}	Befehlsformat
1	0	0	0	Zwei-Adreß-Befehl, zweiter Operand direkt oder indirekt
1	1	0	0	Ein-Adreß-Befehl, direkte Adressierung
0	1	1	0	Befehle ohne Adresse
0	1	0	1	Speicheradressierende Befehle mit zwei Speicherworten
0	0	1	0	Ein/Ausgabe-Befehl, direkte Adressierung
0	0	0	1	Befehlszählerrelative Adressierung

Bild 8-10 Die Steuerbits $BR_{15} ... {}_{12}$ des Befehlsregisters

Die Befehlsformate sind an Hand der Operationsbits des Befehlsformates leicht unterscheidbar (s. Bild 8-10).

Der Verarbeitungsschritt LIES BEFEHL (*fetch instruction cycle*) lädt die Operation und die Operanden aus dem Maschinenprogramm im Hauptspeicher in das Befehlsregister BR mit dem Operandenteil $BR_{15} \ldots {}_8$ und dem Adreßteil $BR_7 \ldots {}_0$, der das ‚Indirekte-Adresse‘-Bit BR_3 enthält. Liegt eine indirekte Adresse ($BR_3 = 1$) in einem Zweiadreßbefehl ($BR_{15} = 1$, $BR_{14} = 0$) vor, muß als nächstes der Erzeuge-Adresse-Schritt ausgeführt werden ($FR = 01$), sonst kann der Befehl sofort ausgeführt werden ($FR = 11$).

LIES BEFEHL ($FR = 00$)

$\neg F \neg R t_0$:	$SAR \Leftarrow BZ$	{Befehlsadresse aus dem BZ}
$\neg F \neg R t_1$:	$SDR \Leftarrow HS(SAR)$	{Befehl im Hauptspeicher suchen}
$\neg F \neg R t_2$:	$BR \Leftarrow SDR$;	{Lade ins Befehlsregister}
$\neg F \neg R (\neg BR_3 \vee \neg BR_{15}) t_3$:	$F \Leftarrow 1, R \Leftarrow 1$;	{direkte oder keine Adresse}
$\neg F \neg R\, BR_{15} BR_3 t_3$:	$F \Leftarrow 0, R \Leftarrow 1$;	{Indirekte Adressberechnung}
$\neg F \neg R\, BR_{14} BR_{12} t_3$:	$BZ \Leftarrow BZ + 2$,	{Speicherbezogener Befehl –
	$F \Leftarrow 0, R \Leftarrow 1$;	Adresse im nächsten Speicherwort}

Der ‚Erzeuge-Adresse-Schritt (*indirect adress cycle*) mit $FR = 01$ muß vom Pico-Prozessor ausgeführt werden, wenn ein Zweiadreßbefehl mit indirekter Adressierung des zweiten Operanden vorliegt. Das indirekt adressierte Wort wird im SDR abgelegt.

ERZEUGE ADRESSE ($FR = 01$)

$\neg F\ R\ t_0$	$SAR \Leftarrow R(AD_2 AD_1 AD_0)$	{Indirekte Adresse}
$\neg F\ R\ t_1$	$SDR \Leftarrow HS(SAR)$	{Operand laden}
$\neg F\ R\ t_3$:	$F \Leftarrow 1$	{Folgt Befehlsverarbeitung}

Der indirekt adressierte Operand steht mit t_2 im SDR. Die mit $FR = 11$ folgende Befehlsverarbeitung ist für jeden Befehl spezifisch. Hier erfolgt die eigentliche Mikroprogrammierung des Befehlssatzes. Allen Befehlen gemeinsam ist die Fortschreibung des Befehlszählers, entweder um zwei Byte (also ein adressierbares Speicherwort), vier Byte bei speicheradressierenden Befehlen oder von der fortlaufenden Verarbeitung abweichend auf eine Sprungadresse.

Die Zwei-Adreß-Befehle ($BR_{15} = 1$) haben einen Operanden im Register $R(BR_6 BR_5 BR_4)$, der andere Operand ist entweder indirekt im SDR oder direkt im Register $R(BR_2 BR_1 BR_0)$ geladen, wobei das Indirekt-Bit BR_3 diesen Unterschied markiert. Die Statusregisterbits $V = c_n \oplus c_{n+1}$, $Z = \bar{s}_n \cdot \ldots \cdot \bar{s}_1$, $N = s_n$ und $C = c_{n+1}$ werden ohne besondere Steueranweisungen berechnet, so daß wir sie nicht besonders angeben.

VERARBEITE ADD-BEFEHL (Addition)

$F\ R\ BR_{15} \neg BR_{14} \neg BR_{10}$	$R(BR_6 BR_5 BR_4) \Leftarrow R(BR_6 BR_5 BR_4) + SDR$	
$\neg BR_9 BR_8 BR_3 t_0$:		{Addition mit indirekter Adresse}
$F\ R\ BR_{15} \neg BR_{14} \neg BR_{10}$	$R(BR_6 BR_5 BR_4) \Leftarrow R(BR_6 BR_5 BR_4) + R(BR_2 BR_1 BR_0)$	
$\neg BR_9 BR_8 \neg BR_3 t_0$:		{Addition mit direkter Adresse}
$F\ R\ BR_{15}\ t_1$:	$- - -$	
$F\ R\ \neg BR_{12}\ t_2$:	$BZ \Leftarrow BZ + 2$	{Nächster Befehl}
$F\ R\ U\ t_3$:	$R \Leftarrow 0$	{Prüfe Unterbrechungsbedingung}
$F\ R\ \neg U\ t_3$:	$F \Leftarrow 0, R \Leftarrow 0$	{Zurück zu ‚Lies Befehl‘}

Die Befehle mit $BR_{15} = BR_{14} = 1$ bearbeiten einen einzelnen Operanden. Wir zeigen als Beispiel den Inkrement-Befehl. Die anderen Ein-Adreß-Befehle unterscheiden sich jeweils in der ersten Zeile.

VERARBEITE INC-BEFEHL {Inkrement}

F R $BR_{15}BR_{14}BR_{10}$ $R(BR_2BR_1BR_0)$ $\Leftarrow$ $R(BR_2BR_1BR_0) + 1$
  $BR_9 \lnot BR_8 \lnot BR_3 t_0$:   {direktes Inkrement}
F R $BR_{15}BR_{14}BR_{10}$ $R(BR_6BR_5BR_4)$ $\Leftarrow$ $SDR + 1$
  $BR_9 \lnot BR_8 BR_3 t_0$:   {indirektes Inkrement}
F R $BR_{14}\ t_1$: $---$
F R $\lnot BR_{12} t_2$: $BZ \Leftarrow BZ + 2$ {Nächster Befehl}
F R U t_3: $R \Leftarrow 0$ {Prüfe Unterbrechungsbedingung}
F R $\lnot$U t_3: $F \Leftarrow 0,\ R \Leftarrow 0$ {Zurück zu ‚Lies Befehl']

Die befehlszählerrelative Adressierung ($BR_{14} = 0$ und $BR_{12} = 1$) verändert den Befehlszähler um eine Verschiebung im Zweierkomplement, die bereits im Befehl steht.

VERARBEITE BR- und BRZ (*Branch <on zero>* – <bedingter> Sprung)

F R $\lnot BR_{14}BR_{12}BR_8 t_0$: $BZ \Leftarrow BZ + BR(AD)$ {unbedingter Sprung um AD}
F R $\lnot BR_{14}BR_{12}BR_9 Z t_0$: $BZ \Leftarrow BZ + BR(AD)$ {Sprung um AD falls Z = 1}
· F R $\lnot BR_{14}BR_{12} t_1$: $---$
F R $\lnot BR_{14}BR_{12} t_2$: $---$
F R U t_3: $R \Leftarrow 0$ {Prüfe Unterbrechungsbedingung}
F R $\lnot$U t_3: $F \Leftarrow 0,\ R \Leftarrow 0$ {Zurück zu ‚Lies Befehl']

Die Ein/Ausgabe-Befehle ($BR_{14} = 0$ und $BR_{13} = 1$) haben eine direkte Registeradressierung. Sie sprechen den E/A-Bus über die Arbeitsregister an. Der Bus verbindet die peripheren Geräte über das Eingaberegister EIN mit dem Eingabesignalbit EF (Ein-Flag) und das Ausgaberegister AUS mit dem Ausgabesignalbit AF (Aus-Flag). Die Signalbits teilen mit, ob der E/A-Bus frei oder besetzt ist. Mit dem Lesen des Eingaberegisters wird EF = 1 gesetzt, es kann keine weitere Eingabe erfolgen bis der E/A-Bus ein neues Wort geschrieben hat und EF = 0 gesetzt hat. Mit dem Beschreiben des Ausgaberegisters wird AF = 1 gesetzt und das nächste Schreiben ist erst möglich, wenn der E/A-Bus das Wort abgeholt hat und AF = 0 gesetzt hat. Um die Ein- und Ausgabe zu sichern, muß der Zustand von EF und AF programmtechnisch überprüft werden. Dies geschieht mit den Befehlen SKIZ und SKOZ, die den nachfolgenden Befehl (typischerweise ein Rücksprung) überspringen, wenn EF = 0 bzw. AF = 0. Eine Warteschleife läßt sich dann programmieren durch:

```
SKIZ
BR        −2
IN        R3.
```

EF wird also solange abgefragt, bis EF = 0 gilt; dann wird BR −2 übersprungen und der Befehl IN R3 ausgeführt. SKIZ und SKOZ führen, wie alle Verarbeitungsbefehle, unbedingt eine Erhöhung des Befehlszählers um ein Wort, also zwei Byte, durch; falls EF = 0 (bzw. AF = 0), wird der Befehlszähler um ein weiteres Wort erhöht.

VERARBEITE IN, OUT (*Input, Output*)

F R $\lnot$EF $BR_{14}BR_{13}BR_8\ t_0$: $R(BR_2BR_1BR_0) \Leftarrow EIN,\quad EF \Leftarrow 1$
F R $\lnot$AF $BR_{14}BR_{13}BR_9\ t_0$: $AUS \Leftarrow R(BR_2BR_1BR_0),\quad AF \Leftarrow 1$
F R $BR_{14}BR_{13}\ t_1$: $---$

F R $BR_{12}\,t_2$: $BZ \Leftarrow BZ + 2$ {Nächster Befehl}

F R U t_3: $R \Leftarrow 0$ {Prüfe Unterbrechungsbedingung}

F R $\neg$U t_3: $F \Leftarrow 0,\ R \Leftarrow 0$ {Zurück zu ‚Lies Befehl'}

VERARBEITE SKIZ, SKOZ (*Skip on Input-Flag Zero, Skip on Output-Flag Zero*)

F R $\neg$EF $BR_{14}BR_{13}BR_{10}\,t_0$: $BZ \Leftarrow BZ + 2$ {Verursacht Sprung um 2 Byte}

F R $\neg$AF $BR_{14}BR_{13}BR_{11}\,t_0$: $BZ \Leftarrow BZ + 2$ {Verursacht Sprung um 2 Byte}

F R $\neg$ $BR_{14}BR_{13}\,t_1$:   — — —

F R $\neg$ $BR_{12}\,t_2$: $BZ \Leftarrow BZ + 2$ {Noch mal Sprung um 2 Byte}

F R U t_3: $R \Leftarrow 0$ {Prüfe Unterbrechungsbedingung}

F R $\neg$U t_3: $F \Leftarrow 0,\ R \Leftarrow 0$ {Zurück zu ‚Lies Befehl'}

Speicheradressierende Befehle ($BR_{12} = 1$ und $BR_{14} = 1$), die zwei Speicherworte beanspruchen, benutzen als Quelle und Ziel ein Register und einen Hauptspeicheroperanden, der beim Laden schon im SDR steht.

VERARBEITE LD-BEFEHL (*Load Operand*)

F R $BR_{14}BR_{12}BR_8\,t_0$: $SAR \Leftarrow BZ$ {Speicheradresse}

F R $BR_{14}BR_{12}BR_8\,t_1$: $SDR \Leftarrow HS(SAR)$ {Laden}

F R $BR_{14}BR_{12}BR_8\,t_2$: $R(BR_2BR_1BR_0) \Leftarrow SDR$ {Laden des Registers}

F R U t_3: $R \Leftarrow 0$ {Prüfe Unterbrechungsbedingung}

F R $\neg$U t_3: $F \Leftarrow 0,\ R \Leftarrow 0$ {Zurück zu ‚Lies Befehl'}

VERARBEITE ST-BEFEHL (*Store Operand*)

F R $BR_{14}BR_{12}BR_9\,t_0$: $SAR \Leftarrow BZ$ {Speicheradresse}

F R $BR_{14}BR_{12}BR_9\,t_1$: $SDR \Leftarrow R(BR_2BR_1BR_0)$ {Registerinhalt bereit}

F R $BR_{14}BR_{12}BR_9\,t_2$: $HS(SAR) \Leftarrow SDR,\ BZ \Leftarrow BZ + Z$

                                             {Speichern}

F R U t_3: $R \Leftarrow 0$ {Prüfe Unterbrechungsbedingung}

F R $\neg$U t_3: $F \Leftarrow 0,\ R \Leftarrow 0$ {Zurück zu ‚Lies Befehl'}

Für die beiden Befehle ohne Adresse ($BR_{14} = BR_{13} = 1$) ergibt sich:

VERARBEITE NOP-BEFEHL (*No Operation*)

F R $BR_{14}BR_{13}\,t_0$:   — — —

F R $BR_{14}BR_{13}\,t_1$:   — — —

F R $BR_{12}\,t_2$: $BZ \Leftarrow BZ + 2$ {Nächster Befehl}

F R U t_3: $R \Leftarrow 0$ {Prüfe Unterbrechungsbedingung}

F R $\neg$U t_3: $F \Leftarrow 0,\ R \Leftarrow 0$ {Zurück zu ‚Lies Befehl'}

VERARBEITE HLT-BEFEHL (*Halt* — Anhalten des Rechners)

F R $BR_{14}BR_{13}BR_9\,t_0$: $H \Leftarrow 1$ {H schaltet den Prozessor ab}

Die Unterbrechungsbehandlung (*interrupt handling*) wird ausgeführt, wenn das Unterbrechungsbit U durch eine Unterbrechungsbedingung gesetzt wurde. Um die Unterbrechung abzufangen, wird eine spezifische Unterbrechungsroutine ausgeführt. Dies ist ein Maschinenprogramm, das an der rechnersystemspezifischen Adresse $\beta + 2$ beginnt. Der aktuelle Befehlszählerinhalt des unterbrochenen Programms wird während der Abarbeitung der Routine in β gespeichert und nach der Abarbeitung wieder in den Befehlszähler übertragen. Das Unterbrechungssignalbit U wird gelöscht, und das unterbrochene Programm kann weiterarbeiten.

PRÜFE UNTERBRECHUNG

$F\neg Rt_0$:   SDR $\Leftarrow$ BZ,   BZ $\Leftarrow \beta$ {rechnerspezifische Adresse β}

$F\neg Rt_1$:   SAR $\Leftarrow \beta$,   BZ $\Leftarrow$ BZ + 2   {Adresse der Unterbrechungsroutine}

$F\neg Rt_2$:   HS(SAR) $\Leftarrow$ SDR, U $\Leftarrow$ 0   {Speichere Rücksprungadresse}

$F\neg Rt_3$:   F $\Leftarrow$ 0, R $\Leftarrow$ 0   {Zurück zu ‚Lies Befehl'}

Der Verarbeitungszyklus läßt sich formal als Programm einer Hardwarebeschreibungssprache definieren. Wir wählen zur Darstellung eine Modula-2-ähnliche Sprache.

MODULE Verarbeitungszyklus;

  BEGIN

    LOOP (* Der Verarbeitungszyklus wird nur durch HLT abgebrochen *)

      IF $\neg$F AND $\neg$R **THEN**   (* Lies Befehl aus dem Hauptspeicher *)

        t_0: SAR $\Leftarrow$ BZ;

        t_1: SDR $\Leftarrow$ HS (SAR);

        t_2: BR $\Leftarrow$ SDR;

        $t_3(\neg BR_{15}\neg BR_3)$: F $\Leftarrow$ 1, R $\Leftarrow$ 1;   (*keine indirekte Adresse*)

        $t_3 BR_{15} BR_3$:   F $\Leftarrow$ 0, R $\Leftarrow$ 1;   (*Indirekte Adreßberechnung*)

        $t_3 BR_{14} BR_{12}$: BZ $\Leftarrow$ BZ + 2;   (*Adresse im nächsten Speicherwort*)

      END;

      IF $\neg$F AND R **THEN**   (* Erzeuge effektive Adresse *)

        t_0: SAR $\Leftarrow$ R($AD_2 AD_1 AD_0$)   (*Indirekte Adresse*)

        t_1: SDR $\Leftarrow$ HS(SAR)   (*Operand laden*)

        t_3: F $\Leftarrow$ 1;   (*Folgt Befehlsverarbeitung*)

      END;

      IF F AND R **THEN**   (* Führe den gelesenen Befehl aus *)

        t_0: Befehlsverarbeitung;   (*Befehlsspezifisch*)

        t_0: $BR_{14} BR_{13} BR_9$: H $\Leftarrow$ 1 **EXIT**;   (*HLT-Befehl beendet Schleife*)

        t_1: Befehlsverarbeitung;   (*Befehlsspezifisch*)

        $t_2 \neg BR_{12}$ BZ $\Leftarrow$ BZ + 2   (*Nächster Befehl*)

        $t_2 BR_{12}$ Befehlsverarbeitung;   (*Befehlsspezifisch*)

        $t_3 U$: R $\Leftarrow$ 0   (*Prüfe Unterbrechungsbedingung*)

        $t_3 \neg U$: F $\Leftarrow$ 0, R $\Leftarrow$ 0   (*Zurück zu Lies Befehl*)

      END;

      IF $\neg$F AND R **THEN**   (* Führe Unterbrechungsroutine aus *)

        t_0: SDR $\Leftarrow$ BZ, BZ $\Leftarrow \beta$ (*Rücksprungadresse in β*)

        t_1: SAR $\Leftarrow \beta$,   BZ $\Leftarrow$ BZ + 2   (*Springe Routine bei β + 2 an*)

        t_2: HS(SAR) $\Leftarrow$ SDR, U $\Leftarrow$ 0   (*Speichere Rücksprungadresse*)

        t_3: F $\Leftarrow$ 0, R $\Leftarrow$ 0   (*Zurück zu Lies Befehl*)

      END;

    END   (*Ende der Verarbeitungsschleife*);

END.

8.3 Mikroprogrammierung

Für jeden Takt t_i sind einige Steuersignale σ_j abhängig von der Steuerbedingung bereitzustellen, so daß die zugehörigen Registertransferbefehle ausgeführt werden. Die n Steuersignale werden in einem Steuerwort $\sigma = \sigma_{n-1} \ldots \sigma_0$ zusammengefaßt. Als Beispiel wird der
Lesen-Ausführen-Zyklus für den Maschinen-Befehl

> AND R0, R3

betrachtet. Im einzelnen sind folgende Register-Transfer-Befehle auszuführen, wenn keine
Unterbrechungsbedingung U vorliegt:

(* Lies Befehl aus dem Hauptspeicher *)

$t_0 \neg F \neg R$: $SAR \Leftarrow BZ$;

$t_1 \neg F \neg R$: $SDR \Leftarrow HS(SAR)$;

$t_2 \neg F \neg R$: $BR \Leftarrow SDR$;

$t_3 \neg F \neg R (\neg BR_3 \vee BR_{15})$: $F \Leftarrow 1, R \Leftarrow 1$;   (*keine indirekte Adresse*)

(* Führe den gelesenen Befehl aus *)

t_0 F R $BR_{15}BR_{14}$
      $BR_9 BR_8 \neg BR_3$: $R(BR_6 BR_5 BR_4) \Leftarrow R(BR_6 BR_5 BR_4) \wedge R(BR_2 BR_1 BR_0)$

t_1 F R $BR_{15}BR_{14}$: $- - -$

t_2 F R: $\neg BR_{12}$: $BZ \Leftarrow BZ + 2$ (*Nächster Befehl*)

t_3 F R U: $R \Leftarrow 0$ (*Prüfe Unterbrechungsbedingung*)

t_3 F R $\neg$U: $F \Leftarrow 0, R \Leftarrow 0$ (*Zurück zu Lies Befehl*)

Für jede Zeile Z ist ein Steuerwort $\sigma(Z)$ bereitzustellen, das dann ausgeführt wird, wenn
die Transferbedingung $\alpha(Z)$ erfüllt ist. Die Umsetzung des Operationskodes eines Maschinenbefehls in eine Folge von Steuerworten des Prozessors kann selbst als ein kleines Programmstück, als *Mikroprogramm*, gesehen werden (vgl. Bild 8-12). Man kann also einen
Speicher μS mit den (n Bit langen) Steuerworten σ füllen, da diese Steuerworte für einen
definierten Maschinenbefehlssatz fest sind. Bei der Ausführung eines Steuerwortes muß
die Adresse des nachfolgenden Steuerworts abhängig vom aktuellen Steuerwort, aktueller
Operation und Indirektbit des Adreßteils im Befehlsregister, von Flags und externen Unterbrechungen wie AF, EF oder U bestimmt werden. Im einfachsten Fall hat dann jede Mikro-
programmzeile ein eigenes Steuerwort. Der Verarbeitungszyklus wird durch die Flags F
und R gesteuert. Das nächste Adreßbit wird durch eine kombinatorische Schaltung berechnet, das Steuerwort aus einem (kombinatorischen) ROM-Speicher μS ausgelesen. Ist
der μS als PROM, d.h. als kombinatorische Schaltung ausgelegt, muß er über ein Steuerwortregister getaktet werden. Dieses Steuerwortregister kann durch ein Halt-Signal H oder
die Ergebnisse der Statusregister unterbrochen werden.

Grundsätzlich unterscheidet man Bauformen, bei denen der Steuerwortspeicher die Steuersignale unkodiert enthält (*horizontale* Mikroprogrammierung) von solchen Bauformen, bei
denen die Steuersignale erst durch einen Demultiplexer aus den im Steuerwortspeicher gespeicherten Worten erzeugt werden (*vertikale* Mikroprogrammierung). Bei der horizontalen
Mikroprogrammierung sind Steuerworte mit 50–150 Bit Wortbreite üblich, bei der verti-
kalen Mikroprogrammierung sind Wortbreiten unterhalb von 32 Bit üblich.

Der Aufbau der Steuereinheit ist maschinenspezifisch und ist bei manchen Prozessoren
sehr komplex. Oft ist, wie z.B. in den integrierten Mikroprozessoren, das Mikrosteuer-

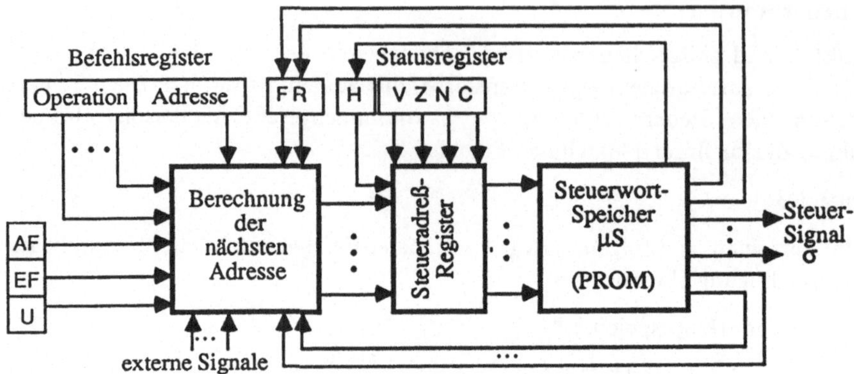

Bild 8-12 Vereinfachtes Beispiel einer mikroprogrammierten Prozessorsteuerung

programm fest verschaltet. Da aber heute relativ schnelle und einfache ROM- und RAM-Halbleiterspeicher zur Verfügung stehen, liegt es nahe, das Mikroprogramm zumindest teilweise variabel zu gestalten. So wird zwar der grundsätzliche Verarbeitungszyklus eines Rechners, also

Lesen – Erzeuge Adresse – Ausführen – Unterbrechungsbehandlung,

nicht variiert, die einzelnen Maschinenbefehle können aber veränderbar sein. Bei mikroprogrammierbaren Rechnern wird dazu ein dem Benutzer zugänglicher RAM-Teil des Mikroprogrammspeichers vom ROM-Systemteil unterschieden. Der Mikroprogrammspeicher der VAX 11/750 besteht aus Steuerworten von 80 Bit Länge, wobei 6 K als ROM-Speicher für die festen Maschinenbefehle installiert sind und ein RAM-Speicher mit 1024 Worten vom Benutzer programmiert werden kann. Jedes dieser Speicherworte ist wie die vorgegebenen Maschinenbefehle während eines Verarbeitungszyklus des Rechners zugänglich. Im RAM-Teil kann der bestehende Maschinenbefehlssatz mit neuen benutzerspezifischen Befehlen erweitert werden. Beispielsweise kann für bestimmte Anwendungsklassen (z.B. für die rechnergestützte Bildverarbeitung) eine spezifische, für die Problemklasse optimierte Maschinensprache konstruiert werden. Letztlich kann ein mikroprogrammierbarer Rechner für verschiedene Benutzer mit unterschiedlichen Maschinenbefehlssätzen arbeiten und z.B. einen anderen Rechner auf der Ebene der Maschinensprache simulieren (*Emulation*).
Bei der Befehlsverarbeitung gibt es verschiedene Techniken, um die Verarbeitungsgeschwindigkeit zu steigern. Eine einfache Maßnahme ist es, statt einer Programmzeile jeweils zwei (oder noch mehr) einzulesen (z.B. indem man die Verbindungsleitungen zwischen Speicher und Prozessor und das Speicherdatenregister SDR auf doppelte Wortbreite auslegt). Dieses *Prefetch*-Konzept folgt der Überlegung, daß Programme *lokal zusammenhängen*, d.h. daß Unterbrechungen des sequentiellen Programmablaufs durch Sprünge oder Unterprogrammaufrufe selten sind. Werden zwei aufeinanderfolgende Befehle in einem Schritt eingelesen, steht nach der Ausführung des einen Befehls in der unteren Hälfte des SDR der nächste auszuführende Befehl bereits in der oberen Hälfte des SDR. Neu eingelesen wird nur bei jedem zweiten Befehlszyklus oder wenn der sequentielle Programmfluß unterbrochen wird. Letzteres macht bei vielen Anwendungen weniger als 20% der Befehle aus. Prefetching verkürzt hardwaremäßig den (einfachsten) Verarbeitungszyklus Lesen – Ausführen – Lesen

— Ausführen ... in vielen Fällen auf Lesen — Ausführen — Ausführen .... Prefetching gibt
es bei vielen Prozessoren, einschließlich einiger Mikroprozessoren, wie Motorola MC 68020
und MC 68030, National Semiconductor NS 32032 oder den Intel-Typen 80286 und
80386.
Eine andere Hardwaretechnik zur zeitlichen Verdichtung des Verarbeitungszyklus besteht
in der zeitlichen Überlappung dieser Operationen. Wir betrachten wieder nur die einfache
Folge Lesen — Ausführen .... Diese läßt sich überlappt ausführen als:

> **Lesen — Ausführen**
>   **Lesen — Ausführen**
>   **Lesen — Ausführen**
>   **Lesen — Ausführen**
>   ...

Mit jedem Ausführen wird gleichzeitig der als nächster vermutete Befehl gelesen. Die
Steuerungen zum Lesen und zum Ausführen sind also permanent ausgelastet (mit dem
Risiko des Irrtums, falls der logische Programmablauf von der Programmbefehlsfolge ab-
weicht). Man spricht von einer Fließbandverarbeitung (engl. *pipeline processor, pipelining*).

8.4 Übungen

1. Der Pico-Rechner besteht aus Pico-Prozessor und einem 16 K großen Hauptspeicher. Im Hauptspeicher stehen unter den Hexadezimal-Adressen 20 bis 25 die hexadezimalen Werte 12, 376, A 76,
   −B4, 17 und C3. Die Register R0, ..., R7 seien belegt mit den Werten R0 = 20, R1 = 22, R3 = 21,
   R4 = 20, R5 = 25, R6 = 21, R7 = 23. Der Befehlszähler sei auf dem Wert A2. Geben Sie die hexadezimalen Werte der Register R0, ..., R7, des Speicheradreßregisters, des Speicherdatenregisters
   und des Befehlszählers nach Ausführung folgender Befehle an:

   ```
   LD R1, 22
   SUB R1, R2
   ROL R7
   EXOR R2, (R5)
   BR 21
   NOP
   INC R7
   ```

2. Schreiben Sie ein Programm für den Pico-Prozessor, das das Maximum der Datenworte W[0], ...,
   W[4] bestimmt. Die Worte W[i] sollen im Hauptspeicher unter den Adressen 100, ..., 104 stehen.
   Als Ergebnis schreibe das Programm die Adresse von max (W[i]) in das Hauptspeicherwort 110.
3. Könnte man das zweite Wort der speicheradressierenden Befehle um die 5 unbenutzten Bits OP_3...
   OP_7 dieser Operationen erweitern, um damit den ansprechbaren Adreßraum des Hauptspeichers auf
   2^{21} Adressen zu erweitern? Welche Konsequenzen hätte dies für den Pico-Prozessor und den Maschinenbefehlssatz?
4. Was ist der Unterschied zwischen horizontaler und vertikaler Mikroprogrammierung?
5. *Falls Sie Zugang zu einem Rechner haben:*
   a) Welche Wortlänge verwendet der Rechner im Speicher? Welche Wortlänge haben die Register?
      Wieviele Register hat der Prozessor? Wie groß ist der Hauptspeicher? Wie ist die Adressierung des
      Hauptspeichers organisiert?
   b) Wieviele Befehle enthält die Maschinensprache des Rechners? Welche Befehle sind das? Welche
      Adressierungsmodi sind zulässig?
   Falls Sie Zugang zu zwei verschiedenen Rechnern haben:
   c) Wie unterscheiden sich Aufbau und Maschinensprache der beiden Rechner?

9 Maschinensprache und Assembler

„Wir sind hier schon fertig", sagt Plotkin, aber Qvietone hat sich wieder gefaßt und fragt unerwartet: „Was meinten Sie mit ‚debugging'?"
Login stockt, dann lacht er. „Roger Jelenowitsch spaßt gern. Er sucht nach Fehlern. Allerdings ist eine exakte Fehlerabschätzung außerordentlich schwierig, wie Sie wissen. Mit wachsender Zahl der Summanden nimmt der Rundungsfehler erwartungsgemäß zu, und das Ergebnis kann oft nur noch auf drei, vier Stellen hinter dem Komma genau berechnet werden statt mit der Standardpräzision unserer Anlagen von sieben bis acht Dezimalstellen.
„Demnach sind ‚bugs' Fehler?", erkundigt sich Qvietone.
„Ja. Wie war das noch, Roger?"
„Irgendwann am Anfang hatte jemand eine zerquetschte Mücke in der Magnetbandrolle gefunden", kaut Snafu, „an der Stelle war die Zahlenreihe unlesbar. Seitdem heißt es bug."
„Aber Mücken sind keine Käfer", sagt Qvietone. „Warum hat man es dann nicht ‚mosquito' genannt oder..."
„‚Gnat'", Nordanc wundert sich selbst, daß er es weiß.
„‚Degnatting'?", überlegt Snafu. „Es war wahrscheinlich etwas Größeres, vielleicht eine Motte", er findet Qvietones Fragen allmählich albern.

aus Libuše Moníková, Die Fassade, 1987

Wir haben nun die Grundbestandteile eines programmierbaren Rechners erarbeitet, wobei noch eine Anzahl der Details offen geblieben ist. Es sind auch keineswegs alle realen Rechner gleich aufgebaut und bei jedem sind gewisse Eigenheiten zu beachten.
Auf der unteren logischen Ebene ist der Rechner eine sequentielle Schaltung, die stets dem Zyklus „Maschinenbefehl *lesen* — Befehl *ausführen*" gehorcht. Um ein Maschinenprogramm auf dem Rechner ausführen zu können, sind weitere Hilfmittel in Form von Systemprogrammen nötig. Rechnerprogramme werden deshalb in Systemprogramme und Nutzerprogramme eingeteilt: Systemprogramme ermöglichen und unterstützten die Ausführung der Nutzerprogramme.
Das wichtigste Systemprogramm ist das Steuerprogramm des Rechners, das *Betriebssystem*. Es sorgt für den Ablauf der Nutzerprogramme und stellt dazu viele Hilfsprogramme zur Verfügung. Das Betriebssystem ist üblicherweise in einem Zusatzspeicher gelagert wie z.B. einer Festplatte. Um den Rechnerbetrieb zu starten, müssen Teile des Betriebssystems in den Hauptspeicher geladen werden. Das Laden geschieht durch eine initiale Befehlsfolge (Systemstartprogramm, engl. *boot program*) im Speicher des Rechners. Beim Start des Rechners zeigt der Befehlszähler auf die erste Adresse des Startprogramms. Das Systemstartprogramm steht in einem Festwertspeicher (z.B. den unteren Adressen des Hauptspeichers, die als ROM ausgelegt sind), so daß das „Hochfahren" des Prozessors (im DV-Jargon „*Booten*") dem Einschalten folgt. Durch den Ablauf des Startprogramms wird der Kern des Rechnerbetriebssystems von einem Zusatzspeicher wie z.B. einer Festplatte in den Hauptspeicher des Rechners geladen. Hinzu kommen nach Bedarf weitere Hilfsprogramme, die von Zusatzspeichern in den Hauptspeicher geladen werden. Bei neueren Rechnerarchitekturen können neben dem Startprogramm auch Teile des Betriebssystems statt auf Zusatzspeichern in einen ROM-Bereich gespeichert sein. Wir werden auf die Einzelheiten eines Betriebssystems in späteren Kapiteln eingehen und zunächst annehmen, daß ein solches Boot-Programm vorhanden ist.

Um ein Maschinenprogramm auf dem Rechner auszuführen, soll von einem Zusatzspeicher oder einem Terminal aus der Programmtext in einen Hauptspeicherbereich in Form binärer Worte gespeichert werden. Die Ausführung des Programms folgt, indem der Befehlszähler auf die Programmstartadresse gesetzt wird. Der Programmierung des Rechners steht nun nichts mehr im Wege, aber es ist natürlich sehr mühsam und fehlerträchtig, ein Programm als Folge binärer Maschinenbefehle zu entwerfen und in den Hauptspeicher einzutippen. Es liegt nahe, für den Entwurf die symbolischen Namen zu benutzen, die bei der Beschreibung der Maschinenbefehle benutzt wurden. Diese symbolischen Befehle können gespeichert werden, indem die ASCII-Zeichen binär kodiert werden. Damit der Prozessor diese symbolischen Programme ausführen kann, müssen sie von einem Hilfsprogramm in die von der Maschine ausführbaren, binär kodierten Maschinenbefehlsformate übersetzt werden. Solche Übersetzerprogramme für symbolische Maschinenbefehle heißen Assemblierer (engl. *assembler* — von *assemble*, zusammenfügen). Jeder Prozessor hat für seine Maschinensprache einen oder mehrere Assemblierer, die normalerweise nicht nur die Übersetzung symbolischer Namen in den Binärkode, sondern auch weitere Unterstützungsfunktionen zum Programmieren in der Maschinensprache bereitstellen. Bei Maschinenkodeprogrammen muß man also zwischen den in symbolischem Kode geschriebenen *Assemblerprogrammen* (engl. *source code*) und den maschinell ausführbaren *Binärkodeprogrammen* (engl. *object code*) unterscheiden. Die ersteren sind von Menschen (mit Mühe) lesbar, die letzteren sind eigentlich nur maschinenlesbar.

Ein Assemblierer muß nicht unbedingt auf der Maschine laufen, auf der das Programm ausgeführt werden soll. So kann man die Programmentwicklung auf einer gut zugänglichen Maschine betreiben und dort Programme für Mikroprozessoren in Anwendungen entwikkeln, in denen gar kein Terminal verwendet werden muß, also z.B. bei mikroprozessorgestützten Steuer- und Regelbausteinen. Solche Assemblierer heißen *Cross-Assembler.* Läuft der Assembler auf seiner eigenen Zielmaschine, spricht man manchmal von *Auto-Assemblern.* Gute Assemblierer leisten mehr als nur die direkte Übersetzung von symbolischen Maschinenbefehlen in den entsprechenden Binärkode. Sie lassen

- die symbolische Benennung von Adressen, Ein/Ausgabe-Geräten und Programm-modulen oder -Prozeduren zu;
- wandeln Daten und Adressen zwischen verschiedenen Zahldarstellungen;
- berechnen komplexe Adreßanweisungen;
- berechnen komplexe Adreßanweisungen;
- verwalten den Speicherplatz;
- stellen gewisse Standardprogramme zur Verfügung;
- und bereiten die Darstellung des Programms und seine Ein/Ausgabe auf.

Dabei wird jedoch immer eine wesentliche Eigenschaft der einfachsten symbolischen Assemblierer beibehalten: es wird eine im wesentlichen strukturgleiche Übersetzung der Maschinenbefehle in Programmzeilen erzeugt. Dies unterscheidet Assemblierer von ‚höheren‘, problemnahen Programmiersprachen.

Wir wollen eine Assemblersprache am Beispiel eines realen Prozessors, des Motorola MC 68000, betrachten. Da dies ein sehr komplexer Prozessor ist, kann die Beschreibung nur eine erste Annäherung sein.

Für Assemblerprogrammierung gilt, wie für alle Programmiersprachen, daß sich ein produktives Verständnis erst durch den konkreten Umgang bildet. In den Anfängen des Programmierens war die Kenntnis von Assemblersprachen nahezu unerläßlich, da nur die

genaue Kenntnis der Maschinenarchitektur und die Nutzung dieser Eigenheiten eine effiziente, speicherplatzsparende und schnelle Programmierung erlaubte. Dies hat sich in den
letzten Jahrzehnten geändert, da heute erheblich schnellere Maschinen mit sehr viel größerem Speicher zur Verfügung stehen. Hinzu kommt eine deutlich verbesserte automatische
Übersetzung der Programme höherer Programmiersprachen in Maschinenbefehlsfolgen.
Um problemnah zu programmieren, sind höhere Programmiersprachen in den meisten Fällen besser geeignet als Assembler. Eine gewisse Ausnahme bilden Programme, die direkt
auf der Hardware-Ebene operieren oder die in besonderer Weise optimiert werden sollen.
Der eigentliche Wert der Assemblersprachen liegt heute in der didaktischen Möglichkeit,
eine Rechnerstruktur auf sehr niedriger Ebene kennenzulernen. Der interessierte Leser ist
deshalb aufgefordert, sich mit einem Assembler eines ihm zugänglichen Rechners in den
Grundzügen vertraut zu machen. Es gibt für viele problemorientierte Programmiersprachen
die Möglichkeit, Assemblerunterprogramme in Programme dieser Sprachen einzubetten.
Dies ist eine elegante Art, um die Assemblerprogrammierung wenigstens ansatzweise kennenzulernen.

9.1 Assemblersprache des MC 68000-Prozessors

Wir betrachten eine Assemblersprache für den Mikroprozessor Motorola MC 68000. Wesentliches Merkmal dieser Prozessoren ist die interne 32-bit-Bus- und Registerstruktur. Für die
Ein/Ausgabe werden 8, 16 oder 32 Bit breite Busse verwendet (Typen 68008, 68000 und
68020/30/40). Es gibt mehrere (unterschiedliche) Assembler für den MC 68000; im Befehlssatz, der duch die Prozessorstruktur und die Maschinensprache festgelegt ist, unterscheiden sie sich jedoch nicht. Wir verwenden hier den Assembler, der in der von Motorola
veröffentlichten Firmenliteratur verwendet wird (manchmal *Standard MC 68000 Assembler*
genannt).

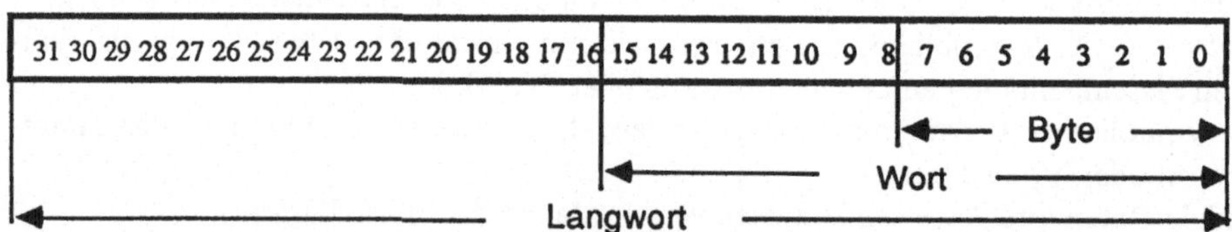

Bild 9-1 Operanden in einem 32-bit-Datenregister

Intern stehen folgende programmierbare Register bereit:
- Acht Datenregister D0, ..., D7 für 32-bit-Worte. Die Datenregister können Langworte
  (32 Bit), Worte (16 Bit) und Bytes speichern (s. Bild 9-1).
- Acht Adreßregister A0, ..., A7 für 32-bit-Worte. Damit kann prinzipiell ein Adreßraum
  von 4 Gigabyte angesprochen werden. Tatsächlich werden beim MC 68000 anders als
  beim 68020 und 68030 nur die unteren 24 Bit verwendet, der Adreßraum also auf
  16 Megabyte beschränkt. Register A7 kann nur eingeschränkt verwendet werden, da es
  die Rücksprungadressen für Unterprogramme speichert. A7 wird deshalb auch als *Stackpointer* (SP) bezeichnet. Physikalisch gibt es zwei Hardwareregister USP und SSP mit
  dem Namen A7; eines ist im Benutzermodus programmierbar, das andere im System-
  (*Supervisor-*)-Modus.
- Das Register PC wird als Befehlszähler (*Program Counter*) genutzt, wobei nur die unteren 24 Bit zur Adressierung benutzt werden.

- Das Statusregister SR ist ein 16-bit-Register, das ein Systembyte und ein Benutzerbyte unterscheidet (s. Bild 9-2). Das Benutzerbyte besteht aus den Bits N, Z und V zur Anzeige von *negativen* (N) Werten, dem Wert Null (Z für Zero), einem arithmetischen Überlauf (V für *Overflow*) und dem linksäußeren Übertragsbit C (C für *Carry*). Zusätzlich gibt es ein X-Bit (X für *Extension*). Bei einfachen Instruktionen wird in X der Wert C kopiert; bei Operationen mit Zahlen, die in mehreren Registern dargestellt werden (sogenannte erweiterte Genauigkeit), liefert das X-Bit ein einheitliches C-Bit für alle betroffenen Register.

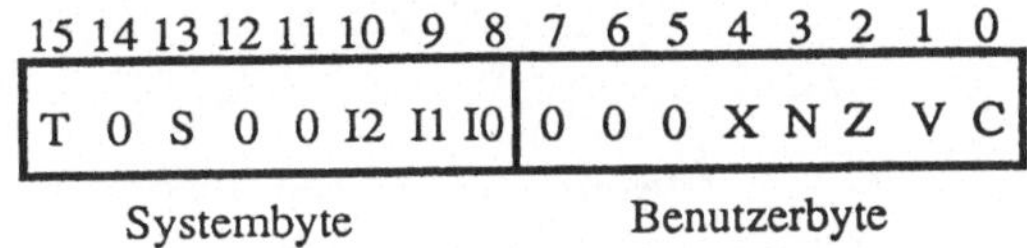

Bild 9-2 Statusregister des MC68000

Das Systembyte des Statusregisters ist befehlsunabhängig und für den normalen Benutzer nicht änderbar. Es maskiert mit $I_2 I_1 I_0$ die Klasse der vom Prozessor akzeptierten Unterbrechungssignale. S zeigt den *Supervisor*-Mode und T den *Trace*-Mode des Prozessors an, in dem nach jeder Operation das Statusregister automatisch ausgegeben wird.

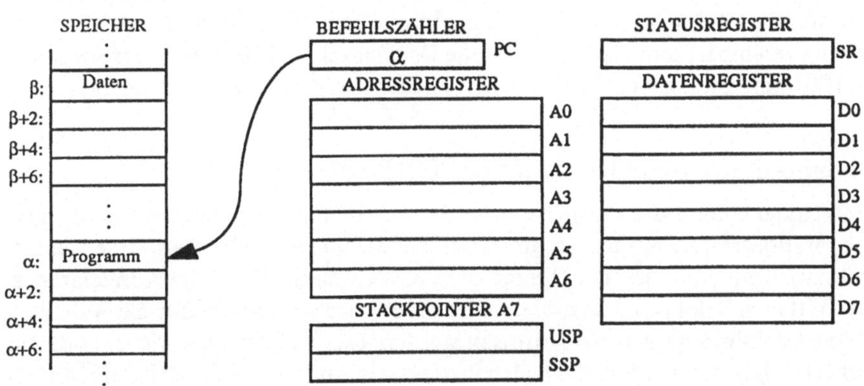

Bild 9-3 Programmierersicht auf Register und Hauptspeicher des MC68000

Der Hauptspeicher wird vom MC68000-Prozessor byteweise fortlaufend adressiert (vgl. Bild 9-3). Wortadressen sind immer geradzahlig, Langwortadressen sind durch vier teilbar. Bei Worten wird zwischen dem oberen und dem unteren Byte unterschieden (amerik. MSB — *most significant byte* und LSB — *least significant byte* oder kurz *HiByte* und *LoByte*), d.h. die HiByte-Adresse ist gleichzeitig Wortadresse. Bei Langworten kann zwischen Hi-Word und LoWord unterschieden werden. Üblich ist eine Hexadezimalindizierung der 24-bit-Adressen (s. Bild 9-4).
Zur Unterscheidung von Speicheradresse und Speicherinhalt werden wir die Adresse mit einer sechsstelligen Hexadezimalzahl $s_5 s_4 s_3 s_2 s_1 s_0$ und den Inhalt dieses Speicherplatzes geklammert als $(s_5 s_4 s_3 s_2 s_1 s_0)$ angeben. Wird unter der Adresse $00FFFE_{16}$ z.B. der Wert 0815_{16} gespeichert, so wird dies mit $(00FFFE_{16}) = 0815_{16}$ angegeben.

Langwort			
HiWord		LoWord	
HiByte	LoByte	HiByte	LoByte
000000	000001	000002	000003
000004	000005	000006	000007
000008	000009	00000A	00000B
00000C	00000D	00000E	00000F
000010	000011	000012	000013
000014	000015	000016	000017
. . .			
FFFFEC	FFFFED	FFFFEE	FFFFEF
FFFFF0	FFFFF1	FFFFF2	FFFFF3
FFFFF4	FFFFF5	FFFFF6	FFFFF7
FFFFF8	FFFFF9	FFFFFA	FFFFFB
FFFFFC	FFFFFD	FFFFFE	FFFFFF

Bild 9-4 Adreßraum des MC68000-Prozessors in Langworten angeordnet; gespeicherte Byte werden fortlaufend adressiert.

Für die Zahldarstellungen gibt es in jedem Assembler gewisse Vereinbarungen. Beim MC68000-Assembler sind Zahlen dezimal, hexadezimal oder binär darstellbar. Dabei wird stillschweigend vereinbart (engl. *default*), daß alle Zahlen in Dezimaldarstellung sind, sofern sie nicht durch das Präfix $ als Hexadezimaldarstellung oder durch das Präfix % als Binärdarstellung vereinbart sind. So ist 11001 eine Dezimalzahl, $11001 eine Hexadezimalzahl und %11001 eine Binärzahl. ASCII-Zeichen werden durch Hochkommata eingeschlossen.

9.1.1 Adreßmodi und Befehlssatz des 68000-Prozessors

Um einen Maschinenbefehlssatz möglichst effektiv zu gestalten, wird meist versucht, sinnvolle Mikrooperationsfolgen mit nur einem Maschinenbefehl zu beschreiben. Eine wesentliche Technik zur Kondensierung der Operationen besteht darin, vielfältige Adressierungsmechanismen mit dem Befehlssatz anzubieten. Im Pico-Prozessor konnte nur die Wahl zwischen direkter und indirekter Adresse getroffen werden. Dazu mußten ein Adreßmodusbit und ein Register angegeben werden. Bei realen Prozessoren sind meist sehr viel mehr *Adreßmodi* wählbar. Beim MC68000 gibt es 3 Adreßmodusbits, die mit drei Registerindexbits für 12 verschiedene Adressierungsarten benutzt werden können. In den Modi 000 bis 110 werden Registeradressen von $r_2 r_1 r_0 = 000$ bis $r_2 r_1 r_0 = 111$ angegeben. Mit dem Modus 111 können fünf weitere Adressierungsarten ohne eine spezielle Registerangabe ausgewählt werden. Aus Adreßmodus und *im Befehl spezifizierten Register* wird die *effektive Adresse* berechnet. Mit $r_2 r_1 r_0$ sei ein Daten- oder Adreßregisterindex bezeichnet; der MC68000 unterscheidet dann Adreßmodi, wie in Bild 9-5 dargestellt.

Wir betrachten einzelne Adressierungsarten. Bei der *unmittelbaren Adressierung* von Wortbefehlen (s. Bild 9-6) steht der Operand direkt im Speicherwort hinter dem Maschinenbefehl:

    ADDI.W #$123F, D3

ADDI gibt an, daß der Addierbefehl einen unmittelbaren Operanden hat (I für *immediate*).

$0\,0\,0\,r_2r_1r_0$	*Datenregisterdirekt*
$0\,0\,1\,r_2r_1r_0$	*Adreßregisterdirekt*
$0\,1\,0\,r_2r_1r_0$	*Adreßregisterindirekt*
$0\,1\,1\,r_2r_1r_0$	*Adreßregisterindirekt mit Postinkrement*
$1\,0\,0\,r_2r_1r_0$	*Adreßregisterindirekt mit Prädekrement*
$1\,0\,1\,r_2r_1r_0$	*Adreßregisterindirekt mit Verschiebung*
$1\,1\,0\,r_2r_1r_0$	*Adreßregisterindirekt mit Verschiebung und Index*
$1\,1\,1\,0\,0\,0$	*Kurze absolute direkte Adresse*
$1\,1\,1\,0\,0\,1$	*(Lange) Absolute direkte Adresse*
$1\,1\,1\,0\,1\,0$	*Befehlszählerrelativ mit Verschiebung*
$1\,1\,1\,0\,1\,1$	*Befehlszählerrelativ mit Verschiebung und Index*
$1\,1\,1\,1\,0\,0$	*Unmittelbare Adresse*

Bild 9-5 Adreßmodi dis MC68000

Das Suffix .W gibt dabei an, daß es sich um einen Wortbefehl handelt, das Präfix # zeigt einen unmittelbaren Operanden, die Hexadezimalzahl $123\,F_{16}$ an. Der Befehl addiert $123\,F_{16}$ zum Inhalt des Datenregisters D3. Der Befehlszähler wird nach dem Lesen der Operation ADD mit Adreßmodus und Registerindex D3 um zwei erhöht, findet dann den zähler nochmals um zwei. Das Präfix $ bedeutet, daß $ 123F eine Hexadezimaldarstellung ist.

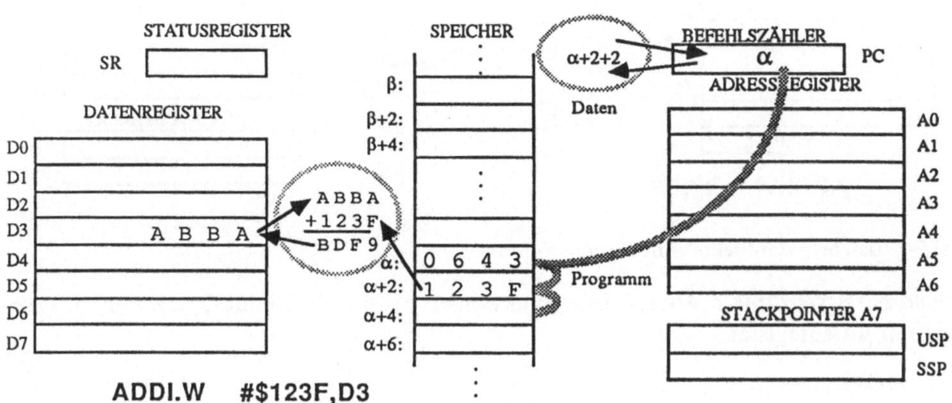

Bild 9-6 Unmittelbare Adressierung; die Konstante $123\,F_{16}$ wird zum Datenregister D3 addiert.

Bei der *kurzen absoluten (direkten) Adressierung* steht die Operandenadresse direkt im Speicherwort hinter dem Befehl. Die Adresse ist *kurz*, d.h. 16 Bit lang. Damit sind nur die Hauptspeicheradressen 000000_{16} bis $007FFF_{16}$ und zwischen $FF8000_{16}$ bis $FFFFFF_{16}$ ansprechbar. Diese beiden je 32 K großen Speicherbereiche am Anfang und am Ende des Adreßbereichs können als Zwischenspeicher genutzt werden. Durch die kurze absolute Adressierung sind sie mit einem einzigen Befehlswort direkt adressierbar.

      SUB.W $4712,D5.

Insgesamt können also nur 64 KByte als absolute kurze Adresse angesprochen werden. Auch hier wird der Befehlszähler um insgesamt vier erhöht.

Bei der *absoluten direkten Adressierung* (manchmal ‚lang absolut' genannt) folgt die Operandenadresse in zwei Worten hinter dem Befehl. Die Adresse beginnt im LoByte des ersten Operandenwortes und umfaßt auch das nächste Speicherwort; sie kann 24 Bit nutzen. Damit sind alle Hauptspeicheradressen von 000000_{16} bis $FFFFFF_{16}$ ansprechbar.

      ADD.B $AFFE07,D6

Das Suffix .B zeigt eine Byteverarbeitung an. Das Byte, das unter der Adresse AFFE07 steht, wird zum Inhalt von D6 addiert. Insgesamt können bis zu 16 MByte angesprochen werden.

Bei der *datenregisterdirekten Adressierung* (s. Bild 9-7) steht der Operand im spezifizierten Datenregister.

      ADD.W D7,D3

Zum Inhalt des Datenregisters D3 wird der Inhalt von D7 addiert. Das Ergebnis steht in D7.

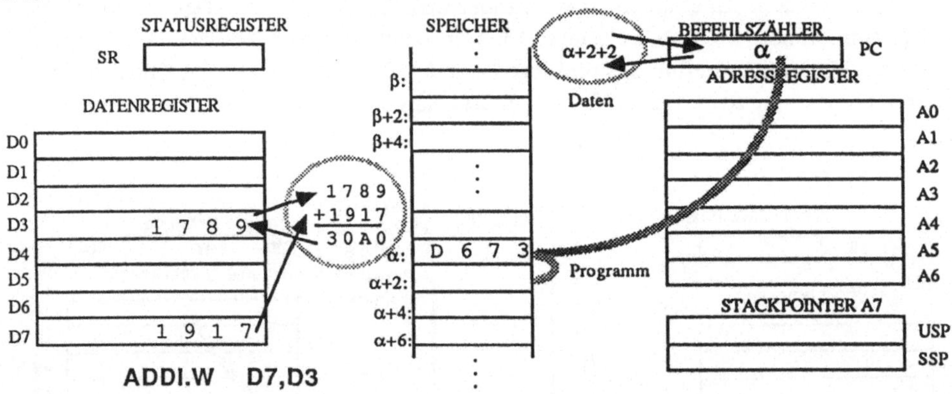

Bild 9-7 Datenregisterdirekte Adressierung

Die *adreßregisterdirekte* Adressierung funktioniert entsprechend mit Operanden im spezifizierten Adreßregister.

      MOVE.L A7,D5

Der Inhalt des Adreßregisters A7 (des Stackpointers) wird in das Datenregister D5 kopiert. Das Suffix .L gibt an, daß Langworte (32 Bit) verarbeitet werden.

Adreßregisterindirekte Adressierung verwendet eine Operandenadresse aus dem spezifizierten Adreßregister. Verarbeitet wird der Inhalt (Ai) des Adreßregisters Ai.

      AND.W (A3), D6

Die indirekte Adressierung wird durch Klammerung des Registers angegeben. Der Inhalt des Speicherwortes X, dessen Adresse in A3 steht, wird bitweise mit dem Inhalt des LoWords von D6 konkunktiv verknüpft.

Adreßregisterindirekte Adressierung kann dadurch verfeinert werden, daß eine automatische Adreßfortschaltung ausgeführt wird. Es gibt zwei Möglichkeiten:

- *nachträgliches Inkrementieren (Postinkrement)*
  Die Operandenadresse steht im spezifizierten Adreßregister. Nachdem die Adresse verarbeitet ist, wird sie um 1, 2 oder 4 erhöht (für Byte-, Wort- oder Langwortadressen). Das Postinkrement der indirekten Adresse (A_i) wird durch ein nachgestelltes + ausgedrückt:

  ADD.B (A3)+, D6

- *vorheriges Dekrementieren (Prädekrement)*
  Die Operandenadresse steht im Adreßregister; bevor die Adresse verarbeitet wird, wird sie um 1, 2 oder 4 erniedrigt (für Byte-, Wort- oder Langwortadressen). Das Prädekrement wird durch ein der indirekten Adresse (A_i) vorgestelltes − bezeichnet.

  SUB.W −(A4),D5

Eine andere Erweiterung der indirekten Adressierung sind Adreßmodi, die sich auf eine Basisadresse beziehen. Diese wird dann jeweils zu den indirekten Adressen addiert. Damit läßt sich die Startadresse eines Speicherbereichs festlegen, auf die sich dann alle weiteren Adreßberechnungen beziehen. Es gibt sogar eine doppelt indirekte Adressierung, indem zusätzlich ein Indexregister benutzt wird.

Bei der adreßregisterindirekten Adressierung *mit Verschiebung* wird die Operandenadresse als Summe aus Adreßregister und einem festen Verschiebungssummanden gebildet. Die Verschiebung ist eine Zweierkomplementzahl mit 16 Bit (liegt also zwischen −32768 und +32767) und wird im Befehl direkt oder als Variablenname angegeben.

  SUB.B $100 (A1),D6

Der Inhalt des Speicherwortes X, dessen Adresse die Summe des Inhalts von A3 und der Basisadresse 100_{16} ist, wird zum Datenregister D6 addiert. Eine typische Anwendung liegt in der Bearbeitung komplexer Datenstrukturen, wie z.B. ARRAYS von Speicherworten. Der ARRAY Z bestehe aus den Elementen Z_0, ..., Z_n. Er beginne mit der Adresse $100 für Z_0. Alle seine Elemente Z_i können nun einfach als $100 + i berechnet werden. Es genügt also, im Adreßregister den Wert i anzugeben. Noch klarer wird die Programmierung, wenn für $100 ein Variablenname wie z.B. ZNULL angegeben wird. Dann ist Z_i als ZNULL + i adressierbar.

Unter Umständen kann es nützlich sein, eine weitere Stufe der Indizierung zu erreichen. Dies geschieht mit der adreßregisterindirekten Adressierung *mit Verschiebung und Indexierung* (s. Bild 9-8). Die Operandenadresse wird als Summe aus Adreßregister, einem festen Verschiebungssummanden und dem Wert eines Indexregisters (eines beliebigen Daten- oder Adreßregisters) gebildet. Beim Indexregister muß angegeben werden, ob alle 32 oder nur 16 Bit addiert werden sollen (Suffix .L oder .W). Die Verschiebung ist eine hierbei ein bytelange Zweierkomplementzahl. Sie liegt also zwischen −128 und +127 und wird im Befehl direkt oder als Variablenname angegeben.

  ADD.W $12 (A3, A6.W), D3

Die Verschiebung steht im LoByte im zweiten Speicherwort des Befehls. Im Hibyte stehen die Informationen über das Indexregister. Die erste Operandenadresse X wird als $X = \$12 + (A3) + (A6.W) = 12_{16} + 1000_{16} + 100_{16} = 1112_{16}$ aus der Zahl 11_{16} und dem Inhalt von A3 und dem LoWord von A6 gebildet. Unter der Speicheradresse 001112_{16} steht der erste Operand ADE, der zum Inhalt des Datenregisters D3 addiert wird. Das Ergebnis steht in D3.

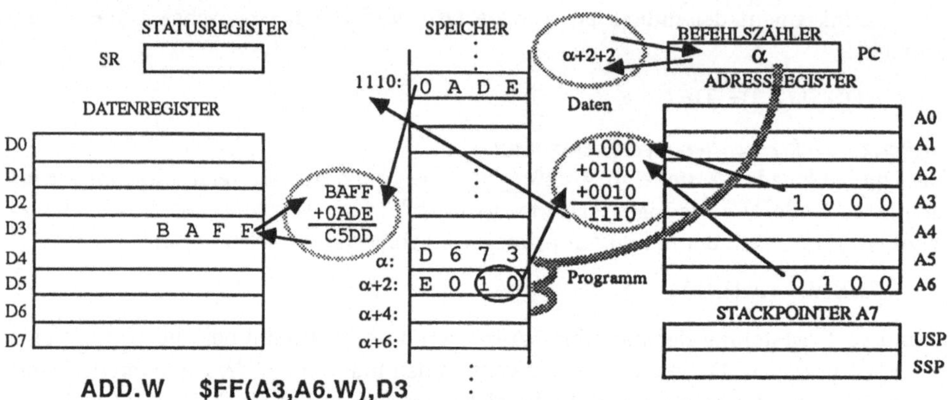

Bild 9-8 Adreßregisterindirekte Adressierung mit Verschiebung und Indexierung

Adreßregisterindirekte Adressierung mit Verschiebung und Indexierung kann beispielsweise zur fortlaufenden Adressierung eines ARRAYS aus RECORDS verwendet werden, wenn fortlaufend die gleichen Elemente der RECORD-Struktur angesprochen werden sollen.

Die beiden letzten Adressierungsmodi können auch zur Programmierung positionsunabhängigen Kodes verwendet werden, indem die Adressierung relativ zum Befehlszähler angegeben wird. Die Spezialfälle werden durch eine eigene Modebitkombination angegeben. Mit PC sei der Befehlszähler (*Program Counter*) bezeichnet. Die *befehlszählerrelative Adressierung mit Verschiebung* läßt beispielsweise den Befehl

  ADD.W $1000(PC),D6

zu. Die kompliziertere *befehlszählerrelative Adressierung mit Verschiebung und Index* läßt die Schreibweise

  ADD.W $1000(PC,A3),D6

zu.

Manchmal wird eine Sprungadresse relativ zur aktuellen Befehlszeile (Zeilenzählerrelativ — engl. *Location Counter relative*) berechnet. Die aktuelle Befehlszeile wird dabei durch ein + markiert, die Verschiebung in Byte berechnet. Als Beispiel betrachten wir eine Schleife, die ein Speicherwort im Datenregister D6 solange nach links schiebt bis links außen eine Eins erscheint. Die Zahl der Verschiebungsschritte wird zum Register D5 addiert.

  ADDQ.W   #$1,D5
  LSL.L   #$1,D6
  BPL   +$−4

Zu den Problemen dieser zeilenrelativen Adressierung gehört es, daß die genaue Zahl der überspringenden Bytes von der Länge der übersprungenen Befehle abhängig ist und daß nachträgliche Änderungen des Programmtextes u.U. Neuberechnungen der Sprunglänge verlangen. Ein Vorteil besteht darin, daß keine besonderen Markennamen (als Sprungadressen) eingeführt werden müssen. Dieser Vorteil jedoch ist bei heutigen Assemblierern und Maschinen meist bedeutungslos. Zeilenrelative Sprünge sind deshalb nach Möglichkeit zu vermeiden.

Damit sind die vielseitigen Adressierungsmodi des MC 68000 als Beispiel für einen komplexen Prozessor vorgestellt. Andere Prozessoren haben manchmal mehr oder auch weniger Adressierungsmodi. Der Entwurf einer Prozessorarchitektur beruht wesentlich auf der Auswahl von Befehlssatz und Adressierungsmodi. Dies läßt viele Varianten zu, die in der Praxis genutzt werden. Da es schwer ist, die späteren Einsatzgebiete eines Prozessors effektiv im voraus zu beschreiben, ist es auch schwer, eine wohlfundierte Entscheidung über Adressierungsmodi und Befehlssatz eines Prozessors zu treffen.

Der MC 68000 ist ein Prozessor mit einem reichhaltigen und komplexen Befehlssatz und damit eher ein sogenannter *Complex Instruction Set Computer*. Bei großen IBM-Anlagen (und kompatiblen Großrechnern) sind noch deutlich größere Befehlssätze anzutreffen. Auch die VAX 11/750 hat schon über 300 Befehle. Eine Tendenz des Rechnerentwurfs geht heute eher zu Prozessoren mit kleinen Befehlssätzen (dies ist ein wesentliches Kennzeichen sogenannter *Reduced Instruction Set Computer*).

Wir betrachten die Maschinenbefehle des MC 68000 etwas genauer. Mit ADD, SUB, AND, OR und MOVE haben wir einige Befehle gesehen. MOVE ist der wichtigste Transferbefehl und wird in diversen Varianten benutzt, je nachdem, ob Register oder Speicherzellen betroffen sind. Die arithmetischen Befehle umfassen die Grundrechenarten mit ADD, SUB, MULS, DIVS, NEG für Binärzahlen im Zweierkomplement und mit ABCD, SBCD für BCD-Zahlen. Die logischen Befehle AND, OR, NOT, EOR erlauben die parallele Behandlung aller Bits eines Bytes, Worts oder Langworts. Die Verschiebebefehle unterscheiden den Shift von Zahlen und Bitketten durch die arithmetischen Shiftbefehle ASR, ASL, die Befehle LSR, LSL für nicht-zyklische logische Shifts und die zyklischen Shifts ROR und ROL. Der Programmablauf kann durch die Verzweigungen BRA und JMP zwingend oder durch Verzweigungen Bxx mit verschiedenen Vergleichsbedingungen xx abhängig vom Statusregister ,bedingt' geändert werden.

Die Vergleichsbedingungen xx sind:

CC	Statusbit C=0	(*Carry Clear* - kein linksäußerer Übertrag)
CS	Statusbit C=1	(*Carry Set* - linksäußerer Übertrag)
EQ	Statusbit Z=1	(Null)
GE	Statusbedingung N≡V	(Größer/Gleich)
GT	Statusbedingung ¬Z(N≡V)	(Größer)
HI	Statusbedingung ¬C¬Z	(*High*)
LE	Statusbedingung Zv(N⊕V)	(Kleiner/Gleich)
LS	Statusbedingung CvZ	(*Low*)
LT	Statusbedingung N⊕V	(Kleiner)
MI	Statusbit N=1	(negativ)
NE	Statusbit Z=0	(ungleich)
PL	Statusbit N=0	(positiv)
VC	Statusbit V=0	(*Overflow Clear* - Kein Überlauf)
VS	Statusbit V=1	(*Overflow Set* - Überlauf)

Die Vergleichsbedingungen im Statusregister können Ergebnis einer arithmetischen Operation oder eines Vergleichsbefehls CMP sein. In Bild 9-9 sind die konkreten bedingten Verzweigungsbefehle BCC bis BVS aufgelistet.

Unterprogramme werden durch Befehle zur Behandlung von BSR oder JSR angesprungen. Der Rücksprung erfolgt mit RTS. Schließlich gibt es einige Systembefehle, wie NOP zur zeitlichen Austarierung eines Programms, RESET zum Zurücksetzen externer Einheiten in einen definierten Anfangsstatus oder STOP zum Anhalten des Prozessors. TRAP dient zur Unterbrechungsbehandlung und es gibt sogar einen Befehl ILLEGAL, um eine Unterbrechung auf Grund eines nicht-definierten Befehls zu simulieren.

Der vollständige Befehlssatz des MC68000 umfaßt ohne die Unterscheidung von Langwort, Wort und Byteadressierung rund 120 verschiedene Maschinenbefehle; mit den Unterscheidungen nach Operandenlänge sind es 178 Befehle. Für Langwortoperanden wird das Suffix .L, für Wortoperanden .W und für Byteoperanden .B benutzt. Bei Verzweigungsoperationen wird bei kurzer Adresse .S (für den Bereich −128 bis +127 Schritte) angehängt. Für den langen (Wort-)Sprungsbereich von −16384 bis +16383 wird kein Suffix angegeben.

ABCD	ADD.L	ADD.W	ADD.B	ADDA.L	ADDA.W
ADDI.L	ADDI.W	ADDI.B	ADDQ.L	ADDQ.W	ADDQ.B
ADDX.L	ADDX.W	ADDX.B	AND.L	AND.W	AND.B
ANDI.L	ANDI.W	ANDI.B	ASL.L	ASL.W	ASL.B
ASR.L	ASR.W	ASR.B			
BCC	BCC.S	BCHG	BCLR	BCS	BCS.S
BEQ	BEQ.S	BGE	BGE.S	BGT	BGT.S
BHI	BHI.S	BLE	BLE.S	BLS	BLS.S
BLT	BLT.S	BMI	BMI.S	BNE	BNE.S
BPL	BPL.S	BRA	BRA.S	BSET	BSR
BSR.S	BTST	BVC	BVC.S	BVS	BVS.S
CHK	CLR.L	CLR.W	CLR.B	CMP.L	CMP.W
CMP.B	CMPA.L	CMPA.W	CMPI.L	CMPI.W	CMPI.B
CMPM.L	CMPM.W	CMPM.B			
DBCC	DBCS	DBEQ	DBF	DBGE	DBGT
DBHI	DBLE	DBLS	DBLT	DBMI	DBNE
DBPL	DBRA	DBT	DBVC	DBVS	DIVS.W
DIVU.W					
EOR.L	EOR.W	EOR.B	EORI.L	EORI.W	EORI.B
EXG	EXT.L	EXT.W			
ILLEGAL					
JMP	JSR				
LEA	LINK	LSL.L	LSL.W	LSL.B	LSR.L
LSR.W	LSR.B				
MOVE.L	MOVE.W	MOVE.B	MOVEA.L	MOVEA.W	MOVEC
MOVEM.L	MOVEM.W	MOVEP.L	MOVEP.W	MOVEQ	MOVES.L
MOVES.W	MOVES.B	MULS	MULU		
NBCD	NEG.L	NEG.W	NEG.B	NEGX.L	NEGX.W
NEGX.B	NOP	NOT.L	NOT.W	NOT.B	

OR.L	OR.W	OR.B	ORI.L	ORI.W	ORI.B
PEA					
RESET	ROL.L	ROL.W	ROL.B	ROR.L	ROR.W
ROR.B	ROXL.L	ROXL.W	ROXL.B	ROXR.L	ROXR.W
ROXR.B	RTD	RTE	RTR	RTS	
SBCD	SCC	SCS	SEQ	SF	SGE
SGT	SHI	SLE	SLS	SLT	SMI
SNE	SPL	ST	STOP	SUB.L	SUB.W
SUB.B	SUBA.L	SUBA.W	SUBI.L	SUBI.W	SUBI.B
SUBQ.L	SUBQ.W	SUBQ.B	SUBX.L	SUBX.W	SUBX.B
SVS	SVC	SWAP			
TAS	TRAP	TRAPV	TST.L	TST.W	TST.B
UNLK					

Bild 9-9 Befehlssatz des Motorola MC68000-Prozessors mit den Suffizes für Lang-, Wort- und Byte-adressen

Assemblerprogramme haben im Vergleich zu den Programmen problemorienterter Sprachen wie Pascal oder Modula-2 eine recht starre Struktur. Die Programme des MC68000 Standard Assemblers sind aus Zeilen aufgebaut, die aus den Elementen Marke, Befehl, Operanden und Kommentar in folgender Form aufgebaut sind:

<Marke>   <Befehl> <Operand1>, <Operand2>   (* <Kommentar> *)

Marke und Kommentar müssen nicht bei jeder Zeile angegeben werden. Marken sind Namen, die mit einem Großbuchstaben beginnen müssen. Die *Marke* muß linksbündig in der Zeile stehen und wird mit einem oder mehreren Leerzeichen abgeschlossen. Hat die Zeile keine Marke, ist mindestens ein Leerzeichen linksbündig zu schreiben.

Der symbolische *Befehlsname* wird mit dem Suffix .L, .W., .B oder .S geschrieben, wenn dies nach Abb. 9-9 vorgegeben ist. Der Befehlsname muß mit einem oder mehreren Leerzeichen von den Operanden getrennt werden.

Sind mehrere *Operanden* vorgesehen, sind diese mit Kommata ohne Leerzeichen zu trennen. Indirekte Adreßoperanden werden in Klammern geschrieben; ein der schließenden Klammer folgendes Pluszeichen gibt ein Postinkrement an, ein Minuszeichen vor der öffnenden Klammer zeigt ein Prädekrement an.

Kommentare werden in Klammern geschrieben und sind durch ein oder mehrere Leerzeichen von den Operanden getrennt. Es können auch Kommentare als Zeile geschrieben werden, wenn die Zeile mit einem Semikolon anfängt.

Im Motorola Standard Assembler sind einige der obigen Festlegungen in Einzelheiten weiter eingeschränkt, aber im wesentlichen sind die meisten Assembler in einer ähnlichen Form festgelegt.

Programme bestehen aus Zeilen zur Vereinbarung von Daten und zur Festlegung von Speicherplatz, Kommentarzeilen und Befehlszeilen. Wir gehen in Abschnitt 9.2 auf Datendeklarationen und Speicherbelegung ein und beschränken uns hier auf den algorithmischen Gehalt der Assemblerprozedur. Als Beispiel wählen wir eine einfache Assemblerprozedur, die eine Reihe von Zahlen in 16-bit-Zweierkomplementdarstellung summiert. Die Anzahl der Summanden heißt ZAHL, die Startadresse der Zahlenfolge selber (ein Langwort) heißt START, die Summe heißt SUMME. Es wird angenommen, daß die Summe keinen Überlauf generiert. Wir zeigen den algorithmischen Teil; Speicherplatz und Variablen müssen im Hauptprogramm deklariert werden.

```
ADDITION   MOVEA.L  START,A0                          (* Anfang der Liste *)
           MOVE.W   $0,D0                             (* Summe:=0 [=D0]*)
           MOVE.W   LAENGE,D1              (* Noch Länge [=D1] Iterationen *)
           BEQ.S    AUSGANG    (* Falls Länge=0,kurzer Sprung nach Ausgang *)
SCHLEIFE   ADD.W    (A0)+,D0                          (* Summe:=Summe+1 *)
           SUB.W    $1,D1                             (* Länge:=Länge-1 *)
           BNE      SCHLEIFE                          (* bis Länge=0 *)
AUSGANG    MOVE.W   D0,SUMME             (* Das Ergebnis wird Summe genannt *)
           RTS                      (* Ende der Prozedur - Rücksprung *)
```

9.1.2 Unterprogramme und Stackregister

Der MC68000 unterstützt hardwareseitig den Aufruf von Unterprogrammen durch einen
‚Stackpointer'. Der Vorteil von Unterprogrammen liegt in ihrer mehrfachen Verwendbar-
keit, ohne daß sie jedesmal neu geschrieben werden müssen. Zudem können sie getrennt
vom Hauptprogramm erstellt und ausgetestet werden. Für das Maschinenprogramm bedeutet ein Unterprogrammaufruf, daß das aufrufende Programm zur Anfangsadresse des
Unterprogramms springt (neuer Wert im Befehlszähler), dieses ausführt und mit einem
Rücksprungbefehl vom Unterprogramm zum Hauptprogramm zurückkehrt. Der Aufruf erfolgt mit einem unbedingten JSR-Befehl (*jump to subroutine*) oder mit einem bedingten
BSR-Befehl (*branch to subroutine*), der Rücksprung mit einem RTS-Befehl (*return from
subroutine*). Dazu muß die nächste vom aufrufenden Programm auszuführende Befehls-
adresse bei der Ausführung des Unterprogrammaufrufs gespeichert sein und wieder in das
Befehlsregister geladen werden. Die Speicherung dieser Rücksprungadresse erfolgt in einem
bestimmten Speicherteil, dem *Stack* (deutsch Stapel oder Keller), dessen Endadresse im
Stackpointerregister (oder kurz *Stackregister*) A7 steht. Mit Beginn des Programms wird
der Stack geleert (d.h. der Stackpointer deutet auf den Anfang des Stacks). Bei einem einfachen Unterprogrammaufruf wird die Stackpointeradresse um 4 Byte erniedrigt und die
Rücksprungadresse aus dem Befehlszähler in das vom Stackregister adressierte Langwort
des Stacks geladen. Der Befehlszähler wird mit der Anfangsadresse des Unterprogramms
geladen und das Unterprogramm bis zu einem RTS-Befehl ausgeführt. Der Stack zählt abwärts in Langwortschritten von 4 Byte und das Stackregister deutet immer auf die zuletzt
eingegebene Adresse des Stacks. Ein Stackspeicher kann nur von einer Seite angesprochen
werden und das zuletzt gespeicherte Wort muß als erstes wieder ausgelesen werden. Die
Länge des Stacks reicht maximal von der Adresse Null bis zur Anfangsadresse im Stackregister.
Wir zeigen einen einfachen Unterprogrammaufruf.

```
...
002000: PROGRAMM   MOVE.W   WERT,D0
002004:            JSR      BEISPIEL
002008:            MOVE.B   ERGEBNIS,D1
...
0020F0: BEISPIEL   LSR.L    #5,D6
0020F2:            MOVE.B   D6,ERGEBNIS
0020F6:            RTS
...
007FF8:            ...            -
007FFC:            ...                            ( ↑ Stack )
```

Es gilt
• direkt vor der Ausführung von JSR:

$$PC = 002004, \quad SP = 007FFC,$$

- direkt nach Ausführung von JSR:

    PC = 002OF0,   SP = 007FF8,   für den Stack gilt (007FF8) = 002008,

- direkt vor der Ausführung von RTS:

    PC = 002OF6,   SP = 007FF8,   (007FF8) = 002008

- und direkt nach der Ausführung von RTS:

    PC = 002008,   SP = 007FFC.

Das aufrufende Programm wird direkt hinter dem Aufruf weiter ausgeführt und der Stack hat die Rücksprungadresse wieder „vergessen". Das Stackprinzip erlaubt es, eine Folge von Rücksprungadressen zu speichern, so daß ein Unterprogramm weitere Unterprogramme aufrufen kann. Jeder Rücksprung findet genau seine letzte Rücksprungadresse als oberste Adresse des Stacks, d.h. durch das Stackregister adressiert, vor.
Unterprogramme können sich mit diesem Stackmechanismus selbst aufrufen (*Rekursion*), sofern diese Aufruffolge irgendwann einmal abbricht. Wir zeigen den rekursiven Aufruf einer Assemblerprozedur im Vergleich zu einem rekursiven Pascal-Programm. Beide berechnen rekursiv die Fakultät einer positiven ganzen Zahl.

```
PROGRAM BerechneFakultaet;
    VAR Zahl,Fak:INTEGER;
    FUNCTION Fakultaet(n:INTEGER):INTEGER;
    BEGIN IF (n-1)>0 THEN Fakultaet:=n*Fakultaet(n-1) ELSE Fakultaet:=1; END;
BEGIN
    IF Zahl>=0 THEN Fak:=Fakultaet(Zahl);
END.
```

Mit dem Befehl MULU für die Multiplikation von 16-bit-Binärzahlen ohne Vorzeichen und dem Verzweigungsbefehl BNE (*Branch if not equal*) und der direkten Subtraktion SUBQ läßt sich ein entsprechendes Assemblerprogramm konstruieren, das ebenfalls ein rekursives Unterprogramm aufruft.

```
...
002000: PROGRAMM   MOVE.W    Zahl,D0           (* Arbeitsregister D0 *)
002004:            BSR.S     FAKULTAET         (* Unterprogrammaufruf *)
002006:            MOVE.W    D0,Fak            (* Ergebnis heißt Fak *)
00200A:            RTS                         (* Hauptprogrammende *)

00200C: FAKULTAET  MOVE.W    D0,-(A7)      (* Unterprogramm 'FAKULTAET': *)
                                           (* Param. n in Stack "merken" *)
                                               (* Stack erweitern *)
00200E            SUBQ.W     #1,D0             (* n dekrementieren *)
002010:           BNE.S      WEITER       (* Wenn n-1≠0, dann: WEITER *)
002012:           MOVE.W     (A7)+,D0         (* Stack wieder abbauen *)
                                             (* Das Ergebnis steht im *)
                                           (* obersten Wort des Stacks *)
002014:           BRA.S      ZURUECK         (* Unterprogramm beenden *)
002016: WEITER    BSR.S      FAKULTAET   (* Rekursiver Aufruf mit n-1 *)
002018:           MULU       (A7)+,D0            (* n•fak[n-1] *)
00201A: ZURUECK   RTS                         (* Unterprogramm Ende *)
...
007FF8:           ...
007FFC:           ...                         (* ↑ Stack *)
```

Das Hauptprogramm ruft das Unterprogramm Fakultaet auf und legt dazu die Rücksprungadresse 02006 auf den Stack. Mit jedem rekursiven Unterprogrammaufruf erniedrigt das
Programm den Stackpointer um 4 und speichert immer die gleiche Rücksprungadresse
002018 des Unterprogramms. Um die Multiplikationen 1*2*3 ... *n auszuführen, muß
noch der Parameter n zwischengespeichert werden. Dies geschieht ebenfalls auf dem Stack
über die indirekte prädekrementelle und postinkrementelle Adressierung des Stacks mit
dem Stackpointerregister A 7. Im Stack werden demnach abwechselnd Rücksprungadressen
und Parameterwerte gespeichert und nach dem Erreichen des Parameters n = 0 wieder ab-
gebaut. Die Maschine übernimmt die ordnungsgemäße Verwaltung der Rücksprungadressen
des rekursiven Unterprogramms. Die Verantwortung für das ordnungsgemäße Füllen und
Leeren des Stacks mit den Parameterwerten liegt jedoch beim Programmierer! Der Unterschied zum Pascal-Programm, wo die ganze Rekursionsverwaltung automatisch übernommen wird, sollte hier deutlich sein.

Stacks müssen nicht über den eingebauten Stackpointer A 7 verwaltet werden. Der Benutzer
kann in allen zugänglichen Hauptspeicherbereichen eigene Stackstrukturen anlegen; die
Verwaltung muß dann natürlich durch entsprechend programmierte Abfragen und Prozeduren erfolgen. Der MC 68000 Maschinenbefehlssatz stellt zwei Befehle LINK und ULNK
zur Verfügung, die diese Verwaltung erleichtern. Wir gehen auf diese Befehle nicht weiter
ein, sondern verweisen den interessierten Leser auf die entsprechende Literatur.

Unterprogramme heißen *relokalisierbar*, wenn ihre Anfangsadresse nicht relativ zur Adresse
des aufrufenden Hauptprogramms bestimmt sein muß, sondern an einem beliebigen
Speicherplatz liegen kann.

Sie heißen *wiedereinsprungsfähig (reentrant)*, wenn sie von einem anderen Programm unterbrochen werden können, ohne dieses zu beeinflussen und nach dem Ende der Unterbrechung fehlerfrei an der gleichen Stelle weiterarbeiten können. Dazu darf ein solches
Unterprogramm keine festen Speicherplätze belegen, sondern muß alle eigenen (lokalen)
Daten im Stack halten. Das rekursive Unterprogramm FAKULTAET ist reentrant.

Das Adreßregister A 7 kann alternativ als normales Adreßregister verwendet werden, wenn
keine Unterprogrammaufrufe verwendet werden. Der Mikroprozessor unterscheidet einen
Benutzermodus (*User-Mode*) und einen privilegierten Modus (*Supervisor-Mode*). Beide
haben verschiedene Stackpointerregister, so daß hardwaremäßig das logisch gleich adressierte Register A 7 doppelt vorhanden ist, nämlich einmal als User Stackpointer USP und
zum andern als System Stackpointer SSP. Die Verwendung der Adreßregister kann bei
konkreten Rechnersystemen, Betriebssystemen und Programmiersprachen weiter eingeschränkt sein.

Neben den Rücksprungadressen können auch Parameter des Unterprogramms über den
Stack übergeben werden. Dazu wird die Zahl der Parameterbytes gefolgt von den Para-
metern vor der Rücksprungadresse gespeichert. Entweder werden die Werte der Parameter
direkt gespeichert (*call by value*) oder es werden die Adressen der Parameter gespeichert
(*call by name*). In Pascal (oder Modula-2) führt dies zu den unterschiedlichen Parameter-
deklarationen

    PROCEDURE Unterprogramm (WertDesParameters:**INTEGER**)

bzw.

    PROCEDURE Unterprogramm (**VAR** NameDesParameters:**INTEGER**);

Durch die Angabe der Typdeklaration „**VAR** NameDesParameters:**INTEGER**" zeigt der Pascal-Programmierer der Maschine an, daß es sich um eine Parameterübergabe per Adresse (d.h. fester Speicherzelle) handelt.

9.1.3 Unterbrechungen

Die MC68000-Hardware unterstützt eine Vielzahl von Unterbrechungsbehandlungen (im Motorola-Jargon: *Exceptions*). Unterbrechungen können extern oder intern verursacht werden. Zu den *internen Unterbrechungsursachen* zählen:

- *Adressierungsfehler*, wie z.B. Versuche bei Wortbefehlen auf ungerade Adressen zuzugreifen.
- Versuche, im Benutzer-(*User-*)Status die *privilegierten* Maschinenbefehle des System-(*Supervisor-*)Status auszuführen.
- Versuche, *illegale* oder *nicht implementierte* Maschinenbefehle auszuführen. Durch den Befehl ILLEGAL kann eine solche Unterbrechung auch programmiert werden.
- *Programmgesteuerte* Unterbrechungen auf Grund besonderer Statusregisterwerte bei einigen Maschinenbefehlen wie TRAP, TRAPV, CHK, DIVS und DIVU.

Zu den *externen Unterbrechungsursachen* zählen:

- *Busfehler,*
- *Reset,*
- *Externe Unterbrechungssignale* von Ein/Ausgabegeräten über die Leitungen IPL0, IPL1 oder IPL2.

Für die Abarbeitung von Unterbrechungen sind acht Prioritätsstufen vorgesehen, die in den Statusregisterbits I2 I1 I0 angezeigt werden. Vordringlich werden Reset, Adreß- und Busfehler behandelt, die einen Abbruch des aktuellen Verarbeitungszyklus und eine sofortige Unterbrechungsbehandlung erzwingen. Externe Interrupt-Anforderungen, illegale, nicht-implementierte oder privilegierte Befehle verzweigen nach dem Verarbeitungszyklus zur Unterbrechungsbehandlung. Vom Statusregister abhängige Unterbrechungen wie die Division durch Null haben die niedrigste Priorität.

Der MC68000 reserviert die ersten 512 Speicherworte (also die Adressen 000000_{16} bis $0003FF_{16}$) als Unterbrechungsvektortabelle U, in der für jede tabellierte Unterbrechungsursache die Adresse einer Unterbrechungsbehandlungsroutine gespeichert wird. Die ersten 64 Adressen sind vom Prozessor her definiert, die anderen Unterbrechungsadressen sind vom konkreten Rechnersystem, in dem der Prozessor eingesetzt wird, abhängig. Alle Unterbrechungen setzen den Prozessor in den System-(*Supervisor-*)Modus zur Unterbrechungsbehandlung. Der *Systemstackpointer* SSP wird statt des Userstackpointers USP verwendet (Adreßregister A7). Die Behandlung einer internen Unterbrechungsursache sieht folgende Schritte vor:

1. Der Statusregisterinhalt wird in einem Datenregister gespeichert.
2. Das S-Bit des Statusregisters wird gesetzt, das T-Bit gelöscht.
3. Der Befehlszählerinhalt wird im Systemstack SST gespeichert.
4. Der zwischengespeicherte Statusregisterinhalt wird im SST gespeichert.
5. Der Befehlszähler wird mit der Adresse der Unterbrechungsbehandlungsroutine aus U geladen.
6. Die Unterbrechungsbehandlungsroutine wird ausgeführt.

Bei Bus- und Adreßfehlern werden die zuletzt benutzten Daten und Adressen im SST abgelegt. Bei externen Unterbrechungssignalen wird die Unterbrechungsmaske $I_2\, I_1\, I_0$ im Statusregister auf die Prioritätsebene der aktuellen Unterbrechung gesetzt, um Unterbrechungen mit gleicher oder niedrigerer Priorität abzublocken. Die externe Unterbrechung wird dem verursachenden Gerät im nächsten Zyklus über den E/A-Bus bestätigt (*interrupt acknowledgement*) und es kann ein Unterbrechungsvektorbyte dieses Geräts vom Prozessor gelesen werden, so daß der Prozessor mit der geeigneten Behandlung antworten kann. Eine besondere Form der Unterbrechung ist das externe Resetsignal, das einen Neustart des Prozessors erzwingt:

1. Das S-Bit des Statusregisters wird gesetzt, um den Prozessor in den Systemstatus zu versetzen, das T-Bit wird gelöscht.
2. Die Unterbrechungsmaske $I_2\, I_1\, I_0$ des Statusregisters wird auf die höchste Priorität 111 gesetzt, so daß keine weiteren Unterbrechungen (die alle niedrigere Priorität haben) zugelassen werden.
3. Der Systemstackpointer SSP wird mit dem Inhalt der ersten vier Speicherbytes geladen (Adressen 000000_{16} bis 000003_{16}).
4. Der Befehlszähler wird mit dem Inhalt der zweiten vier Speicherbytes geladen (Adressen 000004_{16} bis 000007_{16}).
5. Das Systemstartprogramm, auf das der Befehlszähler zeigt, wird ausgeführt. Dieses Boot-Programm ist in einem Festwertspeicher (ROM) gespeichert.

Das Boot-Programm bereitet das Laden des Betriebssystems oder einer speziell auszuführenden Routine vor. Dazu wird im Regelfall das Laden weiterer Programme von einem Zusatzspeicher (Festplatte oder Diskette) durch das Boot-Programm vorbereitet.

9.2 Struktur einer Assemblersprache

Der Maschinenbefehlssatz besteht aus ausführbaren Befehlen, die in einem Assembler normalerweise direkt abgebildet werden. Dabei entspricht ein symbolischer Assemblerbefehl im Regelfall genau einem Maschinenbefehl. Diese direkte Abbildung hat zwei Vorteile:

- Assemblerprogramme sind leicht automatisch in Maschinenbefehlsfolgen umzuwandeln (d.h. ein Assemblierer kann klein sein und schnell geschrieben werden).
- Der Programmierer kann die Maschineneigenschaften, die sich im Befehlssatz des Prozessors widerspiegeln, sehr bewußt und auf maschinennaher Ebene ausnutzen. Assemblerprogrammierung ist deshalb maschinennahes Programmieren (im Unterschied zum problemnahen Programmieren mit den höheren Programmiersprachen wie z.B. Pascal oder Modula-2).

Die direkte Übersetzung der symbolischen Assemblerbefehle in Maschinenbefehle ist nur der Kern des Assemblierprogramms. Zur Ausführung eines Programms sind weitere Vorbereitungen zu treffen. Für Daten und Programm ist Speicherplatz zuzuweisen und es sind Anweisungen zum Verbinden (Binden, engl. *link*) verschiedener Programmteile oder fertiger Bibliotheksroutinen zu einem gemeinsam auszuführenden Programm zu geben.

Die ORG-Anweisung (Abkürzung für engl. *Origin*) gibt die Anfangsadressen von Programm, Unterprogrammen, Daten im Hauptspeicher und evtl. angelegten Benutzer-Stacks an. ORG-Anweisungen für Programmkode und Daten stehen üblicherweise am Anfang eines Assemblerprogramms.

DC (*Define Constant*) legt den fortlaufenden Speicherplatz für Konstanten fest.

```
BASIS     DC.W $10
TABELLE   DC.B 2, 3, 5, 7, 11, 13, 17, 19, 23, 29
```

definiert die Hexadezimalkonstante 9_{16} und die Tabelle der ersten zehn dezimalen Primzahlen, die mit TABELLE, TABELLE+1, TABELLE+2 usw. bis TABELLE+9 fortlaufend adressiert werden können. Es gibt auch DC.W und DC.L für Wort- und Langwortkonstanten.

Variablen werden mit DS (*Define Storage*) vereinbart, als DS.B, DS.W oder DS.L, wobei der Variablenname als Marke und der Speicherbedarf hinter dem DS-Befehl angegeben wird. Durch

```
ZAHL      DS.L 1
X         DS.L 2
ZEILE     DS.B 30
```

wird die 32-bit-Variable Zahl, die 64-bit-Variable X und die 30 Byte lange variable Zeichenkette ZEILE definiert. Die Variablen haben keinen definierten initialen Wert.

Mit dem EQU-Befehl (engl. *equate*) wird einem Namen ein fester Wert oder der Wert einer anderen Variablen in Form eines arithmetischen Ausdrucks zugewiesen.

```
MASKE     EQU %11001100
WERT      EQU $6030
ANFANG    EQU ENDE+15
```

Einmal vereinbarte EQU-Zuweisungen sind im Programm nicht mehr änderbar. Die gleiche Zuweisung mit SET statt EQU kann durch ein nachfolgendes SET wieder geändert werden.

Die END-Anweisung zeigt das Ende eines Assemblerprogrammtextes an.

Diese nicht in den Maschinenkode zu übersetzenden ORG, DC, DS, EQU, SET und END werden oft *Pseudo-Operationen* genannt. Ebenfalls zu den Pseudo-Operationen gehört die Umsetzung der verschiedenen Zahldarstellungen in Binärzahlen im Zweierkomplement oder in binäre Speicheradressen, die wir nicht weiter besprechen.

Jede Programmzeile kann explizit markiert werden. Dazu wird eine Marke (engl. *label*) vor die Operation geschrieben und durch ein oder mehrere Leerzeichen von der Operation getrennt.

Obwohl es nicht zwingend notwendig ist, verlangen die meisten Assemblierer streng formatierte Programme. Üblicherweise wird für einen Befehl eine Zeile reserviert. Die Assemblerprogrammzeile hat den Aufbau

<Marke> <Operation> <Operand 1>, <Operand 2>   (*<Kommentar>*)

wie in Abschnitt 2.4.1 bereits gezeigt wurde.

Eine wesentliche Erweiterung einfacher symbolischer Assembler besteht in der Möglichkeit, bestimmte Binärkodefolgen als Makrobefehle (kurz *Makros*) zu definieren und mit diesen wie mit Maschinenbefehlen zu programmieren. Man spricht dann von *Makro-Assemblern*. Makros sind von den Unterprogrammen, die wir im Zusammenhang mit dem Stackpointer betrachtet haben, zu unterscheiden. Unterprogramme werden im Programmablauf aufgerufen, verarbeitet und wieder verlassen. Der Text des Unterprogramms ist nur einmal im Hauptspeicher gespeichert. Makros sind dagegen Abkürzungen für Binärkodefolgen, die bei der Übersetzung durch den Assemblierer bei jedem Aufruf erneut im Hauptspeicher abgelegt werden. Man spart den Aufruf- und Rücksprungmechanismus (BSR und RTS) und damit Ausführungszeit und zahlt mit vielfachem Speicherplatz: Ein *Trade-off*, der beim Programmieren häufig vorkommt.

Es gibt ‚höhere‘ Assembler, die neben Makrobefehlen komplexere Steuerstrukturen wie Anweisungsblöcke, bedingte Verzweigungen (*IF ... THEN ... ELSE*) oder Schleifenstrukturen wie *WHILE ... DO ... END* oder *REPEAT ... UNTIL* oder sogar rekursive Unterprogrammaufrufe zulassen. Eine höhere Programmiersprache kann auch über den Grundbefehlen der Maschinensprache aufgebaut werden statt über Zuweisungen und arithmetischen Ausdrücken. Beispiele solcher „höheren maschinennahen Sprachen" sind *PL/M*, *PL/360* und in gewissem Sinne auch *FORTH* oder *C.*

Assemblierer lösen das Problem, symbolische Anweisungen in Binärkode umzusetzen. Manchmal gibt es das umgekehrte Problem, nämlich Binärkodeprogramme lesen zu müssen. Dazu werden sie sinnvollerweise wieder in die symbolische Sprache zurückübersetzt. Solche (Rück-)Übersetzungsprogramme heißen *Disassemblierer*. Zwar ist die unmittelbare syntaktische Übersetzung aus einem Binärkodeprogramm in eine symbolische Befehlsfolge direkt möglich, das Problem liegt aber darin, daß die semantische Ebene der Assemblerprogrammierung, d.h. die sinnvolle Lesehilfe, die ein gutes Assemblerprogramm enthält, nicht mehr rekonstruierbar ist. Das betrifft nicht nur die Kommentare, die im Binärkode nicht mehr vorhanden sind, sondern vor allem die symbolischen Namen von Marken und Variablen, die ja auch eine gewisse Kommentarfunktion übernehmen. Marken und Variablen werden durch absolute oder befehlszählerrelative Adressen ersetzt, die das Verstehen eines disassemblierten Programmes ohne Kenntnis des symbolischen (Quell-)Programmtextes nahezu unmöglich machen. Selbst ein schlichtes Beispielprogramm zur Normalisierung einer positiven 32-bit-Zahl ist ohne Kenntnisse über den Aufbau des zugrundeliegenden Quellprogramms nur sehr schwer aus dem disassemblierten Binärkodeprogramm zu erkennen. Wir gehen von einer dokumentierten Assemblerprozedur aus.

```
(* Das Programm soll eine gegebene positive 32-bit Zahl EIN solange nach  *)
(* links schieben bis die erste Ziffer eine eins ist. Die Anzahl der      *)
(* Verschiebungschritte SCHRITTE soll mit dem vorzeichenlosen Ergebnis'   *)
(* AUS der Verschiebeoperation ausgegeben werden. Für die Zahl soll keine *)
(* Verschiebung erfolgen. Dieser Prozeß heißt Normalisierung.            *)
(*                                                                        *)
NORMPGM    MOVEQ.L   #0,D5          (* Die Schrittzahl ist anfänglich null *)
           MOVE.L    EIN,D6         (* D5 liest die zu normalisierende  Zahl *)
           BLE.S     FERTIG         (* Nur positive Zahlen werden bearbeitet *)
                                            (* Schleife Zählen-Verschieben *)
NORMAL     ADDQ.W    #1,D5          (* Schrittzahl wird um eins hochgezählt *)
           LSL.L     #1,D6                      (* Linkshift der Eingabe *)
           BPL       NORMAL         (* Es wird solange nach links geschoben, *)
                                         (* bis eine Eins links außen steht *)
FERTIG     MOVE.B    D5,SCHRITTE          (* Die Ergebnisse werden aus den *)
           MOVE.L    D6,AUS         (* Datenregistern D5 und D6 ausgelesen *)
           RTS                                         (* Rücksprung *)
```

Der Assemblierer erzeugt aus dieser Prozedur ein binäres Maschinenprogramm, das im Hauptspeicher zur Ausführung bereitsteht. Aus dem Speicherauszug (engl. *dump* oder *core dump*) in 16-bit-Worten läßt sich der erzeugte Binärkode wieder in ein disassembliertes symbolisches Programm rückübersetzen. Links stehen die hexadezimalen Speicheradressen, gefolgt vom binär kodierten Inhalt und seinem hexadezimalen Äquivalent. Der Disassemblierer rekonstruiert aus den Binärzahlen zeilenweise die symbolischen Maschinenoperationen und die Operanden. Die Sprungmarken sind vom Assemblierer aufgelöst und durch befehlszeilenrelative Adressierung ersetzt. Die Einsprungadressen werden als Kommentare angegeben.

```
ADRESSE    INHALT              HEX  OPERATION   OPERANDEN        SPRUNGADRESSEN
01E468: 0111101000000000    7A00  MOVEQ.L     #$0,D5
01E46A: 0010110000101101    2C2D  MOVE.L      $-3530(A5),D6
01E46C: 1100101011010000    CAD0
01E46E: 0110111100001000    6F08  BLE.S       +$A               (* $1E478 *)
01E470: 0101001001000101    5245  ADDQ.W      #$1,D5
01E472: 1110001110001110    E38E  LSL.L       #$1,D6
01E474: 0110101000000000    6A00  BPL         +$-4              (* $1E470 *)
01E776: 1111111111111010    FFFA
01E478: 0001101101000101    1B45  MOVE.B      D5,$-3528(A5)
01E47A: 1100101011011000    CAD8
01E47C: 0010101101000110    2B46  MOVE.L      D6,$-352C(A5)
01E47E: 1100101011010100    CAD4
01E480: 0100111001110101    4E75  RTS
```

Die Rückübersetzung ist natürlich auch manuell möglich, indem man die entsprechenden Kodetabellen aus der Prozessorbeschreibung benutzt [22]. Für den ‚Move quick'-Befehl

$$\text{MOVEQ} \ \# <\text{Data}>, \ D_n$$

gibt Motorola folgendes binäres Befehlsformat an:

15	14	13	12	11	10	9	8	7	6	5	4	3	2	1
0	1	1	1	Register			0				Data			

Die Hexzahl 7A00 der ersten Zeile bzw. ihr Binäräquivalent 0111101000000000 läßt sich dann interpretieren als

$$0111 \quad 101 \quad 0 \quad 00000000$$

oder als MOVEQ-Befehl mit dem Registeroperanden D5 und dem konstanten Operanden 0. Da MOVEQ stets Langworte in D5 erzeugt, kann es zur besseren Lesbarkeit als MOVEQ.L geschrieben werden. Das Ergebnis der Umwandlung ist demnach

$$\text{MOVEQ} \ \#\$0,D5$$

Man kann im disassemblierten Programm ebenfalls sehen, daß die Branchbefehle mit einer Hexadezimalzahl 6 beginnen und daß *branch on plus* 6A und *branch on less or equal zero* 6F heißt. Man sieht sogar, daß der verwendete Assemblierer ein Platzverschwender ist, der den vier Byte langen Befehl BPL +$−4 statt des zwei Byte langen Befehls BPL.S +$−4 verwendet.

Durch die strukturelle Armut, das Fehlen von übersichtlichen Schleifen und Verzweigungsbefehlen, aber vor allem durch das Fehlen aussagekräftiger Variablen- und Markennamen und der Kommentare läßt sich ein disassembliertes Programm nur schwer lesen.

Ein bis heute wenig genutzter Vorteil eines automatischen Disassemblierers mag darin liegen, Binärkodeprogramme zwischen Prozessoren mit verschiedenen Maschinenbefehls-

sätzen automatisch herstellen zu können (wobei viele Einschränkungen zu beachten sind).
Entsprechende Überlegungen zu Hochsprachkonvertern sind ein Forschungsgebiet der Informatik, das bisher noch keine praktische Bedeutung erlangt hat.

9.3 Aufbau eines einfachen Assemblierers

Wir kehren zum Befehlssatz des Pico-Prozessors zurück und zeigen den prinzipiellen Aufbau eines einfachen (Pico-)Assemblierers. Die Assemblersprache bestehe aus den Maschinenbefehlen des Pico-Prozessors. Programme können mit einem ORG-Befehl beginnen und
müssen mit dem Pseudobefehl END beendet werden. Ist kein ORG vorhanden, wird die
systemspezifische Anfangsadresse α gesetzt. Als Zahldarstellungen sind Dezimalzahlen,
Binärzahlen (Präfix %) und Hexadezimalzahlen (Präfix \$) erlaubt. ASCII-Zeichen werden
durch Hochkommata eingeschlossen. Die Registerinhalte heißen D0, ..., D7, sind die im
Register gespeicherten Adressen gemeint, so heißen sie A0, ..., A7 (indirekte Adressierung).

Die nichtleeren Zeilen werden vom Assemblierer mit einem Zeilenzähler (engl. *location
counter*) durchnumeriert. Makros sind der Einfachheit halber nicht zugelassen, ebenso
keine anderen Pseudooperationen außer ORG und END. Der Assemblierer soll zwei Durchgänge durchlaufen (*two-pass assembler*). Es wird immer eine Zeile behandelt. In jeder Zeile
wird untersucht, ob sie mit einer Marke oder einer Operation beginnt. Marken werden in
einer Adreßsymboltabelle eingetragen mit dem jeweiligen Wert des Zeilenzähler. Wir setzen
eine (triviale) Prozedur:

      PROCEDURE Lies _ Zeile (Marke, Operation, Operation 1, Operand 2);

voraus, die die Elemente Marke, Operation, Operand1 und Operand2 einer Zeile liefert,
sofern diese vorhanden sind. Ist keine Marke oder kein Operand vorhanden, soll der Parameter Marke den Wert ,?' erhalten. Kommentare werden von der Prozedur „verschluckt".
Die Datentypen Bit, Byte und (16-bit)Wort sollen in einem extern vereinbarten *Assemblierer _ Modul* definiert sein.

```
TYPE Bit      = (0,1);
     Nibble   = ARRAY [0..3] OF Bit;
     Byte     = ARRAY [0..7] OF Bit;
     Wort     = ARRAY [0..15] OF Bit;
```

Im ersten Durchlauf (Pass1) werden nur Operation und Marke der Zeile bearbeitet.

```
PROCEDURE Pass1;
(* Zeilenzähler setzen und Marken in Speicheradressen umsetzen *)
    CONST MaxAd=255; (* Systemspezifische Obergrenze der Zahl der Namen *)
    TYPE  AdEintrag = RECORD Marke:String; Zeile:INTEGER END;
    VAR   ZeilenZähler, Index:INTEGER;
          AdreßTabelle: ARRAY [0..MaxAd] OF AdEintrag;
BEGIN
    ZeilenZähler:=a; Index:=0;
    REPEAT Lies_Zeile;
           IF Operation='ORG' THEN ZeilenZähler:=Operand END;
           IF Marke <>'?' THEN
               AdEintrag.Marke:=Marke;
               AdEintrag.Zeile:=ZeilenZähler;
               Index:=Index+1 END
    UNTIL Operation='END';
    Pass2;
END;
```

Durch Pass1 wird eine *AdreßTabelle* aufgebaut, die zu jeder symbolischen Marke die zeilenzählerrelative Adresse angibt. Im zweiten Durchlauf werden die einzelnen Operationen und
Adressierungsmodi verarbeitet. Dazu werden zum Assembliervorgang neben der Adreßsymboltabelle weitere temporär angelegte Tabellen und einige Hilfsroutinen benutzt. Mit
einer Prozedur *Temporäre_Tabellen_löschen* wird die Pseudooperation END abgefangen,
mit einer Funktion *BinärDarstellung* wird die Kodeumsetzung von Dezimal- und Hexadezimalzahlen in Binärzahlen und von ASCII-Zeichen in Binärbytes vorgenommen. Registernamen werden an eine Funktion *RegisterAdresse* übergeben, die mit Hilfe einer
Tabelle *AdreßUmsetzung* die Registernamen D0, ..., D7 in die vier Bits 0000, ..., 0111 umsetzt (direkte Adressierung) und die Registernamen A0, ..., A7 in die vier Bits 1000, ..., 1111
umsetzt (Indirektbit=1). Bei befehlszählerrelativer Adressierung (Befehle BR und BRZ)
wird ein Vorzeichenbit im Operanden gesetzt. Wir geben diese beiden Unterprogramme
nicht explizit an; sie sind einfach. Die Übersetzung der Maschinenbefehle in Binärkode
erfolgt in der Funktion *BinärOperation* mit Hilfe einer Tabelle *OperationsUmsetzung*, die
die symbolischen Namen *OpName* in Binärkodebytes *OpKode* übersetzt. Als Ergebnis des
zweiten Laufs entsteht ein Binärkodeprogramm. Ist dieses erstellt, können die Tabellen
im Hauptspeicher gelöscht werden. Beim zweiten Durchlauf werden die Zeilenmarken nicht
mehr bearbeitet, da sie als Sprungziele durch ihre Zeilenzähleradresse ersetzt werden. Die
systemspezifischen Funktionen Anhalten, BinärDarstellung und Temporäre_Tabellen_
löschen werden aus dem AssembliererModul importiert. Ebenso werden die beiden Funktionen RegisterAdresse und BinärOperation aus diesem Modul importiert. Ihre Definitions-
vereinbarungen sind:

```
FUNCTION RegisterAdresse(Operand:Byte):Byte;
     TYPE RegisterEintrag = RECORD Reg:RegisterName; RegKode:Nibble END;
     VAR AdreßUmsetzung: ARRAY [0..15] OF RegisterEintrag;

FUNCTION BinärDarstellung(Operation:Byte):Byte;
     TYPE OperationsEintrag = RECORD OpName:String; OpKode:Byte END;
     VAR OperationsUmsetzung: ARRAY [0..MaxOp] OF OperationsEintrag;
```

Die Implementierungen sind einfach und werden nicht explizit angegeben. Für einige Be-
fehle werden nicht die einzelnen Operanden Operand1 und Operand2, sondern das ganze
Operandenbyte benutzt. Dies soll durch die Verkettungsoperation concat(Operand1,
Operand2) erzeugt werden.

```
PROCEDURE Pass2;
     CONST MaxAd=255;       (* Systemspezifische Obergrenze der Zahl der Namen *)
           MaxOp=nnn;            (* Zahl nnn der umzusetzenden Maschinenbefehle *)
     TYPE  AdreßEintrag = RECORD Marke:String; Zeile:INTEGER END;
     VAR   ZeilenZähler,Index:INTEGER;
           AdreßTabelle: ARRAY [0..MaxAd] OF AdreßEintrag;
           MaschinenBefehl:Wort;
BEGIN
     ZeilenZähler:=a; Index:=0;
     REPEAT Lies_Zeile;
          IF Operation = 'HLT' THEN Anhalten; Operation:='END' END;
          IF Operation = 'ORG' THEN ZeilenZähler:=Operand END;
          Operator:=BinärDarstellung(Operation);
          IF Operation in ('SUB','ADD','OR','AND','EXOR','MOVE') THEN
               MaschinenBefehl[8..15]:=BinärOperation(Operator);
               Operand1:=RegisterAdresse(Operand1);
               Operand2:=RegisterAdresse(Operand2);
               Maschinenbefehl[0..3]:=Operand1;
               Maschinenbefehl[4..7]:=Operand2
          END;
```

```
        IF Operation in
           ('SHL','SHR','ROL','ROR','NEG','NOT','INC','DEC','IN','OUT')
        THEN
            MaschinenBefehl[8..15]:=BinärOperation(Operator);
            Operand:=RegisterAdresse(Operand);
            Maschinenbefehl[0..3]:=RegisterAdresse(Operand1);
        END;
        IF Operation in('BR','BRZ') THEN
            MaschinenBefehl[8..15]:=BinärOperation(Operator);
            Operand:=Adresse(concat(Operand1,Operand2));
            Maschinenbefehl[0..7]:=Operand;
        END;
        IF Operation='NOP' THEN
            MaschinenBefehl [8..15]:=BinärOperation(Operator);
            Maschinenbefehl[0..7]:=0;
        END;
        IF Operation in ('LD','ST') THEN
            MaschinenBefehl[8..15]:=BinärOperation(Operator);
            MaschinenBefehl[4..7]:=0;
            Maschinenbefehl[0..3]:=RegisterAdresse(Operand1);
        END;
    UNTIL Operation='END';
    Temporäre_Tabellen_löschen;
END;
```

Anmerkung: Die Zuweisungen AFeld[0..k] = BFeld[m..m+k] sind als Programmschleife: **FOR** i:=0 **TO** k **DO** AFeld[i] :=BFeld[m+i] zu verstehen.

Zu beachten ist, daß der Pico-Assemblierer keine *Fehlerbehandlung* hat. Eine robuste und aussagekräftige Fehlerbehandlung kann ein Übersetzerprogramm erheblich komplizieren, aber die Programmentwicklung wird dadurch wesentlich vereinfacht. Sie ist ein wesentliches Qualitätsmerkmal von Übersetzern.

Neben dem bloßen Übersetzen einzelner Programme ist es für die effektive Programmierung sinnvoll, getrennt übersetzte Assemblermodule (auch Module aus Programmbibliotheken) zu komplexeren Binärprogrammen zusammenzufügen. Nahezu unverzichtbare Voraussetzung ist es, daß die getrennt übersetzten Module in relokalisierbarem Binärkode geschrieben sind. Dies ist durch zeilenzählerrelative Adressierung möglich. Die Einzelmodule werden durch ein Binderprogramm (*Linker*) zu einem ausführbaren Programm vereint und durch ein Ladeprogramm (engl. *Loader*) zur Ausführung in einen freien Speicherbereich geladen. Wird der Befehlszähler des Prozessors mit der Anfangsadresse dieses Ladebereichs des Programms geladen, läuft dieses Programm ab. Der Zyklus zur Programmverarbeitung nach der Erstellung des Programmtextes ist also:

Übersetzen der Module – Binden – Laden und Ausführen

oder im Jargon ‚Assemble-Link-Go‘ (bzw. ‚Assemble-Link-Crash‘).

9.4 Problemnahe Programmiersprachen

Letzten Endes sind Assembliersprachen auf die Hardware hin entworfen. Sie bieten den Vorteil, die Maschinenstruktur bis auf die Registerebene hinunter ausnutzen zu können und so Programme im Speicherplatzbedarf, im Laufzeitverhalten und in spezifischen Hardware-Eigenheiten optimal ausnutzen zu können (was aber mit erheblichem Aufwand verbunden sein kann). Assemblierer stellen aber nur wenig Hilfsmittel zur Lösung typischer Programmierprobleme bereit, wie sie bei der Programmierung komplexer algorithmischer Lösungen oder der Verarbeitung großer Datenmengen auftauchen. Im Alltag des betrieb-

lichen Programmierens werden deshalb andere Programmierhilfsmittel bereitgestellt, nämlich

- *problemnahe (höhere) Programmiersprachen*, wie z.B. COBOL, PL/1, FORTRAN, Pascal, Modula-2, LISP, Prolog oder ADA und
- fertige *Anwendungsprogramme*, wie Texteditoren, Tabellenkalkulationsprogramme, Datenbanksysteme, Unterprogrammbibliotheken für bestimmte Anwendungsbereiche, Entwurfsprogramme für CAD (*Computer Aided Design*), Simulationsprogramme u.a.m.

Die Arbeit mit guten Anwendungsprogrammen setzt nur geringe maschinenspezifische
Kenntnisse voraus. Sie ist deshalb typisch für den Rechnereinsatz auf Sachbearbeiterebene.
Nachteilig ist, daß die weitaus meisten Anwendungsprogramme nicht veränderbar und nicht
erweiterbar sind. Änderungen und Erweiterungen müssen nach wie vor programmiert werden.

Höhere Programmiersprachen können komplexere Datenstrukturen und Steuerbefehle verarbeiten als die Register, Speicherworte und Maschinenbefehle, mit denen Assemblerprogramme auf der Ebene der Maschinenimplementierung operieren. Solche Sprachen sind für
große, charakteristische Arbeitsbereiche problemnah angelegt. Typisch sind etwa Strukturen für Datensätze (engl. *records*) oder Dateien (engl. *files*) mit denen sich komplexe
Dateien bis hin zu Datenbanken aufbauen und warten lassen. Bei den Kontrollstrukturen
fallen meist die Sprungbefehle auf bestimmte Adreßmarken weg (*GOTO*-Befehle), statt
dessen werden Verzweigungen, Schleifen und Unterprogramme verwendet. Typisches
Kennzeichen vieler höherer Programmiersprachen sind rekursive Unterprogrammaufrufe,
bei denen ein Unterprogramm sich bis zum Eintreten einer Abbruchbedingung selbst aufrufen kann. Die Verwaltung solcher rekursiven Aufrufe erfordert komplexe Maschinenbefehlsfolgen, da für jeden Aufruf eine neue Rücksprungadresse bereitgehalten werden
muß, ohne daß die vorherigen gelöscht werden dürfen. Die Erzeugung der Maschinenbefehlsfolgen wird einem *Übersetzerprogramm* überlassen, das ähnlich wie der Assembler
die Programme der entsprechenden Hochsprache in Maschinenbefehle übersetzt.

Grundsätzlich werden zwei Arten solcher Sprachübersetzer unterschieden, nämlich einmal
kompilierende Übersetzer (*Compiler*) und zum anderen interpretierende Übersetzer (*Interpreter*). Der Compiler liefert im Regelfall einen relokalisierbaren Maschinenkode, der nach
der Übersetzung beliebig (und unabhängig vom Compiler) verwendet und ausgeführt werden kann. Compiler erzeugen üblicherweise Binärkode. Um ihre Arbeitsweise für den Programmierer leichter überprüfbar zu machen, lassen manche Compiler wahlweise die Erzeugung von Assemblerkode zu. Wir geben als Beispiel für den von einem Pascal-Compiler erzeugten Kode die Assemblerausgabe an; die generierenden Pascal-Befehle sind als Kommentare angegeben. Im Unterschied zum Disassemblierer bleiben hier die Variablen- und
Unterprogrammnamen des Quellprogramms erhalten. Man sieht auch, daß die vorher gezeigte Übersetzung per Hand kompakter ist.

```
;PROGRAM Fakult;
;VAR Zahl,Fak:INTEGER;
                XDEF        PAS$XFER
        PAS$XFER    JMP         FAKULT
;FUNCTION Fakultaet(n:INTEGER):INTEGER;
                XDEF        ZAHL
        ZAHL        DS.B        2
                XDEF        FAK
        FAK         DS.B        2
;BEGIN
```

```
                 XDEF     FAKULTAET
       FAKULTAET LINK     A6,#0
                 MOVEM.L  D7,-(SP)
;IF (n-1)>0 THEN Fakultaet:=n*Fakultaet(n-1) ELSE Fakultaet:=1;
                 MOVE.W   8(A6),D7
                 SUBQ.W   #1,D7
                 CMPI.W   #0,D7
                 BLE.W    SL1IL1
                 CLR.W    -(SP)
                 MOVE.W   8(A6),D7
                 SUBQ.W   #1,D7
                 MOVE.W   D7,-(SP)
                 JSR.W    FAKULTAET
                 MOVE.W   (SP)+,D7
                 MULS.W   8(A6),D7
                 MOVE.W   D7,10(A6)
                 JMP      SL1IL2
       SL1IL1    MOVE.W   #1,10(A6)
       SL1IL2
;END;
                 MOVEM.L  (SP)+,D7
                 UNLK     A6
                 MOVEA.L  (SP)+,A0
                 ADDQ.L   #2,SP
                 JMP      (A0)
;BEGIN IF Zahl>=0 THEN Fak:=Fakultaet(Zahl); END.
                 XDEF     FAKULT
       FAKULT    LINK     A6,#0
                 CMPI.W   #0,ZAHL(A5)
                 BLT.W    IL1
                 CLR.W    -(SP)
                 MOVE.W   ZAHL(A5),-(SP)
                 JSR.W    FAKULTAET
                 MOVE.W   (SP)+,D7
                 MOVE.W   D7,FAK(A5)
       IL1       DC.W     $A9F4
```

Ein Compiler führt das Programm nicht aus, sondern bereitet nur die Ausführung vor, indem er es in wiederverwendbaren, relokalisierbaren Binärkode übersetzt. Ein Interpeter führt dagegen das in einer höheren Sprache geschriebene Programm unmittelbar aus, d.h. er interpretiert Zeilen oder Grundkonstrukte des Programms (wie z.B. Verzweigungen) hintereinander und führt diese sofort aus. Der Interpreter erzeugt keinen wiederverwendbaren Binärkode, d.h. das Programm ist nur mit Hilfe des Interpreters ausführbar. Im allgemeinen laufen interpretierte Programme langsamer als ihre kompilierten Versionen, da im Programm wiederkehrende Unterprogramme oder Strukturen immer wieder neu interpretiert werden, während der Compiler eine einmal erzeugte Binärkodefolge mehrfach verwenden kann. Dafür ist der Interpretationsvorgang meist schneller als eine Kompilierung. Vorteil des Interpreters ist, daß der oft recht zeitaufwendige Kompilier- und Bindevorgang des Compilers wegfällt, der besonders bei der Programmentwicklung (wo noch viele logische und syntaktische Fehler auftreten) stört. Es gibt Compiler, die das Programm zum Übersetzen mehrfach lesen und bearbeiten und solche, die es nur einmal lesen (*multi-pass-* oder *single-pass-compiler*). Interpreter führen normalerweise nur einen einzigen Durchlauf durch das Programm aus. Wird ein Programm interpretiert, ist es deswegen leicht zu ändern und die Wirkungen dieser Änderungen sind sofort zu sehen.

Der Unterschied zwischen Compiler und Interpreter ist in mancher Hinsicht vergleichbar dem Unterschied zwischen einer (zeitgleichen) Simultanübersetzung und einer durchgearbeiteten literarischen Übersetzung. Und wie diese werden interpretierte und kompilierte

Programme meist unterschiedlich genutzt. Interpreter sind hilfreich bei der Programmentwicklung, gute Compiler können dagegen optimierte Binärkodeprogramme erzeugen. Durch die Entwicklung sehr schnell übersetzender Compiler mit integriertem Programmtexteditor (wie etwa *Turbo-Pascal*) geht der Vorteil von Interpretern etwas verloren. Eine andere elegante Lösung zum besseren Handhaben von Programmentwicklung und Binärkodeoptimierung ist die Kombination von Interpreter und Compiler für die gleiche Sprache. So entsteht ein System, in dem die Programmentwicklung durch einen benutzerfreundlichen Interpreter unterstützt wird und das fertige Programm dann zur Erzielung hoher Verarbeitungsgeschwindigkeiten und Speicherplatzeffizienz kompiliert werden kann. (Beispiele in dieser Richtung sind der MacPascal-Interpreter und der Lightspeed Pascal Compiler für den Apple Macintosh; einige C-, LISP- und PROLOG-Systeme bieten ebenfalls solche Möglichkeiten.) Der Ausbau von geeigneten Programmierumgebungen (*programming environments*), die nicht nur einen Sprachübersetzer, sondern eine Vielzahl von Programmierwerkzeugen (engl. *programming tools*) bieten, gehört zu den spannenden Forschungsgebieten der Informatik.

9.5 Übungen

1. Die folgenden Assemblerbefehle führen unterschiedliche Adressierungen aus. Geben Sie die Inhalte aller durch den Befehl betroffenen Speicherzellen vor und nach der Ausführung des Befehls an. Denken Sie an Register, Befehlszähler und Hauptspeicherzellen. Anfänglich sei A1 = 1000, A3 = 2000, D1 = 1FFF, D3 = 1234. Im Speicher stehe unter der Adresse 7777_{16} der Wert 3000_{16}.

```
MOVE  D3,D1
MOVE  A3,D1
SUB   #$7777,D1
ADD   $7777,D1
SUB   (A3),D1
SUB   (A3)+,D1
ADD   -(A3),D1
ADD   $77(A3),D1
ADD   $77(A3,A6),D1
```

2. Zu dem unter der Adresse 6000_{16} gespeicherten Wort sollen das Einer- und das Zweierkomplement unter 6002_{16} bzw. 6004_{16} im Hauptspeicher abgelegt werden. Schreiben Sie ein entsprechendes Stück Assemblerprogramm. Das Programm habe folgende Struktur:

```
DATA  EQU   $6000
PROG  EQU   $4000
      ORG   DATA
WERT  DS.W  1
K1    DS.W  1
K2    DS.W  1
      ORG   PROG
PG    ...
                    }  Ihr Programmtext
      ...
      RTS
      END   PG
```

3. Schreiben Sie ein Assemblerprogramm, das das Maximum Maxi: = max (W_i) einer Anzahl von positiven 16-Bit-Zahlen W_i im Hauptspeicher findet.
   a) Die zehn zu vergleichenden Worte W_1 bis W_{10} stehen fortlaufend im Hauptspeicher, beginnend mit der Adresse 6000_{16}. Das Ergebnis Maxi soll hinter W_N im Hauptspeicher abgelegt werden. Das Programm stehe ab Adresse 4000_{16} im Hauptspeicher.

b) Die Anzahl der Worte sei N. Der Wert N stehe unter der Adresse 6000_1, gefolgt von den N zu vergleichenden Worten $W_1, ..., W_N$. Das Ergebnis Maxi soll hinter W_N im Hauptspeicher abgelegt werden.

4. Welche Vor- und Nachteile hat ein Interpreter gegenüber einem Compiler. Diskutieren Sie Arbeitsweise mit diesen beiden Übersetzerarten, Geschwindigkeit, Speicherbedarf, Qualität des erzeugten Binärkodes. Erläutern Sie Ihre Argumente an Hand eines kleinen Programms.

5. *Falls Sie Zugang zu einem Rechner haben*: Untersuchen Sie einen realen Assembler auf dieser Maschine. Welche Adressierungsarten werden unterstützt? Programmieren Sie die obigen Programme für diese Maschine und lassen Sie sie ablaufen.

„*The only way to learn assembly language programming is through experience!*" [Zitat aus dem IEEE Standard for Microprocessor Assembly Language]

10 Rechnerarithmetik

Wir ahmen die Bewegungen der Lebewesen in Nachbildungen nach, wie etwa in künstlichen Menschen, Vierfüßlern, Vögeln, Fischen und Schlangen.
Schließlich besitzen wir auch noch andere, durch Gleichmaß und Feinheit ausgezeichnete Automaten. Wir haben auch ein Haus der Mathematik, wo alle Instrumente, sowohl die geometrischen als auch die astronomischen in hervorragender Qualität hergestellt werden.
Wir haben ferner ein Haus der Blendwerke, wo wir alle möglichen Gaukeleien, Trugbilder und Vorspiegelungen und Sinnestäuschungen hervorrufen. Man wird leicht begreifen, daß wir, die wir so viele Naturereignisse besitzen, welche Verwunderung hervorrufen, auch den Sinnen der Menschen unendlich viel vortäuschen könnten, wenn wir sie zu Wundern herausputzen und zurichten wollten. Ja, wir haben sogar allen Brüdern unseres Hauses unter Geld- und Ehrenstrafen untersagt, etwas Natürliches durch künstliche Zurüstung wunderbar zu machen; rein und von jedem Schein und jeder falschen Wunderhaftigkeit unberührt, sollen vielmehr die Naturerscheinungen vorgeführt werden.

aus: Francis Bacon, Nova Atlantis, 1622

Bisher wurden nur sehr einfache im Rechner darstellbare Datenstrukturen betrachtet, nämlich ganze Zahlen und Zeichen. Wir wollen auf die verschiedenen Darstellungen von Zahlen im Rechner genauer eingehen und die Anforderungen an die Hardware zur Verarbeitung komplizierterer Zahldarstellungen darlegen. Neben den ganzen Zahlen, die wir für die Wortarithmetik schon kennengelernt haben, werden wir zwei in realen Rechnern verwendete Erweiterungen auf rationale Zahlen betrachten, nämlich

— Festkommazahldarstellungen

und die

— Gleitkommazahldarstellungen,

die von vielen Prozessoren hardwareseitig unterstützt werden.
Einige Programmiersprachen haben kompliziertere Zahldarstellungen in ihrem Sprachumfang, wie z.B. *complex numbers* in FORTRAN (komplexe rationale Zahlen) oder Matrizendarstellungen in APL. Sie sind normerweise nur softwaremäßig implementiert und werden von der Prozessorhardware nicht gesondert unterstützt.

10.1 Festkommazahlen

Ganze Zahlen in *integer*-Darstellung werden meist als Zweierkomplement dargestellt, wie wir bereits gesehen haben. Die Addition und Subtraktion kann in dieser Darstellung unabhängig vom Vorzeichen mit einer Addiererschaltung erfolgen. Nun sind ganze Zahlen zwar ein wichtiges Modellierungshilfsmittel bei der Programmierung, aber in vielen realen Problemen werden rationale oder reelle Zahlen verwendet. Das Rechnen mit reellen Zahlen wird für numerische Aufgaben meist auf endliche Dezimalbrüche verkürzt. Im Prozessor bietet es sich an, als Basis der numerischen Berechnung endliche Binärbrüche zu wählen. Wir führen also den Begriff des Binärbruches ein. Dazu erweitern wir die Stellendarstellung zur Basis p:

$$\delta = \sum_{i=-n}^{\infty} \alpha_{-i} * p^{-i}$$

auf die negativen Koeffizienten i und erhalten die Möglichkeit, die Zahl δ nicht nur durch eine Anzahl positiver Potenzen $x^0, ..., x^n$, sondern durch eine unbegrenzte Anzahl negativer Potenzen x^{-i} zu charakterisieren. Die erzeugte Zahlklasse ist die Menge $\mathbb{R}$ der reellen Zahlen. Für konkrete Basen b = 10 oder b = 2 entstehen daraus die Dezimal- oder die Binärbruchentwicklungen. Ein Beispiel ist die (unendliche) Dezimalbruchentwicklung der Kreiszahl π mit den ersten Koeffizienten

$\alpha_0 = 3, \alpha_{-1} = 1, \alpha_{-2} = 4, \alpha_{-3} = 1, \alpha_{-4} = 5, \alpha_{-5} = 9, \alpha_{-6} = 2, \alpha_{-7} = 6, \alpha_{-8} = 5, \alpha_{-9} = 3.$

Zur *Umwandlung* einer endlichen Bruchentwicklung $(x_{n-1} ... x_0, x_{-1} ... x_{-m})_p$ der Basis p in einen (nicht notwendigerweise endlichen!) Bruch y_q der Basis q kann man zuerst Vorzeichen und ganzzahligen Anteil $\alpha = (x_{n-1} ... x_0)_p$ nach dem in Abschnitt 6.1 gezeigten Algorithmus umwandeln und dann den Bruchteil $z = (0, x_{-1} ... x_{-m})_p$ in $z = (0, y_{-1} ...)_p$ wandeln. Dazu beachte man $y_{-1} = (q*z) \bmod q$, d.h. der ganzzahlige Anteil $\lfloor q*z \rfloor$ von $q*z$ ist gerade die erste Stelle y_{-1} nach dem Komma bei der Bruchentwicklung zur Basis q. Der Rest $q*z - y_{-1}$ bildet einen neuen Bruch $0, y_{-2} ...$ der genauso behandelt werden kann. Als Programmstück kann man schreiben:

i: = −1; **WHILE** z ≠ 0 **DO** y [i]: = trunc (q*b); z: = z*q − y [i]; i: = i − 1 **END**;

Als Beispiel soll $12{,}625_{10}$ in einen endlichen Binärbruch umgewandelt werden. Der ganzzahlige Anteil 12_{10} wird zu 1100_2. Für den Bruchteil $0{,}625_{10}$ folgt:

$\lfloor 2*0{,}625 \rfloor = \lfloor 1{,}250 \rfloor = 1$
$\lfloor 2*0{,}250 \rfloor = \lfloor 0{,}500 \rfloor = 0$
$\lfloor 2*0{,}500 \rfloor = \lfloor 1{,}000 \rfloor = 1$

Es folgt $12{,}625_{10} = 1100{,}101_2$. Als weiteres Beispiel soll $99{,}9_{10}$ in einen Binärbruch umgewandelt werden. Der ganzzahlige Anteil 99_{10} wird zu 1100011_2. Für den Rest $0{,}9_{10}$ gilt:

$\lfloor 2*0{,}9 \rfloor = \lfloor 1{,}8 \rfloor = 1$
$\lfloor 2*0{,}8 \rfloor = \lfloor 1{,}6 \rfloor = 1$
$\lfloor 2*0{,}6 \rfloor = \lfloor 1{,}2 \rfloor = 1$

$$\lfloor 2*0,2 \rfloor = \lfloor 0,4 \rfloor = 0$$
$$\lfloor 2*0,4 \rfloor = \lfloor 0,8 \rfloor = 0$$
$$\lfloor 2*0,8 \rfloor = \lfloor 1,6 \rfloor = 1$$

Da im Lauf der Berechnung $\lfloor 1,6 \rfloor$ zum zweiten Male auftritt, kann sie nicht mehr abbrechen, sondern setzt sich mit der Periode 1100 fort.

$$99,9_{10} = (1100011,111001100...)_2$$

Für viele rationale Zahlen, wie z.B. für die Brüche $1/n$ mit Primzahlen $n \geqslant 3$, entstehen unendliche Binärbruchentwicklungen. Auf ihre exakte Darstellung im Rechner muß verzichtet werden und es werden nur endlich lange Binärbruchentwicklungen.

$$b_{n-1} ... b_0, b_{-1} ... b_{-m}$$

mit festem n, m betrachtet, wobei $m + n$ kleiner als die Wortlänge sein muß (sofern die Zahl in einem Speicherwort untergebracht werden soll). Ist m fest, spricht man von einer *Festkommadarstellung* (engl. *fixed point numbers*). In einigen Programmiersprachen (COBOL, PL/1) können diese Festkommazahlen für verschiedene m vereinbart werden, in anderen wie Pascal, Modula-2 und praktisch allen Assemblern gibt es nur $m = 0$, also Ganzzahldarstellungen (*integers*). Dies ist kein unüberwindlicher Nachteil, da der endliche Binärbruch $b_{n-1} ... b_0, b_{-1} ... b_{-m}$ als Produkt $b_{n+m-1} ... b_0*2^{-m}$ aus einer ganzen Zahl mit einem Skalierungsfaktor 2^{-m} aufgefaßt werden kann. Alle Additionen und Subtraktionen sind in Operand und Ergebnis mit diesem Skalierungsfaktor zu lesen. Bei der Multiplikation und Division ist die Addition bzw. Subtraktion des Skalierungsfaktors zu beachten, also

$$x_{n+m-1} ... x_0 * 2^{-m} * y_{n+m-1} ... y_0 * 2^{-m} = x_{n+m-1} ... x_0 * y_{n+m-1} ... y_0 * 2^{-2m}$$

und

$$x_{n+m-1} ... x_0 * 2^{-m} / y_{n+m-1} ... y_0 * 2^{-m} = x_{n+m-1} ... x_0 / y_{n+m-1} ... y_0.$$

Diese Operationen müssen *softwareseitig* durchgeführt werden, denn es gibt normalerweise keine Festkommainterpretation für $m > 0$ auf der Ebene der Maschinensprache (es werden keine Stellen hinter dem Komma verarbeitet). Wir betrachten deshalb für die Multiplikation und Division nur eine Hardware-Implementierung für ganze Binärzahlen. Die Multiplikation erfolgt ähnlich wie bei der Schulmethode durch Addition und Shiften (vgl. Abschnitt 5.1). Als Beispiel diene die Multiplikation $10010_2 * 10111_2 = 110011110_2$:

```
10010 * 10111

       10010          (=        1 * 10010)
       10010          (=       10 * 10010)
       10010          (=      100 * 10010)
           0          (=        0 * 10010)
     +10010           (=    10000 * 10010)
     ─────────
   110011110          (=    10111 * 10010)
```

Für die Implementierung der Multiplikation durch eine Schaltung werden besser Zwischensummen aus je zwei Summanden gebildet und nur die Summanden ungleich 0 explizit addiert.

$$
\begin{array}{rl}
\underline{10010 * 10111} & \\
10010 & (=\ \ \ \ \ \ \ 1 * 10010) \\
+\underline{10010} & (=\ \ \ \ \ 10 * 10010) \\
110110 & (=\ \ \ \ \ 11 * 10010) \\
+\underline{10010} & (=\ \ \ 100 * 10010) \\
1111110 & (=\ \ \ 111 * 10010) \\
+\underline{10010} & (=\ \underline{10000 * 10010}) \\
110011110 & (= 10111 * 10010)
\end{array}
$$

Als einfache Hardwareanordnung zur Multiplikation zweier n-stelliger Zahlen mit Vorzeichenbit verwenden wir ein Addierwerk mit Zielregister $Z = Z_s Z_{n-2} \dots Z_0$, dem Überlaufstatusbit C und den Quellregistern $X = X_s X_{n-2} \dots X_0$, $Y = Y_s Y_{n-2} \dots Y_0$ zur Addition $CZ \Leftarrow Y + X$ und einen Shifter mit einem Erweiterungsregister $Q = Q_s Q_{n-2} \dots Q_0$, der die hintereinandergeschalteten Register CZQ ohne die Vorzeichen nichtzyklisch nach rechts verschieben kann (also $ZQ \Leftarrow shr(CZQ)$). X und Y enthalten Multiplikand und Multiplikator; die Zwischensummen werden mit dem Addierer erzeugt und in Z abgelegt, wobei ein Überlauf im Statusbit C steht. Das Endergebnis soll rechtsbündig in ZQ erscheinen; dazu wird der für jede Zwischensumme notwendige Shift als Rechtsshift $CZQ \Leftarrow shr(CZQ)$ ohne Shift der Vorzeichen ausgeführt. Dieser Shift kann durch

$$
Q_{n-2} \dots Q_0 \Leftarrow shr(Z_0 Q_{n-2} \dots Q_0), \quad Z_{n-2} \dots Z_0 \Leftarrow shr(CZ_{n-2} \dots Z_0), \quad C \Leftarrow 0,
$$

realisiert werden. Ein Zähler M zählt die $n-1$-Schritte durch, die zur Bildung der Zwischensummen durch Addition und Shift der $n-1$stelligen Zahlen (ohne Vorzeichen) notwendig sind. Nach $n-1$-Rechtsshifts ist das Register Q rechtsbündig gefüllt. Für die Vorzeichen X_s, Y_s und $Z_s = Q_s$ gilt die einfache Regel:

$$
Z_s = Q_s = \begin{cases} +\ \text{falls}\ X_s = Y_s \\ -\ \text{falls}\ X_s \neq Y_s \end{cases}
$$

Wird das positive Vorzeichen als 0 kodiert, folgt $Z_s = Q_s = X_s \oplus Y_s$. Als Beispiel wird die Multiplikation zweier siebenstelliger Binärzahlen mit einem Vorzeichenbit gezeigt. Anfänglich ist der Inhalt des Summenregisters $Z = 0$ (mit undefiniertem Vorzeichen); der Inhalt des Registers Q muß nicht definiert sein (wir schreiben d für die undefinierten Bits — für *don't care*).

			C			
ANFANGSWERTE:	X=+0010010	Y=-0010111		Z=d0000000	Q=ddddddddd	M=000
$CZ \Leftarrow Z+X, Z_s \Leftarrow X_s \oplus Y_s, Q_s \Leftarrow X_s \oplus Y_s$:		Y=-0010111	0	Z=-0010010	Q=-dddddd	
$ZQ \Leftarrow shr(CZQ)$:			0	Z=-0001001	Q=-0ddddd	M=001
$CZ \Leftarrow Z+X$:		Y=-d001011	0	Z=-0011011	Q=-0ddddd	
$ZQ \Leftarrow shr(CZQ)$:			0	Z=-0001101	Q=-10dddd	M=010
$CZ \Leftarrow Z+X$:		Y=-dd00101	0	Z=-0011111	Q=-10dddd	
$ZQ \Leftarrow shr(CZQ)$:			0	Z=-0001111	Q=-110ddd	M=011
$CZ \Leftarrow Z+X$:		Y=-ddd0010	0	Z=-0001111	Q=-110ddd	
$ZQ \Leftarrow shr(CZQ)$:			0	Z=-0000111	Q=-1110dd	M=100
$CZ \Leftarrow Z+X$:		Y=-dddd001	0	Z=-0011001	Q=-1110dd	
$ZQ \Leftarrow shr(CZQ)$:			0	Z=-0001100	Q=-11110d	M=101
$CZ \Leftarrow Z+X$:		Y=-ddddd00	0	Z=-0001100	Q=-11110d	
$ZQ \Leftarrow shr(CZQ)$:			0	Z=-0000110	Q=-011110d	M=110
$CZ \Leftarrow Z+X$:		Y=-dddddd0	0	Z=-0000110	Q=-011110d	
$ZQ \Leftarrow shr(CZQ)$:			0	Z=-0000011	Q=-0011110	M=111

Bild 10-1 Ablauf einer Festkommamultiplikation

Bild 10-1 zeigt den Ablauf einer Festkommamultiplikation. Y_0 entscheidet ob X oder 0 addiert wird. Der Shift CZQ verschiebt nicht die Vorzeichenbits Z_s und Q_s. Die Vorzeichen + und − werden binär kodiert. Die d-Einträge sind beliebig, sie werden nicht berücksichtigt. Der Zähler M durchläuft die binär kodierte Folge 0 ... 7 (also die Länge der Operanden).

Man sieht, daß die Additionen von Nullen (Endwert $Y_0 = 0$) ohne Einfluß auf das Ergebnis ist und daß die Register Y und Q zu jedem Zeitpunkt gerade n−1 undefinierte Stellen (d) haben und immer zur gleichen Zeit um eins nach rechts geschoben werden. Man kann also diese beiden Register übereinanderlegen und somit die ganze Multiplikation mit nur drei Registern X, Y und Z ausführen (Bild 10-2 zeigt diesen abgekürzten Vorgang, Bild 10-3 die zugehörige Schaltung). Das Ergebnis der Multiplikation steht rechtsbündig in CZY. Das Produkt ist nur dann noch als gültige Festkommazahl in Wortlänge darstellbar, wenn C = Z = 0 gilt (im obigen Beispiel ist das Produkt ZY *keine* zulässige Festkommazahl der Wortlänge sieben, wohl aber der Länge $\geq$ 9!).

ANFANGSWERTE	X=+0010010	C	Z=d0000000	Y=-0010111	M=000
$CZ \Leftarrow Z+X, Z_s \Leftarrow X_s \oplus Y_s, Q_s \Leftarrow X_s \oplus Y_s.:$		0	Z=-0010010		
$ZY \Leftarrow shr(CZY)$:		0	Z=-0001001	Y=-0001011	M=001
$CZ \Leftarrow Z+X$:		0	Z=-0011011		
$ZY \Leftarrow shr(CZY)$:		0	Z=-0001101	Y=-0000101	M=010
$CZ \Leftarrow Z+X$:		0	Z=-0011111		
$ZY \Leftarrow shr(CZY)$:		0	Z=-0001111	Y=-1100010	M=011
$ZY \Leftarrow shr(CZY)$:		0	Z=-0000111	Y=-1110001	M=100
$CZ \Leftarrow Z+X$:		0	Z=-0011001		
$ZY \Leftarrow shr(CZY)$:		0	Z=-0001100	Y=-1111000	M=101
$ZY \Leftarrow shr(CZY)$:		0	Z=-0000110	Y=-0111100	M=110
$ZY \Leftarrow shr(CZY)$:		0	Z=-0000011	Y=-0011110	M=111

Bild 10-2   Abgekürzter Ablauf der Multiplikation. Y ist sowohl Quell- wie Zielregister. Das unterstrichene Bit Y_0 entscheidet, ob X zu Z addiert wird. Das Ergebnis steht rechtsbündig in CZY.

Die Multiplikation braucht bei einer Wortlänge von n Bit ohne Vorzeichen n Verschiebeoperationen und bis zu n Additionen. Dies ist gegenüber der Addition zweier n-stelliger Zahlen deutlich langsamer.

Wir betrachten die in Bild 10-3 gezeigte Schaltung für die Multiplikation etwas eingehender.

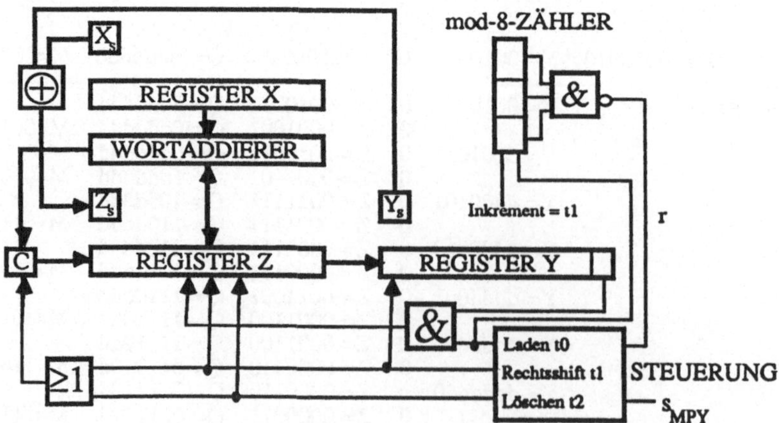

Bild 10-3 Schematischer Aufbau einer Hardware zur Multiplikation

Der Ablauf der Multiplikation wird durch die drei Steuerbedingungen t0, t1 und t2 gesteuert (t0 Laden, t1 Rechtsshift und t2 Löschen). Den Anstoß zum Ablauf gibt das durch einen Maschinenbefehl bewirkte Signal s_{MPY}. Der Zähler M wird mit t0 gelöscht und mit t1 inkrementiert. Nimmt er den Wert 111 an, schaltet er mit $r = 0$ die Berechnung ab. Die Berechnung startet mit t0 und durchläuft abwechselnd t1 und t2 bis $r = 0$ gilt (d.h. bis M den Wert 111 erreicht hat).

$$
\begin{array}{lll}
t0: & Z_s \Leftarrow X_s \oplus Y_s, & Z \Leftarrow 0, \quad C \Leftarrow 0, \quad M \Leftarrow 000 \\
r \wedge t1: & M \Leftarrow M + 1 & \\
r \wedge Y_0 \wedge t1: & Z \Leftarrow Z + X, & C \Leftarrow c_{n-1} \\
r \wedge t2: & ZY \Leftarrow shr(CZY), & C \Leftarrow 0
\end{array}
$$

Alternativ kann die Multiplikation in einem einzigen Takt mit Hilfe einer kombinatorischen Schaltung ausgeführt werden. Die entsprechende Schaltung kann man aus einer Multiplikationstabelle für ein Ergebnisbit Z_i entwickeln. In dem Rechenschema, wie es Bild 10-4 zeigt, sind jeweils Ein-Bit-Produkte $x_i y_j$ zusammengestellt.

x_6	x_5	x_4	x_3	x_2	x_1	x_0 *	y_6	y_5	y_4	y_3	y_2	y_1	y_0
							x_6y_0	x_5y_0	x_4y_0	x_3y_0	x_2y_0	x_1y_0	x_0y_0
						x_6y_1	x_5y_1	x_4y_1	x_3y_1	x_2y_1	x_1y_1	x_0y_1	
					x_6y_2	x_5y_2	x_4y_2	x_3y_2	x_2y_2	x_1y_2	x_0y_2		
				x_6y_3	x_5y_3	x_4y_3	x_3y_3	x_2y_3	x_1y_3	x_0y_3			
			x_6y_4	x_5y_4	x_4y_4	x_3y_4	x_2y_4	x_1y_4	x_0y_4				
		x_6y_5	x_5y_5	x_4y_5	x_3y_5	x_2y_5	x_1y_5	x_0y_5					
	x_6y_6	x_5y_6	x_4y_6	x_3y_6	x_2y_6	x_1y_6	x_0y_6						
z_{13}	z_{12}	z_{11}	z_{10}	z_9	z_8	z_7	z_6	z_5	z_4	z_3	z_2	z_1	z_0

Bild 10-4 Multiplikationsschema für zwei Festkommazahlen mit fester Wortlänge 8 (einschließlich Vorzeichenbit)

Soll das Ergebnis die Wortlänge 8 (einschließlich Vorzeichen) einhalten, vereinfacht sich das Schema zu Bild 10-5.

x_6	x_5	x_4	x_3	x_2	x_1	x_0 *	y_6	y_5	y_4	y_3	y_2	y_1	y_0
							x_6y_0	x_5y_0	x_4y_0	x_3y_0	x_2y_0	x_1y_0	x_0y_0
							x_5y_1	x_4y_1	x_3y_1	x_2y_1	x_1y_1	x_0y_1	
							x_4y_2	x_3y_2	x_2y_2	x_1y_2	x_0y_2		
							x_3y_3	x_2y_3	x_1y_3	x_0y_3			
							x_2y_4	x_1y_4	x_0y_4				
							x_1y_5	x_0y_5					
							x_0y_6						
							z_6	z_5	z_4	z_3	z_2	z_1	z_0

Bild 10-5 Multiplikationsschema für zwei Festkommazahlen mit fester Wortlänge 8 (7-Bit-Zahl, ein Vorzeichenbit)

Diese Schaltung kann aus einem Feld von Volladdierern mit vorgeschalteten Konjunktionsgattern in gleicher Topologie wie das Rechenschema aufgebaut werden (Bild 10-6).

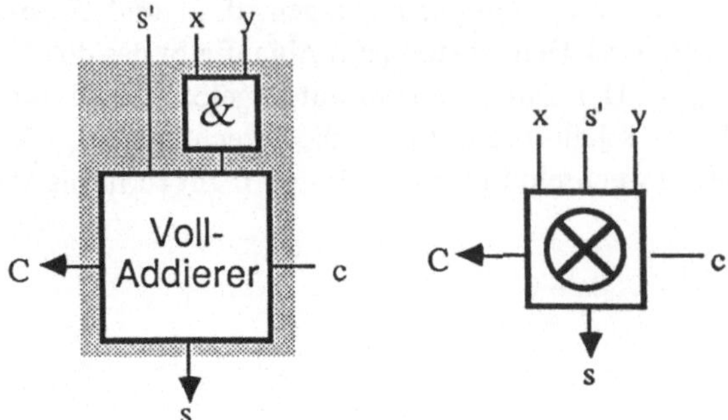

Bild 10-6 Bitmultiplizierglied mit der Zwischensumme $s = s' + x \cdot y + c$ und dem Übertrag $C = s' \oplus (x \cdot y) \oplus c$

Mit diesen Bitmultipliziergliedern läßt sich der Multiplizierer kombinatorisch aufbauen (Bild 10-7). Die möglichen Überlaufbits bei der Berechnung von z_6 werden über eine Disjunktion zusammengefaßt und am Ausgang c gemeldet. In der Abb. 10-7 ist die Vorzeichenberechnung weggelassen. Auch die Überprüfung der Bits $x_i \cdot y_j = 1$ mit $i + j \geqslant 8$, die auch einen Überlauf c verursachen können, ist nicht implementiert.

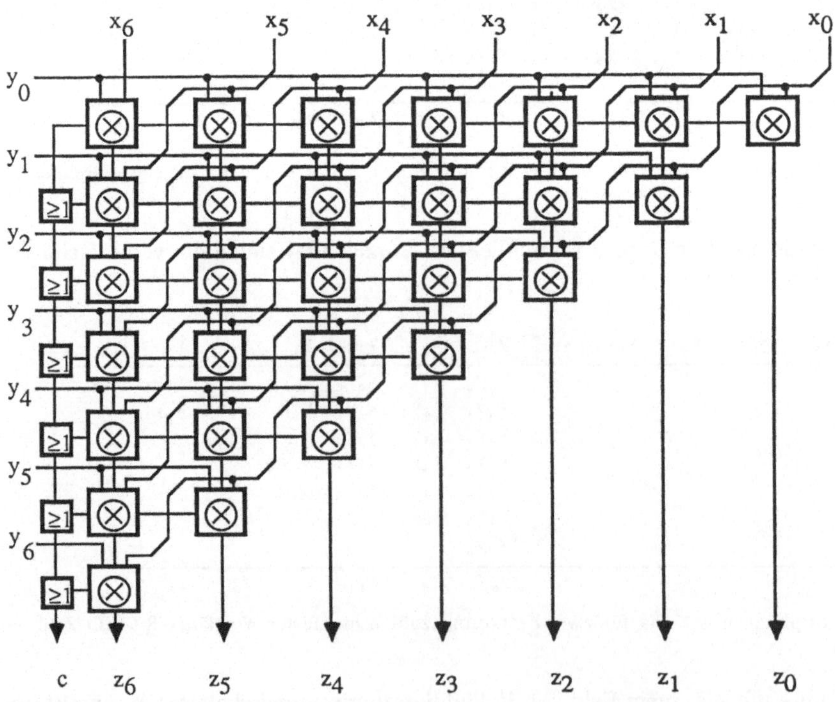

Bild 10-7 Kombinatorischer Multiplizierer für 8-bit-Festkommazahlen (Vorzeichen $z_7 = x_7 \oplus y_7$). Nichtgezeichnete Eingänge sind mit Null belegt. Vorzeichenberechnung und Berechnung möglicher Überläufe aus höheren Produkten $x_i \cdot y_i$ mit $i + j > 6$ sind nicht dargestellt.

Die Division von Festkommazahlen kann ähnlich wie die Multiplikation organisiert werden. Wir betrachten an einem Beispiel die ‚Schulmethode' der Division, die wohl zuerst von Filippo Calandri in seinem Buch *Arithmetrice Introductor*, Florenz 1491, beschrieben wurde. Dividend x und Divisor y seien beide k-stellig ohne das Vorzeichenbit. Die signifikanten Bits $y_{k-i} \ldots y_1$ des Divisors y erhält man, indem man die führenden Nullen unterdrückt. Zur Division werden linksbündig vom Dividenden gleichviel Bits $x' = x_k \ldots x_i$ wie für die signifikanten Bits des Divisors x zur Verfügung gestellt. Ist $x_k \ldots x_i \geqslant y_{k-i} \ldots y_1$, ergibt sich $z = 1$, sonst $z = 0$. Dann wird $x_k \ldots x_i \Leftarrow x_k \ldots x_i - y_{k-i} \ldots y_1$ berechnet und zu $x' = x_k \ldots x_i x_{i-1}$ ergänzt. Das Verfahren wird solange wiederholt, bis keine Bitergänzung mehr möglich ist. Der verbleibende Rest ist x mod y, das Ergebnis x div y ist bitweise durch die Vergleiche berechnet worden. Das Vorzeichen der Division wird wie bei der Multiplikation durch $z_s = x_s \oplus y_s$ bestimmt.

```
1100111 div 10010

11001           1       (= 11001 div 10010)
-10010

001111          0       (= 001111 div 10010)
   -0

0011111         1       (= 0011111 div 10010)
-10010

  1101                  (Rest)
```

```
1100111 div  10010 =  101
1100111 mod 10010 = 1101
```

Für eine Rechnerimplementierung müssen zum einen die Vergleiche $x_k \ldots x_i \geqslant y_{k-i} \ldots y_1$ und zum anderen die Subtraktionen $x_k \ldots x_i - y_{k-i} \ldots y_1$ ausgeführt werden. Ein Zähler M zählt abwärts von der Längendifferenz i bis 1. Wird das Zweierkomplement zur Berechnung der Subtraktion benutzt, kann die gleiche Hardware wie für die Multiplikation verwendet werden.

10.2 Gleitkommazahlen

Der durch Festkommazahlen darstellbare Bereich ist klein, bei 16-bit-Zahlen umfaßt er 65536 Zahlen und selbst mit einer 32-bit-Zahldarstellung können nur 4294967296 verschiedene Zahlen dargestellt werden. Dies ist für viele wissenschaftliche und technische Problemlösungen völlig unzureichend. In vielen Bereichen genügt die Angabe einer relativ kleinen Zahl repräsentierender Stellen, also beispielsweise „fünf Stellen hinter dem Komma". Die zu verarbeitenden Zahlen können aber ohne weiteres in einem weiten Bereich liegen. Bei Zeitmessungen ist es durchaus möglich, daß z.B. ein Bereich von 10^9 s (rund 31 Jahre) bis herunter zu den Schaltzeiten schneller Gatter um 10^{-9} s verarbeitet werden muß. Gesucht ist demnach eine Darstellung reeller Zahlen

$$\delta = \pm \sum_{i=-n}^{\infty} \alpha_{-i} * p^{-i},$$

so daß in einem genügend großen Zahlbereich Zahlen mit hinreichender Genauigkeit dargestellt werden können. Um einen großen Zahlbereich abzudecken, muß der Bereich des

Exponenten i möglichst groß sein. Um die Darstellungsgenauigkeit einer einzelnen Zahl groß zu halten, muß die *Mantisse* α möglichst präzise dargestellt werden. Bei der wortorientierten Darstellung solcher Zahlen im Rechner wird das Speicherwort für die Mantisse und den Exponenten fest aufgeteilt. Es entsteht eine halblogarithmische Darstellung zur Basis p in der Form

$$\delta = \pm m * p^{\pm e}$$

mit einer Mantisse m und einem Exponenten n. Sie wird in der Rechentechnik Gleitkommadarstellung (engl. *floating point*) genannt. Gleitkommadarstellungen wurden schon von Konrad Zuse in der Z1 verwendet.

Meist wird für den Wert der Mantisse m verlangt, daß $0,1_p \leqslant m < 1_p$ oder $m = 0$ gilt. Größere oder kleinere Zahlen können durch entsprechende Veränderung des Exponenten angepaßt werden, sofern der Zahlbereich groß genug gewählt wurde. Dies ist möglich, da wegen $x^y * x^z = x^{y+z}$ gilt:

$$p*m*p^e = m*p^{e+1} \quad \text{und} \quad (m/p)*p^e = m*p^{e-1}.$$

Wir betrachten als Beispiel (s. Bild 10-8) die einfache binäre Gleitkommadarstellung G_1 für 16-bit-Speicherworte (mit $p = 2$) mit einem Byte zur Darstellung der Mantisse und einem Byte zur Darstellung des Exponenten, jeweils einschließlich Vorzeichen.

15	14	13	12	11	10	9	8	7	6	5	4	3	2	1	0
$\pm$	e_0	e_1	e_2	e_3	e_4	e_5	e_6	$\pm$	m_0	m_1	m_2	m_3	m_4	m_5	m_6

Bild 10-8 Gleitkommazahl, dargestellt in zwei Byte

Die feste Stellenzahl von Exponent und Mantisse erweist sich als vorteilhaft, da so alle Zahlen eine gleiche Wortlänge annehmen und gleichen Speicherplatz beanspruchen. Wegen der festen Stellenzahl erweist sich die Normierung der binären Mantisse m durch $0,5 \leqslant m < 1$ als nützlich, da sie eine angenäherte Darstellung von m mit endlich vielen Stellen hinter dem Komma zuläßt (hier 7 signifikante binäre Stellen). Nachteil einer solchen Festlegung der Stellenzahl ist die *beschränkte Genauigkeit* der Darstellung. Vorteilhaft gegenüber der Festkommadarstellung ist, daß Zahlen recht unterschiedlicher Größenordnung verknüpft werden können. Als Beispiel betrachten wir die Multiplikation $x = \pi*1048576$ in dezimaler Gleitkommadarstellung mit zehn signifikanten Mantissenstellen:

$$x = \pi*1\,048\,576 = 0,3141592653*10^1*0,1048576000*10^7 = 0,3294198658*10^7 \quad (*)$$

In binärer Gleitkommadarstellung in G_1 mit je einem Byte für Mantisse und für Exponenten (einschließlich Vorzeichen) sieht die Rechnung folgendermaßen aus:

$$x = \pi*1\,048\,576_{10} = 0,1100100*2^{10}*0,1000000*2^{10101} = 0,1100100*2^{10110} \quad (**)$$

Rechnet man das binäre Gleitkommaergebnis aus (**) in eine Dezimalzahl um, so erhält man statt des gerundeten dezimalen Ergebnisses $3\,294\,198,658$ in (*) nur $3\,276\,800_{10}$. Durch die Beschränkung der Mantisse auf 7 Binärziffern wurde der *Rundungsfehler* erheblich vergrößert. Diese schwer abschätzbaren Rundungseffekte zählen zu den Nachteilen der halblogarithmischen Darstellung in Gleitkommazahlen.

Wir untersuchen den binären Gleitkommakalkül G_k aus Abb. 10-8 etwas genauer. Der (nicht durch die Mantisse normierte) Darstellungsbereich der positiven Zahlen überdeckt die Zahlenfolge

$$2^{-7}*2^{-127} < 2^{-6}*2^{-127} < 3*2^{-7}*2^{-127} < \ldots < (1-2^{-6})*2^{127} < (1-2^{-7})*2^{127}$$

oder mit dezimaler Mantisse geschrieben

$$0{,}5*2^{-133} < 0{,}5*2^{-132} < 0{,}75*2^{-132} < \ldots < 0{,}984375*2^{127} < 0{,}9921875*2^{127}.$$

Für die negativen Zahldarstellungen wird nur das Vorzeichen der Mantisse geändert. Der gesamte *darstellbare Zahlbereich* geht von $-(1-2^{-7})*2^{127}$ bis $+(1-2^{-7})*2^{127}$, also in etwa von $-1{,}688*10^{38}$ bis $+1{,}688*10^{38}$. Die *kleinste Differenz zwischen zwei Mantissen* ist bei gleichem Exponenten $2^{-7} = 0{,}0078125$, d.h. die Mantissen sind nur bis auf diese Differenz genau unterscheidbar (also auf rund zwei signifikante Dezimalstellen). Die Differenz benachbarter Zahlen ist anders als bei den Festkommazahlen nicht konstant, sondern hängt vom Exponenten ab! Am „dichtesten" sind die Gleitkommazahlen um die Null herum mit der Folge

$$\ldots < -2^{-133} < -2^{-134} < \pm 0 < +2^{-134} < +2^{-133} < \ldots.$$

Mit wachsendem Exponenten wachsen auch die Abstände der Zahlen bis zu $2^{-7}*2^{127} \cong 1{,}329*10^{36}$ zwischen den betragsmäßig größten Zahlen. Allgemein gilt für die Gleitkommadarstellung $m*2^e$ einer Zahl δ in G_1, daß δ ununterscheidbar von allen reellen Zahlen a des Bereichs

$$\alpha \in [(m-2^{-8})*2^e, (m+2^{-8})*2^e[$$

dargestellt wird.

Für ein *Gleitkommakalkül* $G = (p, r, s)$ zur Basis p ist die Zahl r der Mantissenstellen und die Zahl s der darstellbaren Exponenten wesentlich. G_1 kann so durch $G_1 = (2, 7, 127)$ beschrieben werden; zur Basis 2 werden das Vorzeichen, siebenstellige Mantissen und Exponenten zwischen -127 und $+127$ verwendet. Allgemein gilt für ein Gleitkommakalkül G: Die *kleinste darstellbare* positive Gleitkommazahl ist p^{-r-s}, die *größte darstellbare* positive Gleitkommazahl ist $(1-p^{-r})*p^s$. Es läßt sich der *Bereich*

$$\Gamma(G) = [-(1-p^{-r})*p^s, (1-p^{-r})*p^s]$$

darstellen. Der Abstand einer Gleitkommazahl $m*p^e$ zur nächsten Gleitkommazahl in Γ beträgt p^{e-r}.

Wir definieren die Umwandlung einer reellen Zahl α in ihre Gleitkommadarstellung α_G.

Definition 10.1

Betrachtet wird das Gleitkommakalkül $G = (p, r, s)$ zur Basis p mit Vorzeichen, r-stelliger Mantisse und s positiven und s negativen Exponenten. Die Umwandlung einer reellen Zahl δ in eine Gleitkommazahl δ_G aus GK mit dem Vorzeichen $sg(\delta_G)$ erfolgt durch:

(I)   Falls $\delta = 0$, dann ist $\delta_G = +0*p^{+0}$.

(II) Falls $\delta = 1$, dann ist $\delta_G = +0{,}1*p^{+1}$.

(III) Falls $|\delta| < p^{-s-r-1}$, dann ist $\delta_G = 0 = +0*p^{+0}$.

(IV) Falls $p^{-r-s-1} \leqslant |\delta| < p^{r-s}$, dann ist $|\delta_G| = \xi*p^\psi$ mit $sg(\delta_G) = sg(\delta)$, $\psi = \llcorner ld|\delta| \lrcorner + 1$
      und $\xi = |\delta|*p^{-\psi}$.

(V)   Falls $|\delta| \geqslant p^s$, dann wird für δ_G ein Bereichsüberlauf gemeldet (z. B. durch ein Status-
       bit V = 1).

Die Darstellung der Null und Eins wird durch die Definition eindeutig festgelegt, und für
die Mantissen gilt die Normierung $0{,}1_p \leqslant m < 1_p$. Im Rechner wird praktisch immer die
Basis p = 2 verwendet; für die Mantisse m gilt bei der Normierung nach Def. 10.1 demnach
$1/2 \leqslant m < 1$.

Wir zeigen einige Beispiele der Gleitkommawandlung für G = (2, 8, 8), also das Gleitkommakalkül zur Basis 2 mit je byteweiter Darstellung von Mantisse und Exponent. Mantisse und Exponent werden binär dargestellt.

$$0 = +0 * 2^{+0}$$
$$1 = +0{,}1 * 2^{+1}$$
$$-\pi = -3.1415926535898\ldots = -0{,}1100100 * 2^{+10}$$
$$e = 2.718281828459\ldots = +0{,}1010110 * 2^{+10}$$
$$-0{,}125 = -0{,}1 * 2^{-10}$$
$$-10^{-49} = +0 * 2^{+0}$$
$$10^{47} \text{ führt zu Bereichsüberlaufsignal}$$

Rundungsfehler bei halblogarithmischen Berechnungen treten bei mehreren Schritten auf:
— bei der Wandlung der Operanden in Gleitkommazahlen;
— bei der Wandlung des Ergebnisses arithmetischer Operationen;
— bei der Normierung von Zwischenergebnissen der Berechnungen.

Da die reellen oder rationalen Zahlen nicht notwendig exakt durch ihre Gleitkomma-
annäherungen dargestellt werden, können auch die Ergebnisse arithmetischer Operationen
zwischen Gleitkommazahlen nicht exakt sein. Wir untersuchen die *angenäherten arithmetischen Operationen* zwischen Gleitkommazahlen. Mit α_G sei im folgenden die Gleitkommadarstellung der Zahl α bezeichnet. Dann sei

$$\alpha \oplus \beta = (\alpha + \beta)_G$$
$$\alpha \ominus \beta = (\alpha - \beta)_G$$
$$\alpha \otimes \beta = (\alpha * \beta)_G$$
$$\alpha \phi \beta = (\alpha / \beta)_G$$

Jede dieser Operationen kann einen Rundungsfehler erzeugen, der von der speziellen Gleitkommadarstellung abhängt. So wird in der oben gewählten Gleitkommadarstellung G_1 die
Rechnung (1/3) + (1/3) + (1/3) mit den exakten Gleitkommazahldarstellungen $1 = 0{,}1 * 2^1$
und $3 = 0{,}11 * 2^2$ zu:

$$[\{(1\phi3) \oplus (1\phi3)\} \oplus (1\phi3)]$$
$$= \quad [\{(1_G/3_G)_G + (1_G/3_G)_G\}_G + (1_G/3_G)_G]_G$$
$$= \quad [\{0{,}1010110_2 * 2^{-1} + 0{,}1010110_2 * 2^{-1}\}_G + (0{,}1010110_2 * 2^{-1})]_G$$
$$= \quad [1{,}0101100_2 * 2^{-1} + 0{,}1010110_2 * 2^{-1}]_G$$
$$= \quad [0{,}1010110_2 * 2^0 + 0{,}01010011_2 * 2^0]_G$$
$$= \quad 0{,}10000001_2 * 2^1$$

d.h. die letzte Stelle der Rechnung ist ein Rundungsfehler. So wird in der oben gewählten
Gleitkommadarstellung G_1 die Rechnung 1/5 + 1/5 + 1/5 + 1/5 + 1/5 mit den exakten Gleit-

kommazahldarstellungen $1 = 0{,}1 * 2^1$ und $5 = 0{,}101 * 2^{11}$ bei konsequenter Berechnung von links nach rechts zu:

$[((((1\phi 5) \oplus (1\phi 5)) \oplus (1\phi 5)) \oplus (1\phi 5)) \oplus (1\phi 5)]$

$= [((((1_G/5_G)_G + (1_G/5_G)_G)_G + (1_G/5_G)_G)_G + (1_G/5_G)_G)_G + (1_G/5_G)_G]_G$

$= [(((0{,}1100110_2 * 2^{-10} + 0{,}1100110_2 * 2^{-10})_G + 0{,}1100110_2 * 2^{-10})_G$

$\qquad\qquad + 0{,}1100110_2 * 2^{-10})_G + 0{,}1100110_2 * 2^{-10}]_G$

$= [((0{,}1100110_2 * 2^1 + 0{,}0110011_2 * 2^1)_G + 0{,}1100110_2 * 2^{-10})_G + 0{,}1100110_2 * 2^{-10})_G]_G$

$= [(0{,}1001100_2 * 2^0 + 0{,}0011001_2 * 2^0)_G + 0{,}1100110_2 * 2^{-10})_G]_G$

$= [0{,}1100101_2 * 2^0 + 0{,}0011001_2 * 2^0]_G$

$= 0{,}1111110 * 2^0.$

Es tritt ein durch die Berechnungsfolge akkumulierter *Rundungsfehler* gegenüber dem korrekten Ergebnis $0{,}1 * 2^1$ auf. Rundungsfehler dieser Art sind letztlich unvermeidlich. Berechnet man $f(n) = n * (1/n)$ für verschiedene n, indem man die Rechnung als

$$f(n) = \sum_{i=1}^{n} (1/n)$$

also z. B. in Pascal durch

Summe: $= 0$; **FOR** $i = 1$ **TO** n **DO** Summe: $=$ Summe $+ 1/n$;

ausführt, wird man mit wachsendem n auf *jedem* Rechner und mit *jeder* gebräuchlichen Programmiersprache rasch wachsende Rundungsfehler finden. Als Beispiel geben wir einige Zahlen n für MacPascal auf dem MC 68000-gestützten Apple Macintosh an. Das System hat die Gleitkommamantissen in Abständen von $2^{-23} = 1{,}192092896 * 10^{-7}$ angeordnet, was eine Darstellungsgenauigkeit einzelner Zahlen von rund 7 Dezimalstellen ermöglicht. Dennoch akkumulieren sich die Rundungsfehler bei der Summenberechnung so, daß nur etwa vier Stellen brauchbar sind (ein Wert, der bei komplizierteren Rechnungen im allgemeinen nicht genau abgeschätzt werden kann).

n	Summe
3	1,000000000000000
23	0,999999821186066
123	0,999999165534973
623	1,000003337860107
3 123	0,999981462955475
15 623	1,000097870826721

Wir untersuchen die Rundungsfehler bei elementaren arithmetischen Operatoren $\{\oplus, \ominus, \otimes, \phi\}$ etwas genauer. Da der Darstellungsbereich von Gleitkommazahlen üblicherweise sehr groß ist, wollen wir der Einfachheit halber annehmen, daß die Ergebnisse der Operationen wieder als Gleitkommazahlen ohne Überlauf darstellbar sind. Sei 2^{-t} die kleinste mögliche Differenz zweier Mantissen; dann wird die Mantisse bei der Umwandlung einer reellen Zahl ξ in die Gleitkommadarstellung nach Def. 10.1 mit einem maximalen Rundungsfehler 2^{-t-1} behaftet sein. ξ wird als $\xi_G = \mu * 2^\rho$ mit dem maximalen Rundungsfehler $|\xi - \xi_G| \leqslant \xi * 2^{-t-1} \leqslant 2^{\rho-t-1}$ dargestellt. Seien $x = m * 2^r$ und $y = n * 2^s$ o. B. d. A. sei $x \geqslant y$; dann gilt für die *Addition* der Gleitkommazahlen

$$x \oplus y = m * 2^r + n * 2^s = m * 2^r + n * 2^s = (m + n * 2^{r-s}) * 2^r.$$

Falls $(m + n * 2^{r-s}) < 1$, dann ist dies bereits das Ergebnis der Addition. Falls $(m + n * 2^{r-s})$ $\geqslant 1$, ist eine *Normierung* der Mantisse nötig und es gilt $x \oplus y = ((m + n * 2^{r-s})/2) * 2^{r+1}$. Der Festkommaaddierer arbeitet für die Addition der Mantissen in Gleitkommadarstellung rundungsfehlerfrei, durch die Normierung kann aber ein operativer Rundungfehler

$$|(x + y) - (x \oplus y)| \leqslant 2^{-t-1} * (|x| + |y|) \leqslant 2^{-t} * \max(|x|, |y|)$$

auftreten.

Die *Subtraktion* wird entsprechend behandelt. Für den möglichen operativen Rundungsfehler gilt ebenfalls

$$|(x - y) - (x \ominus y)| \leqslant 2^{-t-1} * (|x| + |-y|) \leqslant 2^{-t-1} * \max(|x|, |y|).$$

Das Ergebnis der *Multiplikation*

$$x \otimes y = m * 2^r * n * 2^s = m * n * 2^{r+s}$$

muß normalisiert werden, falls $m * n < {}^1/2$ gilt. Dann gilt $x \otimes y = m * n * 2 * 2^{r+s-1}$. Durch die Multiplikation wird die Zahl der Mantissenstellen verdoppelt. Diese muß gerundet werden, um die Mantissenlänge zu erhalten. Eine obere Schranke des operativen Rundungsfehlers folgt aus $x \otimes y = x * y * 2^{-t-1}$:

$$|(x * y) - (x \otimes y)| \leqslant 2^{-t-1} * |x * y|.$$

Das Ergebnis der *Division* $x \phi y = m * 2^r / (n * 2^s) = (m/n) * 2^{r-s}$ muß noch normalisiert werden, falls $m/n \geqslant 1$ gilt. Dann gilt $x \otimes y = (m * n/2) * 2^{r-s+1}$. Auch hier kann eine Rundung der Mantisse notwendig werden. Eine obere Schranke des operativen Rundungsfehlers ist

$$|(x/y) - (x \phi y)| \leqslant 2^{-t-1} * |x/y|.$$

Operative Rundungsfehler sind besonders gefährlich bei der Subtraktion zweier großer, annähernd gleichgroßer Zahlen $x - y$, da dann die kleine Differenz δ trotz $\delta \ll \max(|x|, |y|)$ mit einem großen Rundungsfehler $\xi \leqslant 2^{-t-1} * \max(|x|, |y|)$ behaftet sein kann. Es kann sogar $\xi > \delta$ gelten und trotzdem das Ergebnis der Subtraktion völlig bedeutungslos werden!

Rundungsfehler haben als direkte Folge, daß die gewohnten Rechenregeln nicht mehr allgemein gelten. So sind Assoziativ-, Distributiv- und Kürzungsregeln für die Operationen $\{\oplus, \ominus, \otimes, \phi\}$ nicht mehr anwendbar. Dennoch kann man gewisse Rechenregeln auf Grund der Definition 10.1 ableiten. Wir geben ohne Beweis einige Rechenregeln der Gleitkommaarithmetik für reelle Zahlen x, y und Gleitkommazahlen x_G, y_G, x_G', y_G' nach Def. 10.1 an. Die Beweise sind zur Übung dem Leser überlassen.

(1) $(x_G)_G = x_G$

(2) $x \geqslant y \Rightarrow x_G \geqslant y_G$

(3) $(-x)_G = -(x)_G$

(4) $x_G \oplus y_G = y_G \oplus x_G$

(5) $x_G \otimes y_G = y_G \otimes x_G$

(6) $x_G \geqslant 0,\ y_G \geqslant 0$: $(x_G \ominus y_G) \oplus y_G = x_G$

(7) $x_G \ominus y_G = x_G \oplus (-y_G) = -(y_G \ominus x_G)$

  $(-x_G) \otimes y_G = x_G \otimes (-y_G) = -(y_G \otimes x_G)$

  $(-x_G)\ \phi\ y_G = x_G\ \phi\ (-y_G) = -(y_G\ \phi\ x_G)$

(8) $0 \leqslant x_G \leqslant x_G{'},\ 0 \leqslant y_G \leqslant y_G{'}$: $x_G \oplus y_G = x_G{'} \oplus y_G{'},\ x_G \ominus y_G = x_G{'} \ominus y_G{'},$

            $x_G \otimes y_G = x_G{'} \otimes y_G{'},\ x_G\ \phi\ y_G = x_G{'}\ \phi\ y_G{'}.$

(9) $y \geqslant 0 \Rightarrow x \oplus y \geqslant x$

(10) $x \geqslant y \Rightarrow x \ominus y \geqslant 0$

(11) $x \geqslant 0,\ 1 \geqslant y \geqslant 0$: $x \otimes y \leqslant x$

(12) $0 < x \leqslant y \Rightarrow x\ \phi\ y \leqslant 1$

(13) $x \oplus 0 = x \ominus 0 = x \otimes 1 = x\ \phi\ 1$

(14) $x \otimes 0 = 0$

(15) $x \neq 0 \Rightarrow x\ \phi\ x = 1$

Bei der Rundung von Rechenergebnissen wurde bisher nur verlangt, daß das Ergebnis innerhalb der Darstellungsgenauigkeit liegt. Es gibt aber verschiedene Rundungsstrategien, wie Abschneiden, Ab- oder Aufrunden usw. Im Standard des *Institutes for Electrical and Electronic Engineers*: „A Standard for Binary Floating-Point Arithmetic" (IEEE 754) werden folgende Rundungsstrategien zugelassen:

— *Runden auf die nächstliegende Gleitkommazahl.* Liegt die umzuwandelnde Zahl genau zwischen zwei Gleitkommadarstellungen, wird diejenige Mantisse gewählt, deren rechtsäußeres Bit Null ist. Diese Wahl ist bei benachbarten Mantissen stets möglich.

— *Aufrunden.* Es wird die nächstgrößere oder die exakte Gleitkommazahl gewählt.

— *Abrunden.* Es wird die nächstkleinere oder die exakte Gleitkommazahl gewählt.

— *Nach Null runden.* Das Vorzeichen bleibt erhalten. Der Absolutwert wird durch die nächstkleinere oder die exakte Gleitkommazahl beschrieben.

Einen gewissen Ausweg aus dem Dilemma der Rundungsfehler bietet die *Intervallarithmetik*, die statt der Gleitkommazahlen x_G die exakten Darstellungsintervalle berechnet. Dieses Verfahren ist im allgemeinen extrem aufwendig, es gibt aber Systeme (Pascal SC und FORTRAN SC), die mit vertretbarem Aufwand typische numerische Rechnungen mit exakten Fehlerschranken durchführen. Wir können in dieser Einführung auf solche Systeme nicht weiter eingehen.

Der IEEE 754-Standard schlägt eine rechnerübergreifende Implementierung von Gleitkommazahlen vor, nach dem sich Rechnerhersteller künftig richten sollen. Dies läßt alternativ eine Normalisierung der Mantisse durch $0{,}5 \leqslant m < 1$ oder durch $1 \leqslant m < 2$ zu und verwendet spezielle Werte zur Darstellung der Null, eines Fehlersignals NaN (*Not a Number*) und der beiden „*infinities*" $+\infty$ und $-\infty$, die durch Überlauf arithmetischer Operationen entstehen sollen. Ob solche mathematisch diffizilen und keineswegs allgemein akzeptierten „*Non-Standard-Analysis*-Erweiterungen" sinnvoll in einem verbindlichen Industriestandard festgelegt werden sollten, ist umstritten; ebenso ist es offen, ob zukünftige Rechner diese Aspekte zuverlässig implementieren werden.

Verbindlicher sind die *Gleitkommaformate* und *Genauigkeitsklassen*. Im Standard werden zwei Formate und Genauigkeitsklassen unterschieden, nämlich einfache und doppelte Genauigkeit. Bei einfacher Genauigkeit wird ein 32-bit-Wort zur Speicherung einer Gleitkommazahl verwendet, bei doppelter Genauigkeit werden 64-bit-Worte verwendet. Darüber hinaus sind erweiterte Genauigkeiten mit anderen Wortlängen zulässig. Basis der Gleitkommazahlen im IEEE-Standard ist die Zahl Zwei, der Exponent e wird ohne Vorzeichen verwendet. Um negative Exponenten darstellen zu können, wird statt dessen eine negative Verschiebung b (engl. *bias*, manchmal auch *Exzeß-b* genannt) addiert, so daß der Exponentenbereich von $-b$ bis $e-b$ reicht. Gleitkommazahlen einfacher und doppelter Genauigkeit haben den in Bild 10-9 gezeigten Aufbau

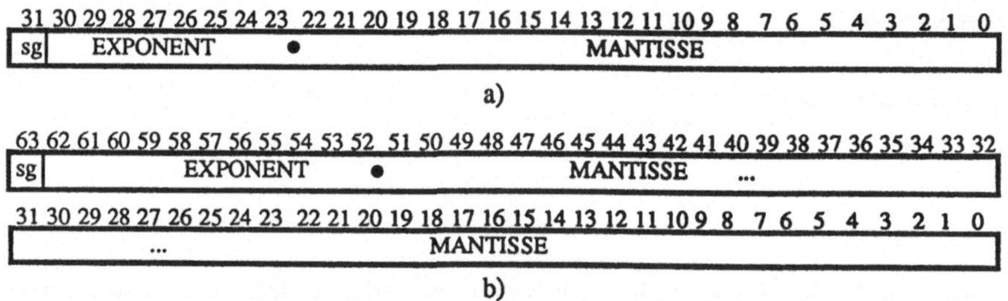

Bild 10-9 Gleitkommaformate für a) einfache und b) doppelte Genauigkeit

Das Signum sg ist Vorzeichen der Mantisse (also der ganzen Zahl). Werden die Exponenten mit der Verschiebung -128 bzw. -1024 berechnet, geht der Zahlbereich von 2^{-129} bis 2^{126} bei einfacher Genauigkeit und von 2^{-1025} bis 2^{1022} bei doppelter Genauigkeit. In Dezimalpotenzen kann dieser Bereich von rund $1,5*10^{-39}$ bis $1,7*10^{38}$ bei einfacher und von $6*10^{-309}$ bis rund $8*10^{307}$ bei doppelter Genauigkeit gehen. Einige Exponenten, wie z.B. -129 und -128 können aber auch für die Realisierung besonderer Signale reserviert werden, so daß der Darstellungsbereich dann entsprechend kleiner wird. Der Dezimalpunkt wird nicht explizit gespeichert, sondern implizit vor der Mantisse angenommen. Normiert lassen sich bei einfacher Genauigkeit Mantissen von $0,1_2$ bis $0,11111111111111111111111_2$ oder dezimal ausgedrückt von $0,5_{10}$ bis $0,9999998808_{10}$ darstellen, wobei der Abstand zwischen zwei benachbarten Mantissen $2^{-23} = 1,192092896*10^{-7}$ beträgt. Bei doppelter Genauigkeit lassen sich normierte Matrizen m im Abstand von $2^{-53} \approx 1,1*10^{-16}$ im Intervall $0,5 \leqslant m < 1$ darstellen. Einfache Rechengenauigkeit kann also bestenfalls 7 korrekte Dezimalstellen bei einer Gleitkommarechenoperation liefern; bei doppelter Genauigkeit sind dies höchstens 16 Stellen.

Zur hardwaremäßigen Behandlung von Gleitkommazahlen kann für die Mantissen- und Exponentenoperationen die vorhandene Festkommaarithmetik (nacheinander) verwendet werden. Es beschleunigt die Rechnung, wenn die Verarbeitung von Mantissen und Exponenten parallel erfolgen kann. Die Mantissenverarbeitung erfolgt mit einer ALU für (32-bit- oder 64-bit-)Festwertzahlen. Ein Komparatorbit vergleicht die Größe der Mantissen. Mit dem Überlauf V kann die Normalisierung der Mantisse durch einen nachgeschalteten Shifter erfolgen. Die Exponenten werden in einer gleichartigen Schaltung verarbeitet, die weniger Bitstellen vorsieht. Das Vorzeichen des Ergebnisses wird durch eine kombinatorische Schaltung SG aus den Operandenvorzeichen bestimmt.

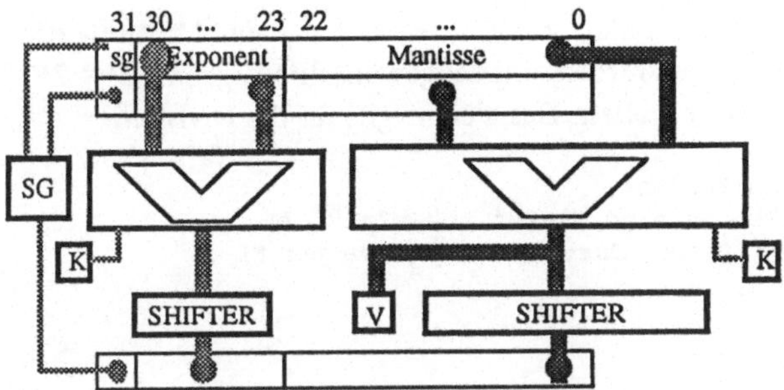

Bild 10-10 Gleitkomma-Addierer mit getrennter Behandlung von Mantisse und Exponent

Die Verarbeitung von Addition und Subtraktion basiert auf der mantissennormalisierten Addition

$$k*2^q = m*2^r \pm n*2^s = (m \pm n*2^{r-s})*2^r.$$

Im einzelnen sind folgende Schritte durchzuführen:
— Prüfe, ob einer der Operanden Null ist.
— Passe die Mantissen an.
— Addiere bzw. Subtrahiere die Mantissen.
— Normalisiere die Summe, falls nötig.
Zur Vereinfachung zeigen wir nur die Addition zweier nichtnegativer Gleitkommazahlen. Die anderen Vorzeichenvarianten und die Subtraktion sind nicht ableitbar.

```
PROCEDURE Exponenten_Anpassen;
BEGIN
  WHILE E1<>E2 DO
    IF E1>E2 THEN shr(M2); E2 < E2+1 ELSE shr(M1); E1 < E1+1 END
  END;
END;

PROCEDURE Addieren; (* Addition der angepaßten Mantissen *)
BEGIN M < M2+M1; E < E1;   END;

PROCEDURE Normalisieren; (* 0,5 ≤ M < 1 wird erzwungen *)
BEGIN IF M ≥ 1 THEN M < shr(M); E < E+1 END;

PROCEDURE Transfer; (* Addition einer Null *)
BEGIN
      IF M1=0 THEN M < M2; E < E2 ELSE
      IF M2=0 THEN M < M1; E < E1 END
END;

BEGIN
  IF (M1<>0) AND (M2<>0)
  THEN Exponenten_Anpassen; Addieren; Normalisieren
  ELSE Transfer END;
END;
```

Bei der Multiplikation sind folgende Schritte nötig:
— Prüfe, ob einer der Operanden Null ist.
— Addiere die Exponenten.
— Multipliziere die Mantissen.
— Normalisiere das Produkt, falls nötig.

Wird eine Exzeß-b-Darstellung des Exponenten gewählt, muß bei jeder Multiplikation $2^{x+b} * 2^{y+b} = 2^{x+y+2b}$ einmal b abgezogen werden, um das gewünschte Ergebnis $2^z = 2^{x+y}$ ebenfalls in Exzeß-b-Darstellung 2^{z+b} zu erhalten. Das gleiche gilt für die Division.

```
PROCEDURE Multipliziere_GleitkommaZahlen;
   (* Das Produkt heißt M*2^E, Faktoren sind M1*2^E1 und M2*2^E2 *)
   CONST VerschiebungsKonstante=b (* bei Exzeß-b Darstellungen *)
   VAR   M1,M2,M:Mantisse;
         E1,E2,E:Exponent;

   PROCEDURE Exponenten_Addieren;
   BEGIN E < E1+E2 - Verschiebungskonstante END;

   PROCEDURE Multiplizieren; (* Hard- oder Softwaremultiplikation *)
   BEGIN M < M2*M1; END;

   PROCEDURE Normalisieren; (* 0,5 ≤ M < 1 wird erzwungen *)
   BEGIN IF M < 0,5 THEN M < shl(M); E < E-1 END;

   PROCEDURE Null; (* Ergebnis ist Null *)
   BEGIN M < 0; E < 0 END;

BEGIN
   IF (m<>0) AND (n<>0)
   THEN Exponenten_Addieren; Multiplizieren; Normalisieren
   ELSE Null END;
END;
```

Gleitkommarechnungen sind in vielen Programmiersprachen (z.B. FORTRAN, Pascal, Modula-2, ADA) vorgesehen. Besitzt der Prozessor keine besonderen Maschinenbefehle für die Gleitkommaberechnung, muß der Sprachübersetzer entsprechende arithmetische Gleitkommaroutinen mit Festkommazahlbefehlen simulieren. Sind prozessorseitig Gleitkommamaschinenbefehle vorhanden, werden diese entweder mikroprogrammiert mit der vorhandenen Festkommaarithmetik implementiert oder mit besonderen Hardware-Einrichtungen (Gleitkomma-Hardware oder Gleitkommakoprozessor) ausgeführt.

Bei Mikroprozessoren ist die Softwareemulation oder der Einsatz eines arithmetischen Koprozessors möglich (z.B. Intel 80x87 oder Motorola MC68881 und MC68882). Bei der VAX 11/780 und den größeren VAX-Modellen ist eine Hardwareunterstützung für die Gleitkommarechnung vorhanden, die durch einen Koprozessor zur Multiplikation und Division beschleunigt werden kann. Bei der Micro-VAX wird Gleitkommahardware eingesetzt, bei der PDP 11/84 und 11/73 werden diese Maschinenbefehle durch Mikrokode emuliert. Bei Großrechnern wird die Gleitkommarechnung durch besondere Hardware verarbeitet.

Es ist wahrscheinlich, daß die Gleitkommadarstellungen bei verschiedenen Rechnern mit der Zeit einheitlicher gestaltet werden und dem IEEE-Standard 754 (oder einem Nachfolger) angepaßt werden. Doch trotz der Standardisierungsbemühungen kann man sagen, daß der Problemkreis ‚Gleitkommadarstellungen' keineswegs abgeschlossen ist, sondern daß hier noch Forschung und Entwicklung nötig ist, um problemangepaßte und bezüglich der Rechenfehler besser beherrschbare Systeme zu entwerfen.

10.3 Übungen

1. Wandeln Sie die folgenden Zahlen in Binärbrüche:
   $a = 3{,}12415_{10}$, $b = A{,}BCD_{16}$, $c = 2{,}71828_{10}$, $d = 30{,}31_5$, $e = 2048{,}1024_{10}$, $f = 10{,}10_{10}$.

2. a) Gegeben seien Zahlen in einer 16-Bit-Festkommadarstellung mit Zweierkomplement. Führen Sie folgende Rechnungen in dieser binären Darstellung aus:
   $$a = 4096_{10} + 16385_{10}$$
   $$b = 3000_{10} + 29768_{10}$$
   $$c = -15568_{10} - 13200_{10}$$
   $$d = 1234_{10} + 567_{10} + 89_{10}$$
   $$e = 3415_{10} + 29237_{10} - 14237_{10} + 423_{10}$$
   b) Führen Sie folgende Multiplikationen und Divisionen in dieser binären Darstellung aus:
   $$a = 512_{10} * 16_{10}$$
   $$b = 8086_{10}/4004_{10}$$
   $$c = 87_{10} * 11_{10}$$
   $$d = FFF_{16}/10_{16}$$
   $$e = 7DCA_{16}/ABC_{16}$$

3. Konstruieren Sie für die kombinatorische Multiplikationsschaltung in Abb. 10-7 eine vollständige Schaltung zur Überprüfung eines Überlaufs. Sie können den Überlauf c der bei der Berechnung von z_6 anfällt, verwenden.

4. Wandeln Sie die folgenden Dezimalzahlen in binäre Gleitkommazahlen im Gleitkommakalkül $G = (2, 8, 8)$, also mit byteweiter Darstellung von Mantisse und Exponent. Verwenden Sie die Methoden: Aufrunden, abrunden, auf die nächstliegende Gleitkommazahl runden, nach Null runden.
   $0{,}0000004711_{10}$, $421{,}74741_{10}$, $68030{,}80386_{10}$, $1024{,}512_{10}$, $1{,}4142135_{10}$

5. Führen Sie die folgenden Rechenoperationen im binären Gleitkommakalkül $G = (2, 8, 8)$ aus:
   $$a = 47676{,}6966_{10} + 78867{,}786786_{10}$$
   $$b = 0{,}12346_{10} * 76492{,}26_{10}$$
   $$c = 8713{,}66_{10}/13{,}23726_{10}$$
   $$d = -1234566_{10} + 0{,}621346_{10}.$$

6. Beweisen Sie folgende Regeln:
   a) $(x_G)_G = x_G$
   b) $x \geqslant y \Rightarrow x_G \geqslant y_G$
   c) $(-x)_G = -(x)_G$
   d) $x_G \otimes y_G = y_G \otimes x_G$
   e) $y \geqslant 0 \Rightarrow x \ominus y \geqslant x$

7. *Falls Sie Zugang zu einem Rechner haben*: Berechnen Sie in einer Programmiersprache Ihrer Wahl (oder in mehreren) die Summe

$$S = \sum_{1 \leqslant i \leqslant N} 1/N$$

für unterschiedliche N mit Gleitkommazahlen und diskutieren Sie die Rechengenauigkeit.

11 Ein/Ausgabe-Organisation und Ein/Ausgabe-Schnittstellen

> Beide Männer waren auf diesen Augenblick gedrillt worden, ihr Leben war eine einzige Vorbereitung auf diesen Moment gewesen, man hatte sie bereits von ihrer Geburt an als diejenigen ausgewählt, die der Antwort beiwohnen würden, aber selbst sie wurden gewahr, daß sie jetzt nach Luft schnappten und rumhampelten wie aufgeregte Kinder.
>
> „Und du bist bereit, uns die Antwort zu geben?" drängte Luunquoal.
>
> „Das bin ich."
>
> „Jetzt?"
>
> „Jetzt" sagte Deep Thought.

Beide Männer leckten sich ihre trockenen Lippen.

„Allerdings glaube ich nicht", setzte Deep Thought hinzu, „daß sie euch gefallen wird".

„Das macht doch nichts!" sagte Phouchg. „Wir müssen sie nur jetzt erfahren. Jetzt!"

„Jetzt?" fragte Deep Thought.

„Ja! Jetzt ..."

„Also schön" sagte der Computer und versank wieder in Schweigen. Die beiden Männer zappelten nervös hin und her. Die Spannung war unerträglich.

„Sie wird euch bestimmt nicht gefallen", bemerkte Deep Thought.

„Sag sie uns trotzdem!"

„Na schön", sagte Deep Thought. „Die Antwort auf die Große Frage..."

„Ja...!"

„... nach dem Leben, dem Universum und allem ..." sagte Deep Thought.

„Ja...!"

„... lautet..."

„Ja...!!!...???"

„Zweiundvierzig", sagte Deep Thought mit unsagbarer Erhabenheit und Ruhe.

aus: Douglas Adams, Per Anhalter durch die Galaxis, 1984

Zum Aufbau eines Mikrorechners wird ein Prozessor mit einem Hauptspeicher in Form eines RAM-Bereichs und eines ROM-Bereichs und einer Ein/Ausgabeeinheit verbunden. Drei logische Signalpfade gibt es zwischen Hauptspeicher und Prozessor:

- Steuersignale
- Adreßsignale
- Datensignale.

Die Steuersignale werden über einzeln zugeordnete Leitungen übertragen, da sie meist parallel verarbeitet werden müssen. Der typische Prozessor verarbeitet jedoch zu einem Zeitpunkt genau ein Datenwort und ein Adreßwort (Von-Neumann-Prinzip), so daß die Daten- und die Adreßverbindung zwischen Prozessor, Speicher und Ein/Ausgabe-Einheit durch *Daten-* und *Adreßbus* realisiert werden kann. Die Ein/Ausgabe-Einheit bedient einen oder mehrere *Ein/Ausgabe-Busse* und weitere *Ein/Ausgabe-Schnittstellen*. Diese Busse sind ähnlich aufgebaut wie Busse zwischen ALU und Registern im Prozessor selbst. Manchmal wird der Ein/Ausgabe-Bus *externer* Bus genannt und vom *internen* Datenbus unterschieden. Busse können sowohl *synchron* getaktet wie *asynchron* geschaltet sein. Daten- und Adreß-busse werden immer synchron betrieben. Um (physikalische) Busleitungen zu sparen, ist es möglich, Adreß- und Datensignale hintereinander auf die gleichen Leitungen zu legen, so wie beim Telefon erst die Adresse (die Telefonnummer) und dann die Datensignale über die gleiche Leitung übermittelt werden. Derart geschaltete Busse heißen *Multiplexbus.* Ein Beispiel für einen Multiplexbus ist der Q-Bus, der in vielen PDP11-Rechnern verwendet wird. Multiplexbusse sind notwendigerweise langsamer als Busse, die getrennte Daten- und Adreßleitungen haben.

Wir betrachten die Busse des MC 68000-Mikroprozessors. Der MC 68000 hat einen Datenbus von 16 Bit Breite und einen Adreßbus von 24 Bit. Alternativ gibt es eine MC 68008-Version mit 8 Bit breitem Daten- und 20 Bit Adreßbus und eine MC 68020/MC 68030-Version mit 32 Bit breiten Daten- und Adreßbussen. Bild 11-1 zeigt die Pinbelegungen eines MC 68008.

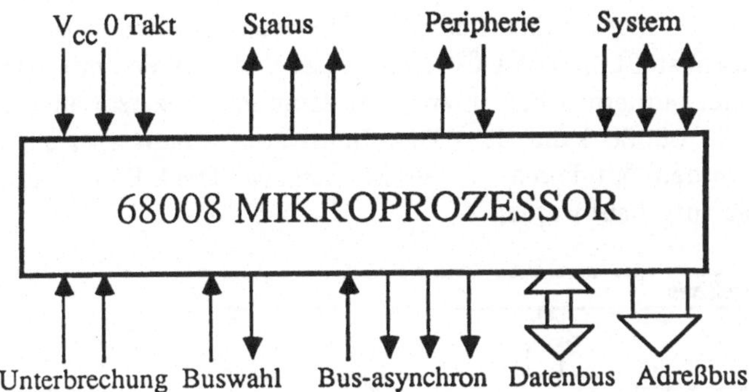

Bild 11-1 Pinbelegungen des Mikroprozessors Motorola MC68008

Der Datenbus ist beim MC68008 acht Bit breit; der Adreßbus hat 20 Leitungen. Die asynchrone Bussteuerung prüft Adressen, gibt die Richtung des Datentransfers an und verarbeitet das Bestätigungssignal (engl. *acknowledgement signal*). Die Unterbrechungsleitungen empfangen den kodierten Wert der Unterbrechungspriorität (3 Leitungen für 7 Ebenen beim MC68000, 4 Ebenen beim MC68008). Die Systemleitungen können Halt-, Reset- und Busfehlersignale übertragen. Die Peripheriesignale steuern und regeln Peripheriebausteine. Über die Statusleitungen kann zwischen Benutzer-, System- und Unterbrechungszustand des Prozessors unterschieden werden.

Mit den Buswahlsignalen wird ein Gerät ausgezeichnet, das die Bussteuerung momentan übernimmt. Dieses Gerät heißt dann *Kontroller* (auch *Bus Master* oder *Commander*). Normalerweise darf nur ein Gerät aktueller Kontroller sein. Die Zuteilung des Rechts, Kontroller zu werden, erfolgt prioriätsgesteuert. Die mit dem Kontroller verbundenen Geräte heißen *Bus Slave* oder *Responder*. Es kann mehrere solcher Responder geben.

Die Begriffe Kontroller und Responder beschreiben nur die Zugriffsrechte zu den Steuersignalen. Beim Datenaustausch werden zudem Sender und Empfänger (*Transmitter und Receiver* oder *Talker und Listener*) unterschieden, wobei der Kontroller je nach Aufgabe Sender oder Empfänger sein kann. Sinnvollerweise darf es zu jedem Zeitpunkt nur einen Sender auf dem Bus geben.

Neben Daten- und Adreßbus ist manchmal ein weiterer Bus installiert, der einen direkten, prozessorunabhängigen Zugriff auf den Hauptspeicher ermöglicht, der DMA-Kanal (*Direct Memory Access Channel*). Der Vorteil des DMA-Zugriffs liegt darin, daß die Daten direkt in oder aus dem Hauptspeicher geladen werden können, ohne daß sie durch den Prozessor übergeben werden (s. Bild 11-2). Im einfachsten Fall wird der Prozessor durch ein Halt-Signal von dem DMA-Wunsch der DMA-Steuerung verständigt. Bestätigt der Prozessor den Empfang des Halt-Signals, kann die direkte Datenübertragung zwischen Speicher und dem an die DMA-Steuerung angeschlossenen Gerät ablaufen. Diese Übertragung wird durch ein neues Halt-Signal beendet und der Prozessor nimmt danach seine Arbeit wieder auf. Bei komplexeren DMA-Behandlungen „stiehlt" die DMA-Steuerung einzelne Arbeitstakte des Prozessors (*Cycle Stealing*), ohne ihn völlig abzuschalten. Er läuft dann − u.U. verlangsamt − parallel zum DMA-Zugriff, wobei der DMA-Zugriff immer dann erfolgt, wenn der Prozessor keinen Speicherzugriff ausführt. DMA-Zugriffe sind bei Übertragungen von großen Datenblöcken über Ein/Ausgabe-Busse und -Geräten, deren Übertragungsraten in der Größenordnung des Prozessors liegen, sinnvoll. So ist es sehr nützlich, das Laden von Bild-

daten (z.B. als Blöcke von 400 × 600 Bit) aus einer Kamera in den Hauptspeicher als DMA-
Zugriff zu realisieren. Der Prozessor stößt die DMA-Übertragung an und wird erst mit dem
Endsignal des DMA-Zugriffs wieder unterbrochen. Inzwischen kann der Prozessor andere
Aufgaben übernehmen. Beim MC 68000 kann der DMA-Zugriff mit einem speziellen
DMA-Steuerbaustein realisiert werden. Mit dem MC 68440 können zwei DMA-Kanäle, mit
dem MC 68450 vier DMA-Kanäle aufgebaut werden.

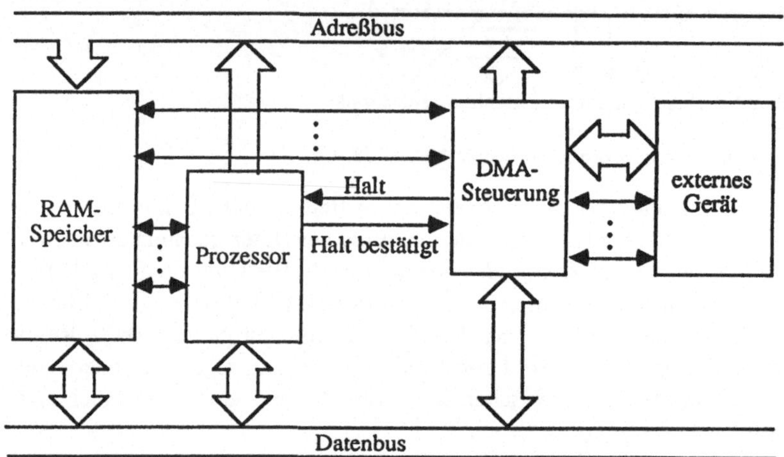

Bild 11-2   Aufbau eines DMA-Anschlusses (Daten- und Adreßleitungen breit, Steuerleitungen als
schmale Pfeile gezeichnet)

Nachteilig an der DMA-Konzeption ist, daß eine Kollision zwischen DMA-Speicherzugriff
und Speicherzugriff des Prozessors vermieden werden muß. Dazu sind Prioritätssteuerungen
nötig.

Bei manchen Ein/Ausgabe-Bussen werden die angeschlossenen Geräte wie ein Hauptspeicherbereich adressiert (*memory mapped I/O*), so daß der Benutzer den ganzen
Maschinenbefehlssatz zur Behandlung dieser Geräteregister zur Verfügung hat. Dies erleichtert die Programmierung, da auf die Gerätebesonderheiten weniger Rücksicht zu nehmen ist.

Der Busanschluß wird im allgemeinen uni- oder bidirektional über Pufferverstärker realisiert, wobei diese Puffer vom Tri-State-Typ sind. Sie lassen also die Signale *Null, Eins* und
Abgeschaltet (d.h. hoher Innenwiderstand) zu, wie im Kapitel 4.1 beschrieben.

11.1 Reale Ein/Ausgabe-Busse: DEC UNIBUS/MASSBUS

Die Verarbeitungsgeschwindigkeiten interner Busse hängen von der Arbeitsgeschwindigkeit
des Prozessors und von der Zugriffsgeschwindigkeit des verwendeten Speichers ab. So hat
z.B. die VAX 11/780 (neben mehreren schnellen internen, 32 Bit breiten Bussen) einen
84 Bit breiten synchronen internen SBI-Bus (*Synchronous Backplane Interconnect*), der
die Verbindung zum Hauptspeicher und den externen Ein/Ausgabe-Buskonvertern herstellt;
er überträgt 32-Bit-Daten mit einer Taktzeit von 200 ns bis zur Spitzenleistung von 13,3
Megabyte/s. Der SBI-Bus ist eine komplexe Schaltung, die neben einer Vielzahl von Adreß-
wahl-, Steuer-, Unterbrechungs-, Takt- und Datenleitungen auch eigene Register zur Fehlerbehandlung und zur Zwischenspeicherung der 16 letzten Busaktivitäten besitzt.

Als bidirektionale Ein/Ausgabe-Busse dienen bei der VAX-Familie der asynchrone UNIBUS und der syncrone MASSBUS (vgl. die Bilder 11-3f.). Sie greifen auf die Gerätesteuerungen (*Controller*) zu und verbinden diese mit dem internen SBI-Bus über einen Konverter, der Signale und Geschwindigkeiten der beiden Busse einander anpaßt. Zur einfacheren Programmierbarkeit besitzt der UNIBUS für die angeschlossenen Geräte adressierbare Geräteregister, die vom Programmierer wie Speicherregister behandelt werden können. Neben den Daten enthalten sie auch Statusinformationen. Es stehen 8-KB Adressraum für die Geräte zur Verfügung. Im Gesamtadreßraum eines VAX-Rechners stehen 248-KB Adressraum für die UNIBUS-Adressierung zur Verfügung. Man kann den UNIBUS als Kombination dreier Busse interpretieren (vgl. Bild 11-3). Dies sind Busse mit

- Initialisierungsleitungen, die den Netzzustand (angeschaltet/abgeschaltet) der Geräte beobachten;
- Geräteauswahlleitungen (*arbiter*), die die Zuteilung des Busses über die Bussteuerung (*arbitration logic*) vornehmen und
- Datenleitungen.

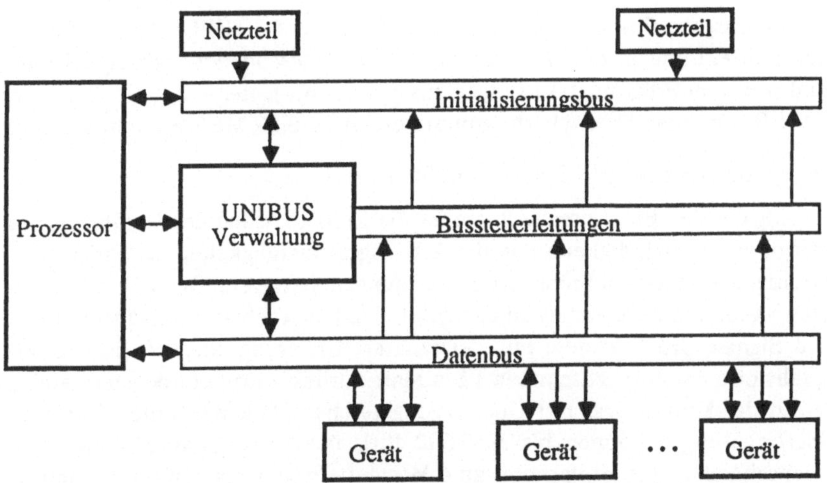

Bild 11-3 UNIBUS-Aufbau aus drei Leitungsgruppen

Es können mehrere Prozessoren an einem UNIBUS hängen, jedoch ist nur ein Prozessor „federführend". Der UNIBUS läßt den DMA-Zugriff auf den Hauptspeicher unter Umgehung des Prozessors zu. Zudem können Daten direkt zwischen Geräten ausgetauscht werden, ohne den Prozessor zu belasten. Die Übertragungsraten sind geräteabhängig und können bei VAX 11/750-Rechnern maximal 1,5 MB betragen.

Der MASSBUS (s. Bild 11-4) ist die synchrone Variante des VAX-Ein/Ausgabebusses. Synchrone Busse sind im allgemeinen schneller betreibbar als asynchrone Busse, da weniger Aufwand getrieben werden muß, um den Datenaustausch zwischen verschiedenen Geräten zeitlich anzupassen. Der MASSBUS erlaubt den synchronen Zugriff auf schnelle Massenspeicher, wie Plattenspeicher und Bandeinheiten. Ansonsten ist er dem UNIBUS sehr ähnlich, nur daß eine höhere Datenübertragungsrate von 2 MB/s erreichbar ist. Zum Vergleich: Bei IBM-Großrechnern sind synchrone Datenübertragungsraten von 3 MB/s (noch) Stan-

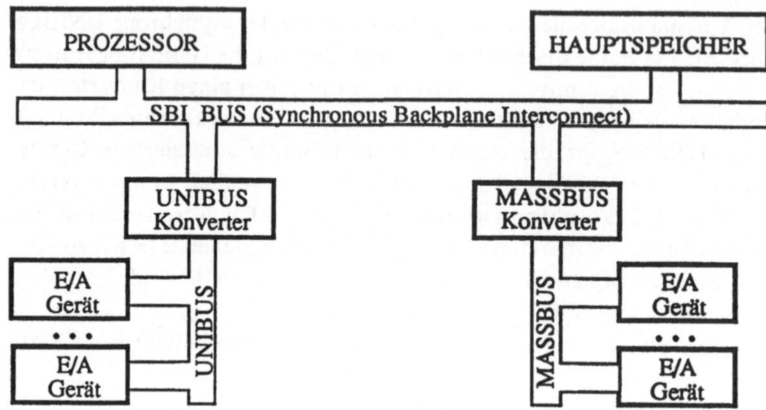

Bild 11-4 VAX 11/780 Struktur mit internem Ein/Ausgabe-Bus (SBI) und externem UNIBUS und externem MASSBUS mit angeschlossenen Ein/Ausgabe-Geräten

dard. Als dritte Ein/Ausgabe-Bus-Variante neben MASSBUS und UNIBUS gibt es für die VAX 11/780 den bidirektionalen DDI-Bus (*Digital Device Interconnect*), der asynchrone Steuersignale und mit dem Prozessortakt synchronisierte 32-Bit-Datenworte parallel überträgt. Mit dem DDI-Bus können Datenübertragungsraten bis zu 6,67 MB/s erreicht werden.

11.2 Peripherieprozessoren und Ein/Ausgabe-Kanäle

Grundsätzliche Aufgabe der Ein/Ausgabe-Busse ist die Zeitanpassung der Gerätezugriffe und Datenübertragungsgeschwindigkeiten an die Arbeitsgeschwindigkeiten des Prozessors. Diese Zeitunterschiede können mehrere Größenordnungen betragen. Die Übertragungsgeschwindigkeiten werden in bit/s gemessen und oft in Baud angegeben. (Genaugenommen bezeichnen Baud Signale pro Sekunde; nur bei binärer Kodierung einer einzigen Übertragungsleitung fällt dies mit Bit/s zusammen.) Ein Matrixdrucker druckt höchstens einige hundert Zeichen in der Minute, was mit Übertragungsgeschwindigkeiten unter 300 Bit/s möglich ist. Telefonleitungen können bis zu 9 600 Bit/s übertragen, während zwischen Rechner und einer schnellen Magnetplatte bis zu 6 Megabyte/s übertragen werden können. Innerhalb sehr schneller Prozessoren können dagegen mehrere Gigabyte pro Sekunde bewegt werden: Für die Cray-2 werden zwei Milliarden Gleitkommaoperationen pro Sekunde als maximale Prozessorleistung angegeben, wobei jede Operation 64-Bit-Worte verarbeitet.

Effiziente Ein/Ausgabe-Busse sollen die Geschwindigkeitsunterschiede anpassen,
— indem die Ein/Ausgabe-Operationen gleichzeitig zu den Prozessoroperationen ablaufen,
— indem mehrere Ein/Ausgabe-Operationen gleichzeitig ablaufen können.

Eine solche Arbeitsweise verlangt die getrennte Behandlung der Rechenprozesse im Prozessor und den geräteabhängigen Ein/Ausgabeprozessen. Ähnlich wie bei der Gleitkommabehandlung läßt sich hier ein Koprozessorkonzept realisieren, indem ein dedizierter Ein/Ausgabe-Prozessor bereitgestellt wird. Damit wird die strikte Sequentialität der Von-Neumann-Postulate verlassen. Man spricht bei der aus dem Koprozessorkonzept folgenden „Gleichzeitigkeit" der Verarbeitung nicht von einem *parallelen*, sondern von einem nebenläufigen (*konkurrenten*) Ablauf, da nur Anfang und Ende der Operation durch ein Unterbrechungssignal synchronisiert werden. Dies gilt auch für die DMA-Anschlüsse, die ja ohne Prozessoreingriff auf den Hauptspeicher zugreifen können.

Der MC 68000 stellt mehrere unterschiedliche integrierte Bausteine zur Realisierung von E/A-Funktionen zur Verfügung. Das MC 68901 Multifunction Peripheral kann eine byte-breite parallele Ein-Ausgabe und eine asynchrone Sender- und Empfänger-Schnittstelle mit dem Systembus verbinden. Zudem werden eine Unterbrechungssteuerung, sowie vier acht-Bit-Zähler bereitgestellt. Mit dem MC 68230 werden zwei byte-breite parallele Ein-Ausgabe-Schnittstellen (die auch in Wortbreite betrieben werden können) und ein 24-Bit-Zähler zur Verfügung gestellt. Die 8-Bit-Ein/Ausgabesteuerung MC 68120 greift einerseits auf den Systemdaten- und Systemadreßbus zu, andererseits ist sie mit den Geräten oder speziellen Ein/Ausgabebussen über zwei parallele und einen seriellen Ausgang (*I/O-Port*) verbunden. Programmiert wird sie durch Maschinenbefehle des Prozessors; diese Befehle sind eine Erweiterung des Maschinenbefehlssatzes.

Die Peripheriesteuereinheit MC 68120 verfügt über Pufferspeicher, komplexe Zähler, eine eigene Unterbrechungsbehandlung und die Möglichkeit, Zugriffskonflikte hardwaremäßig aufzulösen. Der RAM-Bereich der Steuereinheit ist ein 128 Byte großer Pufferspeicher, der vom Prozessor wie von den Gerätesteuerungen gelesen und beschrieben werden kann (*dual ported RAM*). Über diese Speicherregister können die Zugänge zu Geräten und (Hilfs-)Programmen geregelt werden. Durch eine zweiseitige unkoordinierte Zugriffsmöglichkeit können Zugriffskonflikte (und damit Lesefehler) entstehen, wenn ein gleichzeitiger Zugriff von Prozessor π und Steuereinheit σ auf dasselbe Register versucht ist. Verhindern kann man diesen gleichzeitigen Zugriffsversuch nicht, da durch die Peripheriesteuereinheit gerade Steuereinheit und Prozessor getrennt arbeiten sollen; man kann die Zugriffe aber koordinieren, indem zu jedem Arbeitstakt nur ein Zugriff gestattet wird. Sinnbildlich verteilt man einen einzigen Schlüssel, mit dem das Register aufgeschlossen werden kann. Wer den Schlüssel hat, kann auf das so geschützte Register zugreifen, der andere muß warten. Dieses Prinzip wird durch ein Sperrsignal, eine Semaphorschaltung realisiert (griech. *Semaphor* – Signal). Der Prozessor hat mehrere 2-Bit-Semaphorregister, die durch Schreib- und Lesesignale R/W gesteuert werden. Die Bits heißen OWN und SEM. Das OWN-Bit gibt an, ob Prozessor oder Steuereinheit zuletzt den Zugriff hatte. Das SEM-Bit gibt an, ob der Zugriff auf das geschützte Register und das damit verbundene Betriebsmittel möglich ist. Das Eingabesignal für das Semaphorregister läuft nicht über einen Dateneingang, sondern es werden die Lese/Schreibsignale R/W des Prozessors π und der Steuereinheit σ verwendet. Schreiben ist nur zulässig, wenn vorher das SEM-Bit gelesen wurde und das Zugriffsrecht erteilt wurde. Das zugreifende Programm hat die Verpflichtung, vor dem Schreiben das Gerätezugriffsrecht abzufragen.

Anforderungssignal	SEM Bit vorher	Zugriff zulässig	SEM Bit danach
R	0 (frei)	0 (ja)	1
R	1 (gesperrt)	1 (nein)	1
W	0	–	0
W	1	–	0

Durch die Vereinbarung „Erst Lesen, dann Schreiben", wird ein gleichzeitiger Schreibzugriff ohne vorheriges Lesen verhindert, wohl aber ein gleichzeitiger Lese-Zugriff von Prozessor und Steuereinheit. Dieser Konflikt wird bei der Steuereinheit MC 68120 willkürlich zugunsten der Steuereinheit aufgelöst, d. h. der Prozessor muß warten. Bei komplexeren

Semaphorsteuerungen können auch andere Prioritätsregelungen erfolgen. Die Tabelle zeigt die prinzipiell möglichen Zugriffskombinationen. Die mit (*) markierten Konflikte sind unzulässige Zugriffsversuche, die durch programmseitige Beachtung der Regel „Erst Lesen, dann Schreiben" unterbunden werden. Der mögliche Konflikt des gleichzeitigen Lesewunsches bei erlaubtem Zugriff (SEM = 0) wird zugunsten der Steuereinheit aufgelöst.

SEM Bit vorher	Steuereinheit		Prozessor		SEM Bit nachher
	Lesen/Schreiben	Zugriff	Lesen/Schreiben	Zugriff	
0	R	0 (frei)	R	1	1
0	R	0	W	–	1 (*)
0	W	–	R	0	1 (*)
0	W	–	W	–	0 (*)
1	R	1	R	1	1
1	R	1	W	–	0
1	W	–	R	1	0
1	W	–	W	–	0 (*)

Dieses Semaphorkonzept wird auch manchmal als *„Test and Set"* bezeichnet.

Das Ein/Ausgabe-Koprozessorkonzept heißt bei IBM und den IBM-kompatiblen Großrechnern von Amdahl, Fujitsu, Hitachi, NAS, Siemens, BASF und Comparex Kanalsteuerung. Kanäle (engl. *channel processors*) sind mit besonderen Befehlen programmierbare Subrechner, die als Standardfall des Ein/Ausgabe-Busses bei diesen Rechnern verwendet werden. Kanalprogramme stellen die Betriebsbereitschaft von Geräten fest, legen die Formate der zu übertragenden Daten, Menge und Richtung der Übertragung fest und stellen Adreß- und Unterbrechungssignale bereit. Sehr große Rechenanlagen wie die IBM 3090 lassen den parallelen Anschluß von maximal 96 Kanälen zu; typische Zahlen sind aber viel kleiner.

Kanalbusleitungen sind 8 Bit breit; es werden demnach fortlaufend Bytes übertragen (*byteseriell*). Es können beispielsweise 16 Kanäle gleichzeitig angeschlossen sein und arbeiten, so daß die maximale Ein/Ausgabebreite aus 16 Byte pro Ein/Ausgabe-Takt besteht.

Ein *Blockmultiplexorkanal* ist ein DMA-Anschluß mit Gerätesteuerung. Hat ein Blockmultiplexorkanal eine Verbindung zwischen Gerät und Hauptspeicher hergestellt, gibt er die Kontrolle über diese Verbindung erst an das nächste wartende Ein/Ausgabe-Gerät ab, wenn die Übertragung eines Datenblocks (der z.B. aus 512 Byte besteht) beendet ist. Statt blockorientiertem Kontrollwechsel (*block multiplexing*) kann die Kontrolle auch für die Dauer eines ganzen Übertragungsvorgangs an ein einziges Gerät vergeben werden (Selektormodus, auch *burstmode* oder *streammode* genannt). Im *Selektormodus* können hohe Datenübertragungsraten erzielt werden. Typisch sind 3 Megabyte/s; die doppelte Rate kann erreicht werden. Im Blockmultiplexmodus liegt die maximale Übertragungsrate bei 2 Megabyte/s. Langsame Ein/Ausgabe-Geräte würden selbst im Blockmultiplexmodus den Kanal unnötig lange beanspruchen. Für diese Geräte wird der *Bytemultiplexorkanal* gewählt, auf dem eine byteweise Ein/Ausgabe vorgesehen ist. Nach der Ein- oder Ausgabe eines Bytes wird die Gerätekontrolle neu vergeben, so daß im Bytemultiplexmodus ein hoher „Overhead" verarbeitet werden muß, der die maximale Übertragungsrate natürlich stark einschränkt. Die typische obere Übertragungsrate im Bytemultiplexing liegt bei 80 Kilobyte/s, doch die meisten angeschlossenen Geräte (Drucker, Modems, Terminals) sind deutlich langsamer. Je nach Anlage können unterschiedlich viele Kanäle angeschlossen werden. Eine IBM 3090 kann maximal 96 Kanäle betreiben. Typische, in der Praxis realisierte Werte liegen allerdings viel niedriger.

11.3 Mikroprozessorbusse

Für mikroprozessorgestützte Systeme gibt es verschiedene standardisierte interne und externe Busse. Zu den internen Standardbussen gehören der S-100-Bus, der Multibus (IEEE-796-Bus) und der Multibus II, der VME-Bus, der VMX-Bus, der NuBus, und der de facto „Industriestandard": Die Busstrukturen der IBM *Personal Computer* XT und AT. In den IBM PC-Nachfolgermodellen (Personnel System/2) wird ein 32-Bit-Bus, der IBM *Microchannel*, eingesetzt. Auch der Multibus II und VME-Bus sind 32-Bit-Busse; sie verarbeiten rund 40 Megabyte/s. Der VMX-Bus ist ein zum VME-Bus parallel zu schaltender Prozessor-Speicher-Bus, der maximal 80 MB/s übertragen kann.

Zu den externen (Ein/Ausgabe-)Standardisierungen gehört der IEC-625-*Bus* (der auch IEEE-*488-Bus*, GPIB — *General Purpose Interface Bus* oder HP-IB — *Hewlett Packard Interface Bus* genannt wird). Wir wollen diesen Bus als Beispiel eines parallelen Ein/Ausgabebusses betrachten.

Der IEC-Bus wurde als programmierbarer Bus zur Steuerung von Meß- und Laborgeräten entworfen. Sein Einsatz ist jedoch keineswegs auf diese Fälle beschränkt, sondern zu einer Norm zur Anpassung und Steuerung von beliebigen Ein/Ausgabegeräten geworden. Diese reichen vom Meßfühler mit Analog/Digital-Wandler bis zur Schreibmaschine oder zum Winchester-Plattenspeicher. Der IEC-Bus ist für maximale Datenübertragungsraten von einem Megabyte/s ausgelegt, wobei jeweils 8 Bit parallel übertragen werden. Dazu müssen die Kabel allerdings kurz sein (je nach Treiberschaltung, Geräten und Qualität der Leitung zwischen 0,5 und maximal 15 m). Realistischere maximale Übertragungsgeschwindigkeiten liegen bei 250 Kilobyte/s, wobei dann aber Kabellängen bis 20 m zulässig sind. Der Bus besteht aus 16 Leitungen, die in drei Gruppen eingeteilt werden können (vgl. Bild 11-5):

— acht Datenleitungen (*bitparallele* bzw. *byteserielle* Übertragung);

— drei Leitungen zur Steuerung der Datenübertragung;

— fünf Leitungen zur Bussteuerung.

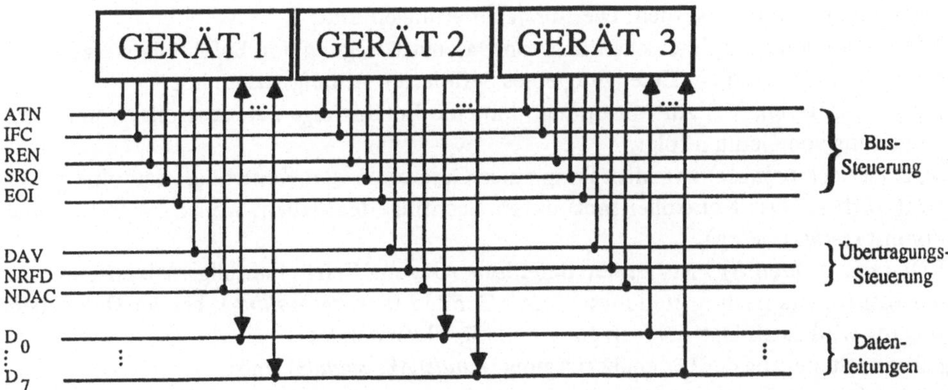

Bild 11-5 IEC-Bus-Aufbau. Gerät 1 ist Kontroller. Gerät 2 ist Sender, Gerät 3 ist Empfänger

Die Anordnung der Geräte geschieht typischerweise über eine zweiseitig terminierte Leitung (eine „Bus"-Struktur). Jeder Gerätestecker hat dabei parallelgeschaltete Anschlußleitungen, die als Ein- oder Ausgang dienen. Wegen der bidirektionalen Arbeitsweise der Anschlußleitungen kann alternativ eine verkettete Verbindung geschaltet werden, in der der Ausgang eines Gerätes zum Eingang des nächsten führt (amerik. *daisy chain*). Eine dritte Variante wird möglich, da nur ein einziger Kontroller in einem IEC-Bus zulässig ist. Dadurch kann die Bus-Struktur äquivalent durch eine sternförmige Verbindung der Geräte ersetzt werden, in deren Mittelpunkt der Kontroller steht. Bild 11-6 zeigt die Verbindungsvarianten des IEC-Bus.

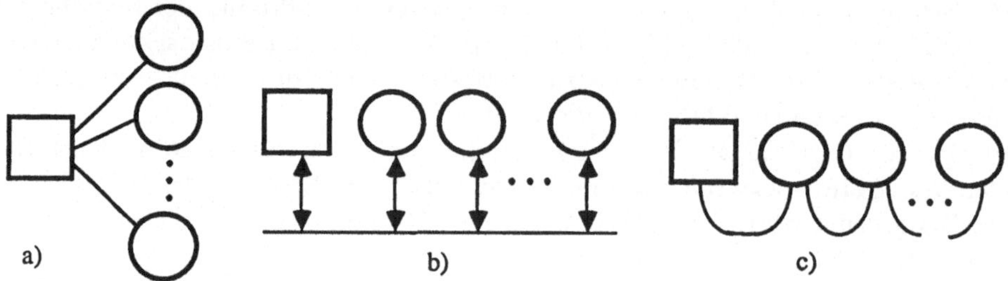

Bild 11-6 a) Sternförmige b) busartige und c) verkettete Schaltung von Kontroller und Geräten beim IEC-Bus (Kontroller als Quadrat, Geräte als Kreise gezeichnet)

Der Bus hat einen Kontroller (im Regelfall ein Rechner), der den Busverkehr steuert. Der Kontroller kann mit einer eigenen Programmiersprache den angeschlossenen Geräten Befehlsfolgen übermitteln (ähnlich den IBM-Kanälen). Die angeschlossenen Geräte können als Datensender (*Talker*) oder Datenempfänger (*Listener*) arbeiten. Manche Geräte (wie Rechner) können zu verschiedenen Zeiten die eine oder die andere Funktion übernehmen, andere Geräte wie Drucker, können nur Empfänger (oder Sender) sein. Jedes Gerät hat eine Geräteadresse, die fest eingestellt ist. Die Adresse besteht aus 8 Bit. Die ersten beiden Bit geben an, ob es sich um Talker, Listener oder Kontroller handelt; es können maximal 15 angeschlossene Geräte vom Kontroller unterschieden werden. Über den Bus können entweder Daten oder Busbefehle und ganze Busprogramme zur Steuerung der angeschlossenen Geräte übertragen werden. Die Bussteuerleitungen sind:
— ATN (*attention*) zur Unterscheidung von Datenübertragung und Befehlsübertragung,
— IFC (*interface clear*) zur Erzeugung eines definierten Anfangszustandes,
— REN (*remote enable*) zur Mitteilung, daß eine Befehlsfolge zur kontrollergesteuerten Bedienung von Geräten folgt,
— SQR (*service request*) zur Mitteilung eines Gerätes an den Kontroller, daß eine Nachricht vorliegt. Der Kontroller muß durch Nachfrage feststellen, woher das SRQ-Signal kommt (*serial polling*),
— EOI (*end or identify*) ist bei der Befehlsübertragung Start einer allgemeinen Umfrage des Kontrollers nach mitteilungswilligen Geräten (*parallel polling*); bei der Datenübertragung wird es als Datenübertragungsendesignal verwendet.
Signale zur Steuerung der Datenübertragung (*handshake signals*) sind:
— DAV (*data valid*) wird vom Sender benutzt, um die Übermittlung zulässiger Daten anzuzeigen,
— NRFD (*Not ready for data*) wird vom Empfänger verwendet, um Empfangsbereitschaft oder -unfähigkeit mitzuteilen,
— NDAC (*not data accepted*) wird vom Empfänger benutzt, um korrekten oder gestörten Empfang mitzuteilen.

Für den IEC-Bus gibt es eine eigene ‚Programmiersprache', die die Fernbedienung von angeschlossenen Geräten durch den Kontroller ermöglicht. Für Details sei auf den ANSI/ IEEE-Standard 488 „Standard Digital Interface for Programmable Instrumentation" verwiesen.

Andere Schnittstellen sind zum parallelen Anschluß von Plattenlaufwerken und schnellen Peripheriegeräten üblich. Eine Vielzahl von Schnittstellenvereinbarungen sind derzeit für kleine Rechnersysteme und mittelschnelle Platten üblich. Die drei häufigsten sind
— die SMD-Schnittstelle (*Storage Module Drive*),
— die ESDI-Schnittstelle (*Enhanced Small Disk Interface*) und
— der SCSI-Bus (*Small Computer Systems Interface*).

Als Beispiel betrachten wir die SCSI-Schnittstelle, die eine ANSI-Standard-Erweiterung des *Shugart Associates Systems Interface* (SASI) ist. Der SCSI-Bus erlaubt die Verbindung von bis zu acht Peripheriegeräten an den internen Rechnerbus über einen SCSI-Konverter (*host adapter*). Die Peripheriegeräte sind ihrerseits über SCSI-Gerätesteuereinheiten (*controller*) mit dem Bus verbunden. Der SCSI-Bus ist programmierbar und wird durch einen Mikroprozessor im Konverter gesteuert. Diese Übergabe an einen eigenen Konverterprozessor ist langsamer als direkte Rechnerprozessorzugriffe auf die Peripherie; der Prozessor kann dafür langsame Ein/Ausgabe-Befehle völlig an den Konverter abgeben und während der Ein/Ausgabe weiterarbeiten. Der Wert dieses Konzeptes zeigt sich besonders bei DMA-Zugriffen, Multitasking- und Mehrplatzsystemen. Der wesentliche Vorteil des SCSI-Bus-Konzeptes liegt darin, daß sowohl der Rechner (*Host*) wie das Peripheriegerät auf einen gerätunabhängigen Bus zugreifen. Damit kann ein Buskonverter ohne Kenntnis der Peripheriegeräte fest im Rechner eingebaut werden und in die Peripheriegeräte können Gerätesteuereinheiten unabhängig von den anzuschließenden Rechnern integriert werden (*embedded controller*). An den Rechner können bis zu acht Peripheriegeräte über einen einzigen Anschluß angeschlossen werden. Statt eines Peripheriegerätes kann aber auch ein weiterer Rechner angeschlossen und so ein einfaches Rechnernetz aufgebaut werden (vgl. die Bilder 11-7f.).

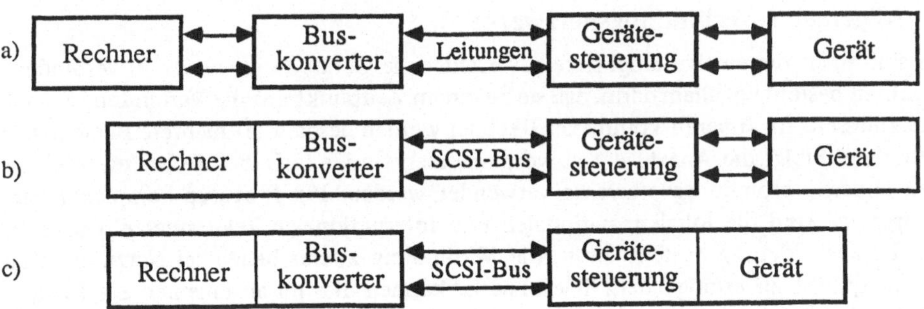

Bild 11-7 Geräteanschluß a) mit separater Anpassung von Rechner und Gerät, b) mit integriertem SCSI-Rechneranschluß, c) mit integrierten Gerätesteuereinheiten.

Der SCSI-Bus hat acht Daten- und neun Steuerleitungen. Die Übertragungsraten sind geräteabhängig. Typisch sind derzeit (maximale) Datenübertragungsraten von 1,2 Megabyte pro Sekunde, höhere Raten bis etwa 4 MB/s sind erreichbar.

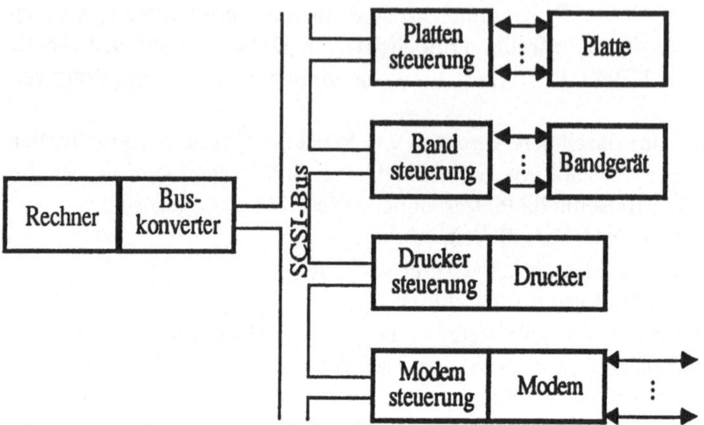

Bild 11-8 Rechnersystem mit SCSI-Bus mit separatem und integriertem Geräteanschluß

Neben den Busverbindungen gibt es noch einfache, direkte Verbindungen zwischen Rechnern und Geräten. Ein typischer und sehr weit verbreiteter Vertreter solcher Schnittstellen ist die CCITT-V.24-Schnittstelle. Die Normierung ist durch die internationale Post- und Telegraphievereinigung *Comité Consultatif International de Télégraphie et Téléphonie* erfolgt. Sie war ursprünglich zur Beschreibung des Datenaustauschs über Telefon- oder ähnliche Leitungen gedacht; unter amerikanischem Einfluß heißt sie auch RS232-Schnittstelle. Es handelt sich um eine serielle Schnittstelle, die nur zwei Leitungen zur Signalübertragung benötigt. Üblicherweise wird aber mindestens noch eine Abschirmleitung (mit Erdpotential) verwendet. Für manche Geräte, wie z.B. Drucker, sind weitere Signalleitungen gebräuchlich. Die Übertragungsgeschwindigkeiten liegen zwischen 120 Bit/s (für Telegraphie) und 38500 Bit/s für schnelle V.24-Schnittstellen.

11.4 Allgemeine Verbindungsnetzwerke

Busse sind nicht die einzige Möglichkeit, verschiedene Geräte miteinander zu verbinden. Ihr Nachteil besteht vor allem darin, daß sie zu einem Zeitpunkt nur die Verbindung zweier Geräte zulassen. Im Inneren komplexer Rechner werden deshalb oft mehrere Busse parallel betrieben. Steigt die Anzahl der zu verbindenden Geräte (z.B. bei Rechnernetzen), so müssen andere Verbindungsnetzwerke verwendet werden. Ein Prototyp komplexer Verbindungsnetze sind die lokalen, nationalen und internationalen Telefonnetze. Die technische Herausforderung besteht darin, die Verbindung zweier beliebiger Netzknoten zu jedem Zeitpunkt zu ermöglichen. Telefonnetze können dies im allgemeinen aus Kostengründen nicht garantieren, bei den im Vergleich kleiner dimensionierten Rechnernetzen tritt dieses Kostenargument etwas in den Hintergrund; sie realisieren im Idealfall ein Permutationsnetzwerk, bei dem jede beliebige Permutation der Eingangsleitungen auf die Ausgangsleitungen geschaltet werden kann.

Permutationsnetze sind ein Sonderfall rekonfigurierbarer Netze. Ein Bauelement solcher rekonfigurierbarer Netze ist der in Bild 11-9 gezeigte 2 × 2-Kreuzschienenverteiler, ein Schalter, der abhängig vom Steuersignal s entweder zwei Leitungen durchschaltet oder sie vertauscht.

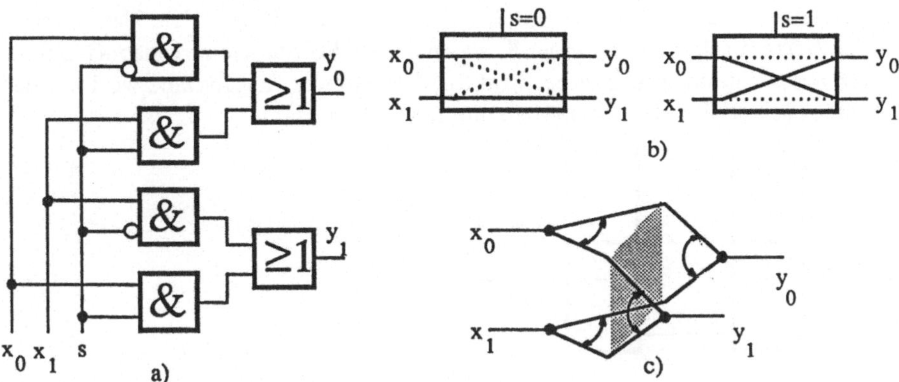

Bild 11-9 2×2-Kreuzschienenverteiler (*crossbar switch*). a) Schaltung, b) Symbol und c) Visualisierung als dreidimensionaler Schalter

Aus 2×2-Schaltern lassen sich größere rekonfigurierbare Verbindungsnetzwerke aufbauen. Wir betrachten nur Netze mit 2^k-Ein- und Ausgängen. Für vier Ein- und Ausgänge kann ein Netz aus sechs 2×2-Kreuzschienenverteilern aufgebaut werden, so wie in Bild 11-10 dargestellt.

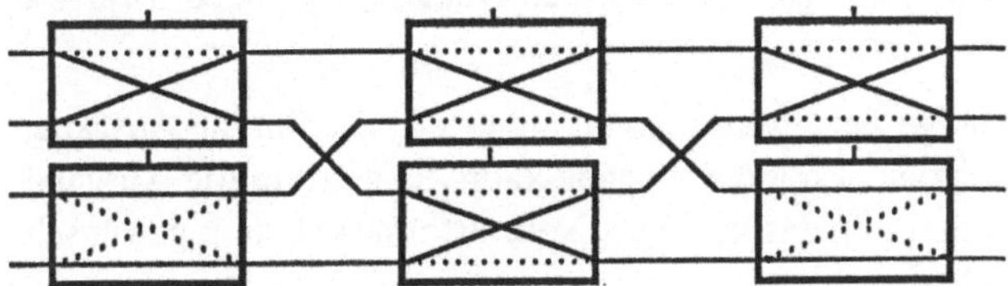

Bild 11-10 4fach Permutationsnetzwerk. Zur völligen Umkehrung der Eingabe geschaltet.

Man kann zeigen: Ein Permutationsnetzwerk mit $n = 2^k$-Eingängen kann aus einem $(n/2) * (2*k - 1)$ Elemente großen Feld von 2×2-Kreuzschienenverteilern aufgebaut werden. Der nicht allzu schwierige induktive Beweis ist dem Leser zur Übung überlassen. Als Beispiel zeigen wir in Bild 11-11 ein Netz mit acht Ein- und Ausgängen. Man beachte, daß das Netz horizontal und vertikal symmetrisch ist.

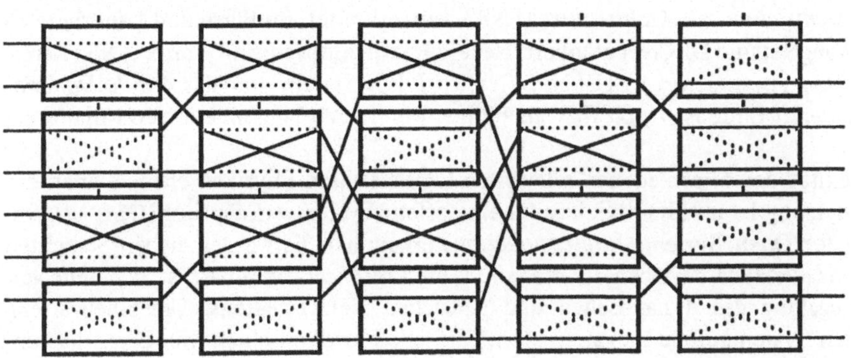

Bild 11-11 Permutationsnetz mit acht Ein- und Ausgängen

Permutationsnetze werden durch externe Schalter s gesteuert. Eine andere Netzvariante, die *Min/Max-Netze* (nach ihrem Erfinder K. Batcher auch Batcher-Netze genannt) realisieren Sortierprozesse durch ihre interne Struktur. Der größere Eingabewert wird auf den oberen Ausgang gelegt, der kleinere auf den unteren (s. Bild 11-11).

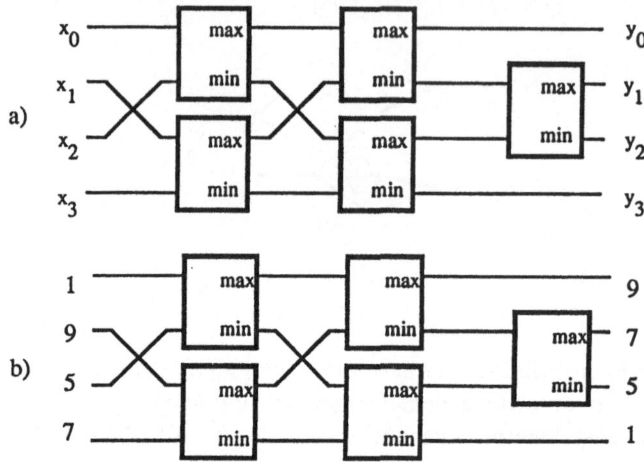

Bild 11-11 Min/Max-Netze: a) Min/Max-Netz mit vier Eingängen x_i und Ausgängen y_i, b) Sortierprozeß für vier Zahlen

Um mit einem Min/Max-Netz beliebige Permutationen zu erzeugen, werden die Ausgänge von unten nach oben aufsteigend indiziert. Zu jeder Eingabe kann die gewünschte Ausgabeadresse vorangestellt werden, die dann durch das Min/Max-Netz automatisch dem gewünschten permutierten Ausgang zugeführt wird.

11.5 Rechnernetze

Die Vernetzung von Rechnern ist ein zentrales Thema der Informatikforschung, da sie über die bloße Verknüpfung der Leitungen zahlreiche Probleme aufwirft. Man unterscheidet lokale (*in-house*) Netze von flächenhaften Netzen (*Telekommunikation*). Zum anderen werden herstellerabhängige Netze von offenen Systemen, die Normschnittstellen für Rechner unterschiedlicher Hersteller anbieten, unterschieden. Auf die Herstellernetze wollen wir nicht weiter eingehen, sondern nur einige solcher Netze nennen. Im Großrechnerbereich ist das IBM *Systems Network Architecture* (SNA) weitverbreitet, im Büro- und Laborbereich haben sich WangNet und DECNet etabliert. Neuere Entwicklungen sind Xerox XNS (*Xerox Network System Architecture*), SUN NFS (*Network File System*) und das *Apollo-Domain-Netz*. Am unteren Ende ist *AppleTalk* als billige, wenn auch langsamere Netzvariante zu finden.

Die Komplexität der verschiedenen relevanten logischen und physikalischen Ebenen der Rechnervernetzung ist im ISO-Standard für eine offene Systemverknüpfung (OSI – *Reference Model for Open Systems Interconnection*) erkennbar. Es werden sieben Schichten eines Netzes (*Layers*) beschrieben, für die jeweils ein *Protokoll* vereinbart ist, d.h. eine verbindliche Regelung des dynamischen und statischen Netzverhaltens. Um einen streng hierarchischen Systemaufbau zu garantieren, darf jede Protokollschicht nur Dienstleistungen (*Services*) ihrer eigenen und der nächst darunterliegenden Schicht benutzen (*informa-*

tion hiding). Die Netzverknüpfung setzt eine physikalische Verbindung voraus. Dies kann z.B. eine Kupferleitung, ein Glasfaserkabel oder gar eine Funkverbindung sein. Im Rahmen des OSI-Modells wird sie manchmal als (zusätzliche) Schicht 0 bezeichnet.

- Mit der Geräteschicht (*Physical Layer*) werden Signalspannungen, Stecker, Synchronisationsvereinbarungen u.ä. festgelegt.
- Mit der Verbindungsschicht (*Data Link Layer*) werden Signalübertragungsfehler abgefangen, indem bestimmte Korrekturverfahren für die möglicherweise gestörten übertragenen Bitfolgen vereinbart werden.
- Die Netzwerkschicht (*Network Layer*) legt die Wahl der Übertragungswege im Netz fest.
- Die Transportschicht (*Transport Layer*) soll die Nachrichten für den Sender und Empfänger so aufbereiten, daß sie der Übertragung im Netz optimal angepaßt werden. Dies kann ein Multiplexverfahren sein oder die Zusammenstellung von Datenblöcken als *Pakete*.
- Die Sitzungsschicht (*Session Layer*) sorgt für die Synchronisation der im Netz kommunizierenden Prozesse. Dazu gehören geordnete Start- und Enderoutinen oder geordnete Verfahren zur Wiederholung einer Übertragung, bei der ein Fehler festgestellt wurde.
- Die Darstellungsschicht (*Presentation Layer*) bietet Formatierungs- und Kodierungsdienste, wie z.B. Textkomprimierung oder Kodekonversion.
- Die Anwendungsschicht (*Application Layer*) enthält die Treiberprogramme, die die Nutzung des Netzes für die spezifische Anwendung ermöglichen. Dazu können z.B. Dialogsysteme, Auskunftssysteme, verteilte Betriebssysteme oder verteilte Datenbanken gehören.

Zum Studium des ISO/OSI-Referenzmodells verweisen wir auf die Literatur [12].

Bei den Bemühungen, lokale Rechnernetze (LAN – *local area networks*) zu normieren, stehen zwei herstellerübergreifende Netze im Vordergrund, nämlich das von Xerox, Intel und DEC über die gemeinsame Entwicklungsgruppe *3COM* entwickelte *Ethernet* und das vor allem von der IBM propagierte *Token-Ring-Netz*. Beide Netze sind schnelle Netze mit einer Datenübertragungsrate um 10 Megabit/s. Sie unterscheiden sich konzeptionell durch ihre *Kollisionsbehandlung* bei gleichzeitig oder nahezu gleichzeitig eingehenden Netzknotenanforderungen und durch die Netzwerktopologie.

Das *Ethernet* hat eine zykelfreie Topologie. Gesendet werden Bit-*Pakete* mit 48-Bit-Zieladresse, 48-Bit-Sendeadresse und fehlertolerant kodierten Daten bis zu 1500 Byte Länge. Dabei besteht ein Sendeverbot, wenn ein anderer Knoten das Netz benutzt. Um dies festzustellen, hört jeder sendewillige Knoten vor dem Senden das Netz ab und sendet nur bei stillem Netz. Bei stillem Netz können aber zwei Knoten fast gleichzeitig eine Nachricht aussenden, womit sich die beiden Nachrichten fehlerhaft überlagern. Um diese Kollision sofort zu erkennen, hören die sendenden Knoten auch während des Sendens das Netz nach einer möglichen Überlagerung ab (CSMA/CD-Protokoll – *carrier sense multiple access with collision detection*). Entdecken sie eine solche Überlagerung, so brechen sie die Übertragung sofort ab und starten im einfachsten Fall nach einem (pseudo-)zufälligen Zeitintervall erneut, sofern das Netz frei ist. Die Wahrscheinlichkeit, daß es zweimal hintereinander zwischen zwei sendewilligen Knoten zur Kollision kommt, ist somit gering. Die Kollisionshäufigkeit steigt aber mit dem aktuellen Verkehrsaufkommen im Netz. Kennzeichen des Ethernets ist, daß die softwareseitige Netzverwaltung weitgehend auf den angeschlossenen Geräten geschieht; das Netz selber ist aus einfachem 78-Ω-Koaxialkabel aufgebaut. Wegen der verlangten einheitlichen Übertragungsgeschwindigkeit müssen die Geräte über eine besondere Schnittstelle, den *Ethernet-Transceiver*, angeschlossen werden.

Das *Token-Ring-Netz* hat eine (zyklische) Ringtopologie. Gekennzeichnet ist es durch das kurze Signal aus 8 oder 16 Bits (engl. *token* – Spielmarke), das im Netz ‚umhergeschoben' wird. Durch die Ringstruktur hat jeder Knoten einen eindeutigen Vorgänger und Nachfolger. Im Ring kreist nun von Knoten zu Knoten ein Token-Signal, das genau einer Station das Signal „frei" anbietet, den anderen aber „besetzt". Ein Knoten darf erst dann senden, wenn er mit einem Token-Signal „frei" angesprochen wird. Will er passiv bleiben, sendet er ein „frei"-Signal an den im Netz nachfolgenden Knoten. Ist er sendewillig, sendet er ein „besetzt"-Signal mit einer Zieladresse und den zu übertragenden Daten. Der adressierte Empfänger übernimmt die Nachricht und sendet das Token-Signal „frei" an seine Nachfolgestation. Sowohl Ethernet wie Token-Ring-Netz werden im IEEE-Standard 802 beschrieben.

Zu den Versuchen, lokale Netze mit heterogenen Rechnern zu normieren, gehört das *Manufacturing Automation Protocol* (MAP), mit dem die Datenübertragung im industriellen Produktionsbereich festgelegt werden soll, so daß Rechner und rechnergestützte Werkzeugmaschinen auf ein einheitliches Protokoll zugreifen können. Ein weiterer Normierungsansatz in diesem Bereich heißt TOP (*Technical and Office Protocols*).

Als wichtiges Teilgebiet der Rechnernetze stellt sich angesichts der vielen unterschiedlichen Netze die Aufgabe heraus, Netzkonverter (engl. *gateways*), also Verbindungen zwischen unterschiedlichen Netzen zu schaffen. Dies ist eine hard- und softwareseitig sehr komplexe Aufgabe, die umfassender Forschung und Entwicklung bedarf.

Neben den lokalen Netzen werden zunehmend Telekommunikationsdienste der Post aufgebaut. Dazu gehören Datex-L und Datex-P, Bildschirmtext (BTX) und die geplante Integration verschiedener Postdienste, wie Telefon, Telex, Telefax und Datex im ISDN (*Integrated Services Digital Network*), wozu die öffentlichen Glasfasernetze BIGFON (*Breitbandig Integriertes Glasfaser-Fernmeldeortsnetz*) und BIGFERN eingeführt werden sollen. Wir gehen auf die Einzelheiten nicht weiter ein, sondern verweisen auf die Literatur [6, 12].

11.6 Übungen

1. Kann eines der folgenden Permutationsnetze P_1, ..., P_4 jede beliebige Permutation der Eingänge ausgeben?

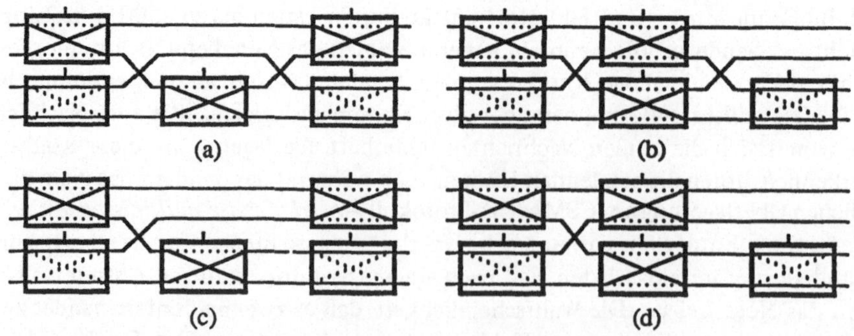

(a)   (b)

(c)   (d)

2. Zeigen Sie: Ein Permutationsnetzwerk mit $n = 2^k$ Eingängen kann aus einem $(n/2) * (2*k - 1)$ Elemente großen Feld von 2×2-Kreuzschienenverteilern aufgebaut werden.

3. Zeigen Sie den Aufbau eines Min/Max-Basiselements für Hexadezimalzahlen als Schaltung aus zweistelligen NOR-Gattern.

4. Wieviele Min/Max-Netze mit 4 Basiselementen gibt es? Geben Sie eine obere Grenze an. Können Sie die genaue Zahl nennen? Kann man jede Permutation mit Min/Max-Netzen aus 4 Basiselementen erzeugen?

5. Das folgende Min/Max-Netz soll jede beliebige Eingabe korrekt sortieren. Beweisen Sie diese Behauptung oder zeigen Sie ein Gegenbeispiel.

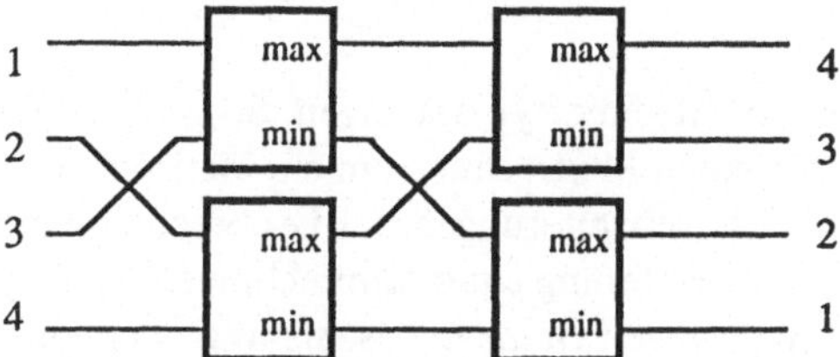

6. Beschreiben Sie die Vor- und Nachteile des IEC-Busses und der SCSI-Schnittstelle. Worin unterscheiden sie sich?

7. Welche der folgenden Geräte sollten im Bytemultiplexormode angeschlossen werden, welche im Blockmultiplexormode, welche im Selektormode:
   - Matrixdrucker mit 320 Zeichen/Ausgabe;
   - Festplatte mit 3 MB/s Übertragungsgeschwindigkeit;
   - Bandeinheit mit 6 MB/s Übertragungsgeschwindigkeit;
   - Wechselplatte mit 800 KB/s Übertragungsgeschwindigkeit;
   - Scanner mit 19 200 bit/s Übertragungsgeschwindigkeit;
   - Modem mit 2400 bit/s Übertragungsgeschwindigkeit;
   - Terminal mit 300 bit/s Übertragungsgeschwindigkeit.

Begründen Sie Ihre Entscheidung. *Falls es mehrere sinnvolle Lösungen gibt*: Diskutieren Sie die Alternativen.

12 Speicherhierarchie und Zusatzspeicher

Man braucht natürlich nicht vorher zum Angeln zu gehen, um sein Motorrad richten zu können. Es reicht, wenn man eine Tasse Kaffee trinkt, einmal um den Block geht oder vielleicht auch nur für fünf Minuten die Arbeit unterbricht und still wird. Wenn man das tut, spürt man beinahe, wie man diesem inneren Seelenfrieden entgegenwächst, der einem alles offenbart. Das, was uns dieser inneren Ruhe und der Qualität, die in ihr aufscheint, den Rücken kehren läßt, ist schlecht. Das, was sich ihr zuwendet, ist gut. Die Formen des Abwendens und Hinwendens sind zahlreich, aber das Ziel ist immer dasselbe.

Ich glaube, wenn dieser Begriff des inneren Seelenfriedens in die technische Arbeit eingeführt und zu ihrem Zentrum gemacht wird, kann eine Verschmelzung von klassischer romantischer Qualität auf einer grundlegenden Stufe in einem praktischen Arbeitszusammenhang selber stattfinden. Ich habe gesagt, daß man diese Verschmelzung bei einem bestimmten Typ geübter Mechaniker und Maschinenarbeiter buchstäblich sehen kann und daß man sie in der Arbeit sieht, die sie leisten. Zu sagen, sie seien keine Künstler, heißt das Wesen der Kunst mißverstehen. Sie widmen sich ihrer Arbeit mit Geduld, Sorgfalt und Aufmerksamkeit, aber das ist noch nicht alles – sie haben eine Art von innerem Seelenfrieden, der nicht bewußt herbeigeführt wird, sondern einer Art Harmonie mit der Arbeit entspringt, in der es kein Führen und keine Gefolgschaft gibt. Das Material und die Gedanken des Handwerkers wandeln sich gemeinsam in einer Folge sanfter, gleichmäßiger Veränderungen, bis sein Geist just in dem Augenblick zur Ruhe kommt, da das Material die richtige Form hat.

Wir alle erleben solche Augenblicke, wenn wir etwas tun, was wir wirklich tun wollen.

aus: Robert M. Piersig, Zen und die Kunst ein Motorrad zu warten, 1974

Im folgenden soll der Hauptspeicher und die darauf aufsetzende Speicherhierarchie genauer betrachtet werden. Hauptspeicher werden heute aus Halbleiterchips aufgebaut, wobei Größe S, Zugriffszeit T und Preis K in einer systemabhängigen Relation stehen. Ganz grob kann man zur Bewertung eines Speichers feststellen, daß für ein Rechnersystem

$$K = \alpha \cdot S \cdot T^{-\beta}$$

gilt, wobei die Konstanten α, β sehr stark vom Rechnertyp abhängen. So sind die Kosten pro Megabyte langsamen Hauptspeichers für einen Minirechner um ein Mehrfaches höher als bei einem Personal Computer. Hauptspeichererweiterungen bei Großrechnern kosten wiederum ein Vielfaches der entsprechenden Erweiterung eines Minirechners. Die Zugriffszeiten von Halbleiterspeichern können nur in gewissen Grenzen beschleunigt werden. Typische Chipzugriffszeiten in MOS-Technik liegen zwischen 50 und 200 ns; bipolare Flip-Flop-Schaltungen können sehr viel schneller sein. Eine Beschleunigung der Bausteinzugriffszeiten bedeutet jedoch eine erhebliche Steigerung der Bausteinkosten. So können Bausteine mit 25 ns Zugriffszeit um ein Zigfaches teurer sein als beispielsweise Bausteine gleicher Kapazität mit 120 ns Zugriffszeit.

Im einfachsten Fall wird der Speicher direkt vom Mikroprozessor verwaltet. Bild 12-1 zeigt ein einfaches Verknüpfungsschema aus einem 8-Bit-Mikro mit vier RAM-Modulen aus 8192×8 Speicherzellen und einem 32768×8 ROM-Modul. Die RAM-Module werden durch ein *chip-select*-Signal CS angesteuert, das aus zwei Wahlleitungen erzeugt wird. Die Adreßleitung ist 16 Bit breit, die Datenleitung ist 8 Bit breit. Drei Adreßbits werden zur Modulauswahl benutzt, 13 Bit dienen der byteweisen Adressierung der 8-KB-RAM-Module bzw. des 32-KB-ROM.

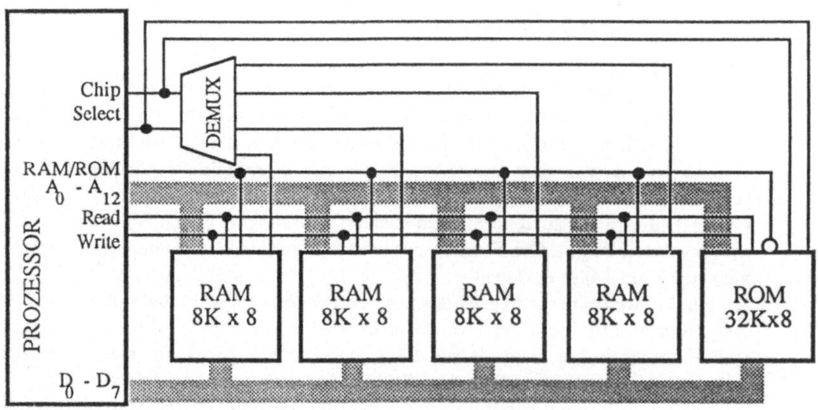

Bild 12-1 Einfache Speicheransteuerung mit einem 8-Bit-Mikroprozessor

Bei größeren Rechnern wird das *Hauptspeichersystem* aus einzelnen *Speichermodulen* aufgebaut; die Module werden über einen Adreß- und Datenbus verbunden und durch eine Speichersteuereinheit (*memory controller*) verwaltet.

Um den Zugriff auf den Hauptspeicher zu beschleunigen, werden einzelne Module parallel geschaltet (verschränkt) und jeweils mit eigenen Adreß- und Datenregistern versehen. Bild 12-2 zeigt eine verschränkte Speicherorganisation aus zwei Speicherblöcken. Die Speicherung hintereinanderliegender Daten erfolgt abwechselnd in den beiden Blöcken. Werden fortlaufende Daten gelesen, so können jeweils zwei Speicherworte (eines im Block 0 und eines im Block 1) parallel gelesen werden. Das zweite Speicherwort kann vom Prozessor dann ohne weiteren Hauptspeicherzugriff verarbeitet werden.

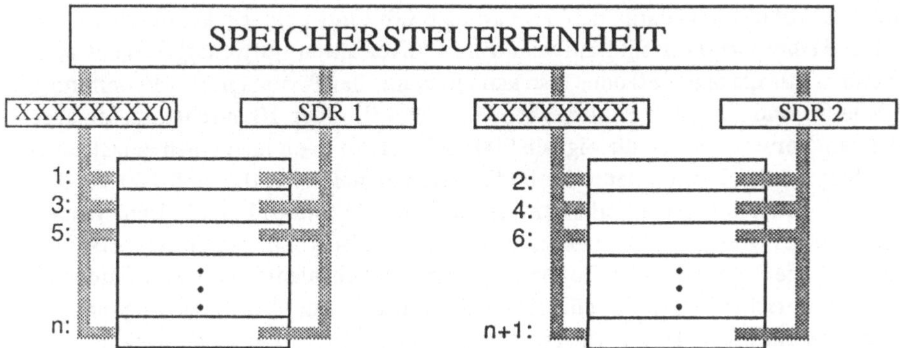

Bild 12-2 Parallele Speicherorganisation mit zwei Speicherblöcken

Durch diese parallele Organisation kann die Datenübertragungsrate verdoppelt werden, wenn fortlaufende Daten verarbeitet werden. Diese Verarbeitungsweise heißt Speichermodulverschränkung (*interleaving*). Die Zahl der verschränkten Blöcke heißt dann Verschränkungsfaktor (*interleaving factor*). Bei der VAX 11/780 ist mit einer zweiten Speichersteuereinheit eine Verschränkung von zwei Speichermodulen möglich. Bei Großrechnern werden oft mehr als zwei Blöcke parallel angeordnet. So können BASF/Hitachi 7/90-Prozessoren mit einem 16fach verschränkten Speicher betrieben werden.

12.1 Automatische Fehlerkorrektur

Ein wesentliches Merkmal mittlerer und großer Rechner ist eine aufwendige Fehlerentdeckung und -korrektur (ECC – *error correcting codes*). Dazu werden die Daten im Hauptspeicher in einem fehlerkorrigierenden Kode abgelegt. Ein einfaches Beispiel ist die Fehlerentdeckung auf Byteebene. Dazu wird jedem 8-Bit-Wort $x_1, ..., x_8$ ein neuntes Bit x_0 mit der Funktion

$$x_0 = x_1 \oplus ... \oplus x_8$$

angehängt. Wechselt ein einzelnes gespeichertes Bit fehlerhaft seinen Wert, so ändert sich das Prüfbit x_0 und der Fehler kann damit aus der Fehlerbedingung

$$x_0 \oplus (x_1 \oplus ... \oplus x_8) = 1$$

berechnet werden. Es gilt also:

$$x_0 \oplus (x_1 \oplus ... \oplus x_8) = \begin{cases} 0, \text{ wenn kein einzelner Bitfehler vorliegt} \\ 1, \text{ wenn eine ungerade Zahl von Bits fehlerhaft ist.} \end{cases}$$

Man spricht von *Fehlerentdeckung* durch die Berechnung gerader Parität; genauso kann natürlich die ungerade Parität betrachtet werden. Bei manchen Mikrorechnern wird diese 9 Bit fehlerentdeckende Speicherorganisation eingesetzt. Auch bei Bandspeichergeräten kann diese fehlerentdeckende parallele Aufzeichnung mit neun Bit verwendet werden. Mißlich ist, daß eine gerade Anzahl fehlerhafter Bits nicht entdeckt wird wird (wieso?). Dem kann man dadurch gegensteuern, daß die Speichersteuereinheit bei jedem Lese/ Schreibvorgang die Parität überprüft oder dadurch, daß komplexere fehlererkennende Kodes verwendet werden, die dann mehr Prüfbits brauchen.

Ein wesentliches Problem liegt darin, daß das Paritätsprüfbit nur Fehler erkennt, aber nicht korrigiert. Zur *Fehlerkorrektur* sind aufwendigere Prüfverfahren notwendig. Sendet man über eine Leitung nur die Signale 0 oder 1, so kann man mit der Paritätsprüfbit-Erweiterung auf die Signale 00 und 11 einen Fehler erkennen, wenn 01 oder 10 auftritt, diesen aber nicht korrigieren. Verwendet man die Signale 000 und 111, so kann man einen einzeln auftretenden Fehler korrigieren, da dann die fehlerhaften Signale 001, 010 und 100 aus 000 entstanden sein müssen und die fehlerhaften Signale 110, 101 und 011 aus 111 entstanden sind. Treten bei dieser Kodierung gleichzeitig zwei Fehler auf, so können diese zwar erkannt, jedoch nicht korrigiert werden. Der Doppelfehler ist nämlich nicht von einem (anderen) Einzelfehler zu unterscheiden, so daß eine Korrektur nur unter der Voraussetzung möglich ist, daß höchstens ein Bit fehlerhaft ist. Das Verfahren läßt sich auf größere Signalmengen verallgemeinern.

Wir schätzen zunächst den minimal notwendigen Aufwand an zusätzlichen Korrekturbits k ab, um bei einem m-bit-Wort einen einzelnen Fehler zu korrigieren. Die k-Korrekturbits müssen alle möglichen Einzelfehler der m + k-Bits und den fehlerfreien Zustand kodieren können. Es muß also

$$2^k \geqslant m + k + 1$$

gelten. Tabellarisch ergibt sich als untere Schranke des Aufwands für ein einzelfehlerkorrigierendes Kodierverfahren:

Zahl der Datenbits	Zahl der Korrekturbits	Bits gesamt
1	2	3
4	3	7
11	4	15
26	5	31
57	6	63
120	7	127
...	...	...

Es gibt fehlerkorrigierende Kodes, die diese unteren Grenzwerte erreichen. Dazu gehören die *Hamming-Kodes*. Wir konstruieren als Beispiel einen Hamming-Kode $\kappa : B^4 \to B^7$ für 4-Bit-Datenworte $x = x_0 x_1 x_2 x_3$, die um drei Korrekturbits $p_0 p_1 p_2$ ergänzt werden sollen. Es entsteht ein kodiertes Wort $\kappa(x) = K = k_1, ..., k_7$ aus sieben Bit. Um einen Einzelfehler zu erkennen, muß eine fehleranzeigende Funktion $\chi(k)$ konstruiert werden. χ muß acht mögliche Zustände (fehlerfrei und sieben Einzelfehler der Bits $k_1, ..., k_7$) unterscheiden. χ besteht demnach aus mindestens drei Fehleranzeigebits χ_0, χ_1, χ_2. Als Fehleranzeigefunktion χ wähle man z.B. die folgende Belegung:

Bitfehler von $K = k_1, ..., k_7$	Fehleranzeigebits $\chi_0\chi_1\chi_2$
(fehlerfrei)	000
k_1	001
k_2	010
k_3	011
k_4	100
k_5	101
k_6	110
k_7	111

Aus den Fehleranzeigefunktionen $\chi_0\chi_1\chi_2$ können die Korrekturbits $p_0p_1p_2$ abgeleitet werden. Aus der Tabelle folgt bei Einzelfehlern der Bits $K = k_1, ..., k_7$:

$$\chi_0(K) = k_4 \oplus k_5 \oplus k_6 \oplus k_7 \qquad (*)$$
$$\chi_1(K) = k_2 \oplus k_3 \oplus k_6 \oplus k_7$$
$$\chi_2(K) = k_1 \oplus k_3 \oplus k_5 \oplus k_7$$

Ein Einzelfehler des Bits k_4 kann nur durch χ_0 angezeigt werden; ein Einzelfehler von k_2 wird nur durch χ_1, von k_1 nur durch χ_2 angezeigt. Die Bits k_1, k_2, k_4 sind demnach unabhängig von den anderen Bits in K festlegbar und werden als Korrekturbits $p_0p_1p_2$ verwendet. Das Datenwort $x_0x_1x_2x_3$ wird durch die Korrekturbits zum kodierten Speicherwort $K = k_1, ..., k_7 = p_0p_1x_0p_2x_1x_2x_3$ erweitert. Aus der in der Tabelle für den fehlerfreien Fall gewählten Belegung von χ_0, χ_1, χ_2 folgt die Belegung der Korrekturbits $p_0p_1p_2$. Wird der fehlerfreie Fall (wie in der Tabelle) durch $\chi_0 = 0$, $\chi_1 = 0$, $\chi_2 = 0$ gewählt, so gilt

$$\chi_0(K) = p_2 \oplus k_5 \oplus k_6 \oplus k_7 = 0$$
$$\chi_1(K) = p_1 \oplus k_3 \oplus k_6 \oplus k_7 = 0$$
$$\chi_2(K) = p_0 \oplus k_3 \oplus k_5 \oplus k_7 = 0$$

und wegen der Festlegung $k_3 = x_0$, $k_5 = x_1$, $k_6 = x_2$ und $k_7 = x_3$

$$p_2 = x_1 \oplus x_2 \oplus x_3 \qquad (**)$$
$$p_1 = x_0 \oplus x_2 \oplus x_3$$
$$p_0 = x_0 \oplus x_1 \oplus x_3$$

Als Beispiel verlangt die korrigierbare Übertragung von $x_0x_1x_2x_3 = 0111$, daß die Funktionen $\chi_0\chi_1\chi_2$ jeden Fehler der Kodierung $p_0p_10p_2111$ anzeigen. Die Fehleranzeigefunktion χ wird mit diesem Datenwort im fehlerfreien Fall (mit $\chi_0 = 0$, $\chi_1 = 0$, $\chi_2 = 0$) zu

$$p_2 = 1 \oplus 1 \oplus 1 = 1$$
$$p_1 = 0 \oplus 1 \oplus 1 = 0$$
$$p_0 = 0 \oplus 1 \oplus 1 = 0$$

Als Kodierung von $x = 0111$ folgt $K = 0001111$. Die folgende Tabelle zeigt die möglichen fehlerhaften Übertragungen mit einem Einzelfehler und ihre Fehleranzeigefunktionen. Jeder Einzelfehler läßt sich korrigieren; das fehlerhaft übertragene Wort kann rekonstruiert werden.

Gesendet	Empfangen	$x_0 x_1 x_2$	Interpretation
0 0 0 1 1 1 1	0 0 0 1 1 1 1	0 0 0	fehlerfrei
	1 0 0 1 1 1 1	0 0 1	m_1 falsch
	0 1 0 1 1 1 1	0 1 0	m_2 falsch
	0 0 1 1 1 1 1	0 1 1	m_3 falsch
	0 0 0 0 1 1 1	1 0 0	m_4 falsch
	0 0 0 1 0 1 1	1 0 1	m_5 falsch
	0 0 0 1 1 0 1	1 1 0	m_6 falsch
	0 0 0 1 1 1 0	1 1 1	m_7 falsch

Für die anderen Datenworte $x_0 x_1 x_2 x_3$ kann man entsprechend durch Einfügen der Korrekturbits $p_0 p_1 p_2$ verfahren.

Datenwort $x_0 x_1 x_2 x_3$	Hammingkode $p_0 p_1 x_0 p_2 x_1 x_2 x_3$
0 0 0 0	0 0 0 0 0 0 0
0 0 0 1	1 1 0 1 0 0 1
0 0 1 0	0 1 0 1 0 1 0
0 0 1 1	1 0 0 0 0 1 1
0 1 0 0	1 0 0 1 1 0 0
0 1 0 1	0 1 0 0 1 0 1
0 1 1 0	1 1 0 0 1 1 0
0 1 1 1	0 0 0 1 1 1 1
1 0 0 0	1 1 1 0 0 0 0
1 0 0 1	0 0 1 1 0 0 1
1 0 1 0	1 0 1 1 0 1 0
1 0 1 1	0 1 1 0 0 1 1
1 1 0 0	0 1 1 1 1 0 0
1 1 0 1	1 0 1 0 1 0 1
1 1 1 0	0 0 1 0 1 1 0
1 1 1 1	1 1 1 1 1 1 1

$$p_2 = x_1 \oplus x_2 \oplus x_3$$
$$p_1 = x_0 \oplus x_2 \oplus x_3$$
$$p_0 = x_0 \oplus x_1 \oplus x_3$$

Die eigentliche Korrektur des fehlerhaft übertragenen Bits kann einfach durch ein EXOR-Gatter erfolgen, das das Fehlerbit m_i und die Fehlermeldung $F(\chi_0, \chi_1, \chi_2)$ zum korrigierten Bit m_i' zusammenfaßt. Mit den Gleichungen (*) lassen sich durch vierstellige EXOR-Gatter die Funktionen χ_0, χ_1, χ_2 berechnen, die durch eine 3-auf-8-Demux die Fehlermeldung $F(\chi_0, \chi_1, \chi_2)$ erzeugen. Als einfache Schaltung zur Einzelfehlerkorrektur ergibt sich Bild 12-3.

Das gezeigte Beispiel ist natürlich wenig praxisnah, da das Verhältnis von drei Korrekturbits zu vier Datenbits recht ungünstig ist. Bei realen Rechnern werden unterschiedliche Fehlerkorrekturverfahren angewendet. Bei IBM-Großrechnern vom Typ /370 werden die 64 Bit der Speicherworte durch 8 Prüfbits ergänzt, womit Einzelfehlerkorrektur, Doppelfehlerentdeckung sowie die Entdeckung verschiedener komplexer Fehler möglich ist. Auch die Mini-Rechner VAX 11/780 erweitern 64 Datenbits durch 8 Korrekturbits. Im Speicher der VAX 11/750 werden 32 Datenbits durch 7 Korrekturbits zur Einzelfehlerkorrektur und Doppelfehlererkennung ergänzt. Im Hauptspeicher der Siemens-77xx-Prozessoren werden Ein- und Zweibitfehler korrigiert und Dreibitfehler erkannt. Ohne daß wir dies im Rahmen dieses Textes weiter diskutieren können, sei darauf hingewiesen, daß für Zusatzspeichermedien andere fehlerentdeckende oder -korrigierende Kodes eingesetzt werden, da hier andere Fehlerklassen als im Halbleiterspeicher auftreten. „Burst"-Fehler, die

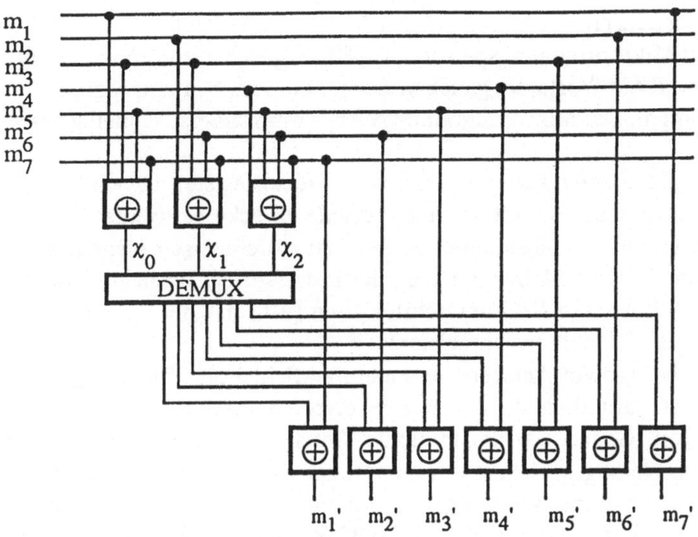

Bild 12-3 Schaltung zur 4-Bit-Einzelfehlerkorrektur

mehrere benachbarte Bits betreffen, lassen sich besser erkennen, wenn man sie nicht auf der Bitebene behandelt, sondern größere Byte-Blöcke untersucht. Typische Zusatzspeicherkodierungen sind *Fire*-Kodes, *Reed-Solomon*-Kodes und *Bose-Chauduri-Hocquenghem*-Kodes.

12.2 Speicherhierarchie

Eine komplexe Speichersteuereinheit, wie sie bei Großrechnern vorliegt,
- steuert den Adreß- und Datentransport;
- unterstützt den Systemstart von einem Sekundärspeicher (Band oder Platte);
- stellt die physikalische Adresse bereit, falls die logische Adressierung davon abweicht;
- verwaltet DMA- und Kanalzugriffe auf den Hauptspeicher;
- schützt den Speicher vor unberechtigten Zugriffen;
- überprüft die korrekte Speicherung durch fehlerentdeckende und fehlerkorrigierende Maßnahmen;
- verwaltet die Speicherhierarchie.

Speichersteuereinheiten sind also komplexe Schaltungen. Ein wesentliches Problem ist, daß sie sehr schnell arbeiten müssen, um die Speicherzugriffszeiten nicht zu verlangsamen. Die genaue Auslegung der Speichersteuereinheit ist maschinenabhängig. Nicht alle Steuerfunktionen müssen als Schaltung realisiert werden; manche können auch softwaremäßig durch das Betriebssystem übernommen werden.

Der Begriff Speicher beschreibt bei größeren Rechnersystemen eine ganze Hierarchie von Speichern mit unterschiedlichen Aufgaben und Ausprägungen. Die unteren beiden Ebenen haben wir schon genauer untersucht.

Auf der untersten Ebene stehen die Mikroprogrammspeicher, typischerweise als kombinatorische Schaltung in Form eines PROM-Speichers ausgelegt, eventuell um einen durch den Benutzer beschreibbaren RAM-Bereich erweitert. Die Speicherworte sind sehr lang,

da sie eine Vielzahl von Steuersignalen in einem Speicherwort bereitstellen müssen. Bei
der VAX 11/750 besteht der Mikroprogrammspeicher aus 4096 Speicherworten von 99 Bit
Länge. Hinzu kommen 2048 RAM-Worte der gleichen Länge, die vom Systemprogrammierer beschrieben werden können. Der Mikroprogrammspeicher muß äußerst schnell gelesen
werden können.

Auch die Prozessorregister bilden einen kleinen Speicher. Prozessorregister müssen äußerst
schnell lesbar und beschreibbar sein. Sie können für spezielle Zwecke verwendet werden
(Befehlszähler, Stackregister) oder als allgemeine Daten- oder Adreßregister dienen. Typische Längen liegen zwischen 16 und 64 Bit; die Zahl der Prozessorregister liegt zwischen
Eins und einigen Hundert bei neueren Rechnerarchitekturen (z.B. hat der 32-Bit-Mikro-
prozessor AMD 29000 bereits 192 Mehrzweckregister).

Der Hauptspeicher besteht bei großen Anlagen aus mehreren Schichten. Diese komplexe
Schichtung erfolgt aus Kostengründen, da die Halbleiterspeicherpreise bei schnelleren
Zugriffszeiten stark ansteigen. Genau wie die implizite Annahme, daß Programme und
Daten im wesentlichen fortlaufend gespeichert werden, immer wieder in die Überlegungen
zur Von Neumannschen Rechnerarchitektur eingeht, wird auch hier eine allgemein akzep-
tierte „10-90"-Faustregel angeführt (manchmal auch 20-80-Regel genannt). Sie beschreibt
die Vermutung, daß 10 Prozent des Kodes eines Programms 90 Prozent der Ausführungszeit
bestimmen („Lokalität der Referenz") oder in einem anderen Zusammenhang, daß 10 Prozent der Maschinenbefehle 90 Prozent aller Programme ausmachen. Es ist natürlich nicht
möglich, solche Faustregeln exakt zu verifizieren. Sie drücken schwer quantifizierbare
Phänomene in grober Näherung aus.

Zum Entwurf eines Rechners werden umfangreiche Rechnersimulationen der geplanten
Rechnernutzung durchgeführt, aus denen konkretere quantitative Aussagen ableitbar sind.
Aus den Faustregeln folgt, daß ein ökonomischer Speicheraufbau von im wesentlichen
fortlaufend gespeicherten Programm- und Problemdaten ausgehen kann und eine nach
Zugriffszeiten (und Preisen) gestufte Speicherhierarchie zur Verfügung stellen sollte. Diese
Optimierung der Systemleistung wird besonders bei den teuren Großrechnern sehr weit
betrieben, aber selbst bei PCs sind Pufferspeicher in einfacher Form ein effektives Mittel
zur Leistungssteigerung (z.B. als softwaremäßig reservierte Pufferbereiche im Hauptspeicher). Auch direkt im Prozessor versucht man, die Lokalität der Referenz zu nutzen,
z.B. indem man den Maschinenbefehl mit der Adresse hinter dem gerade bearbeiteten
Befehl schon auf „Verdacht" in ein Register lädt (*instruction prefetch*). Ist der aktuelle
Befehl eine Sprunganweisung, eine Verzweigung zu einem Unterprogramm oder ein Rücksprung, so war die vorsorgliche Bereitstellung des Befehls mit der nächsten fortlaufenden
Adresse erfolglos, aber in den meisten Fällen mag das Prefetching den Befehlsdurchsatz
steigern. Damit ist eine beträchtliche Steigerung der Verarbeitungsgeschwindigkeit möglich.
Auch neuere Mikroprozessoren haben solche Prefetch-Register, so z.B. der MC 68020, bei
dem in jedem Leseschritt 32 bit Speicherworte eingelesen werden (also im Regelfall zwei
hintereinanderstehende Befehle).

Dem Prozessor (vgl. Bild 12-4) stehen einige KB schneller RAM-Speicher als *schneller
Pufferspeicher* zur Verfügung (*cache-memory*). Er kann ein Stück des aktuell abzuarbeiten-
den Programmkodes oder häufig verwendete Daten enthalten. Der MC 68020 hat zur
Befehlsverarbeitung einen Cache-Speicher von 256 Byte im Chip integriert. Bei der VAX
11/750 ist der schnelle Cache-Speicher 4 KB groß, während der Großrechner IBM 3090
64 KB Pufferspeicher hat.

Bei Mini-Rechnern und bei kleineren Großrechnern greift der schnelle Pufferspeicher direkt auf den Hauptspeicher zu. Bei großen Anlagen liegt zwischen schnellem Pufferspeicher und dem Hauptspeicher ein Arbeitsspeicher von 256 KB bis zu 1 MB. So hat der Comparex 7/90-2-Rechner 256 KB Pufferspeicher, 1 MB Arbeitsspeicher und einen Hauptspeicher, der in 256-MB-Blöcken ausgebaut werden kann.

Der eigentliche *Hauptspeicher* besteht aus verschränkten RAM-Speichermodulen, meist auf Basis von MOS-RAM-Bausteinen mit 64 Kb, 256 Kb oder 1 Mb Speicherkapazität. Bei Großrechnern sind Speicherausbauten von 16–256 MB heute üblich. Beim Comparex 7/90-2 können bis zu 1 GB Hauptspeicher angeschlossen werden. 4- bis 16fache Verschränkungen sind typisch.

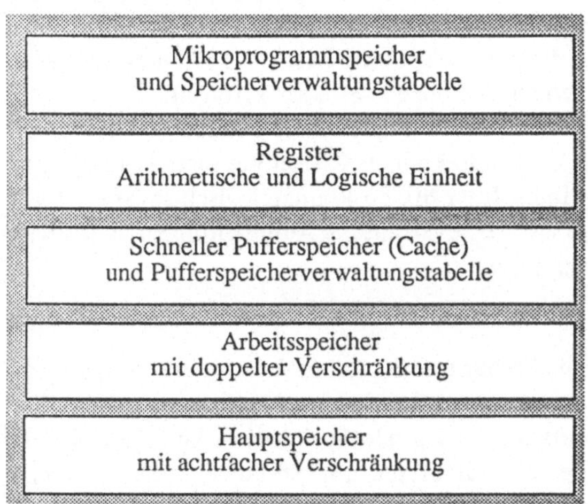

Bild 12-4 Halbleiterspeicherhierarchie eines Großrechners

Die höhere Zugriffszeit des Hauptspeichers kann durch eine große Wortlänge zum Teil ausgeglichen werden. Das Bild 12-4 zeigt eine mögliche Großrechner-Speicherhierarchie mit den zugreifbaren Wort- bzw. Seitenlängen, Kapazitätswerten und Zugriffszeiten.

Die Speicherzugriffszeiten eines Rechners sind durch die Zugriffszeiten der Chips bedingt, die realen Zugriffsgeschwindigkeiten hängen allerdings linear von der Zahl der parallel übertragenen Bits ab. So hat die VAX eine Speicherlesezeit von 0,8 μs und eine Schreibzeit von 1,4 μs; da sie aber gleichzeitig auf 64 Bit zugreift, während die Datenwortlänge im allgemeinen nur 32 Bit ist, halbieren sich die effektiven durchschnittlichen Zugriffszeiten auf 400 ns bzw. 700 ns. Ebenso kann durch die Verschränkung der Hauptspeichermodule eine erheblich höhere effektive durchschnittliche Zugriffsgeschwindigkeit erreicht werden.

12.3 Virtuelle Adressierung

Durch die (ökonomisch bedingte) Hierarchisierung der Speicher hat jede Stufe einen eigenen Adreßraum aus Geräteadresse und Speicheradresse im Gerät. Dies ist der physikalische Adreßraum. Für den Programmierer ist es hinderlich, auf jeder Speicherstufe einen eigenen Adreßraum vorzufinden. In seiner von den Algorithmen her geprägten Vorstellung gibt es nur einen einheitlichen logischen Speicheradreßraum. Ein solcher einheitlicher, logischer

Adreßraum erleichtert die Programmierung erheblich. Er wird deshalb in vielen Rechnersystemen hard- und softwaremäßig unterstützt. Dazu wird ein „virtueller" Adreßraum definiert, der dem Programmierer die zulässigen logischen Speicheradressen bereitstellt. Intern muß er mit jedem Speicherzugriff durch Rechnerhardware und Rechnerbetriebssystem auf die real vorhandenen Speicheradressen umgerechnet werden (*Dynamische Adreßumsetzung*). Hat man diese Mechanismen erst einmal eingerichtet, wird es gleichgültig, ob der logische Adreßraum größer oder gleich dem physikalischen Adreßraum ist. Natürlich können nicht mehr Speicherworte real gespeichert werden; als physikalischer Speicherraum vorhanden ist. Aber es spielt keine Rolle, ob k Daten in S, $2 \cdot S$ oder $n \cdot S$ logischen Adressen untergebracht werden. Der *logische* Adreßraum wird deshalb normalerweise abhängig von der Adreßlänge m in den Maschinenbefehlen durch die maximal adressierbaren 2^m Adressen festgelegt. Das ist der potentielle oder *virtuelle* Adreßraum der Maschine. Der *reale* Adreßraum ist dagegen durch die vorhandenen Speicher beschränkt und es muß eine korrekte Umsetzung der logischen Adressen auf die realen Adressen erfolgen.

So beträgt der logische Adreßraum eines MC 68000-Prozessors 16 Megabyte Adressen (durch 24 Bit-Adressen). MC 68020 und MC 68030 können 4 Gigabyte logisch und physikalisch adressieren (32 Adreßleitungen). Beim Intel 80386 können logisch sogar 64 Terabyte (46 Adreßbits) adressiert werden, die auf 32 physikalische Adreßleitungen abgebildet werden (also maximal 4 Gigabyte realer Speicher).

12.4 Speichersegmente

Zur virtuellen Adressierung werden physikalischer und logischer Adreßraum in Speicherblöcke zerlegt. Architektonisch werden *segmentierte* und *lineare Adreßräume* unterschieden. Bei einer Speichersegmentierung werden relativ große Speicherblöcke (z.B. 64 KB) als Einheit betrachtet, während beim linearen Adreßraum nur ein einheitliches Segment (der gesamte Speicher) besteht. Die Intel 80×86-Prozessoren haben eine segmentierte Speicheraufteilung, der MC 68000 und der NS 32000 haben lineare Speicher. Als Vorteil der segmentierten Speicher wird angeführt, daß Zugriffsschutzmaßnahmen leicht hardwareseitig auf der Segmentebene durchführbar sind. Nachteilig ist, daß Datenstrukturen, die mehr als ein Segment als Speicherplatz brauchen, maschinenseitig nicht unterstützt werden. Mit Segmenten läßt sich ein virtueller Speicher aufbauen, indem logisch immer nur die Adressen relativ zum Segmentanfang berechnet werden (Verschiebungsadressen – engl. *offset*). Die physikalische Adresse wird dann durch Addition von Basisadresse und Offset erzeugt.

$$
\begin{array}{ll}
\text{Segmentadresse} & s_{15}\,s_{14}\,s_{13}\,s_{12}\,s_{11}\,s_9\ s_8\ s_7\ s_6\ s_5\ s_4\ s_3\ s_2\ s_1\ s_0\ 0\ \ 0\ \ 0\ \ 0 \\
\text{Offset} & +\ 0\ \ 0\ \ 0\ \ 0\ \ d_{15}d_{14}d_{13}d_{12}d_{11}d_9\ d_8\ d_7\ d_6\ d_5\ d_4\ d_3\ d_2\ d_1\ d_0 \\
\hline
\text{Reale Adresse} & a_{19}a_{18}a_{17}a_{16}a_{15}a_{14}a_{13}a_{12}a_{11}a_9\ a_8\ a_7\ a_6\ a_5\ a_4\ a_3\ a_2\ a_1\ a_0
\end{array}
$$

Beim 8086 werden vier voneinander unabhängige Segmentregister verwendet, die jeweils auf eine durch 16 teilbare Adresse des maximal 1 Megabyte großen Speicherraums deuten. Diese Bereiche heißen Datensegment, Kodesegment, Stacksegment; ein weiteres Segment wird zur Zeichenkettenbehandlung verwendet (*string segment*). Die Segmente können sich überlappen. Jedes dieser Register stellt die Basisadresse eines 64 KB-Segments zur Verfügung. Der logische Adreßraum, den der Programmierer über die (kurze) Offsetadresse adressieren kann, beträgt also nur je 64 KB. Da maximal vier Segmentregister adressiert werden können, verfügt ein Programm höchstens über 256 KB (sonst muß es die Adresse als *lange Adresse* bereitstellen). Der logische Adreßraum des 8086-Prozessors beträgt ein Megabyte. Intel nennt dies *real-mode.*

Beim weiterentwickelten 80286 beträgt der logische Adreßraum im geschützten *virtuellen Adreßmodus* (*protected mode*) 4 Gigabyte mit 32 Bit langen, *virtuellen Adressen* (vgl. Bild 12-5). Der virtuelle Speicherraum von 1 GB wird auf einen realen Speicherraum von maximal 16 MB abgebildet. Die oberen zwei Bytes der virtuellen Adresse sind ein 16 Bit langer Segmentzeiger, die unteren 16 Bit sind die Verschiebung. Im virtuellen Modus wird die reale Adresse beim 80286 durch Addition eines 16-Bit-Offset und einer 24-Bit langen Segmentbasisadresse gebildet. Die Segmentbasisadresse wird mit den 16 Segmentzeigerbits aus einer Segmentdeskriptortabelle im Hauptspeicher gelesen. Als Segmentbasisadressen sind beliebige physikalische Adressen wählbar.

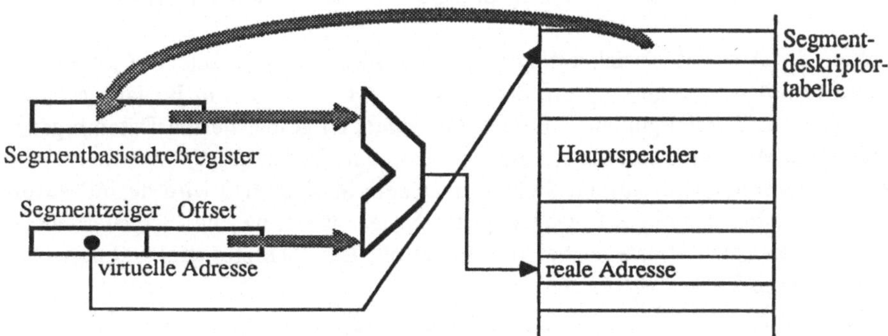

Bild 12-5 Dynamische Adreßumsetzung einer virtuellen Adresse durch eine Segmentdeskriptortabelle im Hauptspeicher (Intel 80286 im protected mode)

Die dynamische Adreßumsetzung muß mit jeder virtuellen Adresse erfolgen. Sie wird vom Prozessor automatisch durchgeführt. Die acht Byte langen Segmentdeskriptoren enthalten neben der Segmentbasisadresse noch Eintragungen über Zugriffsrechte und weitere Daten, auf die hier nicht eingegangen wird.

12.5 Assoziativspeicher

Würden nur die Segmentdeskriptoren im Hauptspeicher verwendet, so müßten für jeden Hauptspeicherzugriff zwei Zugriffe erfolgen, einer zur Adreßfeststellung und einer zum Datenzugriff. Damit stiege die Programmausführungszeit erheblich an. Deshalb werden die zuletzt angesprochenen Segmentdeskriptoren in einen internen, assoziativ organisierten Speicher geladen, der beim 80286 aus vier Registern besteht. *Assoziativspeicher* (auch inhaltsadressierbare Speicher – engl. *content adressable memories*) haben keine feste Unterscheidung von Adresse und Daten, sondern ein Teil der Daten wird als Adresse verwendet. Beim 80286 enthält der Assoziativspeicher vier Sätze σ mit dem Aufbau:

$$\sigma = (\text{Segmentzeiger, Segmentbasisadresse, Zugriffsrechte, Segmentgröße})$$

Adressiert wird mit dem Segmentzeigerwert, die anderen drei Parameter werden ausgegeben. Da die Datensätze dynamisch geändert werden, wenn andere Segmente verwendet werden, muß jeder Satz nach seinem Inhalt adressiert werden. Eine einfache Möglichkeit bestünde darin, alle vier Segmentzeigerwerte hintereinander zu lesen und beim richtigen die zugehörigen Daten auszulesen. Dies ist aber für den Zweck der schnellen Adressierung zu langsam. Deshalb werden alle vier Segmentzeigerwerte gleichzeitig mit dem gesuchten Wert der virtuellen Adresse verglichen. Diese Schaltung heißt Assoziativspeicher; es werden nur die gesuchten fehlenden Daten ausgelesen. Man kann sich die Arbeitsweise eines Assoziativspeichers an einem amtlichen Telefonbuch klarmachen. Ist der gesuchte Nachname bekannt, so läßt sich die Telefonnummer mit systematischen Suchmethoden wie z. B. Binärsuche recht schnell finden. Anders stellt sich das Problem dar, wenn nur die Nummer bekannt ist und der Teilnehmername gesucht ist. Bei einem klassischen Speicher müssen dann notgedrungen in irgendeiner Folge die Eintragungen solange durchsucht werden, bis die Nummer gefunden wird. Dies ist bei einem Assoziativspeicher anders geregelt. Hier werden alle Nummern gleichzeitig mit der gegebenen Nummer verglichen und der gesuchte Teilnehmer in einem Schritt gefunden. Die komplexen Assoziativspeicherschaltungen müssen aus Kostengründen klein ausgelegt werden, obwohl sie eine Reihe organisatorischer Vorteile bieten.

Wir betrachten die Assoziativspeicherschaltung etwas allgemeiner (s. Bild 12-6). Gegeben sei ein Speicher mit n Speicherregistern der Länge m Bits. In einem m Bit langen Suchregister A stehe das Adreßargument, zu dem die fehlenden gespeicherten Daten ergänzt werden sollen. Ein Maskenregister M der Länge m deckt alle Stellen ab, die nicht zur Suche verwendet werden sollen (nur an den Stellen mit einem Maskenbit 0 wird der Adreßvergleich ausgeführt). Ein n-stelliges Ergebnisregister E signalisiert, welches Speicherregister das Suchargument enthält. Der Speicher verarbeitet ein Lese/Schreibsignal und hat einen m Bit breiten Datenpfad.

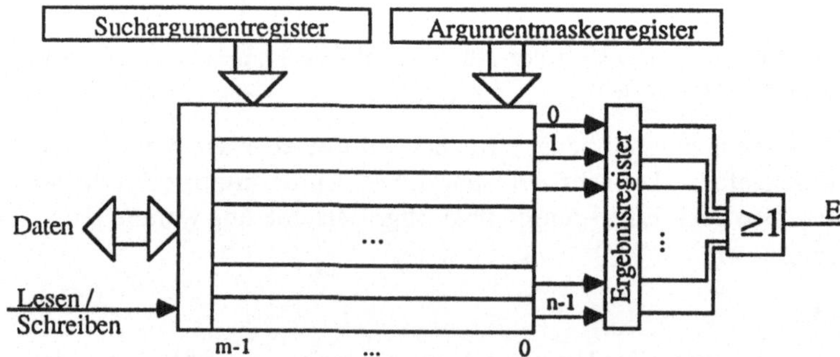

Bild 12-6 Prinzipieller Aufbau eines Assoziativspeichers. Im Ergebnisregister werden die Zeilen (Speicherworte) markiert, bei denen der unmaskierte Suchargumentteil mit der Suchadresse übereinstimmt. E = 0 zeigt, daß das gesuchte Wort nicht im Speicher ist.

Die einzelne Speicherzelle des Assoziativspeichers (Bild 12-7) besteht aus einem Flip-Flop, die durch eine Vergleichslogik zur Identifizierung des gesuchten Adreßarguments erweitert wurde. Jede Zelle Z_{ij} liefert mit ihrem gespeicherten Wert Q_{ij} somit ein Vergleichsbit

$$E_{ij} = M_j + (A_j \equiv Q_{ij}) = M_j + \neg (A_j \oplus Q_{ij}).$$

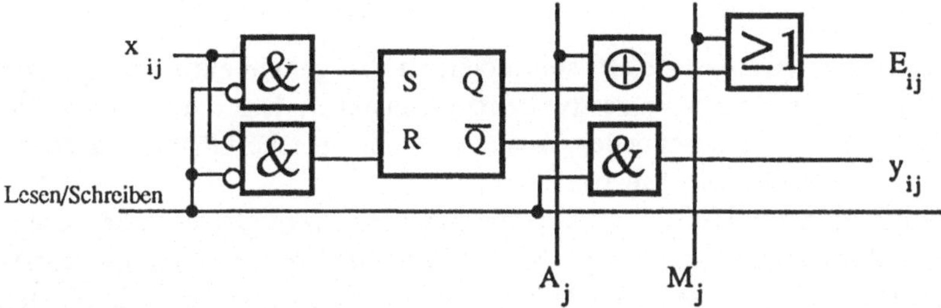

Bild 12-7 Speicherzelle eines Assoziativspeichers. Diese Lese/Schreibleitung ist allen Zellen gemeinsam; die Leitungen A_j für das j-te Suchargumentsbit und das j-te Maskenbit M_j ist für alle Zellen der j-ten Spalte gemeinsam.

Die Datenworte werden zeilenweise gespeichert (vgl. Bild 12-8). Für jede Speicherzeile i wird das Ergebnisbit E_i mit

$$E_i = \prod_{0 \leqslant j < m} E_{ij}$$

gesetzt. Das E_i-Signal kann direkt als Auslesesignal benutzt werden, so daß in einem Takt das gesuchte Wort gefunden und ausgegeben werden kann.

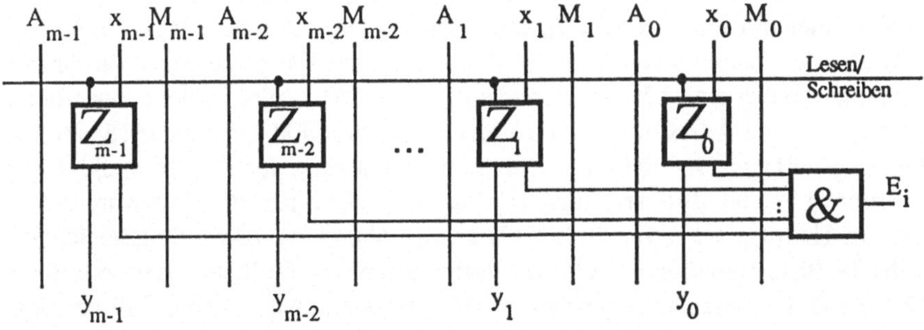

Bild 12-8 Aufbau eines Speicherwortes im Assoziativspeicher. Eingänge x_j, Ausgänge y_j, Erfolgsmarkierung E_i

Bildet man $E = E_0 \cdot \ldots \cdot E_n$, so läßt sich mit $E = 0$ signalisieren, daß kein passendes Wort gefunden wurde.

Gelesen wird über die Ausgangsleitungen $y_0, \ldots, y_{m-1}$, die bei Bedarf über einen Multiplexer mit $E_i = 1$ auf einen gemeinsamen Ausgang gelegt werden können. Zu unterscheiden ist, ob ein Suchargument eindeutig ist oder nicht.

Speichern eines neuen Wortes ist einfach. Sofern noch ein Speicherplatz frei ist, kann dieser einfach beschrieben werden. Unter Umständen muß eine einfache Buchführung erfolgen. Wir gehen auf die Details nicht weiter ein.

Assoziativspeicher zur Segmentverwaltung gibt es bei vielen Rechnern. Sie sind bei Wortlängen um 64 Bit meist zwischen 4 und 16 Worte groß (4 Worte mit je 64 Bit beim 80286, 16 Worte bei der Siemens 7860).

12.6 Schneller Pufferspeicher

Der schnelle Pufferspeicher (*Cachespeicher*) soll möglichst den gerade aktuellen Teil der Programmbefehle und Daten für den Prozessorzugriff bereitstellen. Dazu muß ein Mechanismus definiert werden, der den schnellen Austausch von Speicherblöcken zwischen Hauptspeicher und Pufferspeicher ermöglicht.

Man wählt eine strikte Partitionierung der Hauptspeicheradressen in gleich große Datenblöcke. Zugriffe des Prozessors erfolgen nur auf den Pufferspeicher; sind die gesuchten Daten nicht vorhanden, so wird der betreffende Block aus dem Hauptspeicher in den Puffer übertragen. Da Programme und Daten oft lokal zusammenhängende Adressen besitzen, sind die als nächstes vom Prozessor zu verarbeitenden Daten häufig schon im Pufferspeicher gespeichert; es gibt nur selten erfolglose Zugriffsversuche, die durch Nachladen aus dem Hauptspeicher korrigiert werden müssen. Das Verhältnis von erfolgreichen zu erfolglosen Zugriffen heißt Trefferrate (engl. *hit ratio*). Die Zugriffszeit mit einem schnellen Pufferspeicher beträgt mit einer Pufferspeicherzugriffszeit t_p und einer Hauptspeicherzugriffszeit t_{sp} abhängig von der Trefferrate h

$$t_z = h * t_p + (1 - h) * t_{sp}$$

Typische Trefferraten liegen über 90%, abhängig von der Größe des Puffers und den bearbeiteten Programmen und Daten. Die durchschnittliche Datenzugriffszeit wird bei diesen Werten im wesentlichen durch die Pufferspeicherzugriffszeiten bestimmt.

Der erste Großrechner mit einem Cache-Speicher war der IBM /360-85 mit einem 32-KB-Cache. Zugriffszeit des Caches war 80 ns; die Zugriffszeit des Hauptspeichers war damals im Bereich einer µs, so daß eine 12fache Beschleunigung für 96% aller Speicherzugriffe erreichbar war. Der logische Adreßraum von 16 MB ist bei der IBM /360-85 in 16 536 *Seiten* von 1 KB aufgeteilt (*pages* − Seiten, Kacheln, im IBM-Jargon auch *sectors*), die selber wieder als 16 Blöcke aus 64 Byte strukturiert sind. Die Zuordnung der Seiten im Puffer zu den Seiten im Hauptspeicher (s. Bild 12-9) erfolgt über eine assoziativ gespeicherte Tabelle, die die 14-Bit-Seitenadressen aller im Pufferspeicher befindlichen Seiten enthält (maximal 32 Seiten). Der Assoziativspeicher ist also etwas einfacher als im Fall der Segmentierung aufgebaut, da er nur Auskunft über das Vorhandensein einer Seitenadresse gibt.

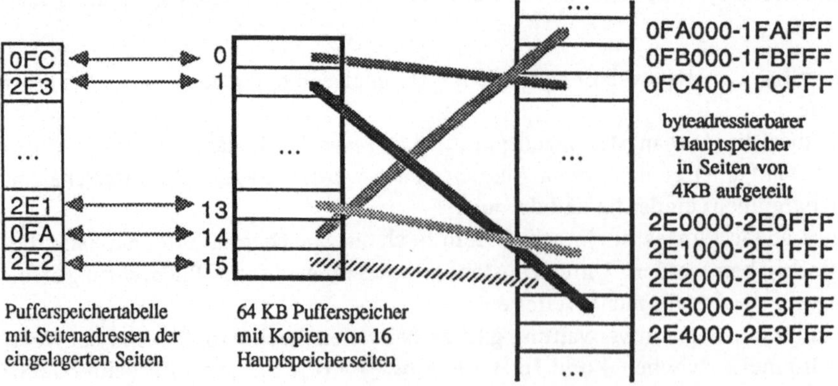

Bild 12-9 Verknüpfung von Hauptspeicherseiten mit Pufferseiten

Aus Geschwindigkeitsgründen werden aus einer Seite nur einzelne 64-Byte-Blöcke geladen, die die gerade benötigten Daten enthalten. Es wird aber jeweils Platz für die ganze zugehörige Seite freigehalten, um weitere benötigte Blöcke aus dieser Seite sofort umladen zu können. Beim Lesen im Pufferspeicher muß demnach erst über die assoziative Pufferspeichertabelle festgestellt werden, ob die Seite im Puffer vorhanden ist. Dann wird nach dem Block gesucht (die Blockadressen tragen ein „Anwesenheits-Flag"). Ist der Block nicht vorhanden, wird er mit vier Zugriffen über eine 16 Byte breite Leseleitung aus dem Hauptspeicher geladen. Wird ein Block beschrieben, wird nicht nur die Kopie im Cache, sondern auch das Original im Hauptspeicher neu geschrieben, um die Datenintegrität bei mehreren Nutzern oder Prozessoren zu garantieren. Dieses Verfahren heißt *„write-through"*. Bei neueren Rechnerarchitekturen kann der Schreibprozeß gepuffert erfolgen, um die Arbeitsgeschwindigkeit zu erhöhen (*cache line* oder *store-in-cache*).

Ist der Pufferspeicher voll und wird eine neue Seite angefordert, so wird die am längsten nicht mehr angesprochene Seite entfernt. Diese Ersetzungsstrategie heißt LRU-Strategie (für engl. *Least Recently Used*). Dies ist nicht die einzige mögliche Ersetzungsstrategie.

Auch die VAX-Rechner und fortgeschrittene Mikroprozessoren wie der NS32032 und MC68020 verwenden solche Pufferspeicher. Der MC68030 hat sogar zwei getrennte Pufferspeicher für Daten und Maschinenbefehle. Die VAX 11/750 verwendet 4 KB Puffer und erreicht nach Herstellerangaben eine Trefferrate über 90%, die 11/780 hat 8 KB Puffer und trifft etwa 95% der richtigen Adressen.

Durch Pufferspeicher wird die Prozessorleistung kosteneffektiv gesteigert. Beim IBM /360-85-Rechner wurden bei einer großen Probe aus Programmen in höheren Programmiersprachen im Schnitt 96% Pufferspeichertreffer gemessen. Würde man den IBM /360-85 ohne Pufferspeicher, aber mit einem (vielfach teureren) Hauptspeicher mit der Zugriffsgeschwindigkeit des Puffers ausstatten und damit alle Zugriffsfehler vermeiden, so würde dies die durchschnittliche Verarbeitungsgeschwindigkeit nur um 23% steigern.

12.7 Speicherseitenverwaltung (Paging)

Ihre eigentliche Bedeutung erlangen Segmentierungstechniken erst, wenn die Maschinen von mehreren Nutzern (*Multi-User*-Betrieb) oder mehreren Programmen (*Multi-Tasking*) gleichzeitig genutzt werden. Für die Maschine besteht natürlich kein entscheidender Unterschied zwischen den gleichzeitig ablaufenden Programmen mehrerer Nutzer und gleichzeitig ablaufenden Programmen eines Nutzers. Deshalb sollen die konkurrierenden Programme unabhängig vom Nutzer als *Prozesse* bezeichnet werden. Diese vorläufige Definition des Prozesses wird im Zusammenhang mit Betriebssystemen genauer gefaßt werden; hier genügt es, sich darunter verschiedene Benutzer- oder Systemprogramme vorzustellen, die konkurrierend (engl. *concurrent*) auf den Prozessor, den Speicher und andere Ressourcen zugreifen wollen. Besteht der Rechner aus einem einzigen Prozessor, können die Prozesse wegen der Von-Neumann-Architektur nur sequentiell bearbeitet werden. Um eine halbwegs faire Verteilung der Rechnerleistung zu erreichen, müssen die unterschiedlichen Daten und Programme in schneller Folge zur Verarbeitung im Hauptspeicher bereitgestellt werden. Sind mehrere Prozessoren im Rechner vorhanden, kann ein echter Parallelbetrieb ablaufen. Wir wollen auf den immer noch seltenen Mehrprozessorbetrieb nicht weiter eingehen, da er den Rahmen einer Einführung sprengt.

Ein konsequenter Schritt zur Rechnerauslastung ist es, den Hauptspeicher als Puffer der Zusatzspeicher aufzufassen. Der verfügbare Teil T des logischen Adreßraums wird dabei sowohl durch Hauptspeicher H wie die Zusatzspeicher Z definiert. Die zu verarbeitenden Prozesse nutzen den logischen Adreßraum T; aktuell gelagert werden sie entweder unter physikalischen Adressen in H oder in Z. Um einen einheitlichen Adreßmechanismus zu erhalten, wird der logische Adreßraum T in gleich große Seiten (*pages*) aufgeteilt. Hauptspeicher und Zusatzspeicher werden in physikalisch adressierbare Seitenrahmen (engl. *page frames*) aufgeteilt, die in wechselnder Folge verschiedene logische Seiten aufnehmen können. Diese Seitenrahmen sind typischerweise zwischen 512 Byte und 4 KB groß. Zur Verarbeitung der verschiedenen Prozesse werden nun die zugehörigen Seiten vom Zusatzspeicher in den Hauptspeicher geladen (und von dort in den Pufferspeicher kopiert, falls ein solcher vorhanden ist). Zur Einlagerung einer Seite in den Hauptspeicher muß im Regelfall eine andere Seite ausgelagert werden, d.h. sie wird gelöscht oder in den Zusatzspeicher zurückgeschrieben. Im Zusatzspeicher wird meist ein besonderer Bereich mit (relativ) schnellem Zugriff reserviert, in den vorübergehend ausgelagerte Seiten aufgenommen werden können (*swap*-Bereich). Das Speicherverwaltungsverfahren (vgl. Bild 12-10) heißt *Paging*, das Ein- und Ausladen der Seiten wird *Swapping* genannt.

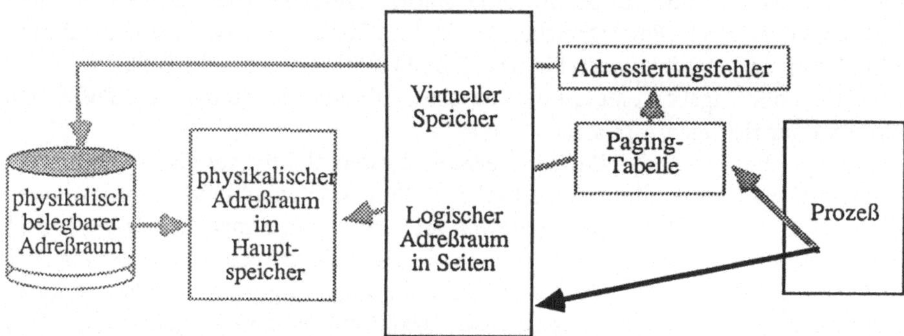

Bild 12-10 Einfaches Paging. Der Prozeß erzeugt die Illusion, nur mit dem virtuellen Adreßraum zu arbeiten (schwarzer Pfeil). Seiten und Offset werden mit der Paging-Tabelle dynamisch in reale Adressen aus Seitenrahmenadresse und Offset umgewandelt. Liegt ein Zugriffsfehler vor, weil die Seite nicht im Hauptspeicher ist, muß sie vom Zusatzspeicher geholt werden (Zugriff über Zusatzspeicher).

Die Adreßumwandlung (s. Bild 12-11) erfolgt ähnlich wie bei der Segmentverwaltung durch dynamische Adreßumsetzung mit Hilfe im Hauptspeicher angelegter Pagingtabellen. Im Unterschied zur Segmenttabelle kann die Pagingtabelle schon einen beträchtlichen Umfang haben. In einem Großrechner sind bei 4 KB großen Seiten und einem Hauptspeicher mit 32 MB bis zu 8 K Einträge zu verwalten. Dies kann aus Kostengründen nicht mit einem Assoziativspeicher geschehen. Um die dynamische Adreßumsetzung trotzdem effizient zu gestalten, wird eine kleine assoziativ gespeicherte Pagingtabelle gehalten, die z.B. die Adressen der 256 zuletzt angesprochenen Seiten enthält. Nur wenn eine neue Seitenadresse gebraucht wird, wird diese aus der Hauptspeichertabelle in den Assoziativspeicher übertragen und eine alte Adresse ausgelagert. Die Berechnung einer physikalischen Adresse beim Paging geschieht ähnlich wie die Berechnung einer Cache-Adresse. Die dem Programmierer zugängliche virtuelle Adresse besteht im einfachsten Fall aus einer logischen Seitenzahl und einer Verschiebung (*offset*). Ist die Seite im Hauptspeicher vorhanden, wird mit Hilfe der assoziativ gespeicherten Pagingtabelle ihre physikalische Seitenrahmenadresse zum Offset addiert. Ist sie nicht im Hauptspeicher, wird sie vom Swapbereich des Zusatzspeichers nachgeladen.

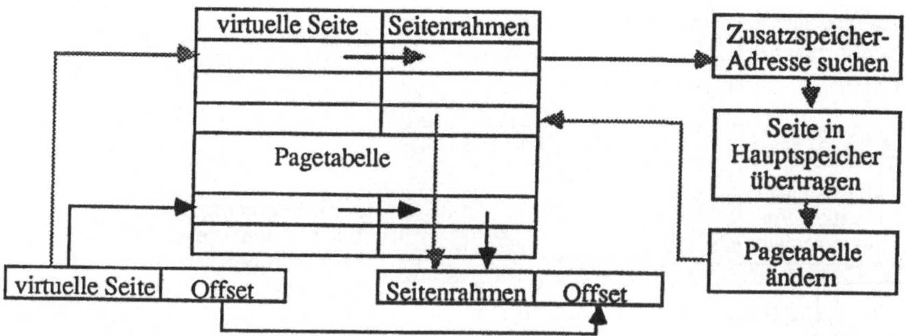

Bild 12-11 Vereinfachte Darstellung der dynamischen Adreßumwandlung beim Paging. Seitenfehlerbehandlung ist grau gezeichnet, fehlerfreier Zugriff schwarz. Reale Pagetabellen sind meist zweistufig angelegt.

Die Pagingtabelle kann außer der Hauptspeicheradresse auch die Zusatzspeicheradresse enthalten (dies wird dann durch ein Flagbit angezeigt). Dadurch vereinfacht sich die Adreßfehlerbehandlung.

Um eine hohe Trefferrate beim Paging zu erzielen, müssen geschickte Seitenaustauschalgorithmen implementiert werden (*page swapping*). Die algorithmische Seitenverwaltung ist Aufgabe der Speicherverwaltung und damit eine Teilaufgabe des Betriebssystems. Dies kann durch geeignet erweiterte Pagetabellen und andere Hardwaremaßnahmen unterstützt werden. Um die dynamische Adreßumwandlung schnell ablaufen zu lassen, wird sie üblicherweise durch einen eigenen Prozessor, die Speicherverwaltungseinheit (engl. MMU – *Memory Management Unit*), vorgenommen. Typische Seitengrößen liegen zwischen 512 Byte und 4 KB. Es sind jedoch auch andere Seitenrahmengrößen denkbar: So läßt der MC 68030 bzw. die MMU MC 68851 Seitenrahmen zwischen 256 Byte und 32 KB zu.

12.8 Reale Speicherhierarchien

Als Beispiele unterschiedlicher Speicherhierarchien wird ein Großrechneraufbau (Siemens 7800 Serie) und die Speicherhierarchie eines Minirechners (VAX 11/750) betrachtet. Da solche Rechner ständig von den Herstellern überarbeitet werden, ändern sich die Daten der Bauelemente mit der technischen Entwicklung, wenngleich die Rechnerarchitektur meist über längere Zeit unverändert bleibt. Die hier genannten Daten beziehen sich auf das Jahr 1984.

Die Siemens 7860 ist ein Lizenznachbau einer Fujitsu-Anlage mit einer zur IBM /370 und /370XA software-kompatiblen Architektur. Es sind 32-Bit-Maschinen, die sowohl als Ein- wie als Mehrprozessormaschinen aufgebaut sein können. Der virtuelle Speicher (vgl. Bild 12-12) umfaßt 2 GB, wovon der Hauptspeicher physikalisch bis 64 MB ausgebaut werden kann. Der Hauptspeicher ist aus dynamischen 64 KB MOS-RAM-Chips aufgebaut. Der Prozessor ist in ECL-Technik mit sehr schnellen Bauelementen aufgebaut (Schaltzeiten unter 0,35 ns). Die dynamische Adreßumsetzung geschieht mit bipolaren 4 KB-RAM-Speicherbausteinen mit einer Zugriffszeit um 5,5 ns. Die Maschine hat einen 32 KB großen, schnellen Pufferspeicher aus 16 KB RAM-Speicherbausteinen mit 16 ns Zugriffszeit.

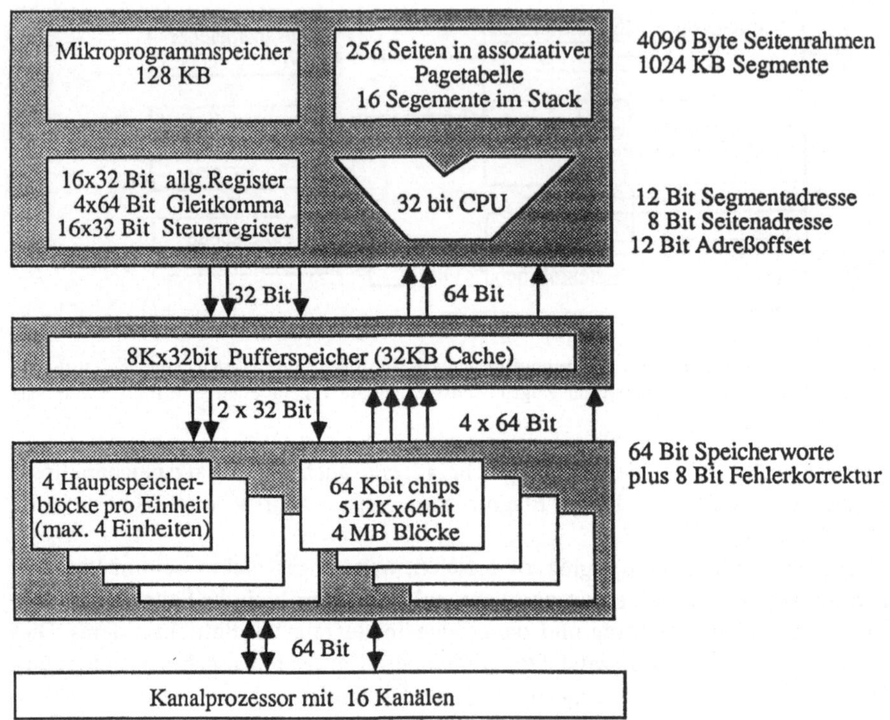

Bild 12-12 Speicherhierarchie eines Siemens-Großrechners aus der Baureihe 78xx

Die virtuellen Adressen des Siemens-Rechners werden aus Segment, Seite und Offset gebildet. Die Adressen der 256 zuletzt angesprochenen Seiten werden in einer assoziativen
Seitentabelle notiert; die übrigen Seitenadressen werden in einer Seitentabelle im Hauptspeicher eingetragen. Überschreitet der Zugriff eine Segmentgrenze, so stehen die 16 zuletzt
benutzten Segmentadressen in einem schnellen Stackspeicher. Man sieht an den Zugriffszeiten deutlich, daß der Großrechner *sehr* schnell auf seine Speicher zugreifen kann. Der
Befehlsdurchsatz des Systems liegt schon dadurch weit über der Leistung eines Mikroprozessors oder eines Minirechners.
Die VAX 11/750 (s. Bild 12-13) ist ein typischer Mini-Rechner mit einer 32-Bit-Wortstruk-
tur und einen virtuellen Adreßraum von 4 Gigabyte (32 Bit virtuelle Adressen). Physikalisch sind 16 Megabyte unterscheidbar (24-Bit-Adressen). Der Prozessor ist in bipolarer
(*low power*) Schottky TTL-Schalttechnik mit LSI-Gate-Arrays aufgebaut. Er hat sechzehn
programmierbare 32-Bit-Register, die Teil eines *scratchpad*-Speichers aus 64 Registern sind.
Der Instruktionssatz der VAX kennt 304 verschiedene Befehle (die VAX ist ein typischer
Complex Instruction Set Computer). Zur Befehlsverarbeitung werden jeweils 8 Byte gelesen (*instruction prefetch*). Die Ausführung einer 80 Bit langen Mikroprogrammoperation
ist mit 320 ns vergleichsweise langsam. Der byteweise adressierbare Hauptspeicher ist in
64 KB-MOS-RAM-Technik ausgelegt. Jedes 32-Bit-Speicherwort ist mit 7 einzelfehlerkorri-
gierenden Prüfbits versehen. Der Lesezugriff auf 32 Bit im Hauptspeicher dauert 800 ns.
Es gibt einen 4 KB großen, schnellen Pufferspeicher mit Zugriffszeiten um 400 ns.

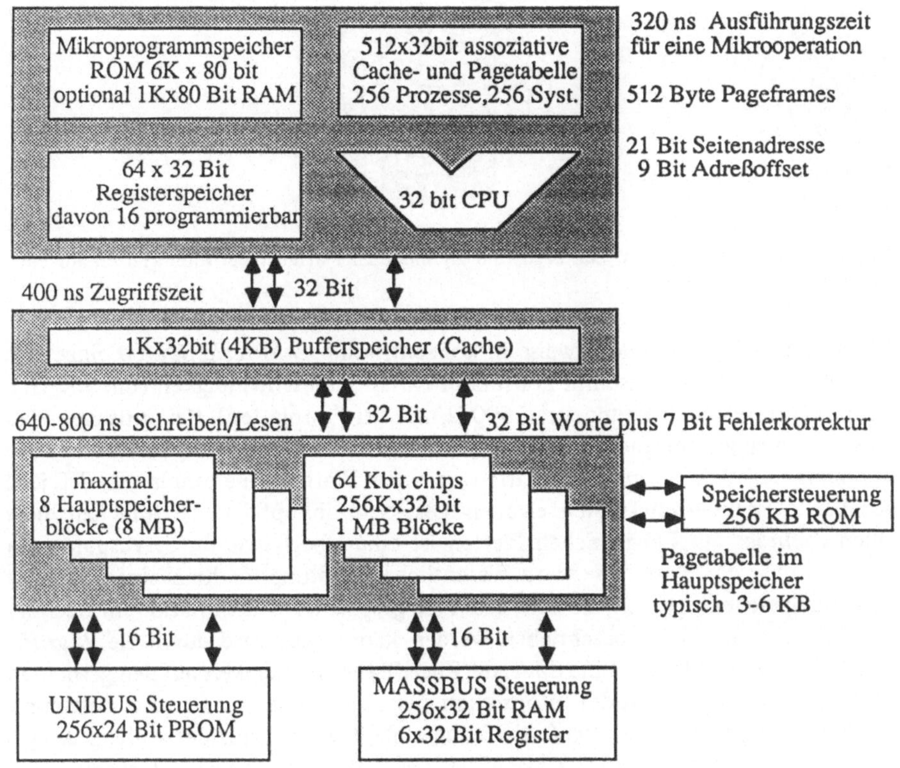

Bild 12-13 Speicherhierarchie der VAX 11/750

Der Speicher ist in Seitenrahmen von 512 Byte aufgeteilt. Aus der im Hauptspeicher ge-
lagerten Pagingtabelle wird ein Auszug der 512 zuletzt angesprochenen Seiten (zur einen
Hälfte Nutzerprozeß-Seiten, zur anderen Hälfte Systemseiten) zusammen mit den Cache-
Informationen in einen schnellen Assoziativspeicher geladen.
Im Vergleich von Siemens 7860 und VAX fällt auf, daß die VAX trotz der ähnlich aus-
geklügelten Speicherhierarchie auf Grund ihrer Hardwareeigenschaften recht langsam sein
muß (und ist). Diese Unterschiede in der Hardwareauslegung schlagen sich in den hohen
Großrechnerpreisen nieder. Die Verarbeitungsgeschwindigkeit der VAX liegt auf der Hardwareebene in der Leistungsklasse moderner 32-Bit-Mikroprozessoren. Entscheidend für die
faktischen Programmausführungszeiten ist allerdings nicht allein die Hardware, sondern vor
allem die Software, also Betriebssystem und Übersetzer.

12.9 Zusatzspeicher

Die wesentlichen Zusatzspeicher sind neben dem Archivmedium Magnetband die halb-
mechanisch betriebenen Magnetplattenspeicher in Form von Disketten, magnetisch beschriebenen Fest- und Wechselplatten und zukünftig optisch oder magneto-optisch be-
schriebene Platten. Als besonders schnelle Variante werden auch Halbleiterspeicher verwendet, die eine logische Plattenspeicherorganisation simulieren (Halbleiterplatte).

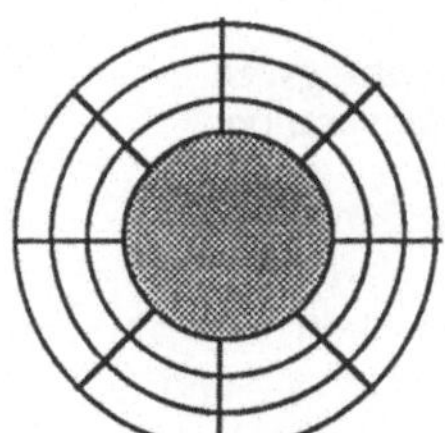 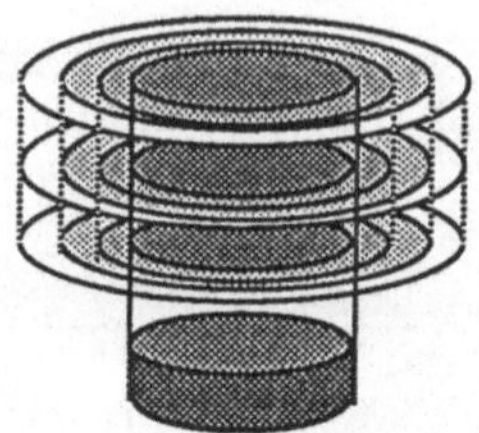

Bild 12-14 Plattenformate: Spuren, Sektoren und Zylinder im Plattenstapel (drei Platten auf einer motorgetriebenen Achse)

Platten (s. Bild 12-14) sind üblicherweise in konzentrische *sektorierte Spuren* eingeteilt. Das Laufwerk läuft üblicherweise mit konstanter Rotationsgeschwindigkeit (um 300 Umdrehungen pro Minute bei Disketten, um 3 600 U/min bei Festplatten). Bei optischen Platten und einigen wenigen magnetischen Platten erfolgt die Aufzeichnung mit konstanter Spurgeschwindigkeit. Werden mehrere Platten zu einem Plattenstapel vereint, so daß jede Plattenoberfläche (mindestens) einen eigenen Lese/Schreibkopf hat, so sprechen diese Köpfe einen *Zylinder* an. Bei manchen Platten ist eine Oberfläche für Servospuren zur präziseren Steuerung der Platte reserviert. Wesentliches Leistungsmerkmal einer Platte ist neben Preis und Speicherkapazität, die Zeit, in der die gespeicherte Information im Rechner verfügbar wird oder die Platte beschrieben werden kann. Dies wird durch die Zugriffsgeschwindigkeit eines Kopfes auf eine Spur, die Zugriffsgeschwindigkeit auf den gesuchten Sektor und die Übertragungszeit der Information zwischen Platte und Rechner bestimmt. Nachdem eine Spur gefunden ist, muß die Steuereinheit warten, bis der Anfang des gesuchten Sektors unter dem Lese/Schreibkopf ist. Diese Wartezeit heißt Latenzzeit (engl. *latency*). Sie ist von der Umdrehungsgeschwindigkeit der Platte abhängig.
Schnelle Platten haben für eine Oberfläche mehrere Köpfe, die jeweils einen Zylinderring bedienen. Die Sektorierung der Spuren wird vom Betriebssystem über die Plattenspeichersteuereinheit (engl. *Disk Controller*) vorgenommen. Auch die Zahl der Spuren und Sektoren wird erst durch den Rechner über die Plattenspeichersteuerung festgelegt. Ebenso hängt die erreichbare Transferrate vom verwendeten Rechner ab. Die Werte in Bild 12-15 sind deshalb als erreichbare Maximalwerte zu interpretieren, die nicht in allen Konfigurationen erreicht werden.
Bei den Beispielen in Bild 12-15 sind einige Besonderheiten anzumerken. Die Disketten, die optischen Platten und die DEC RM05 sind Wechselplatten, die übrigen sind Festplatten. Das Apple-Diskettenlaufwerk läuft nicht mit konstanter Winkelgeschwindigkeit, sondern mit konstanter Spurgeschwindigkeit, d.h. sie wird bei einem Zugriff auf die inneren Spuren schneller. Die 1600 Sektoren verteilen sich zwischen 12 Sektoren auf jeder der äußeren 32 Spuren bis zu 8 Sektoren auf den inneren 32 Spuren. Damit läßt sich eine höhere Kapazität als mit konstanter Winkelgeschwindigkeit erreichen. Von der Fujitsu Eagle-Platte gibt es Varianten mit höherer Kapazität. Die DEC- und die IBM-3380-Plattenstapel haben Servosteuerungen auf einer eigenen Plattenoberfläche. Die 3380-Einheit hat pro Oberfläche zwei Lese/Schreibköpfe. Ihre Datenübertragungsrate von 3 MB/s ist eine Art Großrechnerstandard — es gibt inzwischen kompatible Ausführungen mit 6 MB/s. 3380-Platteneinheiten können mit einem Halbleitercachespeicher von 8 MB bis 64 MB versehen werden, die eine erhebliche Steigerung der Plattenzugriffszeit zulassen. Der konsequente nächste Schritt ist

Durch- messer	Zahl der Oberflächen	Zahl der Köpfe	Spuren/ Oberfläche	Sektoren/ Spur	Zugriffszeit in ms	Kapazität in MB	Transferrate in KB/s	Hersteller
3,5"	2	2	80	8-12	190	0,8	490	Apple Macintosh
3,5"	2	2	516	80	35	20	1024	Brier BT3020
5,25"	2	2	40	9	94	0,36	22,5	IBM PC
5,25"	2	2	8	17	9	41,2	51	IBM PC/AT
3,5"	2	2	615	17	85	21	510	NEC D3126
3,5"	4	4	–	–	29	100	–	Connor CP3100
5,25"	4	4	615	17	60	21	510	IBM PC/AT
5,25"	6	6	815	32	30	80	1250	Apple Macintosh II
5,25"	15+1	15+1	1632	48	18	601	1500	Maxtor XT-8760E
8"	15+1	15+1	1193	–	16	1002	3072	Fujitsu M2382K
10,5"	10+1	20+1	842	96	18	394,6	2880	Fujitsu *Eagle*
14"	10	19+1	823	32	38	256	1200	DEC RM05
14"	15+1	30+2	1770	–	17	5040	3072	IBM 3380 Mod.E
Halbleiter 136		–	2040	–	0,3	96,8	3072	StorageTek 4305E
4,75"	1	1	20000	32	1000	552	176	Hitachi CDR-1502S
5,12"	2	2	15900	13	108	800	1024	Maxtor RXT-800S
12"	1	1	32000	32	150	1000	1410	Philips P3491

Bild 12-15 Typische Kenndaten von Disketten, Winchesterplatten, Großrechnerfestplatte, Halbleiter-„platte" und optischer Platte (Herstellerangaben)

es, auf die mechanischen Teile des Speichers ganz zu verzichten. Die Halbleiter„platte" von StorageTek ist ein Halbleiterspeicher ohne bewegliche Teile, wird aber logisch wie eine IBM 3380-Magnetplatte angesprochen (mit „Zylindern" und „Oberflächen"). Neben den 96 MB-Speicherblöcken werden auch 128 KB-Blöcke angeboten; aus solchen Blöcken können größere Einheiten bis zu 2 GB zusammengestellt werden. Durch Verschränkung sind Übertragungsraten bis 12 MB/s erreichbar. Die CD-ROMs und die Philips MegaDoc-Bildplatte haben spiralförmige Spuren wie Schallplatten (also eigentlich nur eine pro Seite). Sie sind WORM-Platten (*Write Once – Read Many times*), d.h. sie werden als Archivmedien eingesetzt, die in einem komplexen Prozeß beschrieben, dann aber nicht mehr verändert werden können. Mehrfach beschreibbare optische Platten sind von verschiedenen Firmen angekündigt. Neben den optischen Platten werden auch laserabtastbare optische Karten angeboten, die im Scheckkartenformat rund 2 MB speichern können (Drexel LaserCard).

Zur magnetischen Aufzeichnung werden unterschiedliche Kodierungen der binären Daten als magnetische Nord- oder Südpole verwendet (s. Bild 12-16). Die am häufigsten verwendeten Verfahren sind Frequenzmodulation (FM) und modifizierte Frequenzmodulation (MFM) und darauf aufbauende datenkomprimierende Verfahren wie RLL (*Run Length Limited Code*). Beide sind Varianten der Phasenkodierung. Bei älteren Geräten werden auch manchmal der NRZ-Kode (*No-Return-to-Zero*) oder abgeleitete Verfahren verwendet.

- Beim *NRZ-Kode* wird eine Null als Nordpol, eine Eins als Südpol kodiert. Der Nachteil des Verfahrens besteht darin, daß aufeinanderfolgende Bits gleichen Werts nur durch eine externe zeitliche Synchronisation unterschieden werden können.

- Bei der *Phasenkodierung* wird eine Eins durch einen Wechsel Nordpol-Südpol, eine Null durch einen Wechsel Südpol-Nordpol kodiert. Damit ist der Kode selbstsynchronisie-

rend, da für zwei aufeinanderfolgende Bits eindeutige Muster des Polwechsel erkennbar
sind. Ein Nachteil besteht darin, daß die Aufzeichnung eines Bits häufig zwei Polwechsel
verlangt. Dies beschränkt die erreichbare Aufzeichnungsdichte und damit die Kapazität
der Platte.

- Bei der *Frequenzmodulation* (FM) wird bei jedem neuen Bit die Polung gewechselt.
  Damit ist der Kode selbstsynchronisierend. Einsen werden durch Polwechsel dargestellt,
  Nullen behalten die Polung bei. Die Aufzeichnungsdichte erfordert wie bei der Phasenkodierung häufig zwei Polwechsel.
- Die *modifizierte Frequenzmodulation* (MFM) stellt Einsen ebenfalls durch Polwechsel
  dar. Sie behält für Nullen die Polung, außer wenn zwei Nullen aufeinanderfolgen. Polwechsel an der Bitgrenze werden vermieden, aber die Selbstsynchronisierung ist über
  eineinhalb Bits möglich.

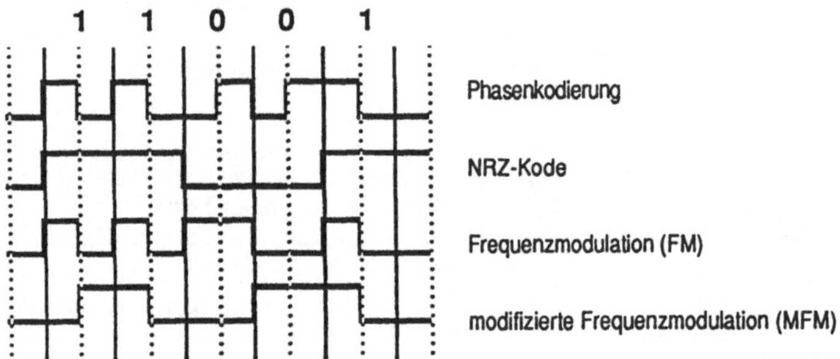

Bild 12-16 Kodierungen der magnetischen Aufzeichnung bei Plattenspeichern

Die (physikalische) Platte enthält keine Spuren; diese werden von der Plattensteuereinheit
(*Controller*) im Formatierungsprozeß auf die Oberflächen aufgezeichnet. Dadurch wird
die Zahl und die Anordnung der Spuren und Sektoren festgelegt. Logische Sektoren speichern meist zwischen 512 und 2048 Bytes. Die Plattensteuereinheit speichert die vom
Prozessor übermittelten Daten auf diesem logischen Gerüst und sucht, liest und überträgt
auf der Platte gespeicherte Daten zum Prozessor (über den Ein/Ausgabe-Bus oder einen
Ein/Ausgabe-Prozessor). Eine Platteneinheit kann mit unterschiedlichen Steuereinheiten
betrieben werden. Dadurch können unterschiedliche logische Organisationen realisiert
werden und die Platte an unterschiedliche Ein/Ausgabe-Schnittstellen oder Ein/Ausgabe-
Busse angepaßt werden.

Man unterscheidet unformatierte und formatierte Speicherkapazität einer Magnetplatte.
Die formatierte Speicherkapazität C einer Platte ist das Produkt aus der Zahl K der beschreibbaren Oberflächen, der Zahl T der Spuren pro Oberfläche, der Zahl S der Sektoren
pro Spur und der Zahl B der Bytes pro Sektor:

$$C = B * S * T * K.$$

Die Disketten des IBM PC werden auf 2 Oberflächen mit 40 Spuren, die in 9 Sektoren
unterteilt sind, beschrieben. Jeder Sektor enthält 512 Bytes Daten (und einige weitere
Systeminformationen). Die formatierte Speicherkapazität ist also

$$C_{PC} = 2 * 512 * 9 * 40 \text{ Bytes} = 360 \text{ KB}.$$

Der IBM PC/AT benutzt zweiseitige Disketten mit 80 Spuren zu je 17 Sektoren, ebenfalls mit je 512 Byte. Die Kapazität beträgt

$$C_{AT} = 2*512*17*80 \text{ Bytes} = 1,2 \text{ MB}.$$

Die aus einem Stapel mit zwei Einzelpatten aufgebaute Festplatte des AT hat 615 Spuren mit je 17 Sektoren zu 512 Byte. Mit den 4 Oberflächen hat sie eine Kapazität

$$C_{HD} = 4*512*17*615 = 20910 \text{ KB, also knapp } 20,42 \text{ MB.}$$

Die maximal erreichbare Datenübertragungsrate D_{max} hängt von der Rotationsgeschwindigkeit G der Platten ab; es gilt

$$D_{max} = G*B*S.$$

Die Diskettenlaufwerke drehen sich mit 300 bzw. 360 U/min, die Festplatte mit 3600 U/min (also 5 s^{-1}, 6 s^{-1} bzw. 60 s^{-1}). Für den PC folgt eine maximale Datenübertragungsrate von

$$D_{max} = 5*512*9 \text{ Bytes/s} = 23040 \text{ Bytes/s} = 22,5 \text{ KB/s,}$$

für die AT-Disketten gilt

$$D_{max} = 6*512*17 \text{ Bytes/s} = 51 \text{ KB/s}$$

und für die AT-Festplatte gilt

$$D_{max} = 60*512*17 \text{ Bytes/s} = 510 \text{ KB/s.}$$

Diese Geschwindigkeiten sind die gerätebedingte Obergrenze, die realen Transferraten werden von der Steuereinheit und den Ein/Ausgabe-Bussen bestimmt!

Beim PC/AT würde eine Datenübertragung von 510 KB/s die Ein/Ausgabe-Geschwindigkeit des mit 6 MHz getakteten 80286-Prozessors und des Systembusses überschreiten. Eine technische Lösung dieses Problems besteht darin, daß die Platte nur jeden n-ten Sektor liest (s. Bild 12-17). Diese Technik heißt Verschränkung (engl. *Interleaving*), die Zahl wird Verschränkungsfaktor (engl. *Interleaving Faktor*) π genannt (Man beachte aber den Unterschied zur Speichermodulverschränkung bei Großrechnern, die ebenfalls Interleaving heißt!). Durch die Verschränkung mit Verschränkungsfaktor $\pi > 1$ weicht die logisch fortlaufende Speicherung auf der Platte von der physikalisch fortlaufenden Speicherung ab.

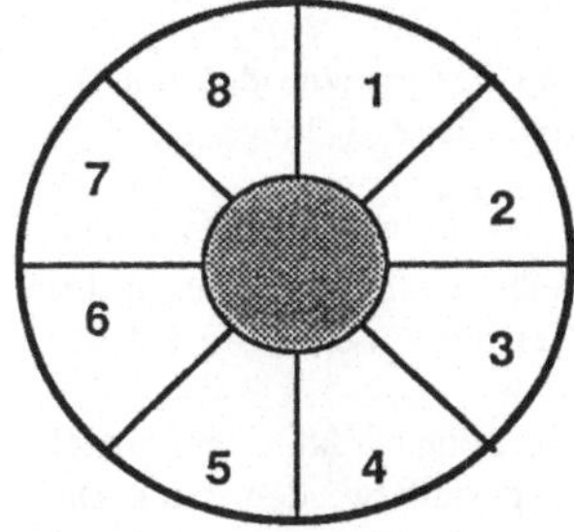

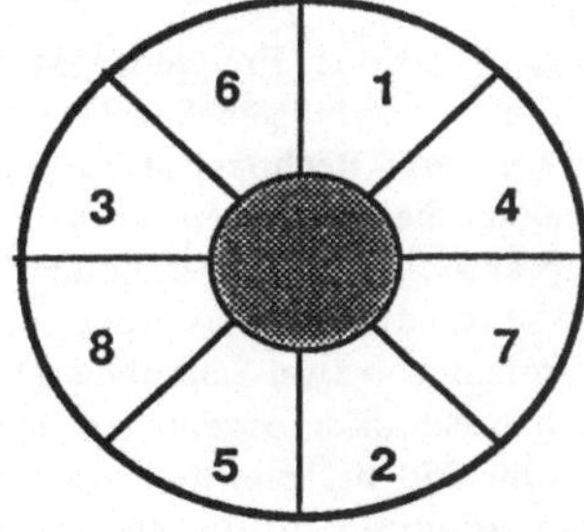

Bild 12-17 Interleaving von Plattensektoren. Unverschränkt (*Noninterleaved*) und Verschränkungsfaktor $\pi = 3$.

Der über das Betriebssystem MS/DOS voreingestellte (und vom Benutzer änderbare) Verschränkungsfaktor π beträgt je nach Platte beim PC/AT $\pi = 2$ oder $\pi = 3$, beim XT $\pi = 6$ oder $\pi = 7$. Ein niedriger Verschränkungsfaktor erlaubt demnach einen schnelleren Datentransfer, sofern die Zentraleinheit die Daten entsprechend schnell abnehmen kann.

12.10 Übungen

1. Entwerfen Sie einen Hammingkode $\kappa: B^4 \rightarrow B^7$ zur Kodierung von Hexadezimalziffern $z_0 z_1 z_2 z_3$ gemäß nachstehender Tabelle!

Bitfehler von $K = k_0, ..., k_6$	Fehleranzeigebits $\chi_0 \chi_1 \chi_2$
k_0	000
k_1	001
k_2	010
k_3	011
k_4	100
k_5	101
k_6	110
fehlerfrei	111

2. a) Zeigen Sie, daß 8 Datenbits mit mindestens 4 und höchstens 6 Korrekturbits einzelfehlerkorrigierbar sind!

   b) Zeigen Sie, daß 8 Datenbits mit 4 Korrekturbits einzelfehlerkorrigierbar sind!

3. Zeigen Sie, daß alle Doppelfehler eines 4-Bit-Datenwortes mit 4 Korrekturbits korrigierbar sind!

4. Beschreiben Sie genau die Menge der Fehler, die nicht durch ein einzelnes Paritätsprüfbit entdeckt werden können.

5. a) Ein Rechner habe einen Pufferspeicher aus n Speicherworten mit der Zugriffszeit t_1 und einen Hauptspeicher aus m Speicherworten mit der Zugriffszeit t_2. Berechnen Sie das durchschnittliche Verhältnis der Zugriffszeit t_0/t_2 bei einer durchschnittlichen Trefferrate h.

   b) Konkret bestehe der 32 KB-Pufferspeicher aus 64 Kb-Speicherchips mit 35 ns Zugriffszeit und der 4 MB-Hauptspeicher aus 64 Kb-Chips mit 200 ns Zugriffszeit. Sie sollen den Programmdurchsatz beschleunigen, indem sie entweder den Pufferspeicher durch 64 Kb-Chips mit 25 ns Zugriffszeit oder den Hauptspeicher durch 1 MB-Chips mit 65 ns Zugriffszeit ersetzen. Der Umbaupreis sei in beiden Fällen gleich. Geben Sie abhängig von der Trefferrate h des Pufferspeichers an, welcher Umbau den Durchsatz stärker erhöht. Gibt es eine Trefferrate bei der beide Ersetzungen gleich teuer sind? Welche Ersetzung würden Sie dann wählen?

6. Geben Sie die magnetische Kodierung der Binärzahlen

   01101100, 01010100, 00001111, 00110011, 10110010

   in Phasenkodierung, NRZ-Kode, Frequenzmodulation und modifizierter Frequenzmodulation an!

7. Durch die Entwicklung einer billigen Schalttechnik für Assoziativspeicher ist es gelungen, den gesamten Hauptspeicher eines Rechners als mittelschnellen Assoziativspeicher (Zugriffszeit 200 ns) auszulegen. Beschreiben Sie die Folgen für die Rechnerarchitektur und für die Praxis der Datenverarbeitung. Welche praktischen Aufgaben können nun sehr viel besser gelöst werden? Gibt es praktische Aufgaben, die durch diese Verbesserung nicht oder wenig betroffen sind? Schreiben Sie Ihre Überlegungen im Umfang von zwei Schreibmaschinenseiten auf!

8. Durch eine neue Schalttechnik sei es gelungen, den Hauptspeicher so zu verbilligen, daß er bei mittelschnellem Zugriff (um 250 ns) praktisch unbeschränkt zur Verfügung gestellt werden kann. Diskutieren Sie die Auswirkungen auf die Zusatzspeicher. Welche praktischen Aufgaben können nun sehr viel besser gelöst werden? Gibt es praktische Aufgaben, die durch diese Verbesserung nicht oder wenig betroffen sind? Schreiben Sie Ihre Überlegungen im Umfang von zwei Schreibmaschinenseiten auf!

9. Für eine bestimmte Aufgabe müssen Sie einen 8 KB-Block von einer Platte des IBM PC-AT lesen, die logisch fortlaufend in der gleichen Spur gespeichert sind. Die durchschnittliche Zugriffszeit auf eine Spur beträgt 60 ms, die Rotationsgeschwindigkeit der Platte beträgt 3600 U/min.

   a) Wie lange dauert es abhängig vom Verschränkungsfaktor π im Durchschnitt, bis Sie einen Block im Rechner verarbeitet haben? Untersuchen Sie die Interleaving Faktoren $\pi = 1, ..., \pi = 7$.

   b) Sie müssen einen 2 KB-Block lesen, der in einer Spur gespeichert ist. Wie lange dauert das abhängig von π?

III Rechnerbetriebssysteme

13 Betriebssysteme: Aufgaben

> Ein etwas vorschnippischer Philosoph, ich glaube Hamlet Prinz von Dänemark hat
> gesagt: es gebe eine Menge Dinge im Himmel und auf der Erde, wovon nichts in
> unsern Compendiis steht. Hat der einfältige Mensch, der bekanntlich nicht recht
> bei Trost war, damit auf unsere Compendia der Physik gestichelt, so kann man ihm
> getrost antworten: gut, aber dafür stehn auch wieder eine Menge von Dingen in
> unsern Compendiis wovon weder im Himmel noch auf der Erde etwas vorkömmt.
>
> Georg Christoph Lichtenberg, Sudelbücher − Heft L, um 1797

Der letzte Abschnitt des Buches soll in einige Aspekte der Rechnerbetriebssysteme einführen, wobei wir uns vor allem auf das herstellerunabhängige Betriebssystem UNIX stützen. Diese Einführung ist nicht so ausführlich wie die beiden vorherigen Abschnitte über Rechnerorganisation und Rechnerarchitektur; sie soll nur einen ersten Einblick in die komplexe Thematik anhand eines konkreten Beispiels geben. Zur Vertiefung verweisen wir auf die Literaturliste [8, 11, 13]. Die Maschine, die der Assemblerprogrammierer benutzt, wird durch die drei Teilgebiete Rechnerorganisation, Rechnerarchitektur und Rechnerbetriebssysteme definiert. Für den normalen Anwender kommen weitere Systemprogramme wie Übersetzer und Editoren hinzu. Auf diese kann hier, wie auch auf die eigentliche Programmierung in problemorientierten Programmiersprachen, nicht weiter eingegangen werden, da dies den Rahmen des Buchs sprengen würde. Auch hier sei der interessierte Leser auf die Literatur [3, 20, 28] verwiesen.

Die ersten Steuerprogramme für den Rechnerablauf bestanden aus Hilfsprogrammen zur Sequentialisierung der auf Lochkarten geschriebenen Programme, zur Bereitstellung von Ein/Ausgabe-Unterprogrammen, Lochkartenleser, Lochkartenstanzer, Drucker und zur Ansteuerung der Bandgeräte. Aus dieser Ansammlung von Unterprogrammen sind mächtige und umfangreiche Programmpakete entstanden. Diese Rechnerbetriebssysteme können den ganzen Rechnerbetrieb steuern. Betriebssysteme sollen einen geordneten Ablauf der gestarteten Programme ermöglichen und dabei die vorhandenen Systemsoftware- und Gerätebetriebsmittel so nutzen, daß ein möglichst schneller *Programmdurchsatz* erreicht wird.

13.1 Rechnerbetriebsformen und Betriebssystemaufgaben

Die einzelnen Aufgaben der Betriebssysteme haben sich mit den zunehmend komplexeren Betriebsformen der Rechner entwickelt:

- Im *Stapelbetrieb* (engl. *Batch*) waren im wesentlichen nur nacheinander ablaufende Programme mit den notwendigen Hilfs- und Bibliotheksunterprogrammen zu versehen, die notwendigen Dateien zu öffnen, zu lesen und zu beschreiben und die notwendigen E/A-Geräte und Zusatzspeicher anzusteuern. Manchmal mußte auch ein Logbuch geführt werden, aus dem die Betriebskosten errechnet werden konnten.

- Im Mehrprogrammbetrieb (engl. *Multiprogramming, Multitasking*) laufen mehrere Programme quasi gleichzeitig (nebenläufig) auf dem Rechner ab, wobei das Betriebssystem die Software- und Gerätebetriebsmittel abwechselnd den nebenläufigen Programmen (eventuell nach Prioritäten geordnet) zuweist und dabei noch versuchen soll, einen möglichst hohen Gesamtdurchsatz zu erzielen.

- Komplizierter wird die Aufgabe bei Dialogsystemen (engl. *Multi-User Systems, Time-Sharing Systems*), bei denen nebenläufig eine Vielzahl von Benutzern an verschiedenen Terminals (oder anderen Ein/Ausgabe-Geräten) bedient werden sollen. Die Zahl der angeschlossenen Arbeitsplätze kann dabei zwischen zwei und tausend liegen und die Belastung kann im Betrieb zeitlich stark schwanken. Hier muß das Betriebssystem möglichst gleichmäßig und nach gegebenen Prioritäten gerecht die Betriebsmittel zur Verarbeitung der Programme bereitstellen.

- Besondere Schwierigkeiten ergeben sich bei Prozeßrechnern (engl. *Real Time Systems*, im DV-Jargon auch ‚Echtzeit‘-Betrieb), die zeitkritische Steuerungen in industriellen Abläufen steuern müssen. Hier kommen komplexe Unterbrechungsaufgaben und hohe Anforderungen an die Fehlerbehandlung hinzu (also Fehlerentdeckung und wenn möglich Korrektur).

Mit der Vernetzung von Rechnersystemen zu verteilten Systemen und dem Einsatz von Mehrprozessorsystemen müssen Betriebssysteme für diese Aufgaben erweitert werden. Dies ist ein lebhaftes Forschungsgebiet der Informatik.

Das Betriebssystem (vgl. Bild 13-1) erzeugt aus der *realen* Maschine eine *abstrakte* Maschine, die der Benutzer durch entsprechende Anwendungsprogramme, wie Texteditoren, Datenbanksysteme oder Programmiersprachenübersetzer in eine *Benutzermaschine* umwandeln kann.

Benutzermaschine:	Abstrakte Maschine mit Anwendungsprogrammen
Abstrakte Maschine:	Reale Maschine mit Betriebssystem
Reale Maschine:	Zentraleinheit und Geräte (Hardware)

Manchmal werden auch Editoren oder Übersetzer (oder zumindest typische Vertreter davon) zum erweiterten Betriebssystem gezählt. So zählt man zum UNIX-Betriebssystem eine Vielzahl von Editoren, Compiler für die Sprache C und meist weitere Übersetzer und Interpreter.

Im weiten Sinne sollte ein Betriebssystem den Ablauf der Maschine steuern und die nötigen Betriebsmittel zur Verfügung stellen, Anwendungsprogramme bereitstellen und die Programmentwicklung unterstützen. Zur *Betriebsmittelverwaltung* gehört die Ausführung der vom Benutzer geforderten Aufgaben (*Jobs*). Diese werden in einzelne Teilaufgaben (*Prozesse*) zerlegt, so daß jeder Prozeß als Befehlsfolge vom Prozessor ausführbar ist. Ebenso gehört die Verwaltung des Speichers, der Ein/Ausgabe und der vom Job benötigten Systemsoftware, Daten, Geräte und die Interpretation der vom Benutzer erteilten *Systembefehle* (engl. *commands*) zur Betriebsmittelverwaltung. Die Betriebsmittelverwaltung mit Job-, Prozeß-, Daten- und Speicherverwaltung, Dateibearbeitung und Interpretation von Systembefehlen bildet den zentralen Aufgabenbereich eines Betriebssystems. Meist kommt die Übersetzung von Programmen hinzu und die Bereitstellung von Anwendungsprogrammen, wie Texteditoren, Datenbanksystemen, Sortier- und Kopierprogrammen u.ä. Die letztgenannten Aufgaben werden nicht immer zum Betriebssystem im *engen* Sinne gezählt.

Betriebsmittelverwaltung	Anwendungsprogramme	Übersetzer
Prozeßverwaltung	Texteditoren	Assembler
Speicherverwaltung	Linker/Ladeprogramme	Compiler
Datenverwaltung	Dateibearbeitung (Sortieren, Kopieren, Mischen)	Interpreter
Ein/Ausgabeverwaltung	Abrechnung	
Jobverwaltung	Datenfernverarbeitung, Netzverwaltung	
Systembefehlsinterpreter	u.a.	
Diagnose- und Testprogramme		
Mehrprozessorverwaltung u.a.		

Bild 13-1 Aufgaben von Betriebssystemen im weiteren Sinne aus der Benutzersicht

Aus der Sicht des Benutzers ist es erst einmal gleich, ob die Aufgaben des Betriebssystems hardwaremäßig durch die Prozessor- oder Gerätesteuerung erledigt werden oder ob dies durch die Betriebssystemsoftware geschieht. Hardwarelösungen können oft schneller gestaltet werden, programmierte Lösungen sind dagegen flexibler und können leichter geändert werden. Betriebssysteme können so als *Verlängerung der Systemhardware* verstanden werden.

In diesem Sinne läßt sich eine logische Schichtung der Betriebssystemaufgaben entwickeln, die von den Schaltkreisen bis zum Befehlsinterpreter für die Betriebssystembefehle reicht. In ihr sind die Aufgaben des Betriebssystems nicht mehr aus der *Benutzersicht*, sondern aus der *Systemsicht* des Systementwerfers oder Systemprogrammierers angegeben. Die unterste Systemschicht bilden die Hardwareeinrichtungen des Prozessors, des Hauptspeichers und der internen Busse; am oberen Ende ist die Bedienoberfläche, die Sprache der Betriebssystembefehle. Bild 13-2 zeigt diese Schichtung.

Schicht	Name	Typische Objekte	Typische Operationen
1	Schaltkreise	Register, Gatter, Busse	NAND, NOR, EXOR
2	Maschinensprache	Befehlszähler, ALU	ADD, MOVE, BR
3	Unterprogramme	Prozedurblöcke, Rekursionsstack	CALL, JRS, RTS
4	Unterbrechungen	Fehlerroutinen	Busfehler, Reset
5	einfache Prozesse	Prozeß, Semaphor, Puffer	warte, stelle bereit
6	lokaler Zusatzspeicher	Datenblock, E/A-Kanal	lies, schreibe, eröffne, schließe
7	virtueller Speicher	Seite (page), Seitenrahmen	lies, schreibe, tausche aus (swap)
8	Prozeßkommunikation	Übergabekanal (pipe)	lies, schreibe, eröffne, erstelle
9	Dateiverwaltung	Dateien	lies, schreibe, eröffne
10	Geräte	Zusatzspeicher, Drucker, Terminals	lies, schreibe
11	Ein/Ausgabeströme	Datenströme	öffnen, schließen, lesen, schreiben
12	Benutzerprozesse	Benutzerprozesse	einloggen, ausloggen, verzweigen
13	Verzeichnisse	interne Tabellen	erstelle, lösche
14	Benutzeroberfläche (Shell)	Programmierumgebung	Betriebssystembefehle

Bild 13-2 Systemsicht des Betriebssystems: Schichtenmodell

Jede Schicht zeichnet sich durch schichttypische Objekte und Operationen auf diesen Objekten aus. Bei einem streng *hierarchisch* konstruierten Betriebssystem wird verlangt, daß jede Schicht auf keine andere als die eigene und die darunterliegenden Schichten mit den dafür definierten schichtspezifischen Operationen zugreifen kann. Die Implementierung der Operationen einer Schicht soll dabei den darüberliegenden Schichten verborgen bleiben; allein die Operation selber ist zugänglich. Dieses allgemeine Prinzip heißt „*information hiding*".

Die Hardware/Geräteschichten sind vom Hersteller vorgegeben; sie werden vom Betriebssystem verwaltet. So kann man die gleiche Maschine durchaus mit verschiedenen Betriebssystemen ,fahren'. Der IBM PC kann sowohl mit dem MS-DOS-Betriebssystem als auch mit der UNIX-Betriebssystemvariante XENIX (und anderen) betrieben werden. Die VAX-Maschinen werden vom Hersteller mit VMS (*Virtual Machine System*) und mit der UNIX-Variante Ultrix-32 ausgeliefert; viele VAX-Rechner laufen mit anderen UNIX-Varianten wie UNIX 4.3 BSD (*Berkeley Software Distribution*). Am Beispiel von UNIX sieht man, daß das gleiche Betriebssystem auf sehr unterschiedlichen Maschinentypen implementiert sein kann, die von der PC-Klasse bis zu den größten Rechenanlagen reichen. Der „Super-rechner" CRAY-2 läuft unter einer Variante des AT&T UNIX System V und es gibt UNIX-Varianten für Großrechner wie Amdahl UNIX UTS/580 oder IBM UNIX IX/370.

Die ersten Betriebssysteme waren Einzelanfertigungen für genau einen Maschinentyp. Entwickelte ein Rechnerhersteller ein neues Rechnersystem, erhielt dieses auch ein neues Betriebssystem. Für die Benutzer war dies eine rundum unerfreuliche Situation, da ein Betriebssystemwechsel eine sehr aufwendige Übertragung vorhandener Software verlangt. Ab Mitte der sechziger Jahre wurden mit der IBM-Rechnerarchitektur System/360 die Betriebssysteme OS/360 (*Operating System*) und das schlichtere DOS/360 (*Disk Operating System*) für eine Vielzahl von IBM-Rechnern sehr unterschiedlicher Leistung angeboten. Heute laufen als Nachfolgeentwicklungen des OS/360, die IBM-Betriebssysteme MVS (*Multiple Virtual Storage*) und VM (*Virtual Machine*) bzw. ihre Erweiterungen MVS/XA und VM/XA (*Extended Architecture*) auf Großrechnern unterschiedlicher Hersteller.

Hardware und Rechnerarchitektur sind die unteren fest vorgegebenen Schichten des Betriebssystems (s. Bild 13-3).

Schicht	Name	Typische Objekte	Typische Operationen
1	Schaltkreise	Register, Gatter, Busse	NAND, NOR, EXOR
2	Maschinensprache	Befehlszähler, ALU	ADD, MOVE, BR
3	Unterprogramme	Prozedurblöcke, Rekursions-stack	CALL, JSR, RTS
4	Unterbrechungen	Fehlerroutinen	Busfehler, Reset
5	einfache Prozesse	Prozeß, Semaphor, Puffer, Prozeßstatuswort	warte, stelle bereit
6	lokaler Zusatzspeicher	Datenblock, E/A-Kanal	lies, schreibe, eröffne, schließe

Bild 13-3 Systemsicht des Betriebssystems: Hardware/Geräteschichten und einfache Prozeß- und Speicherverwaltung.

Eine gewisse Vermischung der Rechnerarchitektur mit der Betriebssystemsoftware ist bei den Unterbrechungen zu erkennen: Unterbrechungen werden normalerweise durch die Hardware gemeldet, die Routinen zur Unterbrechungsbehandlung werden jedoch vom Betriebssystem softwaremäßig ausgeführt.

Über den Unterbrechungsroutinen liegt als nächste Betriebssystemschicht die Behandlung der Ein/Ausgabegeräte und des virtuellen Speichers (s. Bild 13-4). Die Schichten 1–6 sind bei allen Rechnern vom Personal Computer bis zum komplexesten Großrechner vorhanden.

Schicht	Name	Typische Objekte	Typische Operationen
7	virtueller Speicher	Seite (page), Seitenrahmen	lies, schreibe, tausche aus (swap)

Bild 13-4 Systemsicht des Betriebssystems: Verwaltung des virtuellen Speichers

Virtuelle Speicherverwaltung (Schicht 7) ist vor allem Kennzeichen von Mehrprozeßmaschinen; sie kann jedoch auch bei Einprozeßmaschinen vorkommen und ist bei einigen neueren 32-Bit-Mikroprozessoren verfügbar. Oberhalb der Speicherverwaltung (ab Schicht 8, vgl. Bild 13-5) verwaltet das Betriebssystem nicht nur die Zentraleinheit, sondern das ganze Rechnersystem mit Zusatzspeichern und Ein/Ausgabegeräten. Auf dieser Ebene müssen Geräte, Dateien, Verzeichnisse, Gerätetreiber, Benutzerprozesse u.a. zugänglich gemacht werden. Die zeitliche Synchronisation der ablaufenden Prozesse muß erreicht und die Kommunikation zwischen diesen Prozessen verwaltet werden.

Schicht	Name	Typische Objekte	Typische Operationen
8	Prozeßkommunikation	Übergabekanal (pipe)	lies, schreibe, eröffne, erstelle (create)
9	Dateiverwaltung	Dateien	lies, schreibe, eröffne, lösche
10	Geräte	Zusatzspeicher, Drucker, Bildschirmterminals	lies, schreibe
11	Ein/Ausgabeströme	Datenströme	öffnen, schließen, lesen, schreiben
12	Benutzerprozesse	Benutzerprozesse	einloggen, ausloggen, verzweigen, abbrechen, unterbrechen
13	Verzeichnisse	interne Tabellen, Dateiverzeichnisse	erstelle, lösche, erweitere, suche, ändere

Bild 13-5 Systemsicht des Betriebssystems: Prozeß-, Datei- und Ein/Ausgabeverwaltung

Eine weitere Aufgabe ist die langfristige Datenhaltung in Dateien auf den Zusatzspeichern (Schicht 9). Dieser Zugriff auf die logische Einheit *Datei* wird von den an Blöcken, Sektoren und Spuren orienterten Speicherzugriffen in der Schicht 6 unterschieden. Bei der Geräteverwaltung werden die Steuereinheiten der unterschiedlichen E/A-Geräte und Zusatzspeicher über Gerätetreiberprogramme angesprochen. Ein Treiberprogramm kann dem Betriebssystem das Gerät als Datei (eines speziellen Typs) darstellen, so daß eine weitgehend einheitliche Schnittstelle für die Datenübertragung entsteht. Bei UNIX und ähnlichen Systemen erzeugen die Gerätetreiber spezielle Dateien, die im wesentlichen wie ASCII-Dateien im Hauptspeicher behandelt werden können. Bei einigen Geräten, wie Bildschirm und Tastatur, hat der Begriff Datei keine vernünftige Bedeutung mehr; sie werden besser durch den Begriff des *Ein-* oder *Ausgabestroms* beschrieben. Das Betriebssystem kann dafür sorgen, daß diese Datenströme formal wie Dateien behandelt werden können und in die Betriebssystembefehle wahlweise statt Dateinamen einsetzbar sind. Die Ausgabe der Datei ,*Ausgabe*' auf den Bildschirm des Terminals ,*SchirmA15*' kann dann durch den Befehl

        cat Ausgabe > SchirmA15

veranlaßt werden. Ist ,*SchirmA15*' dagegen eine Datei, wird deren neuer Inhalt aus der Verkettung von *Ausgabe* und dem alten Dateiinhalt gebildet (der Befehl cat ist eine Abkürzung von *concatenate* – verketten).

Neben den stromartigen Dateien, die aus einer Folge von ASCII-Zeichen oder Byte bestehen, werden in vielen Betriebssystemen Dateien mit einer Satzstruktur (*records*) zugelassen. Unter Umständen sind sogar Sätze variabler Länge zu verwalten, die jeweils durch besondere Satzendemarken getrennt werden.

Benutzerprozesse (Schicht 12) bestehen im Kern aus einem einfachen Prozeß (Schicht 5), verwenden aber auch Informationen über den zugewiesenen virtuellen Speicher, über die Zugriffsrechte und andere Informationen, die beim Arbeitsbeginn (*log in*) festgelegt werden. Benutzerprozesse können eine abstrakte (virtuelle) Maschine verwalten, die dem Benutzer den Zugriff auf einen exklusiv bereitgestellten Rechner vorspiegelt.

Die Dateiverzeichnisse verwalten die Beschreibungen aller Objekte, auf die zugegriffen werden kann, also sowohl Dateien, Prozesse, Geräte als auch die Verzeichnisse selbst. In einem Verzeichnis wird der externe Name eines Objekts (der vom Benutzer gewählt wird), mit einem internen Namen für das Betriebssystem verknüpft. Neben dem internen Namen können im Verzeichnis weitere Informationen wie der Dateityp (z.B. Textdatei oder ausführbare Binärdatei), die Größe der Datei, Erstellungs- und Änderungsdatum oder Zugriffsrechte (Lesen, Schreiben, Ausführen bei Programmen) für Benutzer oder Benutzergruppen stehen.

Viele Betriebssysteme verwenden eine strikt hierarchische Verzeichnisstruktur. So steht in UNIX (vgl. Bild 13-6) an oberster Stelle ein Verzeichnis *Root* (dt. Stammverzeichnis, eigentlich ‚Wurzelknoten‘), das meist nicht explizit angegeben wird. In Root stehen unter anderem das Geräteverzeichnis /dev (*devices*), das Benutzerverzeichnis /usr und das Systemprogrammverzeichnis /bin. Diese Verzeichnisse teilen sich weiter auf. Zu jeder Datei führt ein Pfadnamen, der durch die hierarchische Verkettung der übergeordneten Verzeichnisse entsteht. Die Verkettung von Verzeichnissen wird durch das Operationssymbol / beschrieben. Zum Beispiel hat das Schachspielprogramm *chess* den Pfadnamen /usr/games/chess (*root* wird nicht explizit angegeben). Durch die Pfadnamen sind eindeutige Benennungen möglich. Die Pfadnamen /bin und /usr/bin unterscheiden die unterschiedlichen, aber gleichnamigen Dateiverzeichnisse *bin* in (Bild 13-6).

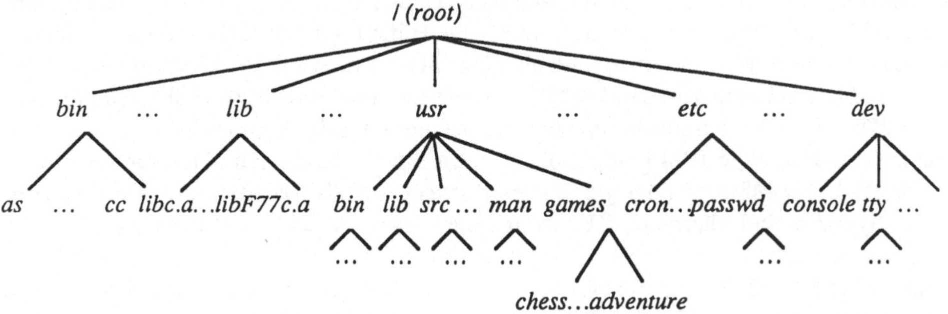

Bild 13-6 Hierarchie der Dateiverzeichnisse (UNIX)

Den Abschluß des Betriebssystems gegen die Welt des Benutzers bildet der Befehlsinterpreter, der die Betriebssystembefehle und Befehlsstrukturen umsetzt, so daß sie vom Betriebssystemkern ausgeführt werden können (Bild 13-7). Bei manchen Betriebssystemen ist diese ‚Benutzeroberfläche‘ oder ‚Hülle‘ (im UNIX-Jargon: *shell*) eine eigene Programmiersprache, die Befehlsverkettungen, Schleifen, Verzweigungen und Makros zuläßt. Beim

Betriebssystem UNIX wird die Befehlssprache Shell aus der Systemimplementierungs-
sprache C (in der UNIX weitgehend geschrieben ist) abgeleitet.

Schicht	Name	Typische Objekte	Typische Operationen
14	Benutzeroberfläche (Shell)	Programmierumgebung	Betriebssystembefehle

Bild 13-7 Systemsicht des Betriebssystems: Befehlsinterpreter

Das Betriebssystem soll dem Benutzer eine *logische Abstraktion* von den schwierigen Besonderheiten der realen Betriebsmittel bieten und diese in einer Form präsentieren, die
dem Benutzer, sei es als Programmierer oder als Anwender eines fertigen Anwendungs-
programms, logisch möglichst einfach und weitgehend geräteunabhängig erscheint. Beispiel
einer solchen Abstraktion ist der virtuelle Speicher, der jedem Nutzer einen eigenen einheitlichen logischen Speicher vorspiegelt, real aber aus einer Vielzahl sehr verschiedener
Speicher und Geräte bestehen kann. Diese Abstraktion dient als Vorbild für viele andere
Abstraktionen in einem guten Betriebssystem. Das Betriebssystem transformiert die realen
Betriebsmittel in *virtuelle Betriebsmittel* und besorgt die permanente Umsetzung der
Benutzeranforderungen an die virtuellen Betriebsmittel in Aktionen der realen Betriebs-
mittel. Für den Benutzer verschwindet so die reale Maschine (als Hardwarebasis) und er
arbeitet mit einer *abstrakten Maschine.*

13.2 Elemente des UNIX-Betriebssystems

UNIX ist als Betriebssystem für eine Programmierumgebung mit Multiprogramm-Betrieb
auf einer kleinen 16-Bit-Maschine entstanden und ist dann zu einem portablen Mehrnutzer-
system erweitert worden. Das Betriebssystem ist fast vollständig in der Programmiersprache
C geschrieben und kann deshalb an jede Maschine mit einem C-Compiler relativ leicht angepaßt werden. Man spricht deshalb von einem portablen Betriebssystem. Ein in C ge-
schriebener UNIX-Kern (engl. *kernel*) umfaßt rund 10000 Programmzeilen, zu denen etwa
1000 maschinenspezifische Assemblerbefehle hinzukommen. Ein kleines UNIX-System hat
etwa 100000–200000 C-Zeilen und braucht etwa 5 MB Speicher; ein volles UNIX-System
mit allen Hilfsprogrammen kann je nach Anzahl der Hilfsprogramme 50–150 MB umfassen.
UNIX läuft heute als Mehrbenutzer- und als Einzelplatzsystem auf einer Vielzahl von Rechnern von Mikrorechnern wie den IBM PCs, Apple Lisa und Macintosh II über Minirechner
wie der PDP- und VAX-Familie bis hin zu Großrechnern wie der Univac 1100, den Amdahl-
Maschinen und anderen IBM-kompatiblen Großrechnern, sowie den ‚Superrechnern‘ vom
Typ CRAY-2. Für Mikrorechner gibt es verschiedene UNIX-Varianten und -Derivate; ver-
breitete Systeme sind Microsoft XENIX und die Version AIX für den IBM 6150 (PC RT).
UNIX-Systeme haben einige typische *Kennzeichen*:
- Alle System- und Benutzerprogramme werden als *Prozesse* ausgeführt. System- und
  Benutzerprozesse werden grundsätzlich gleich behandelt, sind aber für die einzelnen
  Nutzer mit unterschiedlichen Zugriffsrechten und Prioritäten versehen (lesen, schreiben,
  ausführen). Auf die Prozeßverwaltung unter UNIX wird im Kap. 14 genauer eingegangen.
- UNIX behandelt Dateien und Geräte logisch einheitlich. Damit besteht ein *geräteunab-
  hängiges Dateiverwaltungssystem*, in dem drei Dateitypen unterschieden werden:
  – Daten, d.h. Binär- und Textdateien (*binary files, text files*);
  – Dateiverzeichnisse (*directories*);
  – Gerätetreiber (*special files*).

Als Folge dieser einheitlichen Behandlung von Geräten und Dateien können alle Ein/ Ausgabe-Befehle beliebig umdirigiert werden.

- Dateien haben in UNIX keine besondere innere *Struktur*. Jede Datei kann als eine Byte-Sequenz (*file of byte*) angesehen werden. Dies erleichtert den korrekten, aber auch den „wilden" Zugriff auf beliebige Dateien. Wird eine explizite Strukturierung einer Datei gewünscht, kann diese durch ein Benutzerprogramm geschehen (z.B. durch Datenstrukturen höherer Programmiersprachen).

- UNIX unterscheidet strukturierte Ein/Ausgaben (*Block* I/O) und unstrukturierte Ein/ Ausgaben (*Character* I/O). *Strukturierte Ein/Ausgabe* geschieht mit Blöcken fester Länge, typischerweise zur Dateiverwaltung auf Platten oder Bandeinheiten. Ursprüngliche UNIX-Blocklänge war 512 Byte in Version 7. Sie beträgt nun 1024 Byte in System V und sie ist einstellbar bis 8 KB im Berkeley UNIX 4.3 BSD. *Unstrukturierte Ein/Ausgaben* sind Ströme (*streams*) von ASCII-Zeichen.

- Das Dateiverwaltungssystem ist *hierarchisch* aufgebaut und bietet komplexe *Schutzmechanismen* auf verschiedenen Ebenen gegen Lese-, Schreib- und Ausführungszugriffe.

- UNIX verwaltet einen logischen Pufferspeicher (*cache* genannt), der jedem Gerät mit strukturierter Ein/Ausgabe einen E/A-Pufferbereich im Hauptspeicher zuordnet (üblicherweise zwischen 10 und 70 Puffer). UNIX hat eine virtuelle Hauptspeicherverwaltung mit Seitenaustausch bei Nachfrage (*demand paging*, vgl. Kap. 15 – gilt für Berkeley UNIX ab Version 3 BSD und AT&T UNIX ab System V). UNIX-Caches sind *logische* Pufferspeicher. Sie sollten nicht mit schnellen Hardware-Pufferspeichern bei Groß- und Minirechnern verwechselt werden.

Blockstrukturierte Dateien werden zu hierarchisch angeordneten *Dateisystemen* zusammengefaßt (s. Bild 13-8). Ein UNIX-System kann ein oder mehrere Dateisysteme enthalten. Ein Dateisystem umfaßt dabei maximal ein Zusatzspeichergerät (meist eine Magnetplatte), aber ein Zusatzspeicher kann logisch so aufgeteilt werden, daß es mehrere Dateisysteme umfaßt. Das ausgezeichnete („oberste") Dateisystem enthält das Stammverzeichnis *Root*. An ein Dateisystem können weitere Dateisysteme baumartig angehängt werden (Befehle: *mount, unmount*). Dateisysteme werden einem Zusatzspeicher oder einem Zusatzspeicherbereich zugewiesen (üblicherweise einem Plattenspeicher). Das System wird in gleich große logische Blöcke bzw. Blockrahmen aufgeteilt, die üblicherweise zwischen 512 Byte und 8 KB umfassen (Bei UNIX 4.2 BSD und 4.3 BSD werden auch kleinere „fragmentierte Blöcke" in 512 Byte-Abstufungen zugelassen). Die Beschreibung des Dateisystems steht in einem *Superblock*, der die Zusatzspeicheradressen der Dateideskriptortabelle und der Speicherbereiche enthält. Angaben über die einzelnen Dateien werden in Dateideskriptoren (im UNIX-Jargon *i-Knoten* genannt) gespeichert, die zu einer Deskriptorliste (*i-Liste*) zusammengefaßt werden.

Hinter dem Superblock und der Deskriptorliste folgen die Dateien selber, wobei nach einer *first-fit*-Strategie eine neue Datei in fortlaufenden Blöcken im ersten freien Bereich hinter der Deskriptortabelle gespeichert wird. Die freien Blöcke werden als zeigerverbundene Liste verwaltet. In einem Dateideskriptor (*i-Knoten*) stehen folgende Angaben:

- Datei*besitzer*
- Benutzer*gruppe* des Besitzers
- Angaben über die *Zugriffsrechte*
- absolute *Adresse* der Datei
- *Dateigröße*

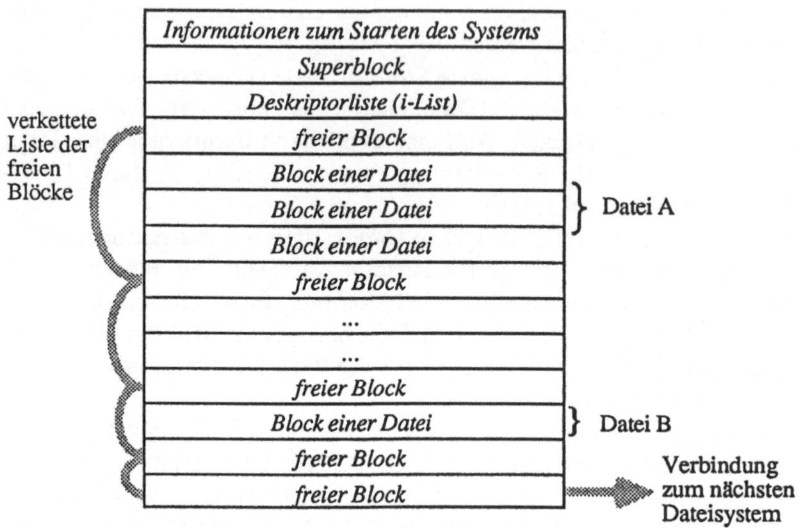

Bild 13-8 UNIX-Dateisystem auf einem Sekundärspeicher

- *Datum* der Erstellung, des letzten Zugriffs, der letzten Änderung
- *Zahl der Verbindungen* der Datei zu Verzeichnissen
- *Typ* der Datei: Verzeichnis, Daten oder Gerätetreiber.

Jede Datei kann intern eindeutig durch ihre Adresse (Gerät, Dateisystem und i-Knoten) bezeichnet werden. Der i-Knoten verwaltet 13 Adreßzeiger für eine Datei. Die ersten zehn Adreßzeiger deuten auf die ersten zehn Blöcke der Datei. Der elfte Zeiger erlaubt eine indirekte Referenz; er zeigt auf den Anfang einer Tabelle, die die Zeiger der nächsten 128 Blöcke enthält. Der zwölfte Zeiger realisiert eine doppelt-indirekte Referenz auf eine Tabelle mit den Startadressen von 128 weiteren Adreßtabellen. Der dreizehnte Zeiger verwaltet schließlich eine tripel-indirekte Referenz auf die Adressen weiterer 128 Adreßtabellen, die selber wieder 128 Adreßtabellen enthalten. Insgesamt lassen sich

$$10 + 128 + 128^2 + 128^3 \text{ Blöcke}$$

adressieren; d.h. mit einer Blockgröße von 4 KB (in UNIX 4.3 BSD) sind Dateien bis zur maximalen Größe von 8657608704 Byte oder rund 8,6 Gigabyte adressierbar. Für Großrechenanlagen oder mit den jetzt zunehmend eingesetzten optischen Platten ist dies kein übermäßig großer Bereich mehr. UNIX offenbart hier eine — freilich behebbare — historisch bedingte Schwachstelle.

UNIX stellt über Verzeichnisse (*directories*) die Zuordnung zu den vom Benutzer verwendeten Dateinamen automatisch her. Um eine Datei zu verwenden, muß sie geöffnet werden. Der Betriebssystemzugriff auf eine Datei erfolgt über ein Verzeichnis der vom Benutzer geöffneten Dateien. Diese greift über ein im Hauptspeicher residentes Verzeichnis aller geöffneten Dateien auf die ebenfalls residente Tabelle aller aktiven Dateideskriptoren zu. In dieser Tabelle sind die Adresse des entsprechenden Dateideskriptors eingetragen. Der Dateideskriptor enthält die Anfangsadresse der Datei.

Dateizugriffe werden über Pufferspeicher geregelt (vgl. Bild 13-9). Veränderte Pufferinhalte werden regelmäßig zu bestimmten Zeiten (z.B. alle 30 Sekunden) oder durch den expliziten Betriebssystembefehl *sync* auf die Platten geschrieben. Für lesende Prozesse ist nur der aktuelle Pufferinhalt verfügbar. Eine nachteilige Folge dieser Pufferverwaltung ist die zeitweilig auftretende Differenz zwischen dem logischen Dateiinhalt im Puffer und dem physikalisch gespeicherten Dateiinhalt auf der Platte. Diese Datei-Inkonsistenz wird erst durch Zurückschreiben des Pufferinhaltes aufgehoben (Die Datei wird „synchronisiert"). Um die Synchronisation zu gewährleisten, darf UNIX (wie viele komplexe Betriebssysteme) nicht einfach abgeschaltet werden, sondern muß zeitlich geordnet „heruntergefahren" werden. Dies führt zu gewissen Schwierigkeiten bei der Implementierung auf Mikrorechnern, deren Benutzer oft ein ungeordnetes Ein/Ausschalten bevorzugen.

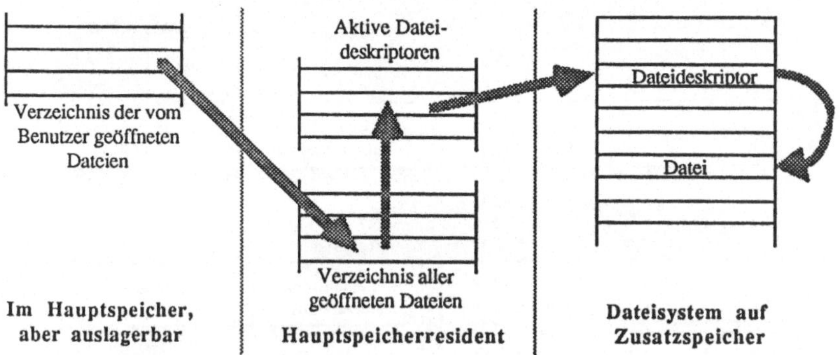

Bild 13-9 Dateizugriff in UNIX

Dateien werden in UNIX grundsätzlich *sequentiell* gelesen. Um ein Äquivalent zum direkten Dateizugriff zu erhalten, muß eine Datei jedoch nicht notwendigerweise von Anfang an gelesen werden. Der erste Zugriff kann zu einem beliebigen Block der Datei erfolgen, von dem ab sequentiell weitergelesen wird. Es wird also zum Adreßanfang eine Verschiebung (*offset*) addiert (*seek*). Da die Dateiblöcke gleich lang sind, ist die Verschiebung einfach zu berechnen. Als Grundoperationen der Dateneingabe und -ausgabe stehen in UNIX zur Verfügung:

- Erzeugen einer Datei (*create*);
- Öffnen und Schließen (*open/close*);
- sequentiell Lesen, Schreiben (*read/write*) und Positionieren (*seek*);
- Eintragen oder Löschen eines Namenseintrages in einem Dateiverzeichnis (*link/unlink*).

Eine Datei kann in mehreren Verzeichnissen stehen. Die Verbindungen zwischen einer Datei und ihren Verzeichnissen heißen *links*. Verzeichnisse haben anders als Dateien stets nur ein Vorgängerverzeichnis. Die hierarchische *Verzeichnisstruktur* ist stets baumartig (vlg. Bild 13-6), die *Dateistruktur* muß dagegen wegen möglicher mehrfacher Vorgänger nicht baumartig sein (s. Bild 13-10).

Das UNIX-Dateiverwaltungssystem erlaubt einfaches Öffnen und Löschen von Dateien, unterstützt den direkten Zugriff und hat eine einfache Methode zur Speicherplatzzuweisung. Der Betriebssystemüberhang (*system overhead*), also die Differenz zwischen physikalisch beanspruchtem Speicherplatz und der logischen Größe der gespeicherten Dateien ist recht klein. Er beträgt typischerweise weniger als zehn Prozent.

UNIX zeichnet sich durch eine Vielzahl von Hilfsprogrammen (*Utilities*) aus. Dazu gehören mehrere Editoren (wie die Zeileneditoren **ed, sed** und der Bildschirmeditor **vi**) und verschiedene Text- und Dokumenten-Formatierprogramme (**lroff, troff, lproff** einschließlich

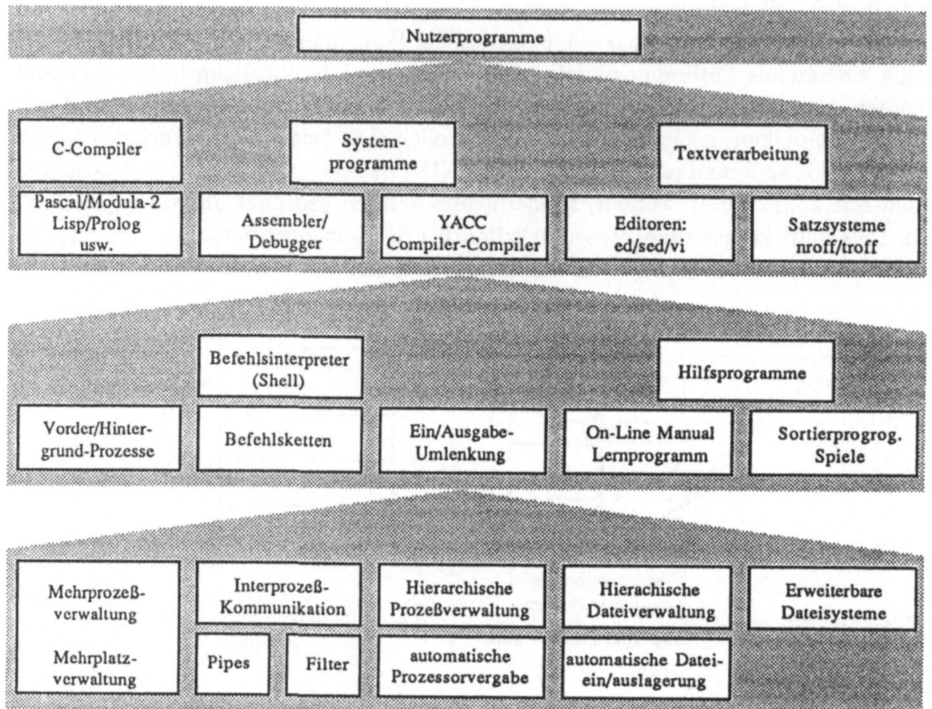

Bild 13-10 Komponenten eines UNIX-Systems.

Erweiterungen für mathematische Textgestaltung und andere Makro-Prozeduren), die zu ihrer Zeit patente Programme waren und wesentlich zur Verbreitung von UNIX an den Universitäten beigetragen haben. Über die Textformatierung hinaus gibt es in vielen UNIX-Implementierungen das Satz- und Drucksystem T_EX und das Softwareprojekt-managementsystem **SCCS** (*Source Code Control System*) als Teil einer Programmierum-gebung (*Programmer's Workbench*).

Mit dem Wunsch nach einfacher Portabilität ist eine gewisse Hardwareunabhängigkeit der UNIX-Systeme verbunden. Dies ist nicht nur von Vorteil, da so auch auf manche Möglich-keiten der hardwaremäßigen Unterstützung des Betriebssystems verzichtet wird. Großrech-ner haben meist besondere Hardwaremechanismen zur Unterstützung ihres spezifischen, vom Hersteller bereitgestellten Betriebssystems. Ein portables Betriebssystem wie UNIX kann eine solche Unterstützung nicht voraussetzen. Es gibt aber inzwischen eine Reihe von Mini-Rechnern, die UNIX herstellerseitig unterstützen. Dazu gehören z.B. Digital Equip-ment VAX, AT&T 3Bx, IBM 6150, Nixdorf Targon, Gould, Hewlett Packard, Bull u.v.a. Ebenso interessant sind Mikroprozessoren wie der National Semiconductor 32032, die direkt für UNIX-ähnliche Betriebssysteme konzipiert sind.

13.3 Anmerkungen zur Geschichte der Betriebssystementwicklung

Betriebssysteme im heutigen Sinne gibt es seit der Mitte der sechziger Jahre. Bis dahin gab es nur den Stapelverarbeitungsbetrieb und unterstützende Programme zum Betriebsablauf. Ein verbreitetes Programmpaket dieser Art war das IOCS (*Input/Output Control System*) für den IBM 1401-Rechner. Um 1960 entstanden die ersten herstellerspezifischen Betriebssysteme für die damaligen Großrechner, wobei für jeden Maschinentyp ein eigenes System entwickelt wurde. Am MIT wurde eines der ersten Teilnehmerbetriebssysteme entwickelt (CTSS – *Compatible Time-Sharing System*), für die Fluggesellschaften wurden Buchungssysteme mit vielen Hundert Terminals (Teilhabersysteme) entwickelt. Aus der CTSS-Entwicklung, die auf einem IBM 7094-Rechner lief, wurde das Mehrplatzbetriebssystem Multics (Mult*iplexed Information and Computing Service*) für den General Electric Rechner GE-645 entwickelt, das 50 Terminals gleichzeitig bedienen konnte.

Ein wesentlicher Einschnitt in die Betriebssystementwicklung erfolgte 1964 mit dem Entwurf der Rechnerarchitektur der IBM System/360-‚Familie‘, die eine Vielzahl von Rechnern verschiedener Leistungsklassen umfaßt. Das OS/360 (*Operating System /360*) war ein Betriebssystem für alle Rechner des System/360, obwohl anfangs in der Praxis wohl überwiegend das schlichtere DOS/360 (D*isk Operating System/360*) eingesetzt wurde. OS/360 war ein System für den Mehrprogrammbetrieb; es wurde in einer kleineren Version MFT für eine feste Zahl von nebenläufigen Prozessen (*Multiprocessing with a Fixed Number of Tasks* im IBM-Jargon) und einer großen Version MVT (*Multiprocessing with a Variable Number of Tasks*) für eine variable Zahl von bis zu 15 Prozessen ausgeliefert. Es wurde um 1970 durch die Teilnehmeroption. (TSO – T*ime-Sharing-Option*) ergänzt. Für das Doppelprozessormodell 360/67 wurde zur gleichen Zeit das Betriebssystem CP-67/CMS mit einer virtuellen Speicher-Verwaltung eingeführt (*Control Program/Conversational Monitor System*).

OS/360 bestand aus rund einer Million Programmzeilen und besaß dem Vernehmen nach über lange Zeit eine konstante Fehlerrate, d.h. die Zahl der neuen Fehler nach einer umfassenden Ausbesserung entsprach der Zahl der verbesserten Fehler. Systeme dieser Größenordnung scheinen letztlich nicht beherrschbar zu sein – angesichts dieser Schwierigkeiten kam Anfang der siebziger Jahre die Bezeichnung *Software-Krise* auf.

Mit der 1970 erfolgten Einführung der Gerätelinie System/370 wurde OS/360 über die Timesharing Option TSO zum System MVS/370 (*Multiple Virtual Storage*) weiterentwikkelt, das mehrere Hundert Nutzer und bis zu 16 Prozessoren gleichzeitig unterstützen kann. Mit den 1984 neu vorgestellten IBM-Großrechnerfamilien 308x und 43xx wurde MVS/370 zu MVS/XA (*Extended Architecture*) umgestaltet, das inzwischen auf Großrechnern weitverbreitet ist. Der Umfang von MVS/XA hat sich gegenüber OS/360 vervielfacht auf rund 6 Mio. Programmzeilen. Alternativ führte die IBM 1972 das Betriebssystem VM (*Virtual Machine*) ein, das inzwischen zu VM/XA erweitert wurde. Mit VM können andere Betriebssysteme emuliert werden und als Prozeß unter VM ablaufen. Nutzern von kleineren Systemen wie DOS/360 sollte durch VM der Übergang auf das Betriebssystem MVS erleichtert werden. VM kann im Teilnehmerbetrieb sogar jedem einzelnen Nutzer eine eigene abstrakte Maschine unter dem von ihm gewählten Betriebssystem vorspiegeln, so daß VM, OS und DOS gleichzeitig auf einer Maschine laufen könnten. Dies senkt freilich die Leistungsfähigkeit der Maschine. Die Arbeitsweise, bei der ein ganzes Betriebssystem virtualisiert wird, nennt man *virtuelle Maschine*. Interessanterweise scheinen manche Nutzer mit VM, das ihnen ja sogar die Virtualisierung von MVS und allen weiteren Neuentwicklungen erlaubt, zufriedener zu sein als mit MVS, so daß für die IBM-kompatiblen Großrechner wohl für längere Zeit zwei große Betriebssysteme MVS/XA und VM/XA, wahlweise zur Verfügung stehen.

Eine Alternative zu den Großrechnern mit ihren großen, komplexen Betriebssystemen entstand durch die Verbreitung der Mini- und Mikrorechner, vor allem an den Universitäten und Forschungsinstituten. Edsger Dijkstra entwarf um 1967 an der *Technischen Hochschule Eindhoven* das Betriebssystem THE, das einem strikt modularen Entwurf folgte und damit die neueren Entwicklungen beeinflußte. Einen weitreichenderen Einfluß hat das Betriebssystem UNIX, das von K. Thompson und D. Ritchie von 1969 an in den AT&T Bell Laboratories zunächst für die 16-Bit-Rechner PDP-11 (bzw. PDP-7) der Digital Equipment Corporation entwickelt wurde. Die erste Version wurde von Ken Thompson in Assembler geschrieben. UNIX war als abgemagerte Zweiplatzversion des Mehrplatzbetriebssystems Multics gedacht (angeblich um das auf einem Großrechner GE-645 unter Multics laufende Spielprogramm „Space Travel" auf einer DEC PDP-7 zu implementieren. Thompson hatte zuvor am Multics-Projekt gearbeitet und übernahm für den UNIX-Entwurf daraus die Mehrprozeßverwaltung. Die erste UNIX-Version war für zwei Arbeitsplätze ausgelegt, spätere Versionen lassen viel größere Benutzerzahlen zu. 1973 wurde UNIX von Dennis Ritchie in der speziell zu diesem Zweck entwickelten Programmiersprache C für eine PDP 11/20 umgeschrieben (bis auf einen kleinen maschinenabhängigen Assemblerkern von knapp 1000 Maschinenbefehlen zur Anpassung des UNIX-Systems an die spezielle Maschine). Diese neue UNIX-Version war für Multiprogramm- und Timesharing-Nutzung konzipiert.

Ein entscheidender Vorzug von UNIX ist seine einfache Übertragbarkeit auf neue Rechner. Da die Bell Laboratories das UNIX-System mit den C-Quelltexten anfänglich kostenlos (freilich auch ohne Wartung) für nicht-kommerzielle Benutzer weitergaben, verbreitete sich UNIX seit etwa 1976 schnell an Universitäten und Forschungsinstituten. Mit dieser ungeregelten Verbreitung ist allerdings auch ein gewisses Problem entstanden, da viele Implementierungen voneinander in Einzelheiten abweichen und man über lange Zeit eigentlich nicht von einem einheitlichen UNIX sprechen konnte, sondern mehr von einer UNIX-„Systemfamilie". UNIX hat in den Bell Laboratories eine rasche Generationenfolge durchlaufen, die von ‚Version 6' (1976) über ‚System III' (1982) und ‚System V' (1984) bis zum derzeit vertriebenen ‚System V.3' (seit 1986) reicht. An der *University of California in Berkeley* wurden mehrere davon leicht abweichende Versionen konstruiert. Seit 1984 wird 4.3 BSD (für *Berkeley Software Distribution*) vertrieben. Um eine industriell verbindlichere Basis zu schaffen, gibt es seit 1987 den Standardisierungsvorschlag IEEE P 1003 für UNIX durch das *Institute for Electrical and Electronic Engineers*. Da bei einem firmenübergreifenden Standard kein geschütztes Warenzeichen wie UNIX verwendet werden kann, heißt der UNIX-Standardisierungsvorschlag POSIX (*Portable Operating System Computer Environments*). Auch das *Manufacturing Automation Protocol* (MAP), ein herstellerübergreifend diskutiertes Vernetzungsprotokoll für heterogene Rechnernetze im Produktionsbereich, basiert auf UNIX. Es scheint, daß UNIX zum wichtigsten Betriebssystem für 32-bit-Mikrorechner wird.

Bei den 8-bit-Rechnern hat sich seit Mitte der siebziger Jahre das Betriebssystem CP/M von Digital Research durchgesetzt, ein Einplatzsystem, das einige Eigenschaften von UNIX übernommen hat. Für 16-bit-Rechner ist das seit 1978 an der University of California in San Diego das Pascal-orientierte UCSD-p-System entwickelt worden, das auf vielen Mikroprozessoren und Mikrorechnern implementiert ist und neben Pascal verschiedene andere Programmiersprachen anbietet. Aus UNIX abgeleitet wurde das Betriebssystem Microsoft MS-DOS, das sich (als PC-DOS) mit dem IBM PC seit 1981 zu einem Standard der 16-bit-Rechner entwickelt hat. Für das IBM Personnel System/2, das auf den Intel 80286- und 80386-Mikroprozessoren aufbaut, wurde PC-DOS zum OS/2 (Operating System/2) erweitert.

Im Rahmen dieser Einführung können wir Betriebssysteme nicht umfassend besprechen, sondern müssen auf die weiterführende Literatur verweisen [8, 11, 13]. In den folgenden Kapiteln werden einige grundlegende Aspekte exemplarisch behandelt, nämlich:

- Prozeßverwaltung
- Speicherverwaltung und
- Befehlsinterpreter.

13.4 Übungen

1. Erklären Sie die Betriebssystemschichten 1 bis 14 am Beispiel UNIX oder an einem anderen Ihnen zugänglichen Rechnerbetriebssystem. Fallen Schichten weg oder fallen Schichten zusammen?

2. a) Beschreiben Sie das Prinzip des *Information Hiding* am Beispiel UNIX!

   b) Können Sie das Prinzip des Information Hiding am Beispiel des Verhältnisses von Pascal, Assembler, Maschinensprache und Mikroprogramm beschreiben?

3. Warum kann eine Maschine, die unter UNIX betrieben wird, nicht einfach abgeschaltet werden? Wo können Schäden bei einem Schnellabschalten entstehen? Welcher UNIX-Befehl hilft solche Schäden zu vermeiden?

4. Welche Vor- und Nachteile bietet der Mehrprogrammbetrieb bei einem Einplatzrechner?

5. Als Blocklänge in einem UNIX-Dateisystem kann unter UNIX 4.3 BSD 4 KB oder 8 KB gewählt werden, unter AT&T UNIX System V beträgt sie 1 KB und in Version 7 betrug sie nur 512 Byte. Welche Folgen hat dies für den Adreßraum, Zugriffsgeschwindigkeit und die Kapazität eines Dateisystems? Welche Nachteile für den Hauptspeicher und den Programmdurchsatz kann die Wahl großer Blockrahmen haben?

14 Prozeßverwaltung

„Ich weiß nicht", sagte der Offizier, „ob Ihnen der Kommandant den Apparat schon erklärt hat." Der Reisende machte eine ungewisse Handbewegung; der Offizier verlangte nichts Besseres, denn nun konnte er selbst den Apparat erklären. „Dieser Apparat", sagte er und faßte eine Kurbelstange, auf die er sich stützte, „ist eine Erfindung unseres früheren Kommandanten. Ich habe gleich bei den allerersten Versuchen mitgearbeitet und war auch bei allen Arbeiten bis zur Vollendung beteiligt. Das Verdienst der Erfindung allerdings gebührt ihm ganz allein. Haben Sie von unserem früheren Kommandanten gehört? Nicht? Nun, ich behaupte nicht zu viel, wenn ich sage, daß die Einrichtung der ganzen Strafkolonie sein Werk ist. Wir, seine Freunde, wußten schon bei seinem Tod, daß die Einrichtung der Kolonie so in sich geschlossen ist, daß sein Nachfolger, und habe er tausend neue Pläne im Kopf, wenigstens während vieler Jahre nichts von dem alten wird ändern können. Unsere Voraussage ist auch eingetroffen; der neue Kommandant hat es erkennen müssen. Schade, daß Sie den früheren Kommandanten nicht gekannt haben! — Aber", unterbrach sich der Offizier, „ich schwätze, und sein Apparat steht hier vor uns. Er besteht, wie Sie sehen, aus drei Teilen. ..."

Franz Kafka, In der Strafkolonie, 1919

14.1 Einfache Prozesse

Unter einem einfachen *Prozeß* versteht man eine Maschinenbefehlsfolge, die einen Prozessor, Speicher und Ressourcen für eine bestimmte Zeit beansprucht. Ein einfacher Prozeß läßt sich zu jedem Zeitpunkt durch die aktuellen Registerinhalte des Prozessors beschreiben, wobei der Befehlszähler auf den nächsten auszuführenden Maschinenbefehl im Hauptspeicher zeigt und der Stapelzähler den Beginn des temporären Speichers (*stacks*) angibt. Da ein einfacher Prozeß vollständig durch diese Informationen bestimmt ist, kann er einfach unterbrochen werden, indem die Registerinhalte vollständig im Hauptspeicher abgelegt werden und zur Wiederaufnahme des Prozesses wieder in die Prozessorregister geladen werden. Dieser Satz von Registerinhalten, der den Status eines einfachen Prozesses vollständig beschreibt, wird *Prozeßstatuswort* genannt. Mit gewissem Recht kann man das Prozeßstatuswort als *virtuellen Prozessor* bezeichnen. Der Prozeß wird dann ausgeführt, wenn der virtuelle Prozessor zu einem realen Prozessor wird. Betrachtet man das Rechnersystem zu einem festen Zeitpunkt, so lassen sich drei Betriebsformen unterscheiden:

- ein Prozeß, ein Prozessor (Einprozeßbetrieb),
- viele Prozesse, ein Prozessor (Mehrprozeßbetrieb, Multiprogramming) und
- viele Prozesse, viele Prozessoren (Mehrprozessorbetrieb).

Der Mehrprozeß- und Mehrprozessorbetrieb ist meist auch ein *Mehrplatzbetrieb* mit mehreren Terminals. Rechner mit mehreren gleichberechtigten Prozessoren sind noch selten, doch bei einigen Großrechnern sind Doppel- oder Mehrfachprozessoren installiert. Eine andere Variante sind die Feld- oder Vektorprozessoren (*Array Processors, Vector Processors*), bei denen eine Vielzahl von Prozessoren mit dem gleichen Programm verschiedene Eingabedaten parallel verarbeitet. Typische Anwendungsgebiete sind die digitale Bildverarbeitung und die Lösung großer Gleichungssysteme, wie sie in vielen ingenieur- und naturwissenschaftlichen Berechnungen auftreten. Wir werden im Rahmen dieses Buches allerdings nur den Rechnerbetrieb mit einem Prozessor (im Ein- oder Mehrprozeßbetrieb) beschreiben.

Sind mehrere Prozesse gleichzeitig im Rechner, so spricht man von *nebenläufiger* Arbeitsweise (auch wenn nur *ein* realer Prozessor vorhanden ist; s. Bild 14-1).

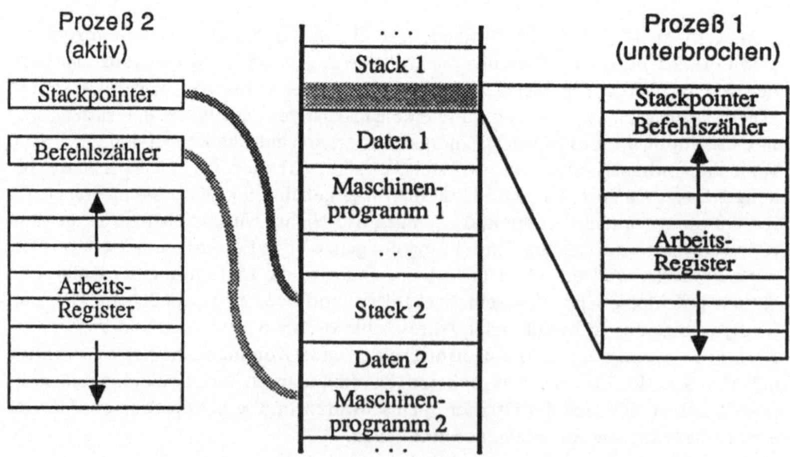

Bild 14-1 Hauptspeicherbelegung mit einem aktiven und einem unterbrochenem Prozeß. Der aktive Prozeß 2 ist im Prozessor, der unterbrochene Prozeß 1 wird als Prozessorstatuswort am Anfang des zugehörigen Prozeßstacks zwischengespeichert (grau schattiert).

Jeder Prozeß kann vom virtuellen Prozessor zum realen Prozessor werden. Die Worte Prozeß und Prozessor erscheinen so aus Betriebssystemsicht fast austauschbar. Dennoch gibt es einige charakteristische Unterschiede zwischen Prozessen und Prozessoren:

- Viele reale Prozessoren unterscheiden zwischen Nutzerzustand und Systemzustand (*privilegierter Zustand*); Prozesse können nur den Nutzerzustand annehmen. Einige Maschinenbefehle, wie Ein/Ausgabeoperationen, Veränderungen des Prozeßstatusworts, gewisse Unterbrechungsbehandlungen, Systemhalt u. a. sind nur im Systemzustand ausführbar. Manche Prozessoren (z.B. in der VAX) unterscheiden sogar Systemzustände unterschiedlicher Priorität.
- Der einem Prozeß zugewiesene Adreßraum kann kleiner als der Adreßraum des realen Prozessors sein.
- In manchen Systemen sind für Prozesse softwaremäßig Unterbrechungssignale vorgesehen, die sich von den Hardwareunterbrechungen des realen Prozessors unterscheiden.
- Für Prozesse können unterschiedliche Prioritäten vereinbart werden.

Zum Mehrprozeßbetrieb muß das Betriebssystem ein Verfahren zum Austausch von Prozeßstatusworten zur Verfügung stellen. Durch den Mechanismus des Prozessorstatuswortes ist es prinzipiell möglich, in beliebiger Folge Prozesse in den Prozessor zu laden, teilweise auszuführen und wieder zu unterbrechen. Schwierig wird der Mehrprozeßbetrieb erst dadurch, daß Prozesse auf gemeinsam genutzte Ressourcen, wie Geräte und Systemprogramme, zugreifen und daß Prozesse vom Ergebnis anderer Prozesse abhängen können. Dadurch wird die *Synchronisation* der Prozesse notwendig, die unterscheiden muß, ob ein Prozeß *aktiv* ist, zur Verarbeitung im Prozessor *bereit* ist oder auf die Ausführung eines anderen Prozesses *warten* muß.

Zwei wesentliche Aufgaben muß die Prozeßverwaltung des Betriebssystems leisten:
- eine gute Verteilung der Prozessorzeit an die Prozesse (*scheduling*) und
- eine Synchronisation der Prozesse, die Zugriffskonflikte und Prozessorwartezeiten vermeidet.

Bevor wir auf diese Aufgaben näher eingehen, führen wir ein formales Hilfsmittel zur Beschreibung von Prozessen und ähnlichen asynchroner und nebenläufiger Strukturen ein. Dazu verwenden wir markierte Graphen, die Ereignisse und die Voraussetzungen, die zum Eintritt solcher Ereignisse nötig sind, modellieren. Solche Graphen heißen *Petri-Netze* (C. A. Petri, 1962, [27]).

14.2 Petri-Netze als formales Beschreibungsmittel

Petri-Netze (vgl. Bild 14-2) sind gerichtete Graphen, deren Knoten *Voraussetzungen* und *Ereignisse (Transitionen)* darstellen. Die Bedingungen werden markiert. Eine oder mehrere Marken (engl. *Token*) in einer Bedingung zeigen, daß die Bedingung erfüllt ist. Jede Transition hat eine oder mehrere Voraussetzungen (Vorbedingungen) und erzeugt eine oder mehrere Folgen (Folgebedingungen), die wiederum Vorbedingungen anderer Transitionen sein können. Sind alle Vorbedingungen einer Transition erfüllt, so kann das durch die Transition modellierte Ereignis eintreten – die Transition ist *bereit*. Tritt ein Ereignis ein, so kann die Transition *geschaltet* werden und entnimmt jeder Vorbedingung (engl. *precondition*) genau eine Marke und legt in jede Folgebedingung (engl. *postcondition*) genau eine zusätzliche Marke.

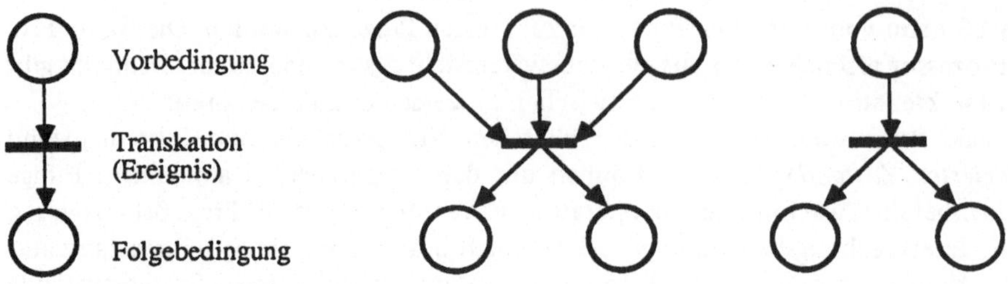

Bild 14-2 Verschiedene Petri-Netze mit einer einzigen Transition

Wir geben eine präzisere Definition des Netzaufbaus an:

Definition 14.1

a) Ein *unmarkiertes Petri-Netz* P wird durch einen gerichteten Graphen P = (T, V, E, A) beschrieben, wobei die Knoten durch
   — eine endliche Menge von *Transitionen* T = $(t_0, ..., t_k)$ und
   — eine endliche Menge von *Voraussetzungen* V = $(b_0, ..., b_m)$ mit T $\cap$ V = ϕ beschrieben werden. Weiterhin gibt es zwei Funktionen, die durch gerichtete Kanten dargestellt werden:
   — E: T $\rightarrow$ 2^V ordnet der Transition $t_i \in$ T eine Menge von Vorbedingungen zu, die erfüllt sein müssen, damit t_i geschaltet werden kann.
   — A: T $\rightarrow$ 2^V ordnet der Transition $t_i \in$ T eine Menge von Folgebedingungen zu, die durch Schalten der Transition erfüllt werden können.

b) Jeder Voraussetzungsknoten kann keine, eine oder mehrere *Marken* enthalten. Die Abbildung m: V $\rightarrow$ $\mathbb{N}_0$, die zu jeder Bedingung $v_i \in$ V die Zahl s $\in$ $\mathbb{N}_0$ die Zahl der Marken angibt, heißt *Markierung* oder *Zustand* des Netzes. m^0 ist die *initiale Markierung* (initialer Zustand) des Netzes. N = (T, V, E, A, m^0) heißt *markiertes Petri-Netz* oder kurz *Petri-Netz*.

Man beachte, daß der Gesamtzustand eines Petri-Netzes etwas anderes ist, als der Zustandsknoten eines Zustandsdiagramms bei sequentiellen Maschinen. Auch der Zeitbegriff ist völlig anders. Sequentielle Maschinen schalten mit jedem Taktsignal τ, sie sind *synchronisiert*. Petri-Netze *können* zu einem bestimmten Zeitpunkt τ eine Tranisiton schalten, *müssen aber nicht*; sie arbeiten *asynchron*. Es ist auch darauf zu achten, die Token nicht einfach als Wahrheitswerte zu interpretieren, da Voraussetzungen im Sinne der Definition mehrere Token tragen können. Manche Autoren untersuchen jedoch eine Einschränkung der Petri-Netze, die *Bedingungs-Ereignis-Netze*, bei denen maximal ein Token eine Voraussetzung markieren darf. Nur in diesen Netzen entspricht das Token einem Wahrheitswert. Im Rahmen dieses Buches werden wir nicht weiter auf solche interessanten Differenzierungen eingehen, sondern verweisen auf die weiterführende Literatur [5, 27, 31]. Schließlich sei noch darauf hingewiesen, daß Petri-Netze nicht zusammenhängend sein müssen. In diesem Sinne könnte man die drei Transitionen der Abb. 14-2 auch als ein einziges unzusammenhängendes, unmarkiertes Petri-Netz auffassen.
Zur dynamischen Beschreibung von Petri-Netzen (vgl. Bild 14-3) führen wir eine halbgeordnete Folge diskreter Zeitpunkte $\tau_1 < \tau_2 < \tau_3 < \tau_4 < ... < \tau_i$ ein, die nicht notwendig

in gleichem Abstand voneinander liegen. Das Netz kann zu jedem Zeitpunkt eine bereite Transition schalten. Sind mehrere Transitionen bereit, kann höchstens eine davon geschaltet werden. Es ist nicht durch das Netz festgelegt, welche der bereiten Transitionen zuerst schaltet. Dies kann durch äußere Bedingungen festgelegt sein, die nicht im Netz modelliert werden. Die initiale Markierung $m^0(N)$ legt die Schaltmöglichkeiten des Netzes N vollständig fest. Es können keine weiteren Marken nachträglich eingefügt werden.

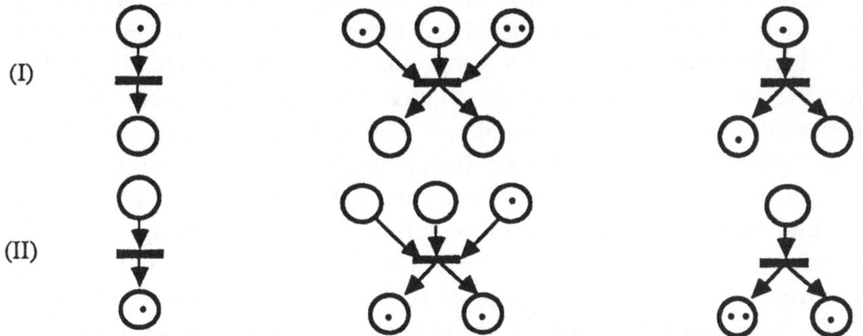

Bild 14-3 Dynamisches Verhalten der Petri-Netze. (I) Bevor, (II) nachdem die Transitionen t_1, t_2 und t_3 geschaltet werden.

Definition 14.2

a) Sei N ein (markiertes) Petri-Netz. Eine Transition $t_i \in T$ heißt *bereit*, wenn alle ihre Voraussetzungen $v_i \in E(t_i)$ mindestens eine Marke tragen, also $\forall v_i \in E(t_i): m(v_i) \geqslant 1$ gilt.

b) Ist die Transition t_i bereit, so kann sie geschaltet werden. Wird t_i geschaltet, so ändert sich die Markierung $m(N)$ durch $\forall v_i \in E(t_i): m(v_i): = m(v_i) - 1$ und $\forall v_i \in A(t_i): m(v_i): = m(v_i) + 1$.

Das Netz kann also eine Zustandsfolge (Markierungsfolge) $m^0(N)$, $m^1(N)$, ..., $m^s(N)$ durchlaufen. Diese Folge kann endlich oder unbegrenzt sein. In Bild 14-4 wird eine endliche Zustandsfolge über zwei Schaltvorgänge gezeigt.

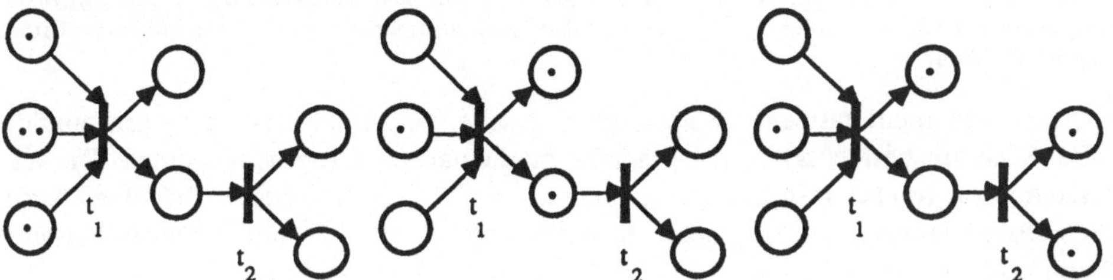

Bild 14-4 Endliche Zustandsfolge. a) Transition t_1 ist bereit, b) Nach dem Schalten von t_1 ist Transition t_2 bereit, c) Nach dem Schalten von t_2 besteht keine Schaltmöglichkeit mehr.

Petri-Netze bieten eine interessante deskriptive Modellierungsmöglichkeit für asynchrone, nebenläufige Prozesse, die durch Prozeßvoraussetzungen und Ereignisse (wie Prozeßbeginn oder Prozeßende) modelliert werden können.

Ein Vorteil dieser Modelle besteht in ihrer einfachen Darstellung komplizierter Synchronisierungsprobleme. Ein Beispiel eines schwierigen Prozeßsynchronisationsproblems ist der gegenseitige Ausschluß (*mutual exclusion*) bei gemeinsam genutzen Betriebsmitteln. Dabei wird ein Betriebsmittel verschiedenen anfordernden Prozessen zur Verfügung gestellt. Manche Betriebsmittel erlauben die gleichzeitige Nutzung durch verschiedene Prozesse, etwa bei Dateien, die nur gelesen werden, oder bei wiedereinsprungsfähigem Binärkode (*reentrant code*), der von mehreren Nutzern zur gleichen Zeit genutzt werden soll. Bei anderen Betriebsmitteln ist eine solche gleichzeitige Nutzung ausgeschlossen. So kann der Drucker für die Dauer des gesamten Druckvorgangs nur einem anfordernden Prozeß zur Verfügung stehen. Die Nutzung des Druckers durch zwei oder mehr anfordernde Prozesse wird ausgeschlossen, da die Arbeitsweise für diesen Fall nicht definiert ist. Der gegenseitige Ausschluß betrifft eine zeitlich kritische Region (*critical region*), in der nur ein einziger Prozeß aktiv sein darf. Gegenseitiger Ausschluß kann durch eine Sperrsynchronisation realisiert werden. Bild 14-5 zeigt die Sperrsynchronisation eines Druckvorgangs durch eine Signalmarke (*Semaphor* — gr. für Signal). Sie entspricht der hardwareseitig unterstützten *Test-and-Set*-Synchronisation, die wir im Abschnitt 10.3 beim Ein/Ausgabesteuerwerk betrachtet haben. Die technische Realisierung kann über ein Semaphorregister (oder -Bit) geschehen oder softwaremäßig über eine Programmvariable implementiert werden — das Petri-Netz-Modell sagt nichts über die aktuelle Implementierung aus.

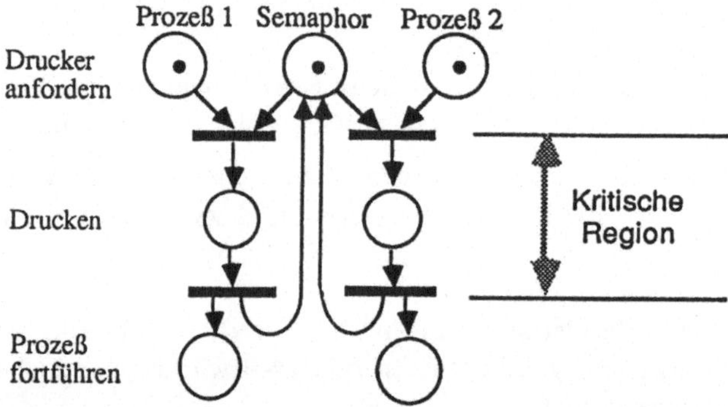

Bild 14-5 Gegenseitiger Ausschluß durch Sperrsynchronisation. Der Druckvorgang ist eine kiritische Region, in der nur Prozeß P_0 oder P_1 aktiv sein darf. Die Semaphormarke wird nach Abschluß des Drukkens zurückgegeben.

Petri-Netze sind nicht nur eine Modellierungssprache, sie können auch als eigenständige formale Struktur betrachtet und als solche mathematisch untersucht werden. Die allgemeine Analyse von Petri-Netzen, die vom konkreten Modell abstrahiert, wirft eine Menge mathematisch-theoretischer Fragen auf, die wir hier nicht tiefer behandeln, aber wenigstens andeuten wollen.

Bezeichnet man als *direkten Folgezustand* Z' eines Netzzustandes Z eine Markierung, die durch Schalten einer bereiten Transition aus Z entsteht (geschrieben $Z \Rightarrow Z'$) und bezeichnet man als Nachfolgezustand jeden Zustand Z_k, der durch eine Kette $Z \Rightarrow Z_1, Z_1 \Rightarrow Z_2, ...,$ $Z_{k-1} \Rightarrow Z_k$ erreicht wird, so kann man fragen, welche Zustände von einem initialen Zustand aus *erreichbar* sind. Im einzelnen kann man fragen, ob bei gegebenem initialen Zustand eine Transition jemals *bereit* wird oder ob eine Bedingung jemals *erfüllt* wird. Ebenso kann man diese Fragen für alle initialen Markierungen untersuchen.

Es gibt eine Fülle von Einschränkungen der Definition der Petri-Netze, die jeweils neue analytische Fragestellungen aufwerfen. Läßt man für eine Bedingung maximal eine Marke zu (eine wörtliche Interpretation des Begriffs Bedingung), kann man fragen, ob alle möglichen Zustandsfolgen diese obere Schranke einhalten werden (*Sicherheit* des Netzes). Man kann auch verlangen, daß die Menge der Marken mit jedem Schaltvorgang erhalten bleiben soll. Dann kann man fragen, ob ein gegebenes Netz in diesem Sinne *konservativ* ist.

14.3 Prozeßeigenschaften

Wir wenden uns wieder der Prozeßverwaltung im Betriebssystem zu. Bild 14-6 zeigt die Varianten eines Prozeßstatus und die Übergangsereignisse.

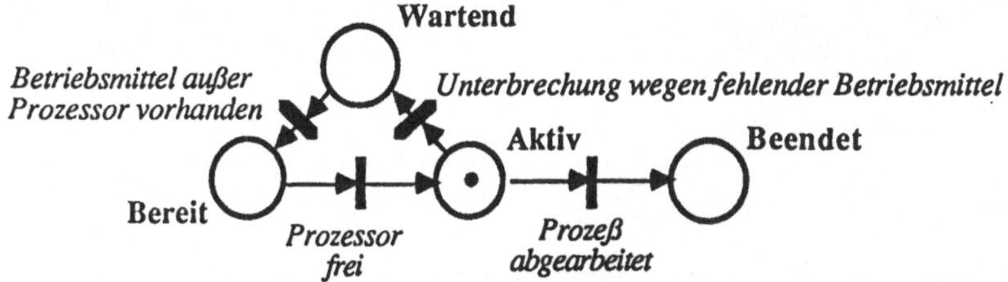

Bild 14-6 Prozeßstatus und -statuswechsel; der Prozeß ist bereit, wenn alle Betriebsmittel außer dem Prozessor vorhanden sind. Ist der Prozessor frei, kann der Prozeß aktiv sein, bis er terminiert oder ein neues Betriebsmittel angefordert wird. Die Marke zeigt den aktiven Status an.

Bei der nebenläufigen Abarbeitung von Prozessen muß der Prozessor (und die anderen Betriebsmittel) einem der Prozesse zugeteilt werden. Das Betriebssystem entscheidet über die Vergabe der Betriebsmittel an die anfordernden Prozesse. In Bild 14-7 wird die Prozessorvergabe durch ein nicht weiter expliziertes Vergabeverfahren modelliert. Technisch wirkt das Vergabeverfahren als Semaphor, also als Sperrsignal, wie es beim gegenseitigen Ausschluß eingeführt wurde. Das Semaphor steuert eine Signalmarke, die einem der beiden Prozesse zur Verfügung gestellt wird, um diesen Prozeß zu aktivieren.

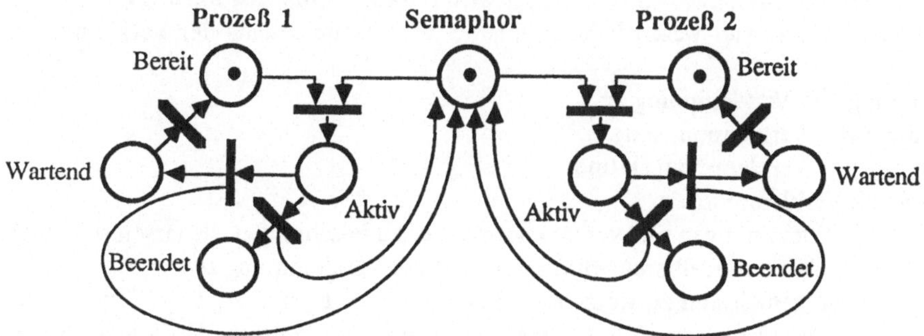

Bild 14-7 Gegenseitiger Ausschluß zweier nebenläufiger Prozesse mit einem Prozessor.

Nach Terminierung oder Unterbrechung wegen fehlender Betriebsmittel wird die Signalmarke dem Semaphor zurückgegeben.
Bei der nebenläufigen Arbeitsweise kann als besonders störende Situation eine Verklemmung wartender Prozesse auftreten (engl. *deadlock*). Der Prozeß P_0 muß auf die Freigabe

von Betriebsmittel B_1 durch den Prozeß P_1 warten, der wiederum auf die Freigabe des Betriebsmittels B_0 durch Prozeß P_0 wartet.

Man kann sich diese Situation an der beliebten Fahrschulaufgabe „Wer hat Vorfahrt?" visualisieren (s. Bild 14-8). Das gleichzeitige Eintreffen von Fahrzeugen aus allen vier Richtungen an einer Kreuzung zweier gleichberechtigter Straßen führt zu einer Pattsituation, einer Verklemmung, die nicht mehr durch die Basisregel „Rechts vor links" aufgelöst werden kann.

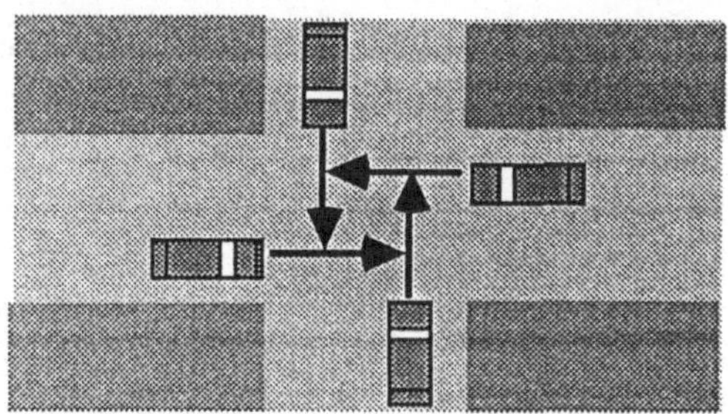

Bild 14-8 Verklemmung an einer Straßenkreuzung nach StVO § 8(1)

Als notwendige Bedingungen für eine Verklemmung von n Prozessen P_0, ..., P_n geben Coffmann, Elphick und Shoshani nach [11] an:

- Prozeß P_i verlangt die exklusive Nutzung des gemeinsam zu nutzenden Betriebsmittels M_j (*gegenseitiger Ausschluß*).
- Prozeß P_i verfügt exklusiv über ein anderes gemeinsam zu nutzendes Betriebsmittel M_k (*Wartebedingung*).
- Das exklusiv zugewiesene Betriebsmittel M_k wird von P_i erst freigegeben, wenn der Prozeß P_i beendet ist (*kein vorzeitiger Abbruch*).
- Es besteht eine zirkuläre Prozeßverkettung: 1) Prozeß P_i verfügt exklusiv über mindestens ein Betriebsmittel, das von P_{i+1} verlangt wird. 2) P_0 verfügt exklusiv über mindestens ein Betriebsmittel, das von P_n verlangt wird (*zirkuläre Wartebedingung*).

Im Betriebssystem sind vier wesentliche Probleme im Zusammenhang der Verklemmung zu lösen:

- Verhinderung von Verklemmungen;
- Vermeidung von Verklemmungen;
- Entdeckung von Verklemmungen und
- Auflösen von Verklemmungen.

Selbst einfache Verklemmungen sind verbal eher schwer zu beschreiben; sie lassen sich aber leicht durch Petri-Netze modellieren. Bild 14-9 zeigt die Verklemmung zweier Prozesse P_0 und P_1, die auf die gemeinsam zu nutzenden Betriebsmittel B_0 und B_1 zugreifen wollen. Schwieriger ist es, Verklemmungen in komplexen Netzen zu erkennen. Diese analytische Aufgabe gehört zu den interessanten theoretischen Fragestellungen, die im Zusammenhang mit Petri-Netzen zu lösen sind. Aber trotz aller analytischen Schwierigkeiten ist es letztlich einfacher, in der formalisierten Darstellung der Petri-Netze die Möglichkeit einer Verklemmung zu entdecken, als in einer notwendigerweise unscharfen verbalen Beschreibung eines nebenläufigen Prozesses. Dies ist ein wesentliches Argument zur Verwendung formaler Methoden, so unbequem die Formalisierung realer Prozesse manchmal auch erscheinen mag.

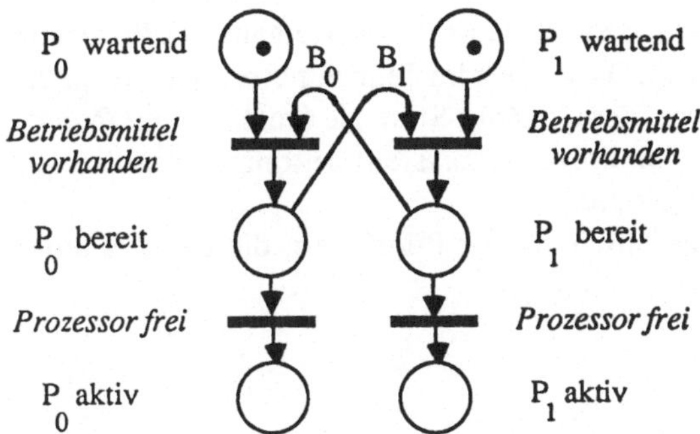

Bild 14-9 Verklemmung zweier nebenläufiger Prozesse. Die Prozesse P_0 und P_1 können weder bereit noch aktiv werden, auch wenn der Prozessor frei ist.

Ziel der Prozeßverwaltung ist es, einen hohen Gesamtdurchsatz zu erreichen und dabei eine gewisse Gleichbehandlung der Benutzer (z. B. durch niedrige Antwortzeiten im Teilnehmerbetrieb) zu erzielen. Ein Weg zu diesem Ziel führt über die gleichmäßige Auslastung aller Betriebsmittel und damit auch über ein gutes Vergabeverfahren für den Prozessor. Auf der modellierten Netzebene ist nichts weiter über das Vergabeverfahren ausgesagt. Wir wollen einige Verfahren vorstellen, die gewisse Annahmen über das stochastische Verhalten der zu verarbeitenden Prozesse voraussetzen. Die zur Verarbeitung bereiten Prozesse werden in eine *Warteschlange* eingereiht. Aus der Warteschlange wird mit Freiwerden der benötigten Ressourcen ein Prozeß abgerufen und aktiviert.

Eine technisch einfach implementierbare, determinierte Vergabestrategie besteht darin, die Warteschlange in der Reihenfolge der Anforderungen abzuarbeiten (engl. FIFO für *First In – First Out*; s. Bild 14-10). Nachteilig ist, daß der unterschiedliche Charakter der einzelnen Prozesse in keiner Weise berücksichtigt wird. Ein rechenintensiver (prozessorintensiver) Prozeß kann einen Ein/Ausgabe-intensiven Prozeß beliebig lange verzögern, obwohl dieser bei kurzer Verweildauer in Prozessoraktivität praktisch gleichzeitig neben dem rechenintensiven Prozeß ablaufen könnte.

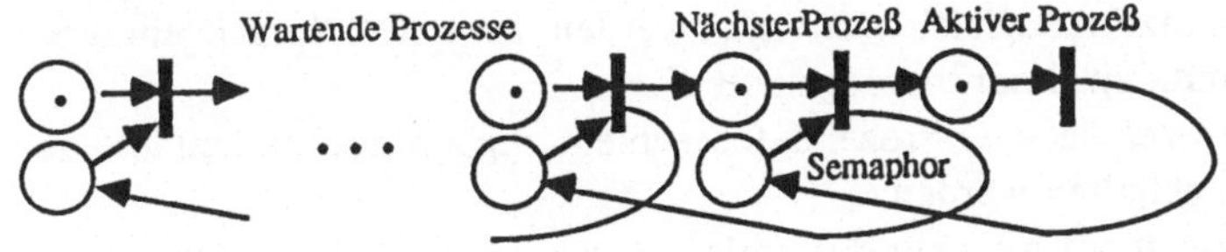

Bild 14-10 Warteschlange mit FIFO-Strategie. Ist ein aktiver Prozeß beendet, rücken die folgenden nach.

Das Problem, nebenläufige Nutzung der Ein/Ausgabe zu erreichen, ist nur durch Vergabestrategien zu lösen, bei denen rechenintensive Prozesse zugunsten von Ein/Ausgabeoperationen unterbrochen werden. Solche *vorzeitig abbrechenden Strategien* heißen im Englischen *preemptive strategies*. Ein befriedigender Teilnehmerbetrieb ist nur mit einer vorzeitig abbrechenden Vergabestrategie möglich.

Eine Form der vorzeitig abbrechenden Strategie ist die dynamische Vergabe von *Prioritäten* an die einzelnen Prozesse, wobei Ein/Ausgabe-intensive Prozesse eine hohe, rechenintensive Prozesse dagegen eine niedrige Priorität erhalten. Die Priorität der Prozesse muß dann zu bestimmten Zeiten (z. B. alle Sekunde) überprüft werden und der Prozessor neu vergeben werden.

Eine andere Form einer vorzeitig abbrechenden Strategie ist die Neuvergabe des Prozessors allein in gleichmäßigen Zeitabständen. Dies ist besonders im Teilnehmerbetrieb mit „Zeitscheiben" (*time slices*) von 10–50 ms üblich. Diese *Reihum*-Strategie (engl. *Round Robin*), bei der jeder bereite Prozeß für kurze Zeit den Prozessor zugeteilt bekommt, kann als vorzeitig abbrechende FIFO-Strategie aufgefaßt werden.
Neben der reinen Reihum-Strategie ist eine Mischung mit Prioritäten, die dann zu unterschiedlichen Zeitscheiben führen, üblich.

14.4 Prozeßverwaltung unter UNIX

In einem Mini-Rechner wie der VAX 11/780 werden vom Betriebssystem einige hundert Prozesse unterstützt. Typisch ist eine obere Grenze von 250 Prozessen, wobei ein einzelner Nutzer bis zu 50 Prozesse generieren kann. Diese Größen sind in Grenzen bei der Systemgenerierung einstellbar. Unter einem Mehrprozeßbetriebssystem laufen selbst dann, wenn nur ein Benutzer aktiv ist, eine Vielzahl von Prozessen nebenläufig ab. Bild 14-11 soll einen Eindruck dieser umfangreichen Betriebssystemaktivitäten vermitteln. Sie zeigt den Prozeßstatus einer „leeren" VAX 11/750 unter UNIX BSD 4.2 mit dem einzigen aktiven Benutzer *wolf* und den vielfältigen Systemprozessen, die unter *root* und *daemon* warten. Die *getty*-Befehle sind nicht benutzte, aber bereite Terminalleitungen, die auf ein *log in* durch einen Benutzer warten. USER gibt den erzeugenden Nutzer (*den Besitzer*) an, PID ist die interne Prozeßnummer. Ist ein Terminal zugeordnet (im UNIX-Jargon TTY), so gibt TT die Terminalnummer an, an dem der Prozeß bearbeitet wird. STAT ist eine Statusmeldung, die angibt, ob der Prozeß läuft (R für *running*), kurzzeitig unterbrochen ist (S für *sleeping*) oder langfristig unterbrochen ist (I für *idle*). Prozesse mit D sind auf einer Magnetplatte (D für Disk), das beigefügte W zeigt an, daß der Prozeß im Swap-Bereich der Systemplatte ausgelagert ist (alle anderen Prozesse sind im Hauptspeicher). TIME gibt die verbrauchte Prozessorzeit an, %CPU und %MEM zeigt die Prozessor- und Speicherauslastung durch den Prozeß. Für weitere Details sei auf die UNIX-Handbücher der Rechnerhersteller verwiesen.
Jeder UNIX-Prozeß hat seinen eigenen virtuellen Speicheradreßraum. Prozesse bestehen aus vier Segmenten (vgl. Bild 14-11).

- Der Programmtext (*reentrant procedure segment*) ist schreibgeschützt und kann bei Bedarf von mehreren Benutzern zugleich verwendet werden. Im UNIX-Sprachgebrauch heißen diese schreibgeschützten Binärkodesegmente *Texte*.
- Dem Prozeß wird ein (prozeßeigenes) Prozeßdatensegment zugeordnet, in dem lesbare und beschreibbare Daten gehalten werden.
- Neben dem Prozeßdatensegment wird ein Prozeßdatenstapel (*stack*) mit automatischer Platzverwaltung zugewiesen.
- Hinzu kommt für jeden Prozeß ein kleines Systemdatensegment, das Informationen für den Prozeß im aktiven Zustand enthält (Registerinhalte, Liste der offenen Dateien usw.).
- Programmtext und Systemdatensegment sind fest, Datensegment und -stapel können anwachsen. Sie sind an den Enden des freien virtuellen Adreßraums angeordnet und wachsen aufeinander zu.

USER	PID	%CPU	%MEM	SZ	RSS	TT	STAT	TIME	COMMAND
wolf	17168	58.9	2.4	136	75	14	R	0:01	ps
wolf	822	0.3	2.5	102	78	14	S	0:09	csh
root	74	0.1	0.2	22	3	?	S	6:28	update
root	106	0.1	1.0	64	28	?	S	3:06	rwhod
root	77	0.0	0.5	31	11	?	I	4:20	cron
root	82	0.0	0.6	51	14	?	S	0:12	comsat
root	1	0.0	0.4	31	9	?	I	0:27	init
root	0	0.0	0.1	0	0	?	D	1:43	swapper
root	64	0.0	3.8	163	120	?	I	0:16	sendmail
root	14453	0.0	0.4	32	8	01	I	0:00	getty
root	89	0.0	1.1	81	33	?	I	0:01	lpd
root	2	0.0	0.5	1472	0	?	D	0:09	pagedaemon
root	108	0.0	0.0	32	0	co	IW	0:00	getty
root	50	0.0	0.0	53	0	?	IW	0:00	talkd
root	14474	0.0	0.4	32	8	00	I	0:00	getty
root	43	0.0	0.0	57	0	?	IW	0:00	telnetd
root	46	0.0	0.0	77	0	?	IW	0:00	ftpd
root	16473	0.0	0.4	32	8	06	I	0:00	getty
root	16478	0.0	0.4	32	8	05	I	0:00	getty
root	13338	0.0	0.4	32	8	04	I	0:00	getty
root	13842	0.0	0.4	32	8	03	I	0:00	getty
root	39	0.0	0.5	65	11	?	I	0:03	routed
daemon	56	0.0	0.8	64	22	?	I	0:01	syslog
root	99	0.0	0.0	57	0	?	IW	0:00	rshd
root	116	0.0	0.0	32	0	07	IW	0:00	getty
root	2242	0.0	0.0	32	0	13	IW	0:00	getty
root	16471	0.0	0.4	32	8	12	I	0:00	getty
root	13355	0.0	0.4	32	8	11	I	0:00	getty
root	119	0.0	0.0	32	0	10	IW	0:00	getty
root	16392	0.0	0.4	32	8	09	I	0:00	getty
root	1781	0.0	0.0	32	0	08	IW	0:00	getty
root	15700	0.0	0.4	32	8	02	I	0:00	getty

Bild 14-11 Prozeßstatustabelle eines UNIX-Systems im unbelasteten Zustand. (Betriebssystembefehl: ps)

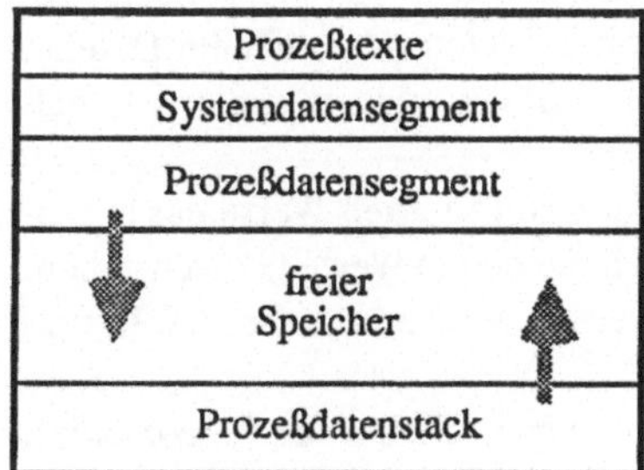

Abb. 14-12 Segmente eines UNIX-Prozesses

Das System verwaltet die Prozesse (s. Bild 14-13) durch eine *Prozeßtabelle*, die die Prozeßzustände und die zugehörigen Betriebsmittel beschreibt, und eine *Texttabelle*, die alle von den Prozessen angeforderten *Read-Only*-Binärkodes beschreibt. Beide Tabellen sind hauptspeicherresident. Entsteht ein neuer Prozeß P, wird er in die Prozeßtabelle eingetragen, die Adressen der zu verarbeitenden Texte werden in die Texttabelle eingetragen. Wird P beendet, wird er in der Prozeßtabelle gelöscht. Ebenso werden alle exklusiv von P benutzten Texte in der Texttabelle gelöscht.

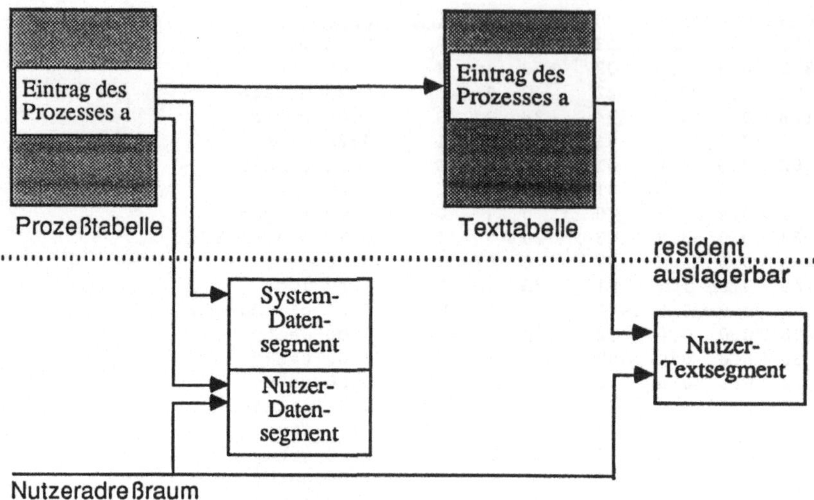

Bild 14-13 Prozeßauslagerung unter UNIX

Unter UNIX arbeitet jeder Nutzer an einem virtuellen Rechner, der im UNIX-Jargon *Image*
(Bild) genannt wird. Das Prozeß-Bild besteht aus

- einer benutzerbezogenen Speicherbeschreibung (Textsegment, Systemdatensegment,
  Prozeßdatensegment, variablem Stacksegment);
- den zum Prozeß gehörenden Registerinhalten;
- den Statusinformationen der geöffneten Dateien (lesbar, beschreibbar oder ausführbar);
- dem aktuellen directory-Namen (*pwd-present work directory*).

Ein Prozeß ist aus dieser Sicht die *Ausführung eines Bildes.* Zur Prozeßverarbeitung stehen
eine Reihe von Basisoperationen (*primitives*) zur Verfügung. Außer beim Systemstart werden Prozesse in UNIX durch eine Art „Zellteilung" erzeugt. Die erzeugende Systemopera-
tion heißt *fork* (Gabelung). Der generierende Prozeß p wird Erzeuger (*parent process*) genannt; er erzeugt einen Nachkommen P′ (*child*). P′ erbt die Texte und geöffnete Dateien
von P und erhält ein eigenes Image, d.h. Datensegment und Stack werden kopiert, so daß
P und P′ eigene Segmente haben.
Ein Prozeß P kann eine (Binärkode-)Datei D ausführen (*exec*). Die alten Werte des auszuführenden Textes, Datensegments und Stacks werden durch die neuen Werte überschrieben.
Die geöffneten Dateien werden übernommen. Der Prozeß P wird in den Prozeß D umgewandelt.
Die *Prozeßsynchronisierung* geschieht durch eine Ereignis-Signal-Steuerung (*event-wait*).
Die Ereignis-Signal-Synchronisierung entspricht in etwa einem Unterprogrammaufruf in
einer Programmiersprache (während *exec* mehr einem Sprungbefehl ähnelt). Durch *fork*
wird vom Prozeß P ein Prozeß P′ erzeugt. Die Basisoperation *wait* erlaubt es dem generierenden Prozeß P auf die Terminierung seines Nachkommen P′ zu warten. Terminiert P′
regulär, so teilt er dies über ein Signal mit seiner Prozeßnummer in der Prozeßtabelle mit,
so daß der wartende Prozeß dieses Signal lesen kann. Irreguläres Terminieren wird durch
eine Fehlermeldung mitgeteilt.
Das reguläre Terminieren eines Prozesses geschieht durch die Basisoperation *exit*, doch die
Terminierung kann auch durch den Systembefehl *kill* erzwungen werden.

Die *Prozeßauswahl* erfolgt dynamisch prioritätsgesteuert mit vorzeitiger Prozeßauslagerung. Systemprozesse haben stets Priorität vor Nutzerprozessen. Die initialen Prioritäten werden unterschiedlich festgesetzt, wobei E/A- und Plattenoperationen eine hohe Priorität erhalten. Hintergrundprozesse (*background processes*), die keinem aktiven Terminalprozeß zugeordnet sind, erhalten sehr niedrige Prioritäten. Die Prioritäten werden nach jeder Sekunde neu vergeben. Dabei wird die vorherige Priorität reziprok zu der in der letzten Sekunde zugeteilten Prozessorzeit verändert. Ein Prozeß, der Prozessorzeit hatte, wird also herabgestuft, ein Prozeß, der keine oder vergleichsweise wenig Prozessorzeit hatte, wird hochgestuft. Der Prozessor wird bei gleicher Priorität nach einer Rundum-Strategie (*Round Robin*) zugeteilt, wobei die Zeitscheibe 100 ms oder bei älteren Systemen eine Sekunde beträgt. Ein neuer Prozeß P verdrängt den aktiven Prozeß Q, sofern P höhere Priorität als Q hat.

Die Interprozeßkommunikation in UNIX erfolgt über Datenübergabepuffer (*pipes*) und Unterbrechungssignale. Pipes sind kleine Pufferspeicherbereiche, die die Funktion temporärer Dateien übernehmen. Soll ein Prozeß P seine Ausgabedaten an den Prozeß Q übergeben, so kann dies über eine temporäre Datei T geschehen:

    P > T
    T > Q.

Nachteilig ist, daß die temporäre Datei T zwar automatisch erzeugt, aber nicht automatisch gelöscht wird. Durch eine Pipe-Pufferung wird dies vereinfacht zu

    P | Q.

Dabei wird ein interner Pufferbereich im Hauptspeicher mit maximal 4096 Byte angelegt, der von P sequentiell gefüllt und von Q sequentiell geleert wird. Die Synchronisierung wird vom System übernommen. Pipes sind ein elegantes Mittel der Datenübergabe zwischen Prozessen.

Ein wichtiges Bauelement solcher Pipe-Strukturen sind UNIX-Prozeduren, die nur die Standardeingabe und Standardausgabe benutzen. Diese Prozeduren heißen *Filter*. Im Standard-UNIX sind eine Reihe von Filterprozessen implementiert. Durch die Umlenkbarkeit der Standardein/ausgabe der meisten Prozeduren sind Filter ein sehr hilfreiches Instrument. Ein typisches Beispiel ist die Zeichenumsetzung:

    tr a–z A–Z < Eingabe > Ausgabe,

die alle Kleinbuchstaben der Textdatei *Eingabe* in Großbuchstaben wandelt und das Ergebnis in die Datei *Ausgabe* schreibt. Falls *Ausgabe* noch nicht existiert, so wird sie neu eröffnet.

Unterbrechungen (*interrupts, signals*) sind eine andere Form der Interprozeßkommunikation. Beispiele von Unterbrechungssignalen sind:

    SIGKILL   (Unterbrechung durch explizite Terminierung)
    SIGFPE   (Gleitkommafehler – floating point exception)
    SSIGBUS   (Busfehler)
    SIGPIPE   (Unterbrochener temporärer Puffer – broken pipe)
    SIGTERM   (terminating gracefully – sanftes Entschlafen mit Schließen der
              Dateien).

Unterbrechungen führen zum Prozeßabbruch, es sei denn sie werden durch explizite Programmierung ignoriert oder durch eine Fehlerroutine aufgefangen. Manche Unterbrechungen wie SIGKILL können allerdings nicht aufgefangen werden. Unterbrechungen, wie SIGBUS oder SIGFPE erzeugen automatisch einen Hauptspeicherauszug (*core image, post mortem dump*) zur nachträglichen Fehleranalyse.

14.5 Übungen

1. Was ist der Unterschied zwischen einem Prozeß, einem realen Prozessor und einem virtuellen Prozessor? Wie stellt sich diese Unterscheidung beim Einprozeßbetrieb und beim Mehrprozeßbetrieb dar? Wie unterscheiden sich die Begriffe beim Mehrprozeßbetrieb und beim Mehrnutzerbetrieb? Wie sieht die Unterscheidung beim Mehrprozessorbetrieb aus?
2. Erklären Sie die Begriffe
   - Nutzer
   - Programm
   - Prozeß
   - Nutzerprozeß
   - Systemprozeß
   - Prozessor

   am Beispiel einer unter UNIX laufenden Maschine mit zwei Nutzern A, B die Programme P_A und P_B auf der Maschine laufen lassen.
3. a) Konstruieren Sie ein Petri-Netz, das den Verkehrsfluß einer Straßenkreuzung in Abb. 14-8 modelliert.

   b) Die Kreuzung habe vier einfache Ampeln mit den Phasen rot, gelb und grün. Modellieren Sie die Kreuzung als Petri-Netz, so daß kein Deadlock mehr möglich ist.
4. Was ist der Unterschied zwischen gegenseitigem Ausschluß und Prozeßverklemmung?
5. Warum ist es schwierig, eine Prozeßverklemmung aufzulösen?
6. Geben Sie je ein Petri-Netz an, das
   a) sicher, aber nicht konservativ ist,
   b) konservativ, aber nicht sicher,
   c) konservativ und sicher ist.

   Das Netz soll aus Transitionen bestehen.

15 Speicherverwaltung / Paging

Man geht ungefähr folgendermaßen vor. Zuerst sucht man eine große Anzahl von Leuten heraus – wenn es sich einrichten läßt, eine sehr große Zahl –, Leute, die zwar nie etwas Gescheites über das Thema gelernt haben, über das man sie befragen will, so daß die Wahrscheinlichkeit einer vernünftigen Antwort gering ist, die jedoch ausnahmslos in der Kultur verwurzelt sind, auf die sich die Frage bezieht.

Dann bittet man sie, wie's einem gerade so einfallen mag, zu schätzen, wie viele Menschen während der großen Grippe-Epidemie nach dem Ersten Weltkrieg starben, oder wie viele Brotlaibe im Juni 1970 von Inspektoren der Lebensmittelhändler als zum Verzehr ungeeignet befunden worden sind.

Sonderbarerweise ergibt die Auswertung ihrer Antworten, daß deren Mehrzahl sich um die tatsächliche Zahl bewegt, wie sie in Almanachen, Jahrbüchern und Statistiken verzeichnet steht.

Das sieht so aus, als ließe sich folgendes Paradoxon aufstellen: Zwar weiß niemand, was hier los ist, aber alle wissen, was hier los ist.

Nun, wenn sich das hinsichtlich der Vergangenheit bewährt, warum sollte es nicht auch bezüglich der Zukunft möglich sein? Dreihundert Millionen Menschen mit Zugang zum integrierten nordamerikanischen Datensystem sind eine ganz schön große Menge potentieller Berater.

John Brunner, Kleine Delphilogie, aus: Der Schockwellenreiter, 1975

15.1 Speicherverwaltungsstrategien

Die Speicherverwaltung behandelt den Austausch von Seiten zwischen Haupt- und Zusatzspeichern. Sie hängt von der Hardwareorganisation des Speichers ab. Segmentierung, Seitenverwaltung und die möglichen Mischformen haben unterschiedliche Verwaltungsprobleme. Drei Problemkreise sind zu unterscheiden:

- *Einlagerungsstrategien*, bei denen festgelegt wird, *wann* eine zu verarbeitende Seite in den Hauptspeicher eingeladen wird. Beim Einlagern bei Anforderung (*demand fetching, demand paging*) wird die Einlagerung durch einen Zugriffsfehler verursacht. Werden ein Segment oder eine Seite nicht im Hauptspeicher vorgefunden, so werden sie vom Zusatzspeicher in den Hauptspeicher kopiert. Intuitiv scheint ein Verfahren günstiger zu sein, das zu verarbeitende Segmente oder Seiten im voraus einlagert (*prefetching, prepaging*) und dabei eine Lücke im Prozessordurchsatz, etwa durch eine E/A-Anforderung, ausnutzt. Der Nachteil besteht im Betriebssystemüberhang (*overhead*), der durch die antizipatorische Analyse der Prozesse entsteht. Deshalb verwenden die meisten Rechner ein Einlagern bei Anforderung.

- *Plazierungsstrategien* beim Segmentieren, wobei der beste Hauptspeicherplatz für ein neu einzulagerndes Segment gesucht wird. Zwei Strategien sind üblich. Beim Speichern im erstbesten Platz (*First-Fit*) wird die erste passende freie Region zum Speichern des Segments benutzt. Beim optimalen Speichern (*Best-Fit*) werden alle freien Hauptspeicherregionen betrachtet und die kleinste Region, in die das Speichersegment paßt, ausgewählt. Letzteres verlangt natürlich eine gespeicherte Übersicht über die freien und belegten Regionen, etwa als sortierte Liste. Best-Fit wird deshalb selten angewandt. Eine dritte Möglichkeit besteht darin, freie Regionen dicht zu packen, also die gespeicherten Segmente dynamisch umzulagern. Dies wird notwendig, wenn nicht mehr hinreichend freier zusammenhängender Platz im Hauptspeicher zu finden ist. In manchen Betriebssystemen ist dies auch als Systembefehl möglich. Bei seitenorientierten Systemen wird die Plazierungsproblematik radikal vereinfacht, da alle Seitenrahmen gleich groß sind. Dies ist ein gewichtiger Vorteil seitenorientierter Speicherverwaltung gegenüber der Segmentierung.

- Da der virtuelle Speicher im Regelfall größer ist als die Zahl der Hauptspeicherrahmen, ist der Hauptspeicher normalerweise vollständig mit angeforderten Segmenten oder Seiten angefüllt, so daß eine zusätzliche Anforderung (also ein Zugriffsfehler) der Auslagerung eines Segments oder einer Seite bedarf. *Auslagerungsstrategien* sind deshalb ein wesentliches Problem der Seitenverwaltung.

15.2 Paging

Wir betrachten diesen letzten Aspekt der Seitenaustauschstrategien beim Paging als Beispiel algorithmischer Speicherverwaltung. Das Problem besteht darin, für einen bestimmten *Mix* von Benutzer- und Systemprogrammen genau die Seiten bereitzustellen, die zur Verarbeitung aktuell gebraucht werden. Ziel ist dabei ein möglichst hoher Durchsatz zu verarbeitender Prozesse (der Einfachheit halber kann man sich diese als Programme vorstellen). *Seitenauslagerung* ist der kritische Punkt für die Optimierung des Gesamtdurchsatzes. Im Idealfall tauscht der Seitenaustauschalgorithmus stets nur Seiten aus, die nicht mehr oder nicht eher als alle anderen eingelagerten Seiten verwendet werden müssen. Ziel einer guten *Seitenaustauschstrategie* ist es also, Seitenaustauschfehler (*page-faults*) zu vermeiden. Ein Seitenaustauschfehler entsteht, wenn eine Seite vom Prozessor zu verarbeiten ist, die nicht in einem Hauptspeicherseitenrahmen steht. Ist eine Seite ausgelagert, die gebraucht wird, so wird vom Betriebssystem zusätzliche Rechenzeit verbraucht (*Paging-Overhead*).

Eine ideale Seitenaustauschstrategie muß das *dynamische Verhalten* der vom Betriebssystem verwalteten Prozesse vorhersehen. Ideale Seitenaustauschstrategien werden durch ein *perfektes Orakel* erzeugt, das stets eine Seite im Hauptspeicher kennt, die nicht mehr benutzt wird oder die Seite erkennt, die am längsten nicht benutzt werden wird. Da Programme ein streng determiniertes Verhalten haben, scheint eine perfekte Orakelstrategie mit Kenntnis der Programme und Daten algorithmisch konstruierbar — unter der etwas fraglichen Voraussetzung, daß alle beteiligten Prozesse und Betriebsmittel determiniert ablaufen und daß dieser Ablauf hinreichend genau analysierbar ist. Selbst wenn diese Voraussetzungen erfüllbar sind, bliebe als Problem, daß die bloße Kenntnis der Programme *ohne* die Kenntnis der aktuellen Daten zur algorithmischen Konstruktion einer perfekten Orakelstrategie nicht ausreichen würde. (Ohne weiteren Beweis sei angemerkt, daß dies der Unlösbarkeit des Halteproblems für Turingmaschinen widerspräche.) Festzuhalten ist, daß keine einfachen Methoden zur Konstruktion einer Orakelstrategie bekannt sind. Und selbst unter der Annahme exakter Analysen des dynamischen Systemverhaltens ist es nicht bekannt, ob es ein algorithmisches Orakel gibt, dessen Berechnung weniger aufwendig ist, als der Betriebssystemüberhang, der durch eine sub-optimale Seitenaustauschstrategie entsteht. Dennoch hat die Idee des perfekten Orakels einen gewissen Wert bei der Analyse von Algorithmen zum Seitenaustausch: Die Strategie eines perfekten Orakels kann als Qualitätsmaß anderer algorithmischer Strategien dienen.

Eine einfach zu implementierende Austauschstrategie ist es, den nächsten zu aktivierenden Prozeß *zufällig* auszusuchen (wobei im determiniert arbeitenden Rechner natürlich eine Pseudo-Zufallsfunktion verwendet wird; s. Bild 15-1). Da ein zufälliger Seitenaustausch unabhängig von Simulationsergebnissen oder Wahrscheinlichkeitsaussagen über den Job-Mix ist, kann er dessen Eigenheiten auch nicht berücksichtigen. Eine gute Mischung von Ein/Ausgabe-intensiven Prozessen und rechenintensiven Prozessen kann so nicht zuverlässig erreicht werden (und wird im Regelfall auch nicht erreicht).

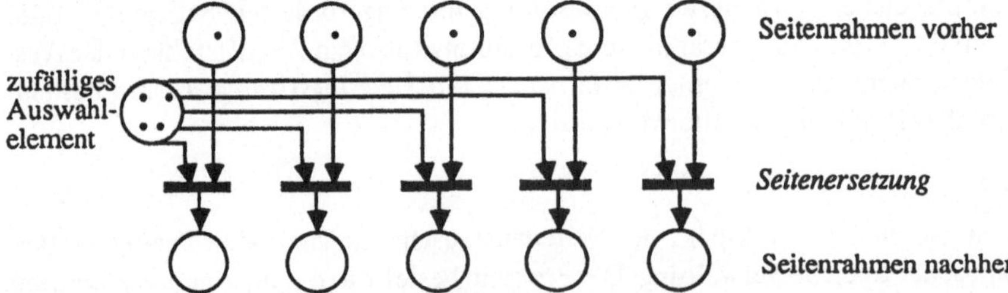

Bild 15-1 Zufällige Ersetzungsstrategie. Besetzte Seitenrahmen sind markiert. Da das Auswahlelement nur n-1 Marken hat, werden nur n-1 der n Seitenrahmen mit alten Seiten besetzt.

Bei der *FIFO-Strategie* (*first in – first out*) wird die Seite mit der längsten Verweildauer ausgetauscht. Dahinter steht die Vorstellung von Seiten, die veraltet und deshalb obsolet sind. Die FIFO-Strategie ist allerdings dann suboptimal, wenn auf eine immer wieder gebrauchte Seite zugegriffen wird, etwa bei einer Betriebssystemroutine (z. B. ein Text-Editor oder ein Übersetzer). Solche Seiten erreichen notwendigerweise hohe Verweildauern ohne entbehrlich zu werden. Bei manchen Implementierungen von Seitenverwaltungsstrategien werden zur Minderung solcher negativen Effekte z. B. Systemseiten von Nutzerseiten unterschieden und der Austausch getrennt verwaltet. Ein guter Mix von Ein/Ausgabe-intensiven Prozessen und rechenintensiven Prozessen kann mit der FIFO-Strategie nicht zuverlässig erreicht werden, obwohl sie im Durchschnitt etwas erfolgreicher als die zufällige Seitenauslagerung zu sein scheint.

Im allgemeinen ist es schwierig, das Verhalten von Seitenauslagerungsalgorithmen zuverlässig vorherzusagen. Die üblichen Hilfsmittel zur Bewertung sind *Wahrscheinlichkeitsabschätzungen an Warteschlage-Modellen* und *Simulationsrechnungen*. Beide verlangen schwer zu erhärtende Annahmen über den realen Job-Mix und die Betriebsmittel, die durch das Betriebssystem zu verwalten sind. Die Analyse des Verhaltens von Auslagerungsalgorithmen ist über *Wahrscheinlichkeitsabschätzungen* möglich; die Ergebnisse hängen aber von den Annahmen über die statistischen Verteilungen des Betriebsmittel- und Prozeßverhaltens ab und diese sind meist nur recht unzuverlässig bekannt. Ein anderer Zugang ist die *Simulation* eines konkreten Rechnerbetriebs, wobei wiederum die repräsentative Auswahl des *Job-Mix* entscheidend für die Aussagekraft des Simulationsergebnisses ist. Wegen der grundsätzlichen Schwierigkeiten haben sich die Ergebnisse solcher Untersuchungen nur in beschränktem Maß in der Konstruktion realer Austauschstrategien niedergeschlagen. Dennoch werden Simulationen im Rechnerentwurf häufig eingesetzt.

Zur Absicherung solcher Untersuchungen werden immer wieder Plausibilitätsüberlegungen herangezogen. Daß solche Annahmen irrig sein können, zeigt sich an der scheinbar schlüssigen Vermutung „Die Zahl der Seitenzugriffsfehler sinkt mit der Zahl der vom Prozeß verfügbaren Seitenrahmen". Diese Behauptung stimmt in den weitaus meisten Fällen, wie Simulationen zeigen. Es gibt aber bei der FIFO-Methode Anomalien, wie ein Beispiel zeigt, das zuerst von Belady, Nelson und Shedler [4] gefunden wurde.

Betrachtet wird ein Betriebssystem, das einem Prozeß einmal drei Seitenrahmen $\sigma_1, \sigma_2, \sigma_3$ und einmal vier Seitenrahmen $\sigma_1, \sigma_2, \sigma_3, \sigma_4$ zuweist und die Seiten nach der FIFO-Methode verwaltet. Der Prozeß fordere die fünf Seiten a, b, c, d, e in der Reihenfolge a, b, c, d, a, b, e, a, b, c, d, e an. Jede Seite, die nicht im Hauptspeicher vorgefunden wird, erzeugt einen Seitenfehler.

Anfrage	σ_1	σ_2	σ_3	
a	a	–	–	Fehler
b	a	b	–	Fehler
c	a	b	c	Fehler
d	d	b	c	Fehler
a	d	a	c	Fehler
b	d	a	b	Fehler
e	e	a	b	Fehler
a	e	a	b	–
b	e	a	b	–
c	e	c	b	Fehler
d	e	c	d	Fehler
e	e	c	d	–

Anfrage	σ_1	σ_2	σ_3	σ_4	
a	a	–	–	–	Fehler
b	a	b	–	–	Fehler
c	a	b	c	–	Fehler
d	a	b	c	d	Fehler
a	a	b	c	d	–
b	a	b	c	d	–
e	e	b	c	d	Fehler
a	e	a	c	d	Fehler
b	e	a	b	d	Fehler
c	e	a	b	c	Fehler
d	d	a	b	c	Fehler
e	d	e	c	b	Fehler

Bild 15-2 Beispiel einer FIFO-Anomalie mit drei und vier Seitenrahmen

Bild 15-2 zeigt, daß die Zahl der Seitenfehler bei drei Seitenrahmen kleiner ist als bei vier Seitenrahmen — ein *konterintuitives* Ergebnis. Aus dem Beispiel lassen sich ähnliche Anomalien für andere Fälle ableiten. Die Anomalie ist kein wirklicher Beweis für die mangelnde Güte des FIFO-Verfahrens oder die Überlegenheit anderer Verfahren, aber sie zeigt, daß Evidenz ein problematisches Kriterium für die Konstruktion von Algorithmen ist.

Statt die Verweildauer als Bewertungskriterium des Austauschs zu nehmen, ist es oft nützlicher, den Zeitpunkt des letzten Zugriffs als Kriterium zu wählen (LRU — *Least Recently Used*). Die Verwaltung nach einer LRU-Strategie verlangt allerdings einen gewissen *Overhead*. Deshalb werden in realen Rechenanlagen meist etwas einfachere Variationen dieser Strategie eingesetzt. Doch selbst die einfachste Variante, bei der die Seitenrahmen in die zwei Klassen „enthält ältere Seite", „enthält neuere Seite" eingeteilt wurden, zeigt sich bei Simulationen dem zufälligen Austausch und der FIFO-Strategie in vielen Fällen überlegen (vgl. Belady [4], 1966). Beim vorher untersuchten Beispiel ist FIFO bei drei Seitenrahmen günstiger als LRU. Erst bei vier Seitenrahmen erzeugt LRU einen Zugriffsfehler weniger als FIFO (vgl. Bild 15-3). Letztlich ist auch LRU keine perfekte Strategie. Sie versagt, wenn der Prozeß eine große Schleife durchläuft, die mehr Seiten umfaßt, als dem Prozeß Seitenrahmen zugeteilt wurden.

Anfrage	σ_1	σ_2	σ_3	
a	a	—	—	Fehler
b	a	b	—	Fehler
c	a	b	c	Fehler
d	d	b	c	Fehler
a	d	a	c	Fehler
b	d	a	b	Fehler
e	e	a	b	Fehler
a	e	a	b	—
b	e	a	b	—
c	c	a	b	Fehler
d	c	d	b	Fehler
e	c	d	e	Fehler

Anfrage	σ_1	σ_2	σ_3	σ_4	
a	a	—	—	—	Fehler
b	a	b	—	—	Fehler
c	a	b	c	—	Fehler
d	a	b	c	d	Fehler
a	a	b	c	d	—
b	a	b	c	d	—
e	a	b	e	d	Fehler
a	a	b	e	d	—
b	a	b	e	d	—
c	a	b	e	c	Fehler
d	a	b	d	c	Fehler
e	e	b	d	c	Fehler

Bild 15-3 Beispiel einer LRU-Strategie mit drei und vier Seitenrahmen

FIFO und LRU sind keineswegs optimal, wie ein Vergleich mit einer möglichen Strategie eines perfekten Orakels zeigt (Bild 15-3).

Anfrage	σ_1	σ_2	σ_3	
a	a	—	—	Fehler
b	a	b	—	Fehler
c	a	b	c	Fehler
d	a	b	d	Fehler
a	a	b	d	—
b	a	b	d	—
e	a	b	e	Fehler
a	a	b	e	—
b	a	b	e	—
c	c	b	e	Fehler
d	c	d	e	Fehler
e	c	d	e	—

Anfrage	σ_1	σ_2	σ_3	σ_4	
a	a	—	—	—	Fehler
b	a	b	—	—	Fehler
c	a	b	c	—	Fehler
d	a	b	c	d	Fehler
a	a	b	c	d	—
b	a	b	c	d	—
e	a	b	c	e	Fehler
a	a	b	c	e	—
b	a	b	c	e	—
c	a	b	c	e	—
d	d	b	c	e	Fehler
e	d	b	c	e	—

Bild 15-3 Seitenaustausch mit einem perfekten Orakel mit drei und vier Seitenrahmen

Eine vereinfachende Variante von LRU ist die LFU-Strategie (*Least Frequently Used*), bei der die Zugriffshäufigkeit gemessen wird und die Seite ausgetauscht wird, auf die am seltensten zugegriffen wurde. Dies erfordert einen Zählmechanismus für die Zugriffe, der hard- oder softwaremäßig realisierbar ist. Mit einer reinen LFU-Strategie besteht jedoch die Gefahr, daß eine gerade eingeladene Seite (mit der Zugriffshäufigkeit eins) sofort wieder ausgeladen wird.

Eine andere Vereinfachung von LRU besteht darin, jedem Seitenrahmen zwei Merkbits r, s (als Hardwareregister) zuzuordnen. Sie werden im DV-Jargon *dirty bits* genannt. Das Merkbit r = 1 teilt mit, daß auf die Seite zugegriffen wurde. s = 1 teilt mit, daß sie modifiziert (beschrieben) wurde. Wurde sie im Hauptspeicher beschrieben, so muß sie beim Auslagern auch im Zusatzspeicher erneuert werden. Wurde sie dagegen nicht beschrieben (wie z.B. bei den meisten Betriebssystemprozeduren), so muß sie nicht auf den Hintergrundspeicher zurückgeschrieben werden. Die Kopie im Hauptspeicher kann einfach gelöscht, d.h. überschrieben werden. Da ursprünglich beim Einlagern nach Anforderung auf die neu eingeladene Seite zugegriffen wird, gilt für jede Seite r = 1. Eine simple Technik, um das r-Bit aussagekräftig zu machen, besteht nun darin, zu festen Zeiten alle r-Bits auf Null zu setzen. Das NUR-Verfahren (*not used recently*) teilt nun die Seiten in die vier Prioritätsklassen ein:

1. *nicht zugegriffen und nicht modifiziert,*
2. *nicht zugegriffen, aber modifiziert* (r-Bit gelöscht),
3. *zugegriffen und nicht modifiziert,*
4. *zugegriffen und modifiziert.*

Ersetzt wird die Seite höchster Priorität. Das simple Löschverfahren für das r-Bit birgt allerdings die Gefahr, daß eine häufig gelesene Seite direkt nach dem Setzen von r = 0 unnütz ausgelagert wird.

Die oben genannten Methoden können *global*, ohne Unterscheidung der anfordernden Prozesse eingesetzt werden. UNIX 4.3 BSD benutzt in der VAX-Implementierung eine solche globale LRU-Seitenauslagerungsstrategie (da die VAX hardwareseitig dirty bits setzen kann). Prozesse haben aber starke zeitliche und räumliche Lokalitätseigenschaften (*Lokale Referenz*). Zeitliche Zusammenhänge bestehen z.B. für

- Programmschleifen,
- Unterprogramme,
- Speicherstapel (Stacks),
- Zählervariablen.

Räumliche Zusammenhänge im Speicher ergeben sich z.B. durch die

- sequentielle Abarbeitung der Maschinenbefehle,
- Datenfelder (Arrays).

Lokale Seitenaustauschverfahren weisen jedem Prozeß einen *Arbeitsbereich* im Hauptspeicher (*working set*) zu und beziehen den Seitenaustausch auf diesen Arbeitsbereich. Ihre Verwaltung ist meist komplizierter als eine globale Seitenverwaltung. Ein Ziel der lokalen Strategien ist es, jedem Prozeß ein Minimum an Seiten zu sichern, so daß der gefürchtete Seitenwechselstau (*thrashing*) vermieden wird, bei dem die Seitenwechselaktivitäten einen erheblichen Anteil der gesamten Prozessorzeit beanspruchen. Ergebnis einer dynamischen Working Set-Strategie kann sogar das vorübergehende Auslagern eines ganzen Prozesses sein, um den anderen Prozessen hinreichend Platz zu schaffen. Der Arbeitsbereich eines

Prozesses besteht aus allen Seiten, die der Prozeß braucht, um einen hohen Gesamtdurchsatz aller Prozesse im Rechner zu ermöglichen. Er wird angenähert durch einen Zähler (*working set window*), der die Zugriffe über ein vergangenes Zeitintervall beobachtet und daraus die vermuteten Seitenzugriffe abschätzt. Die Größe dieses ‚Zeitfensters' ist kritisch für die Leistung des Seitenaustauschverfahrens; ist es zu groß, ist die Zahl der Prozesse, die nebenläufig arbeiten können, klein. Ist das Fenster zu klein, steigt die Zahl der Seitenfehler.

Für jeden Prozeß wird der Arbeitsbereich mehrmals neu bestimmt. Auf Grund der Lokalitätseigenschaften stabilisiert sich ein Arbeitsbereich, der sich nach einer Weile verändert und wiederum stabilisiert. Die Veränderungen bestehen charakteristischerweise aus Erweiterungen des alten Arbeitsbereiches, der nach einer Übergangsphase auf den neuen Arbeitsbereich schrumpft (vgl. Bild 15-4).

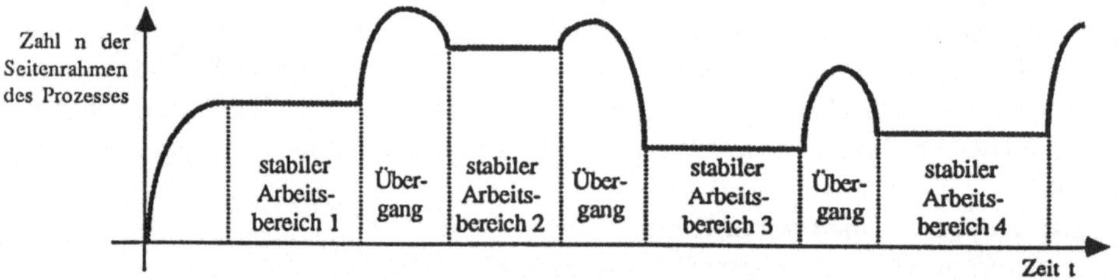

Bild 15-4 Dynamische Folge der Arbeitsbereiche eines Prozesses

Eine Variante ist die dynamische Bewertung des Arbeitsbereiches eines Prozesses abhängig von der Zahl der Seitenzugriffsfehler, die dieser Prozeß verursacht (PFF — *page fault frequency*). Steigt die Fehlerrate an, wird dem Prozeß zusätzlicher Speicherraum zugewiesen. Auf Grund von *Simulationen* scheint es, daß die PFF-Strategie effektiver ist als die LRU-Strategie.

Natürlich läßt sich auch eine prioritätsgesteuerte Seitenersetzung implementieren. Eine dynamische Zuweisung der Prioritäten ist allerdings aufwendig.

Die vorgestellten Seitenaustauschverfahren sind alle Austauschverfahren auf Anforderung (engl. *demand paging*). Sie sind die üblichen Verfahrensweisen bei realen Rechnern. Das Nachladen auf Anfrage führt zu „Aufladezeiten", die ein Prozeß braucht, um alle benötigten Seiten zu akkumulieren (vgl. Bild 15-5). Bei kurzen Prozessen kann das Nachladen länger als die eigentliche Ausführungszeit dauern.

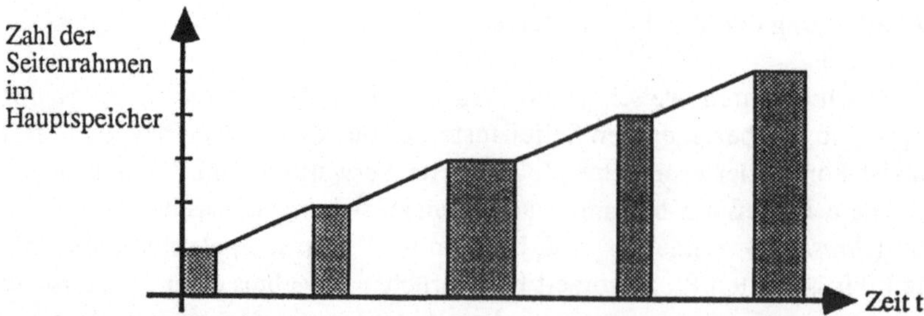

Bild 15-5 Typischer Zeitverlauf eines Prozesses mit *demand paging*. Ausführungszeiten sind grau schattiert, Seiteneinlagerungszeiten weiß gezeichnet.

Unter Umständen ist das vorzeitige Einladen mehrerer Seiten zeitlich günstiger. Eine Alternative zum Seitenaustausch auf Nachfrage besteht deshalb darin, die benötigten Seiten im voraus einzuladen (*prefetching, prepaging*). Es wird praktisch kaum eingesetzt, da die *a priori*-Analyse von Prozessen schwierig ist und mit einem antizipatorischen Seiteneinlagern unter Umständen Seiten eingelagert werden, die gar nicht benutzt werden (*fetch faults*) und somit der Hauptspeicher unnötig belastet wird. Mit den fallenden Speicherkosten mag sich die Situation so verändern, daß prefetch-Algorithmen zu einer interessanten Alternative werden.

15.3 Übungen

1. Die folgenden Seitenanforderungsfolgen sind nach der FIFO-Strategie, der LRU-Strategie und mit einem perfekten Orakel zu verarbeiten. Zeigen Sie den Verlauf des Seitentautauschs und bewerten Sie die Ergebnisse.
   - a, b, c, d, e, a, b, c, d, e, a, b, c, d, e
   - u, v, w, x, v, u, y, v, u, x, w, y, u, v, w, x, y
   a) Zur Verfügung stehen zwei Seitenrahmen!
   b) Zur Verfügung stehen drei Seitenrahmen!
   c) Zur Verfügung stehen vier Seitenrahmen!
2. Die folgenden Seitenanforderungsfolgen sind nach der FIFO-Strategie und der LRU-Strategie zu verarbeiten. Zeigen Sie den Verlauf des Seitenaustauschs und bewerten Sie die Ergebnisse.
   - a, b, c, d, e, e, d, c, b, a, f, f, a, b, c, d, e, e, f
   - u, v, w, x, y, z, v, u, y, v, u, x, w, y, z, u, v, w, x, y
   a) Zur Verfügung stehen drei Seitenrahmen!
   b) Zur Verfügung stehen fünf Seitenrahmen!
3. Stellen Sie sich vor, Sie hätten eine Seitenauslagerungsstrategie gefunden, die einem perfekten Orakel entspräche. Würden Sie dann *demand paging* oder *prefetch paging* implementieren? Begründen Sie Ihre Entscheidung!
4. a) Erklären Sie den Begriff Lokale Referenz an Hand verschiedener Beispiele in der Rechnerarchitektur, der Betriebssystemtechnik und der Programmierung.
   b) Bedingt durch die Lokalität der Referenz wird mit einem UNIX-System eine Seitentrefferrate von 90% erreicht, wenn nur ein Nutzer aktiv ist. Wie ändert sich die Trefferrate, wenn die Maschine mehrere Benutzer gleichzeitig bedienen muß? Diskutieren Sie einige bestimmende Faktoren des Systemverhaltens.
5. Wo würden Sie die notwendigen Zähler unterbringen, wenn Sie unter UNIX eine PFF-Strategie implementieren sollten. Begründen Sie Ihre Entscheidung!

16 Betriebssysteme: Befehlsinterpreter

> System (*Metaphysik*): Ein System ist nichts anderes als die Anordnung der verschiedenen Teile einer Kunst oder einer Wissenschaft in solcher Form, daß sie sich gegenseitig stützen und die letzten sich aus den ersten erklären. Diejenigen, die Aufschluß über die anderen geben, heißen Prinzipien, und das System ist um so vollkommener, je kleiner die Zahl der Prinzipien ist: Es ist sogar zu wünschen, daß man sie auf ein einziges reduziert. Denn, wie es in einer Uhr eine Hauptfeder gibt, von der alle anderen abhängen, so gibt es auch in allen Systemen ein Grundprinzip, dem die verschiedenen Teile, die es bilden, untergeordnet sind.
>
> Diderot, Encyclopédie, 1751−65 (Stichwort von d'Alembert)

16.1 UNIX-Befehlsinterpreter

Prozeß- und Speicherverwaltung werden auf der untersten Ebene vom Betriebssystem automatisch verwaltet, wie wir gesehen haben. Der Ablauf wird vom Nutzer oder Systemoperateur durch Betriebssystembefehle gesteuert. Das Betriebssystem baut ähnlich wie Programmiersprachen auf gewissen Grundoperationen auf. Im Unterschied zu den meisten Programmiersprachen haben Betriebssysteme sehr viele Grundoperationen, die meist allein schon umfangreiche Aktionen bewirken können. In UNIX wird versucht, die meisten Operationen durch mnemotechnisch einprägsame Abkürzungen darzustellen.

    mv $\alpha\,\beta$ (Ändere den Dateinamen α zu β – *move*)

    cp $\;\alpha\,\beta$ (Kopiere Datei α nach Datei β – *copy*)

    rm γ (Lösche Datei γ – *remove*)

    ed   (Rufe einen Zeileneditor auf)

    cc π (Übersetze das C-Programm π – *C-Compiler*)

    sort γ (Sortiere die Eingabedatei γ und gebe sie als Standardausgabe, z.B. auf dem Bildschirm aus)

    cat α (Zeige die Eingabedatei α auf der Standardausgabe, z.B. dem Bildschirm an – *concatenate*, also eigentlich anhängen)

Die meisten Benutzer arbeiten an einem Terminal. Für sie ist die Standardeingabe die Tastatur und die Standardausgabe ist der Bildschirm. Viele UNIX-Befehle verarbeiten die Standardeingabe und benutzen die Standardausgabe. Befehle, die nur die Standardeingabe verarbeiten und das Ergebnis auf der Standardausgabe ausgeben, heißen im UNIX-Jargon *Filter*. Typische Filter sind die Formatierungsfunktion **pr**, die eine Textdatei mit Seitenformat u.ä. versehen oder die Dateiauflistung **ls**, die alle dem Nutzer zugeordneten Dateien auf der Standardausgabe – dem Bildschirm – auflistet (die Eingabedatei von **ls** ist leer). Um Filter und andere UNIX-Befehle nicht nur für die Standardein- und -ausgabe nutzen zu können, besteht die Möglichkeit der Dateiumlenkung durch die Pfeiloperatoren < und >. Der Befehl **pr** < *DateiX* ersetzt die Standardeingabe durch die Textdatei DateiX, so daß die Daten direkt aus der *DateiX* übernommen werden. **tr** a-z A-Z ersetzt alle Kleinbuchstaben des eingetippten Textes durch Großbuchstaben. **ls** > *DateiX* lenkt die Standardausgabe um, d.h. das Dateiverzeichnis wird in die *DateiX* geschrieben.

In den folgenden beiden Befehlszeilen wird die Datei α als Eingabe verwendet. Im ersten Befehl wird die Datei β als Ausgabe verwendet. Im zweiten Befehl wird das Bildschirmterminal tty2 über seine zugeordnete Treiber-Datei /dev/tty2 angesteuert.

    tr a A $<\alpha>\beta$ (*translate* – Ersetze alle a durch A in der Datei α und schreibe den geänderten Text in die Datei β)

    pr $\alpha>$/**dev**/**tty2** (*print* – Drucke Datei α auf dem Bildschirm /dev/tty2 aus)

Jedes Gerät hat eine Treiber-Datei (engl. *device driver*), die die Verbindung zwischen Gerät und UNIX-Betriebssystem herstellt. Dadurch werden direkte Geräteansteuerungen gepuffert; die Geräte werden über ihre Treiberprogramme als Pufferdateien angesprochen, so daß formal zwischen Geräten und anderen Dateien nicht unterschieden wird (wohl aber in der faktischen Nutzung: Eine Druckausgabe kann nur geschrieben werden, eine Tastatureingabe nur gelesen werden). Diese Gerätetreiberdateien sind vom Typ *Special* und bilden damit neben Verzeichnissen und Byte-Dateien eine dritte Kategorie, der unter UNIX verwalteten Dateien.

Die meisten Befehle lassen neben dem Umlenken von Ein- und Ausgabe *Optionen* zu, die den Befehl zu einer ganzen Klasse von Befehlen erweitern. So kann man z.B. mit dem Befehl *od* einen Speicherauszug (*dump*) herstellen. Der Name od ist eine Abkürzung der ursprünglichen Funktion *octal dump*. Durch eine Vielzahl von Optionen sind weitaus mehr Ausgabedarstellungen möglich, als nur die oktale Darstellung:

od -b	byteweise oktal;
od -c	byteweise in ASCII;
od -d	wortweise dezimal;
od -o	wortweise oktal;
od -x	wortweise hexadezimal.

Zusätzlich sind durch weitere Optionen Verschiebungen (*offsets*) der Anfangsadresse des Speicherauszugs *od* in verschiedenen Darstellungen zulässig.

Typische UNIX-Systeme bieten eine Vielzahl von Befehlen. Bild 16-2 zeigt ein mittelgroßes UNIX-System (auf Basis der Berkeley-Erweiterungen UNIX 4.2 BSD).

adb	comm	f77	leave	nohup	rlog	tabs	uupolluus
addbib	compact	false	lex	nroff	rlogin	tail	end
ami	cp	fed	lint	od	rm	talk	uusnap
apply	cpm	fgrep	lisp	page	rmail	tar	uustat
apropos	crypt	file	liszt	pagesize	rmdir	tbl	uux
ar	csh	filer	ln	papbatch	roffbib	tc	vacation
ar11	ctags	find	lock	passwd	rsh	tee	vgrind
arcv	cu	finger	login	pc	ruptime	tek	vi
as	date	fmt	look	pdx	ruusend	telnet	view
at	dbadd	fold	lookbib	pi	rwho	test	viewNC
awk	dblist	fp	lorder	pix	sccs	tftp	vlp
basename	dbprint	fpr	lpq	pl	script	time	vmstat
bc	dbx	from	lpr	plot	sec	tip	vplot
biff	dc	fsplit	lprm	pmerge	sed	tk	vpq
bugformat	dd	ftp	lptest	pr	sendbug	touch	vpr
cal	deroff	gcore	ls	print	serve	tp	vprint
calendar	df	gprof	lxref	printenv	sh	tr	vprm
cat	diction	graph	m4	prmail	size	trman	vtroff
cb	diff	grep	mail	prof	sleep	troff	w
cc	diff3	groups	mailq	ps	soelim	true	wall
cc.old	du	head	make	pti	sort	tset	wc
ccat	e	help	man	ptx	sortbib	tsort	what
ccc	echo	hostid	merge	pwd	spell	tty	whatis
checkeq	ed	hostna	mesg	px	spellin	u	whereis
checknr	edit	me	mkdir	pxp	spellout	ul	which
chfn	efl	ident	mkstr	pxref	spline	uncompact	who
chgrp	egrep	indent	ml	quota	split	unexpand	whoami
chmod	emacs	indxbib	more	ranlib	strings	unifdef	whois
chsh	enroll	ingres	mp	ratfor	strip	uniq	why
ci	eqn	install	msgs	rcp	struct	units	write
clear	error	iostat	mt	rcs	stty	uptime	xget
cmp	ex	join	mv	rcsdiff	style	users	xsend
co	expand	kill	ncqn	rcsmerge	su	uucp	xstr
col	explain	last	netstat	recovery	sum	uudecode	yacc
colcrt	expr	lastcomm	newaliases	refer	symorder	uuencode	yes
collectmail	eyacc	ld	nice	reset	sync	uulog	
colrm	f	learn	nm	rev	sysline	uuname	

Bild 15-2 Befehle eines typischen UNIX-Systems (UNIX 4.2 BSD)

Trotz der großen Zahl von Befehlen müssen viele Aufgaben als Befehlsfolgen abgewickelt werden. Es entstehen Befehlsfolgen, die mit kleinen Programmen vergleichbar sind. UNIX bietet mehrere Möglichkeiten, Programme aus Betriebssystembefehlen aufzubauen. Die Interpretation solcher Befehlsketten geschieht, wie die Übersetzung der Befehle in UNIX-Basisoperationen selber, durch einen Befehlsinterpreter, der bei UNIX *shell* (Hülle oder Schale) genannt wird. Der Interpreter arbeitet in vieler Hinsicht ähnlich wie ein Programmiersprachenübersetzer und die unter UNIX benutzten Befehlssprachen können in gewisser Weise als Erweiterungen der Programmiersprache C angesehen werden. Zwischen dem UNIX-Kern, der die Betriebssystemfunktionen auf dem Rechner implementiert und der UNIX-Befehlshülle (also dem Befehlsinterpreter) besteht kein exklusiver Zusammenhang, so daß für den gleichen UNIX-Kern unterschiedliche Befehlshüllen entwickelt werden können.

Die Befehlssyntax wird durch den Befehlsinterpreter festgelegt. In der verbreiteten Bourne-Shell sind folgende Operationen zur Verknüpfung von Befehlen üblich:

- Nacheinander auszuführende Befehle können in einer Zeile geschrieben werden, wenn sie durch ein Semikolon getrennt sind;

  sort A > B; cp B A; comm -23 A B

  sortiert Datei A nach B und kopiert die sortierte Datei B zurück nach A. Anschließend werden beide Dateien verglichen, um eventuelle Kopierfehler zu finden. Die Option -23 bedeutet, daß von comm nur die fehlerhaften Abweichungen ausgegeben werden sollen.

- UNIX läßt *Hintergrundprozesse* zu. Diese werden an einem Terminal (durch eine *fork*-Operation) angestoßen und laufen dann, ohne daß das Terminal auf die Terminierung wartet, weiter. Formal wird dies durch das Zeichen & hinter dem Befehl ausgedrückt.

  pr +10 -2 Ausgabedatei > Satzspiegel &; ed Neu

  bereitet als Hintergrundprozeß die Ausgabedatei ab Seite 10 zweispaltig als Satzspiegel zum Druck auf und lädt gleichzeitig als Vordergrundprozeß den Editor ed mit der Datei Neu.

- Eine einfache Konstruktion zur Befehlsverknüpfung sind die Datenübergabepuffer (*pipes*), geschrieben a|b, wobei die Ausgabe des Filters a zur Eingabe des Filters b wird.

  ls | pr

  listet die Dateien des aufrufenden Verzeichnisses auf und druckt sie auf dem Bildschirm aus.

  ls -lR | pr -2 | lpr

  erstellt eine ausführliche Liste mit allen Unterverzeichnissen und druckt diese zweispaltig auf dem Standarddrucker (*Lineprinter*) aus. Pipes können zu *pilelines* erweitert werden.

  ls | sort | pr -4

  druckt ein sortiertes Verzeichnis vierspaltig auf dem Terminalbildschirm aus.

- Befehlsverknüpfung ist auch über ausführbare *Makrodateien* möglich. Der Systembefehl sh (für shell) kann beliebige Textdateien ausführen (sofern sie logisch sinnvoll sind).

Enthält eine Textdatei *NeuerBefehl* eine Befehlsfolge, z.B. eine pipeline, so ist diese durch

sh NeuerBefehl

ausführbar. Alternativ dazu kann Neuer Befehl der Status ‚ausführbar' (durch den Befehl *chmod +x*) dauerhaft erteilt werden. Dann kann *NeuerBefehl* wie ein Befehl aufgerufen werden. UNIX ist so um aufgabenspezifische Befehle erweiterbar.

Die Datei *prep* enthält eine pipeline, die alle Zeichen, die keine Buchstaben sind (außer dem ASCII-Zeichen Null), in einen Zeilenvorschub (oktal 012) umwandelt. Aus einem englischen Text werden durch die Operation *prep* alle Nichtbuchstaben entfernt und die zusammenhängenden Worte werden jeweils in eine Zeile geschrieben (in manchen Systemen ist prep schon implementiert). Der folgende Aufruf *cat prep* zeigt den Inhalt der Textdatei *prep*:

```
cat prep
tr '\001'-@' '\012' | tr '\133'-'\140' '\012' | tr '\173'-'\177' '\012'
```

Mit *prep* läßt sich als weiteres Makro ein Textkorrekturprogramm *Lektor* konstruieren, das einen Text mit einer Datei Woerterbuch vergleicht und die Differenzen (also mögliche Schreibfehler) ausgibt (s. Bild 16-3). *uniq* ist ein Befehl, der feststellt, ob zwei oder mehr benachbarte Zeilen gleich sind und nur eine der Zeilen stehen läßt.

prep | sort | uniq | comm -23 — Woerterbuch

Die zweite Option — im *comm*-Befehl gibt an, daß die Standardeingabe (in diesem Fall der Pufferspeicher der pipe) verarbeitet wird. Die Abbildung zeigt die Arbeitsweise des Befehlsaufrufs

Lektor < Ein

mit der Eingabe „*Dies ist ein Text; dies ist ein selstamer Text.*"

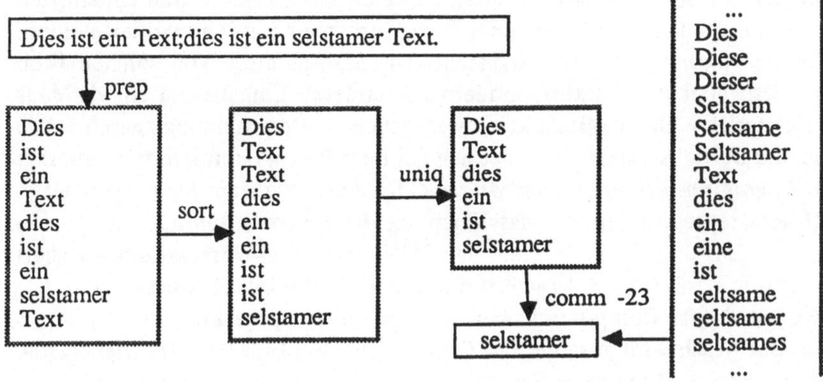

Bild 16-3 Ein/Ausgabe und Zwischenergebnisse einer Pipe-Struktur

Das verwendete Wörterbuch ist offensichtlich sehr klein geraten. Die meisten UNIX-Systeme besitzen ein umfangreiches englischsprachiges Wörterbuch */usr/dict/words*. Mit

prep | sort | uniq | comm -23 — /usr/dict/words

steht so ein einfaches englischsprachiges Korrekturprogramm zur Verfügung. Natürlich kann man auch Wörterbücher in anderen Sprachen anlegen. Es gibt unter manchen UNIX-Systemen bessere Korrekturprogramme z.B. mit den Befehlsaufrufen *spell* oder *typo*.

- Als sehr mächtige Erweiterung läßt UNIX C-artige Programmkonstrukte in der Befehlshülle zu. Es gibt die Steuerkonstrukte *while*, *for*, *if-then-else* und *case*. Dabei können Variablen für Dateien und Befehle verwendet werden. Für Einzelheiten dieses interessanten, aber sehr umfangreichen Themas muß auf die UNIX-Handbücher der Rechnerhersteller verwiesen werden.

Programmierung in der Befehlshülle stellt eine schnelle Methode zur Lösung einfacher algorithmischer Probleme zur Verfügung. Viele dieser schnell programmierten Lösungen werden im Amerikanischen als „*quick and dirty*" bezeichnet. Diese Benennung spielt auf die zweischneidige Problematik solcher Lösungen an. Selbst unter den UNIX-Makros findet man eine Menge von Bausteinen, die nicht immer so wohldurchdacht und fehlerfrei sind, wie sie nach dem Stand der Kunst sein könnten.

16.2 Graphisch orientierte Befehlsinterpreter

Während UNIX an den Bell-Laboratories im Nordosten der USA entwickelt wurde, bot die Firma Xerox in der Nähe der kalifornischen Stanford University einer Gruppe von fähigen Informatikern Arbeitsmöglichkeiten in ihrem Forschungsinstitut PARC (*Palo Alto Research Center*). Schwerpunkt dieser Forschungen waren Aspekte der vereinfachten Bedienung von Rechnern durch die Benutzer oder kurz im Informatikjargon ausgedrückt: Die Benutzerschnittstelle (*user interface*). Wichtiges Ergebnis dieser Forschungen ist Smalltalk-80, ein System, das eine neue, graphisch orientierte Arbeitsweise am Terminal anbietet. Smalltalk ist sowohl eine Programmiersprache wie ein Betriebssystem. Dem Programmierer erscheint es als einheitliche graphische Bildschirmoberfläche. Smalltalk ist eine völlige Abkehr von herkömmlichen zeilenorientierten Betriebssystem- und Programmiersprachen. Die logischen Beziehungen und Aktionen werden zwei- oder mehrdimensional dargestellt, wobei das Paradigma des Schreibtischs mit ausgebreiteten Dokumenten und Hilfsmitteln eine wesentliche Rolle spielt. Statt Datei- oder Prozedurnamen werden markierte graphische Objekte, Ikone (*Icons*) genannt, dargestellt. Die Manipulation von solchen Ikon-Objekten erfolgt nicht über die Tastatur, sondern mit anderen Eingabegeräten wie Maus, Rollkugel oder Lichtgriffel. Da Smalltalk keine wesentliche Unterscheidung zwischen Programmiersprache und Betriebssystem trifft, hat sich der Begriff Programmierunterstützungsumgebung (engl. *Programming Support Environment*) für dieses Konzept herausgebildet.

Einige der PARC-Konzepte wurden auf Maschinen wie der Xerox Dolphin, ICL Perq, den LISP-Maschinen von LMI und Symbolics und den SUN- oder DEC-Workstations realisiert. Eine weite Verbreitung erfolgte (u.a. ausgelöst durch den Wechsel des Forschers Alan Kay von Xerox PARC zu Apple Computers) über die Maschinen Apple Lisa und den Apple Macintosh. Beim Macintosh wird aus den PARC-Konzepten ein Einzelplatzbetriebssystem abgeleitet. Es ist in drei Schichten aufgespalten:

- Der Betriebssystemnukleus *System* nimmt die Speicherverwaltung, Unterbrechungs- und Ereignisverwaltung, Dateiverwaltung, Geräteverwaltung und die Fehlerbehandlung vor und stellt Hilfsprogramme, Ikone, Bildschirm- und Druckschriften zur Verfügung. Ein erheblicher Teil dieses Programms ist in einem Festwertspeicher gespeichert.

- Die Bedienoberfläche (*User Interface Toolbox*) im Festwertspeicher stellt die graphischen Grundoperationen (*QuickDraw*), Dialogverwaltung, Mittel zur Programmverkettung und Basisoperationen für die Textverarbeitung zur Verfügung.
- Das Anwendungsprogramm *Finder* verwaltet die zweidimensionale graphische Betriebssystemoberfläche, die die „Schreibtisch"-Metapher auf dem Bildschirm implementiert. *Finder* übernimmt die Namensverwaltung der Dateien, die Organisation von Dateien in Verzeichnissen (Ordnern), die Kopier- und Löschfunktion, die Verwaltung der Zusatzspeicher und anderer Peripheriegeräte und die Konfigurierung des Betriebssystems.

Anders als das UNIX-System können diese Programme nicht leicht auf andere Rechner übertragen werden (zudem versucht Apple, dies technisch und juristisch zu verhindern). Inzwischen wurden aber ähnliche ikonorientierte Konzepte für andere Mikrorechner bereitgestellt. Beispiele sind die Softwaresysteme GEM (*Graphics Environment Manager*) von Digital Research, *Windows* von Microsoft, die Atari 1040 ST-Rechner und der Commodore Amiga. Auch die von IBM für alle künftigen Rechner angekündigte *Systems Application Architecture* (SAA) soll diese Struktur besitzen.

Im Macintosh-Betriebssystem wird eine Anzahl neuer Konzepte zusammengefaßt.

(I) Finder stellt ein *Pop-Up-Menü* zur Verfügung, das als Textleiste über dem normalen Programm sichtbar ist und durch Anklicken mit der Maus unter jedem Begriff eine gewisse Zahl von Aktionen anbietet, wobei aktuell nicht aktivierbare Befehle schattiert abgesetzt sind (s. Bild 16-4). Als Prinzip gilt, dem Benutzer in strukturierter Weise die generellen und die aktuellen Aktionsmöglichkeiten zu zeigen

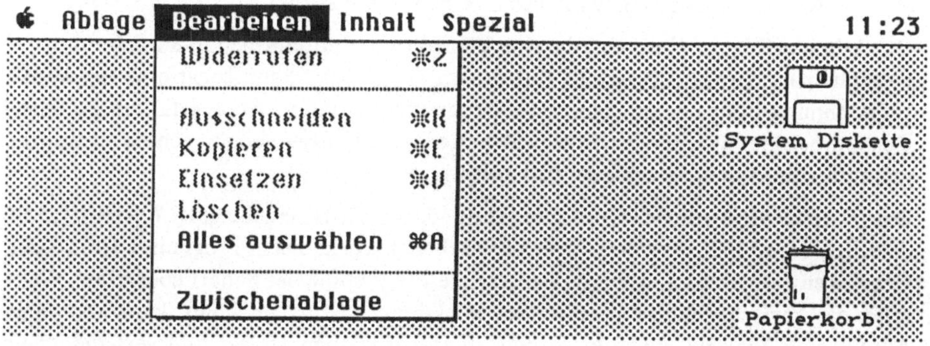

Bild 16-4 Pop-Up Menüs des Macintosh Finders

Zu den Menübefehlen gehören z.B. Druckbefehle, Befehle zum Öffnen und Schließen von Dateien oder Verzeichnissen oder zum Auswerfen von Disketten oder Abschalten des Gerätes.

(II) Objekte wie Disketten, Ordner, Dateien und Programme werden durch *Ikone* gekennzeichnet, die auf dem Bildschirm verschiebbar sind. Objekte können in Ordnern hierarchisch abgelegt werden. Objekte, die nicht unmittelbar verfügbar sind (z.B. geöffnete Disketten, Ordner oder Disketten, die nicht in einem Laufwerk sind, aber noch vom Betriebssystem verwaltet werden) werden schraffiert gekennzeichnet (vgl. Bild 16-5).

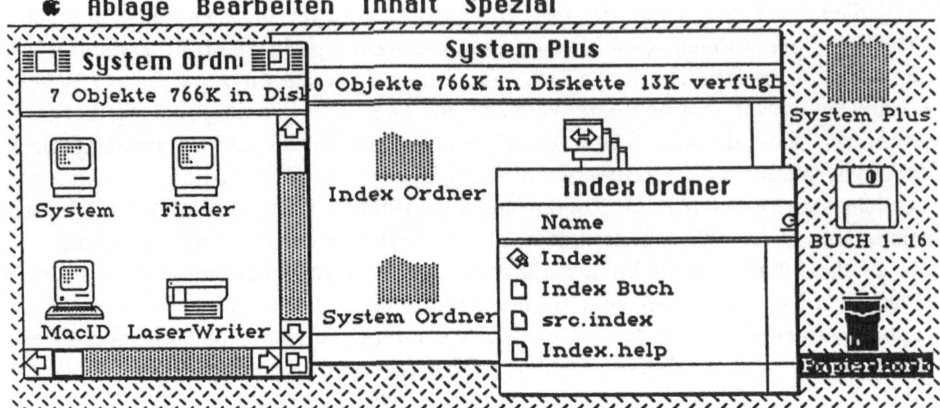

Bild 16-5 „Schreibtisch"-Ausschnitt mit Disketten, Ordnern und Papierkorb

Der Finder bietet ab Version 5.0 ein hierarchisches Dateisystem (HFS – *Hierarchical File System*) an, wobei Verzeichnisse und Dateien baumartig angeordnet sind. Die Ikone sind mit einem eindeutigen Namen markiert und können durch ihre graphische Gestaltung den Typ des zugrundeliegenden Objektes signalisieren. Ikone können zum Umbenennen, Umordnen oder Kopieren verschoben werden. Gelöscht werden sie, indem sie in das Papierkorb-Ikon auf dem Bildschirm bewegt werden. Das Löschen erfolgt zweistufig, so daß irrtümliches Löschen wiederrufbar ist.

(III) Die Arbeit erfolgt in *Fenstern*, die eine Vielzahl von Bildschirmen (oder Schreibtisch-metaphern) darstellen. Über ein Hilfsprogramm *Servant* kann sogar eine Art Multiprogramming mit je einem Fenster je Programm ablaufen. Andere Ikon-orientierte Rechnerbetriebssysteme (z.B. bei SUN-Rechnern) lassen einen echten Multiprogramming-Betrieb in verschiedenen Fenstern zu.

(IV) Das Datenübergabepuffer-Konzept wurde durch Zwischenablage (*Clipboard*) und Album (*Scrapbook*) erweitert. In der Zwischenablage kann ein Programm Texte oder Graphiken (Objekte) ablegen und an andere Programme bei Bedarf übergeben. Während die Zwischenablage jeweils nur ein Objekt übergeben kann, kann mit dem Album eine Vielzahl von Bildern oder Texten zwischengelagert und verschiedenen Programmen zur Verfügung gestellt werden.

(V) Im Rahmen der Schreibtisch-Metapher ist eine neue Klasse von Hilfsprogrammen entstanden, die als „Schreibtisch-Utensilien" (*Desk Accessories*) bezeichnet wird (s. Bild 16-6). Dazu gehören Nachbildungen von Taschenrechnern, Telekommunikationsprogramme, Notizbücher und einfache Texteditoren, Kalender und sogar umfangreiche Hilfsprogramme wie Tabellenkalkulationsprogramme (*Spreadsheets*) und Struktureditoren (*Outline Processors*). Sie können in den meisten Anwendungsprogrammen jederzeit zusätzlich aufgerufen werden. Ihre Ergebnisse können über die Zwischenablage oder das Album in das laufende Anwendungsprogramm eingefügt werden.

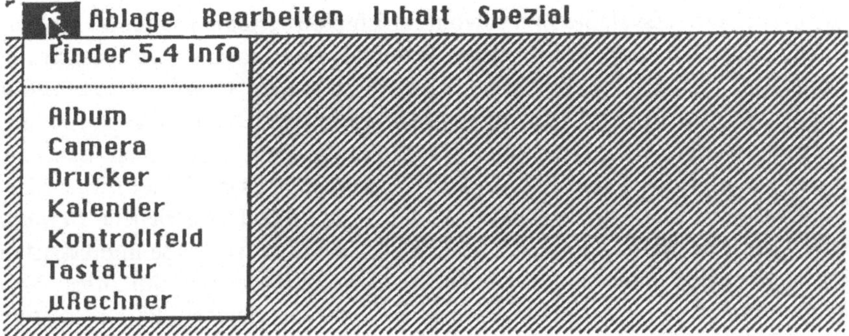

Bild 16-6 „Schreibtischutensilien"

(VI) Jedes durch ein Ikon gekennzeichnetes Objekt ist mit einem *Informationsfeld* versehen, das neben den technischen Angaben über Typ, Größe, Schutzrecht, Zeitpunkt von Erzeugung und letzter Änderung auch Anmerkungen des Benutzers zum Objekt enthalten kann.

(VII) Die meisten Operationen lassen einen *Widerruf* zu, bei dem versucht wird, den letzten sinnvollen Zustand vor dem Widerruf (*undo*) wiederherzustellen. Dazu gehört etwa, daß nach mehreren Zeichenlöschungen im Editor nicht nur das letzte gelöschte Zeichen, sondern eine ganze Zeile wiederhergestellt wird. Auch Objekte, die in den Papierkorb (auf dem Bildschirm/Schreibtisch) geworfen wurden, können innerhalb einer gewissen Frist wieder hervorgeholt werden. Bei vielen Anwendungen sind *Help*-Dateien aus der Menüleiste aufrufbar.

Die Ikon-orientierte Benutzeroberfläche des Macintosh wird in vielen Anwendungsprogrammen fortgesetzt, da die *User Interface Toolbox* eine erhebliche Zahl von Hilfsroutinen für Graphik- und Datenmanipulation in einem ROM-Bereich hardwaremäßig zur Verfügung stellt. So können Anwendungs- und Nutzerprogramme über Assembler und höhere Programmiersprachen direkt auf diese Finderroutinen zugreifen. Mehr als die Hälfte der Betriebssystemroutinen sind so als ROM-Routinen (mit 128 KB Umfang) implementiert; dazu gehört neben den Graphik-Unterprogrammen die SANE-Bibliothek (abgekürzt für *Standard Apple Numeric Environment*) zur Behandlung von Gleitkommazahlen nach dem IEEE-754-Standard und eine logische Cache-Hauptspeicherverwaltung.

Als Bedingung und Folge der Ikon-Orientierung ist der Macintosh mit einem Graphikbildschirm ausgestattet; es gibt eine große Menge graphischer Arbeitsprogramme, vom Zeichenprogramm MacPaint über das zweidimensionale CAD-Programm MacDraw zu 3D-Zeichenprogrammen und Entwurfsprogrammen für logische Schaltungen und Platinen, so daß man beobachten kann, wie durch die Wahl des Betriebssystems neue Anwendungsbereiche praktisch unterstützt werden.

Ähnlich wie UNIX ist auch das Macintosh Betriebssystem kein völlig neues Betriebssystem. Beide sind Bündelungen vorhandener Konzepte, die bereits in anderem Kontext diskutiert wurden. Doch diese evolutionäre Bündelung machte UNIX und das Mac-System zu Systemen, die Maßstäbe für weitere Entwicklungen setzten. Es ist nur logisch, daß inzwischen eine Einbettung des Finders in ein UNIX-Betriebssystem für den Arbeitsplatzrechner Macintosh II erfolgte und umgekehrt UNIX-Workstations von SUN, DEC u.a. mit Finderähnlichen Oberflächen verfügbar sind.

Die hier besprochenen Betriebssysteme sind sowohl für Einplatzsysteme wie für Mehrplatz-
systeme mit einem zentralen Rechner und vielen Terminals einsetzbar. Wesentlich schwieriger ist die Koppelung mehrerer unabhängiger Rechner zu einem verteilten System. Für
homogene Systeme, die alle unter UNIX laufen, gibt es einige brauchbare Ansätze, die aus
den einzelnen Systemen eine UNIX-Hierarchie mit zentralem Knoten aufbauen. Beispiele
homogener UNIX-Erweiterungen sind die *Newcastle Connection*, das von der Firma SUN
vertretene NFS (*Network File System*), der von der Firma Apollo vertriebene *Domain
Ring* und das *Remote File Sharing* in UNIX V. 3. Wir können hier auf diese interessanten
Entwicklungen nicht näher eingehen, sie bedürfen eines vertiefenden Studiums. Viel
schwieriger als die homogene Vernetzung mehrerer Rechner mit gleichem Betriebssystem
ist es, heterogene Systeme mit unterschiedlichen Betriebssystemen der Einzelrechner als
gemeinsames verteiltes System zu betreiben. Hier sind noch erhebliche Forschungsaktivi-
täten notwendig.

16.3 Übungen

1. Schreiben Sie eine UNIX-Befehlsfolge (Pipe) *Listing*, die den Text *Ptext* eines Pascalprogramms mit
   dem Filter **pretty** aufbereitet (z. B. Zeilen einrückt), mit dem Filter **pr** zum Druck aufbereitet und
   das Ergebnis auf einem Zeilendrucker mit dem Filter **lpr** (*lineprint*) ausgibt. Der ganze Vorgang soll
   als Hintergrundprozeß ablaufen.
2. Schreiben Sie eine UNIX-Befehlsfolge (Pipe) *Index*, die zu einer Textdatei mit dem Namen *Text*
   einen rudimentären Index erstellt. Dazu sollen alle großgeschriebenen Worte herausgesucht und als
   sortierte Liste in eine Datei mit dem Namen *Indexdatei* ausgegeben werden. Großgeschriebene
   Worte finden Sie mit dem UNIX-Befehl:

   > **grep** '[A−Z] [A−Z]*' < Text

3. Erklären Sie die Konzepte *Pipe* im UNIX-Betriebssystem und *Clipboard* im Macintosh-Betriebssystem. Gibt es Unterschiede? Was sind Gemeinsamkeiten?
4. Überlegen Sie sich welche Hilfsprogramme Sie beim Schreiben eines Textes als Schreibtisch-Uten-
   silien (*Desk Acessories*) zur Verfügung haben möchten. Beispiele sind eine Uhr, Kalender, Notizbuch.
   Fallen Ihnen andere nützliche Programme für diesen Zweck ein? Welche Utensilien wünschen Sie,
   wenn Sie statt eines Textes ein Programm schreiben wollen?
5. In einem Texteditor seien u. a. folgende Möglichkeiten implementiert:
   - Textblock einfügen
   - Textblock kopieren
   - Textblock löschen
   - Datei sichern
   - Datei öffnen/schließen
   - Datei drucken
   - Schriftart eines Textblocks ändern
   - Schriftgröße eines Textblocks ändern

   Welche Probleme bringt die Implementierung der Funktion „Widerrufen" mit sich? Diskutieren Sie
   die genannten Funktionen unter diesem Aspekt. Welche zusätzlichen Schwierigkeiten entstehen,
   wenn nicht nur die letzte Operation, sondern die k letzten Operationen widerrufbar sein sollen?
6. Welche Vorteile und Nachteile hat ein Graphikbildschirm gegenüber einem zeilenorientierten Bildschirm für die Textverarbeitung?

   Diskutieren Sie vier Bildschirmformate:
   - 24 Zeilen mit maximal   80 Zeichen;
   - 64 Zeilen mit maximal 132 Zeichen;
   - 200 × 400   Bildpunkte quer;
   - 312 × 500   Bildpunkte quer;
   - 1024 × 1620 Bildpunkte hochkant.

Gehen Sie davon aus, daß alle Bildschirme im Rahmen ihrer Auflösung von exzellenter Wiedergabequalität sind. Die zeilenorientierten Schirme können einen auf 256 Zeichen erweiterten ASCII-Zeichensatz darstellen (also auch die notwendigen nationalsprachlichen Zeichen wie Umlaute, Akzente und ß). Diskutieren Sie die Darstellungsmöglichkeiten und den Speicheraufwand. Unterscheiden Sie die Bearbeitung von einfachem Fließtext (Schreibmaschinenseiten) und Text mit eingefügten Zeichnungen oder Graubildern.

17 Ausblick

Denn es ist keine poetische Redensart, sondern kahle nakte Wahrheit, daß wir Menschen blosse *Maschinen* sind, deren sich höhere Wesen, denen diese Welt zum Wohnplatz beschieden worden, bedienen.

Als die Engel unsere Erde zuerst betraten: so hatten sie noch bei weitem die unzähligen Menschenmaschinen nicht, zu denen sie sich jetzt Glük wünschen können; nach und nach erst erfanden sie bald diese bald iene Maschine oder wie wir zu sagen pflegen, Menschen, bis almählig die Zahl ihrer Maschinen so heran wuchs, daß sie ietzt für alle Bedürfnisse die herlichsten Maschinen oder Menschen zeigen.

Ein Engel verfertigte auch, wiewohl mehr der Seltenheit und des Vergnügens als des Nutzens wegen, herliche Schachmaschinen und ieder meiner Leser mus dergleichen Wesen gesehen haben, die das Schach, ohne das geringste Zuthun eines Engels, blos durch einen Mechanismus, der in ihrem Kopfe angebracht ist, spielen können; sie bewegen den rechten Arm von selbst, sie schütteln sogar – das ist unerhört – den Kopf zu einem falschen Zuge des Gegners und thun, wenn der König schach mat ist, um alles in der Welt keinen Zug mehr. Der Leser wird leicht wahrnehmen, wie ähnlich diesen Schachmaschinen die bekante ist, die H. v. Kempele erfand und die man wol gar bewunderte; ich glaube aber, es ist ausserordentlich leicht, etwas nachzumachen, wenn man ein volkommenes Model schon vor sich hat und den Ruhm der Erfindung an sich zu reissen, wenn ein anderer ihn erworben. H. v. Kempele war so glüklich, sich an lebendige Schachmaschinen, die die Engel schon ausgearbeitet hatten, halten und sie in der seinigen nachkopiren zu können, was Wunder, daß es ihm gerieth, da es ein Wunder gewesen wäre, hätte es ihm fehlgeschlagen.

Jean Paul, Text ohne Titel, um 1785

Zum Abschluß des Buches soll ein summarischer Überblick über die engen Verflechtungen von Hardware, Geräten, Systemen und Software und ihre Perspektiven gegeben werden. Notwendigerweise kann es sich nur um eine subjektive Auswahl handeln, die die im vorliegenden Buch behandelten Themen einschließt und auch über sie hinausgeht.

Basis der Rechnertechnologie ist die Halbleitertechnik. Silizium wird als Grundmaterial noch lange verwendet werden, Galliumarsenid wird als Grundstoff für besondere Anwendungen (etwa unter militärischen Umgebungsbedingungen) eine größere Rolle spielen. Die Integration von Schaltungen hängt stark von der aufätzbaren Leiterbahn- und Strukturlinienbreite ab. Derzeit sind Werte zwischen 0,7 μm und 2 μm üblich. In den nächsten Jahren scheinen Leiterbahn- und Strukturlinienbreiten unter 0,3 μm, vielleicht sogar um 0,1 μm, produktionstechnisch erreichbar, wenngleich wohl nicht mehr auf der Basis optischer lithographischer Techniken. Eine weitere Verringerung wird schwierig, da die Leiterbahnen dann nur noch wenige hundert Moleküle breit sind (s. Bild 17-1).

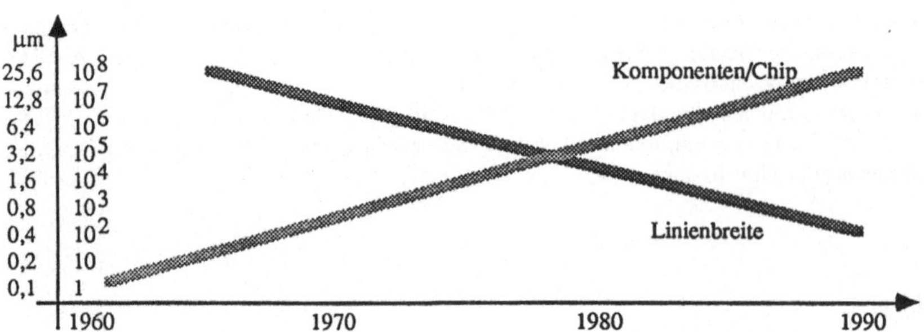

Bild 17-1 Entwicklung der Linienbreite bei integrierten Schaltungen und der Zahl der Bauelemente auf einem Chip

Durch kleinere Leiterbahnbreiten läßt sich die Zahl der Funktionen pro Chip erhöhen. Dem gleichen Ziel dient die Vergrößerung der Chipfläche von derzeit 5 mm²–7 mm² auf 10 mm² oder mehr. Eine Alternative zur Vergrößerung der Chipfläche besteht in komplexerer Packungstechnik: Mehrere Chips werden ohne eigene Gehäusekapseln zu größeren Gebilden zusammengefaßt, wobei auch dreidimensionale Anordnungen untersucht werden. Bei Großrechnern werden mehrschichtige *Keramikmodulträger* (TCM – *Thermal Conduction Modules*) verwendet, die bei einer Dicke von 0,5 cm und einer Fläche von 9 x 9 cm² in 33 Schichten über hundert einzelne Speicherchips in einem einzigen Modul vereinen. Mit der *Wafer Scale Integration* (WSI) wird ein anderer Ansatz verfolgt, um mehrere Chips ohne eigene Gehäusekapsel zusammenzufassen. In der WSI-Technik wird die Siliziumwaferscheibe nicht in einzelne Chip-Plättchen zerschnitten, sondern die einzelnen Chips werden über aufgeätzte Verbindungsleitungen elektrisch (und damit logisch) verbunden. So entstehen Halbleiterspeicherplatten mit 10–12,5 cm Durchmesser, die mit herkömmlicher lithographischer Technik im Labor Speicher von 20 Megabyte auf einer Scheibe realisieren können. Ein wesentliches Problem dieser Technik ist der Ausschluß der fehlerhaften Chips, die unvermeidlich auf jeder Waferscheibe zu finden sind. Bei gut beherrschten Halbleiterherstellungsprozessen liegt der Ausschuß bei rund 30%, bei neu eingeführten Verfahren kann er deutlich über 90% liegen. Dennoch ist es möglich, diese fehlerhaften Chips zu erkennen und zu umgehen. Geringere Fehlerraten, aber auch bessere Fehlerdiagnoseverfahren bleiben vordringliche Ziele der Halbleiterherstellung.
Die beiden wichtigsten Baugruppen der Halbleitertechnik sind Speicher und Prozessoren. Der allererste Mikroprozessor Intel 4004 verarbeitete 4-bit-Worte zur Darstellung von Ziffern im BCD-Kode. Die folgende Generation wurde zum Einsatz in Rechnerterminals geplant und verarbeitete 8 Bit zur Darstellung von ASCII-Zeichen. Heute werden 16- und 32-bit-Prozessoren als echte Rechnerzentralprozessoren eingesetzt. Die Entwicklung wird zu 64-bit-Prozessoren führen und damit das ganze Spektrum der in üblichen Rechenanlagen verwendeten Wortbreiten bis hin zum Großrechner abdecken. Eine Alternative wird in vernetzbaren Prozessoren (wie dem Inmos *Transputer*) oder der Integration mehrerer Prozessoren auf einem Chip (im japanischen *Fifth Generation Programme*) gesehen. Eine andere Denkweise führt zu spezialisierten Prozessorbausteinen, die für einzelne Sprachen oder spezielle Aufgaben optimiert sind (z.B. ist der Prozessor Intel iAPX 432 mit Blick auf ADA und ähnliche Sprachen optimiert, der NOVIX 4000-Prozessor ist für Forth, verschiedene Prozessoren von Symbolics, LMI oder Texas Instruments sind für LISP entworfen und der Prozessor PF 474 von Proximity ist zur Zeichenkettenverarbeitung konstruiert).

Die Taktfrequenzen, mit denen Prozessoren betrieben werden, liegen derzeit bei PCs um 5–20 MHz, bei Arbeitsplatzrechnern sind 16–25 MHz typisch. Der Intel 80386 kann mit 16 oder 20 MHz betrieben werden, der MC 68030 ist mit 20 oder 25 MHz angekündigt und für den AT&T WE 32300 werden 30 MHz genannt. Die Taktraten werden in den nächsten Jahren weiter ansteigen (vgl. Bild 17-2). Offensichtlich geht die Tendenz zu 64-Bit-Prozessoren mit 64 MHz Taktraten.

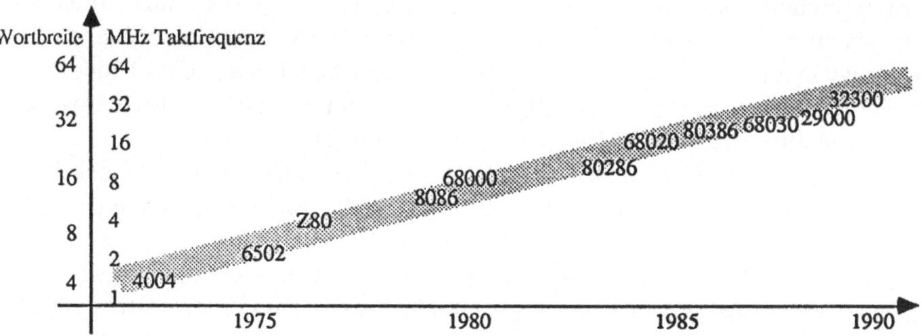

Bild 17-2 Entwicklungstendenzen der verarbeiteten Wortbreiten und der Taktraten von Mikroprozessoren

Die ersten integrierten Speicherbausteine boten Platz für 256 Bit oder 1 Kilobit. Derzeit dominieren 64 Kb- und 256 Kb-Bausteine und die Herstellung von 1 Mb- und 4 Mb-Bausteinen hat begonnen. Die Produktion des 16 Mb-Bausteins wird in den Entwicklungslabors der Halbleiterindustrie vorbereitet und die Entwicklung des 64 Mb-Bausteins wird bereits als erreichbares Ziel genannt. Innerhalb von 12 Jahren hat sich die maximale Speicherkapazität integrierter Schaltungen um den Faktor 1000 erhöht – von 4 KB im Jahr 1975 auf 4 MB im Jahr 1988 (vgl. Bild 17-3). Die Kosten pro gespeichertem Bit sind gleichzeitig auf weniger als ein Tausendstel gesunken. Die Halbleiterentwicklung zeigt eine enorme Dynamik, die die Geräteentwicklung stark beeinflußt.

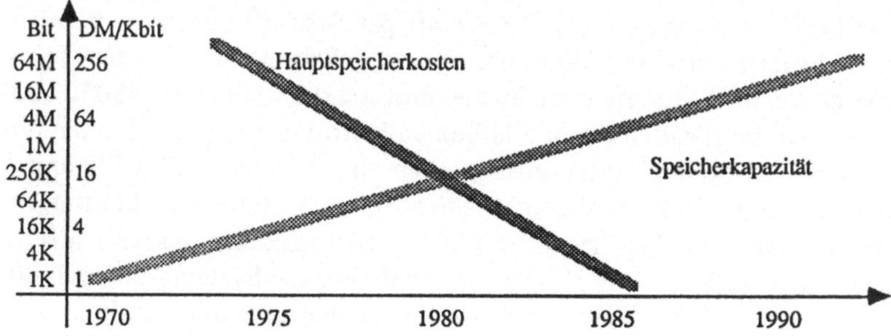

Bild 17-3 Speicherkapazitäten/Chip und Kosten der Speicherung pro Bit

Magnetische Plattenspeicher werden für lange Zeit die typischen Zusatzspeicher bleiben. Die Erhöhung der Speicherdichte wird ergänzt durch neue Aufzeichnungsmethoden und Methoden der Datenkompression. Typische 5 $^{1}/_{4}$"-Festplatten bieten heute Speicherkapazitäten zwischen 20 MB und 780 MB.
Ob sich optische bzw. magneto-optische Platten durchsetzen werden, scheint davon abzuhängen, ob wiederbeschreibbare Platten entwickelt werden können, die bei gleicher

Speicherkapazität billiger als die magnetischen Platten sind. Die derzeitigen Speicherkapazitäten optischer Platten liegen je nach Plattengröße bei 200 MB bis 2 GB und es gibt Speichergeräte, in denen wie in einer „Musikbox" (*Jukebox*) optische Platten im Stapel gelagert sind. Diese Geräte erreichen Speicherleistungen, die bis in den Terabyte-Bereich gesteigert werden können.

Magnetbandkassetten werden nahezu ausschließlich als Archivierungsmedium eingesetzt. Sie speichern typischerweise zwischen 20 MB–480 MB, jedoch werden auch Streamerkassetten mit bis zu 5 GB angeboten. Auch Bänder stehen im Wettbewerb mit den optischen Platten, wobei die Datensicherheit für den betrieblichen Einsatz eine bedeutende Rolle spielt. Bei Bändern wird eine zuverlässige Lagerzeit von mehr als 10 Jahren erwartet. Ob optische Platten ähnliche Sicherheiten bieten, ist noch offen.

Bei den magnetischen Speichermedien läßt sich seit drei Jahrzehnten ein exponentielles Wachstum der Speicherkapazität beobachten, wobei rund alle zweieinhalb Jahre eine Verdoppelung erfolgte.

Die Geräteentwicklung hängt vor allem im unteren Preisbereich stark von der Entwicklung der Halbleitertechnik ab. Bei PCs und Arbeitsplatzrechnern werden deutlich größere Halbleiterspeicher eingesetzt werden. Sind 640 KB noch eine Art industrieller (IBM-)Standard, so sind bereits Geräte mit 1–8 MB-Hauptspeicher verfügbar, was insbesondere Anwendungen mit graphischen Darstellungen zugute kommt. Für sehr komplexe Arbeitsplatzrechner (CAD- und KI-Maschinen) sind bereits Hauptspeicher von über 100 MB angekündigt. Bei Mehrplatzsystemen (Minis und Großrechner) sind derzeit Hauptspeicher von 4 MB–64 MB typisch. Auch hier können erhebliche Speichererweiterungen (bis zu mehreren hundert MB) in den nächsten Jahren erwartet werden. Für Superrechner wie die CRAY-2 ist jetzt schon ein Hauptspeicherausbau bis zu 2 GB von der Architektur her möglich.

Bei der Bewertung der realen Rechnerleistung sind sehr unterschiedliche Faktoren der Hardwarearchitektur, der Systemsoftware, der Compiler und der Anwendersoftware zu beachten, so daß eine aussagekräftige Verallgemeinerung recht schwierig ist. Auf der Prozessorebene wird der rechenintensive Durchsatz in Instruktionen pro Sekunde (MIPS – *Million Instructions per Second*) oder bei der Gleitkommarechnung in Gleitkommaoperation pro Sekunde (FLOPS – *Floating Point Operations per Second*) gemessen. Bei den Verarbeitungsgeschwindigkeiten neuerer Mikroprozessoren schlagen die erhöhten Taktraten ebenso wie die größeren Wortbreiten zu Buche. Prozessoren wie der MC 68020 und der Intel 80386 verarbeiten im Idealfall bis zu 5 Millionen Instruktionen pro Sekunde; für den AMD 29000, der mit 25 MHz getaktet wird, werden vom Hersteller 17 MIPS angegeben, und es gibt Planungen für Mikroprozessoren, die noch ein Vielfaches an Leistungen erreichen sollen. Rechner vom PC-Typ liegen derzeit in Leistungsklassen unter 1 MIPS, aber für neuere Geräte wie dem Macintosh II oder dem IBM Personal System /2 Modell 80 werden Leistungen von 2–5 MIPS genannt. Arbeitsplatzrechner und Mini-Rechner wie SUN oder VAX liegen derzeit in der Leistung zwischen 2 und 15 MIPS. Einfache Großrechenanlagen liegen unter 5 MIPS, mittlere Anlagen schließen in der Leistung daran an. Die Leistungsbreite der Großrechner endet derzeit (1988) bei Einzelprozessoranlagen mit etwa 30 MIPS. Durch den Einsatz von mehreren parallel arbeitenden Prozessoren lassen sich viele Großrechner in der Leistung deutlich steigern. Typisch sind Doppel-, Vierfachoder Sechsfachprozessoren, die über 100 MIPS Gesamtleistung erreichen. Superrechner können 1000 MIPS und mehr erreichen.

Ein anderer Weg der Leistungssteigerung führt über die Ergänzung des Zentralprozessors durch Vektor- oder Feldrechner aus vielen parallel arbeitenden Einzelprozessoren. An der Entwicklung von Prozessorstrukturen mit hunderten und tausenden vernetzter Prozessoren wird bei verschiedenen Institutionen gearbeitet (Fifth Generation Programme, SUPRENUM-Programm des BMFT, Inmos Transputer, verschiedene amerikanische Hochschulen). Man kann im groben Durchschnitt einen durchschnittlichen jährlichen Leistungszuwachs bei Großrechnern von 20–40% erwarten.

Nicht nur die Leistungen der einzelnen Geräte werden ständig erhöht. Es werden auch ständig neue Anwendungen erschlossen. So führt die Geräteentwicklung von den „Rechenanlagen" bzw. „Datenverarbeitungsanlagen" zu „eingebetteten Systemen", also technischen Systemen, bei denen der Rechner eine dem Gesamtsystem untergeordnete Rolle spielt. Typische eingebettete Systeme findet man in der industriellen Produktion, z.B. bei DNC-gesteuerten Werkzeugmaschinen (DNC – *Direct Numerical Control*), oder bei militärischen Anwendungen (z.B. Flugzeugsteuerungen).

Neben der Entwicklung parallel arbeitender Rechnersysteme und eingebetteter Systeme wird die Vernetzung auf lokaler Ebene (LAN – *Local Area Nets*) ebenso wie die Datenfernverarbeitung weiterentwickelt. Im Bürobereich wird an der Integration von Daten- und Telefonnetz gearbeitet (ISDN – *Integrated Services Data Network*), im industriellen Bereich wird die Integration der rechnergestützten Produktionsplanung und -steuerung vorbereitet (etwa im *Manufacturing Automation Protocol* – MAP).

Viel langsamer als die Geräteentwicklung verläuft die Entwicklung der Software. Da sie im Regelfall ein viel größeres Kapital bindet als die Hardware, ist es meist teurer, vorhandene Software zu ändern als neue Geräte anzuschaffen. Die Wartung vorhandener, im Einsatz befindlicher Software ist ein zusätzlicher Grund, warum vorhandene Programmiersprachen und Systemsoftware nur schwer abzulösen sind. Fortran und Cobol, zwei Programmiersprachen, deren Entwicklung in die fünfziger Jahre zurückreicht, sind deshalb noch heute die meistverbreiteten Programmiersprachen im industriellen Einsatz. Dennoch gibt es eine lebhafte Forschung und Entwicklung auf diesen Gebieten. Bei den Programmiersprachen besteht ein gewisser Gegensatz zwischen imperativen, befehlsorientierten Programmiersprachen wie Cobol, Fortran, C, Pascal, Modula-2 und Ada und den deklarativen oder funktionalen Sprachen wie Lisp oder Prolog (s. Bild 17-5).

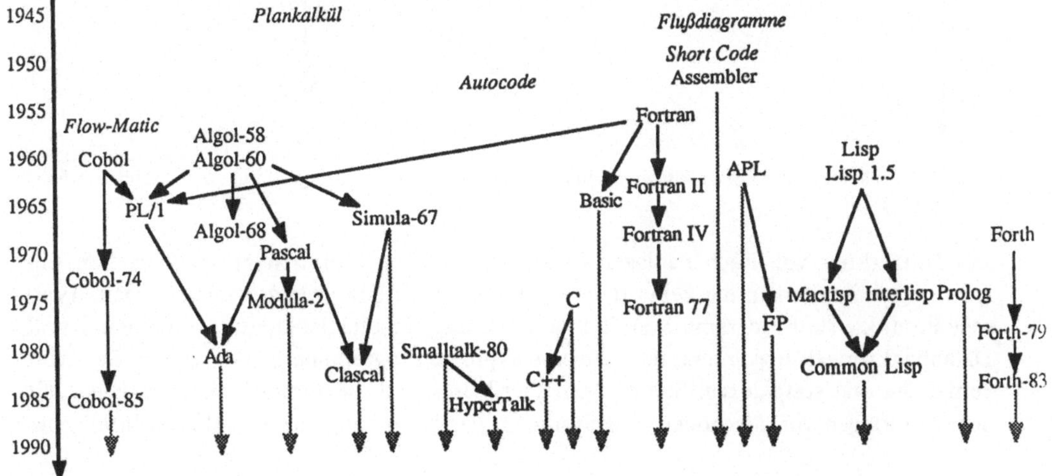

Bild 17-5 Schematische Entwicklungsgeschichte häufig eingesetzter Programmiersprachen

Bei Betriebssystemen ist eine Entwicklung von den hersteller- und geräteabhängigen Systemen hin zu universeller einsetzbaren Systemen, die auf unterschiedlichen Rechnern laufen, zu beobachten. Die Formen dieser Entwicklung sind allerdings unterschiedlich bei den einzelnen Rechnerklassen. Bei Großrechnern setzen sich zunehmend, schon auf Grund der marktbeherrschenden Stellung der IBM, die IBM-Betriebssysteme MVS, VM bzw. MVS/XA und VM/XA durch. Da viele Kunden ihre langjährigen Software-Investitionen erhalten wollen, müssen kleinere Rechnerhersteller versuchen, ihre Hardware so zu gestalten, daß die IBM-Betriebssysteme auf diesen Rechnern lauffähig sind. Nur so können sie Anwender bewegen, eine Großrechenanlage eines anderen Herstellers zu kaufen. Diese Maschinen werden steckerkompatibel genannt (engl. PCM − *Plug Compatible Machines*). Bei den PC-Systemen hat IBM inzwischen ebenfalls eine marktbestimmende Rolle. Das IBM-eigene Betriebssystem PC-DOS wird als Microsoft MS-DOS für die „IBM-kompatiblen" PCs angeboten. Für die PC-Nachfolgemodelle des Typs Personal System /2 ist es zum OS/2 (Operating System /2) erweitert worden. Im Bereich der Arbeitsplatzrechner, der mehrplatzfähigen Minis und einiger wissenschaftlich-technisch eingesetzter Groß- und Superrechner scheint sich UNIX, vermutlich im herstellerunabhängigen Standard POSIX durchzusetzen. Bild 17-6 zeigt einige Entwicklungslinien herstellerübergreifend eingesetzter Betriebssysteme. Direkte Entwicklungsabhängigkeiten sind durch schwarze Pfeile markiert. Ideelle Abhängigkeiten sind grau gezeichnet.

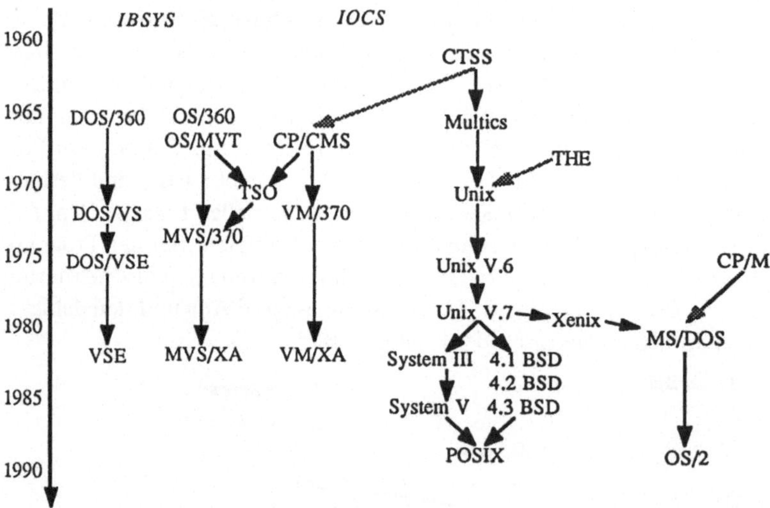

Bild 17-6 Schematische Entwicklungsgeschichte wichtiger herstellerübergreifend eingesetzter Betriebssysteme

Der Nutzerkreis von Rechenanlagen wird immer größer. Damit steigt der Bedarf an Anwendungsprogrammen, die keine tieferen, gerätespezifischen Kenntnisse verlangen. Typische Produkte sind Programme zur Textverarbeitung, Tabellenkalkulationsprogramme und Datenbankverwaltungsprogramme, die eine explizite Programmierung durch den Benutzer vermeiden und statt dessen Steuerungen über Menüs und spezifische Makros zulassen. Mit dem Eindringen von Methoden und Systemen der Forschung zur Künstlichen Intelligenz

(KI) in die allgemeine Datenverarbeitung werden zunehmend Anwendungsprogramme mit einfachen Bedienmöglichkeiten angeboten. Typische Vertreter solcher KI-Anwendungsprogramme sind die „Expertensysteme".

Abschließend läßt sich sagen, daß für alle Komponenten von Datenverarbeitungsanlagen in den nächsten Jahren weiterhin ein dynamisches Wachstum zu erwarten ist, wobei die Halbleitertechnik höhere Leistungssteigerungen zeigt als die Geräteentwicklung, die die Softwareentwicklung wiederum im Leistungswachstum übertreffen wird. Am langsamsten scheint die menschliche Fähigkeit zu wachsen, mit diesen erweiterten Möglichkeiten technischer Systeme sinnvoll und verantwortungsbewußt umzugehen.

IV Anhang

A Lösungen ausgewählter Übungsaufgaben

1.5.1 Wir beweisen induktiv für eine Folge aus n Zeichen x_i, daß sie genau s^n verschiedene Formen annehmen kann.

Behauptung:
Für alle $n \geqslant 1$ gibt es genau s^n verschiedene Folgen $x_1, \ldots, x_n$ aus Zeichen x_i, die dem Signalalphabet $\{a_0, \ldots a_{s-1}\}$ entnommen sind.

Beweis:
Für $n = 1$ kann die Folge x_1 aus einem der s Zeichen bestehen; also gilt die Behauptung mit $s^1 = 1$ (*Induktionsanfang*). Wir nehmen nun an, daß die Behauptung für n bewiesen sei, daß also s^n unterschiedliche Folgen $x_1, \ldots, x_n$ der Länge n konstruierbar seien. Alle Folgen $x_1, \ldots, x_n, x_{n+1}$ der Länge n + 1 lassen sich nun bilden, indem wir die Folgen $x_1, \ldots, x_n$ der Länge n rechts um eines der s möglichen Zeichen x_{n+1} erweitern. So entstehen $s*s^n$ Folgen der Länge n + 1. Wegen $s*s^n = s^{n+1}$ folgt die Behauptung für n + 1 (*Induktion* von n auf n + 1). Da sich dieses Beweisschema von n = 1 auf n = 2 und von n = 2 auf n = 3 und allgemein von n = i auf n = i + 1 ausführen läßt, gilt die Behauptung für alle $n \geqslant 1$.

1.5.2 Für eine Folge aus n Strichen und Punkten gilt nach dem vorhergehenden Beweis mit s = 2, daß sie genau 2^n verschiedene Formen annehmen kann.
Die Morsezeichen der maximalen Länge 5 bestehen nun aus den Folgen der Länge 1, 2, 3, 4 oder 5. Es gibt also $2^1 + 2^2 + 2^3 + 2^4 + 2^5 = 2^6 - 2 = 62$ verschiedene Möglichkeiten Zeichen der maximalen Länge n aus Punkten und Strichen darzustellen. Aus der bekannten Gleichung

$$\sum_{i=0}^{n} 2^i = 2^{i+1} - 1$$

folgt, daß es $2^{i+1} - 1 - 2^0 = 2^{i+1} - 2$ Möglichkeiten gibt, Folgen $x_1, \ldots, x_n$ der maximalen Länge n darzustellen.

1.5.4

a) Bei einer Übertragungsrate von 3 MB/s lassen sich 40 MB in 13,3 s übertragen. Hinzu kommen die vernachlässigbaren Zeiten zum Aufnehmen und Beenden der Übertragung.

b) Dauert die Sicherung 30 Minuten, also 1800 Sekunden, so wurde eine Übertragungsrate von 40 MB/ 1800 s = 40*1024 KB/1800 s $\approx$ 22,76 KB/s erreicht.

c) Bei einer Übertragungsgeschwindigkeit von 1200 Byte/s werden die 40 MB = 40*1024*1024 = 41 943 040 Byte in rund 9 Stunden und 43 Minuten gesichert.

2.6.1

a) Es gibt 26*26 Möglichkeiten Namen aus 2 Buchstaben aus $\{A-Z\}$ zu bilden. Es folgt mit der bekannten Summenbildung über x^i für die Zahl Z zulässiger Namen:

$$Z = 26^{10} + 26^9 + 26^8 + 26^7 + 26^6 + 26^5 + 26^4 + 26^3 + 26^2 = 146\,813\,779\,479\,484.$$

b) Wegen $\Sigma\, 2^i = 2^{n+1} - 1$ gilt für ein binäres Alphabet, daß es $2^{n+1} - 4$ Namen aus mindestens 2 und maximal n Zeichen 0 und 1 gibt.

2.6.2

$DNF(f) = \bar{x}\bar{y}\bar{z} + x\bar{y}\bar{z} + \bar{x}y\bar{z} + \bar{x}\bar{y}z$

$KNF(f) = (x + y + \bar{z})(x + \bar{y} + z)(\bar{x} + y + z)(\bar{x} + \bar{y} + \bar{z})$

$DNF(g) = \bar{a}\bar{b}\bar{c}d + \bar{a}b\bar{c}d + \bar{a}b\bar{c}\bar{d} + \bar{a}b\bar{c}d + \bar{a}bcd + a\bar{b}\bar{c}d + ab\bar{c}d + abcd$

$KNF(g) = (a + b + c + d)(a + b + c + \bar{d})(a + \bar{b} + \bar{c} + d)(\bar{a} + b + c + d)(\bar{a} + b + c + \bar{d})(\bar{a} + b + \bar{c} + d)$
$\quad\quad\quad (\bar{a} + \bar{b} + c + d)(\bar{a} + \bar{b} + \bar{c} + d)$

$DNF(h) = \bar{x}\bar{y}z + \bar{x}y\bar{z} + \bar{x}yz + x\bar{y}\bar{z} + x\bar{y}z + xy\bar{z} + xyz$

$KNF(h) = x + y + z$

2.6.7 Die Funktion läßt sich einfacher schreiben als:

$$f(a, b, c) = \begin{cases} a & \text{wenn } b = 0 \\ 0 & \text{wenn } b = 1, c = 0 \\ 1 & \text{wenn } b = 1, c = 1. \end{cases}$$

$KNF(f) = (a + b + c)(a + b + \bar{c})(a + \bar{b} + c)(\bar{a} + \bar{b} + c)$.

2.6.8

a) Für $x = y = z = 1$ gilt $1 + (1 \oplus 1) = 1$, aber $(1 + 1) \oplus (1 + 1) = 0$.

b)

xyz	$x(y \oplus z)$	$xy \oplus xz$
000	0	0
001	0	0
010	0	0
011	0	0
100	0	0
101	1	1
110	1	1
111	0	0

c) Für $x = 1$, $y = 0$ und $z = 1$ gilt $1 \oplus (0 + 1) = 0$, aber $(1 \oplus 0) + (1 \oplus 1) = 1$.

d) Ebenso gilt $1 \oplus (0*1) = 1$, aber $(1 \oplus 0)(1 \oplus 1) = 0$.

3.2.2 Mit EXOR-Operatoren lassen sich die Funktionen f und g schreiben als: $f = {\rangle} \oplus \vee \oplus z$ und $g = f$. Für h folgt damit $h = f \cdot \bar{f} = 0$. Die Realisierungen sind also trivial.

3.2.2 Mit der Beobachtung $c \oplus cd = cd \oplus c\bar{d} \oplus cd = c\bar{d}$ und $c\bar{d} = bc\bar{d} \oplus \bar{b}c\bar{d} \oplus bcd$ folgt: $f(a, b, c, d) = a(\bar{b} + c\bar{d} \oplus cd) = a(\bar{b} + c)$. Die Realisierungen von a) und b) sind:

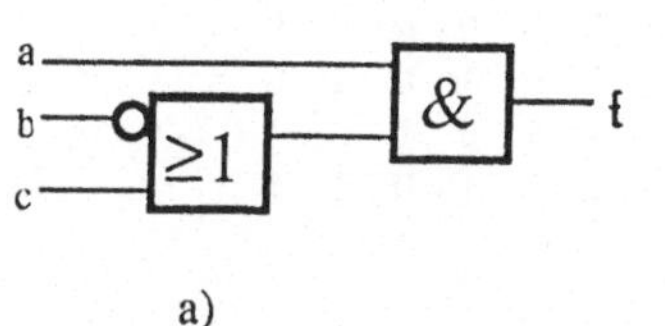

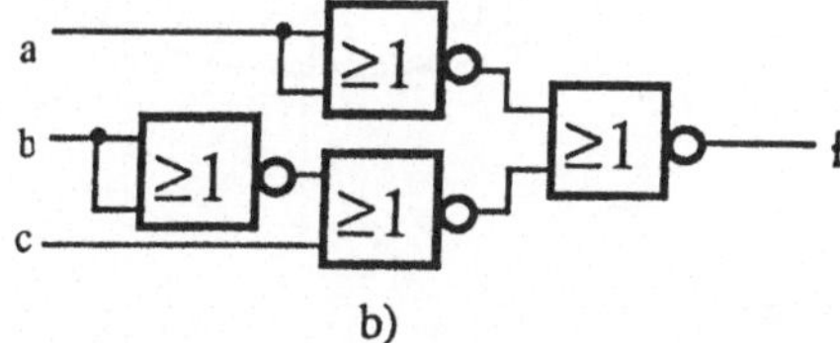

3.2.6

a) Mit der Absorptionsregel, der Multiplikation mit 1 und der Beziehung $a + \bar{a} = 1$ folgt nach kommutativer Vertauschung und neuer Klammerung:

$\bar{a}\bar{b}\bar{c} + \bar{a}bd + abd + ac\bar{d} =$

$(\bar{a}\bar{b}\bar{c} + \bar{a}\bar{b}\bar{c}d) + (\bar{a}b\bar{c}d + \bar{a}bcd) + (abcd + abc\bar{d}) + (a\bar{b}c\bar{d} + abc\bar{d}) =$

$\bar{a}\bar{b}\bar{c} + (\bar{a}\bar{b}\bar{c}d + \bar{a}b\bar{c}d) + (\bar{a}bcd + abcd) + (abc\bar{d} + a\bar{b}c\bar{d} + abc\bar{d}) =$

$\bar{a}\bar{b}\bar{c} + \bar{a}\bar{c}d + bcd + ac\bar{d}$

b) Für $a = b = c = 0$ und $d = 1$ gilt $\bar{a}bd + abc = 0$, aber $\bar{a}\bar{c}d + bcd = 1$. Falls Ihnen beim Vergleich von Lösung a) und Lösung b) etwas unklar erscheint, zeichnen Sie die Karnaugh-Diagramme der beiden Funktionen!

c) $bc + ab + a\bar{b}c =$

$\quad bc + abc + ab\bar{c} + a\bar{b}c =$

$\quad bc + ac + ab\bar{c}$

4.5.1

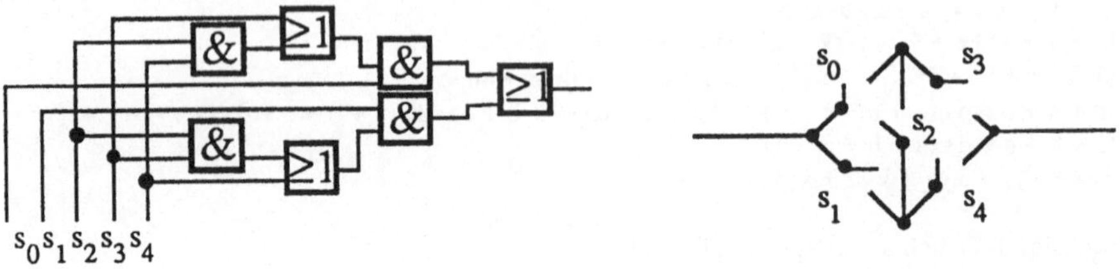

a) b)

4.5.6

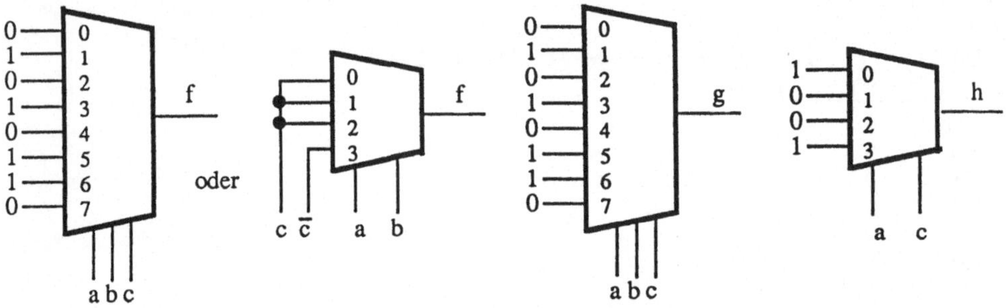

a) oder b) c)

5.5.2

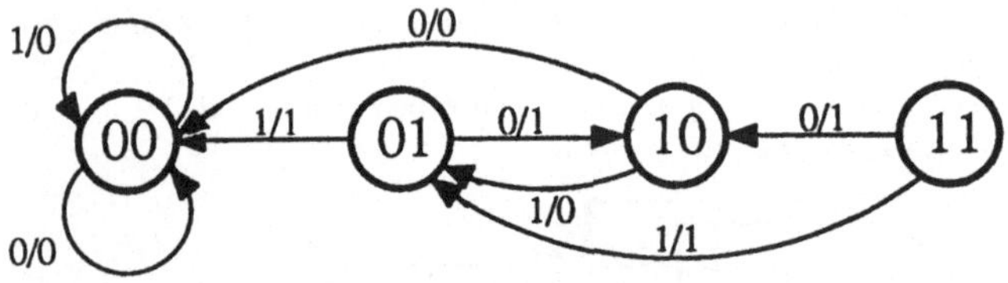

z_0	z_1	e	z_0'	z_1'	a
0	0	0	0	0	0
0	0	1	0	0	0
0	1	0	1	0	1
0	1	1	0	0	1
1	0	0	0	0	0
1	0	1	0	1	0
1	1	0	1	0	1
1	1	1	0	1	1

5.5.3

z_0	z_1	z_2	e	z_0'	z_1'	z_2'
0	0	0	0	0	0	1
0	0	0	1	0	0	0
0	0	1	0	0	0	1
0	0	1	1	0	1	1
0	1	0	0	–	–	–
0	1	0	1	–	–	–
0	1	1	0	1	1	1
0	1	1	1	0	0	0
1	0	0	0	0	0	0
1	0	0	1	0	0	0
1	0	1	0	–	–	–
1	0	1	1	–	–	–
1	1	0	0	0	0	1
1	1	0	1	1	0	0
1	1	1	0	0	0	1
1	1	1	1	1	1	0

$$z_0' = z_0 z_1 e + \bar{e}\bar{z}_0 z_1 z_2$$
$$z_1' = z_0 z_1 z_2 + \bar{e}\bar{z}_0 z_1 z_2 + e\bar{z}_0 \bar{z}_1 z_2$$
$$z_2' = z_0 z_1 \bar{e} + \bar{e}\bar{z}_0 z_1 z_2 + \bar{z}_0 \bar{z}_1 (z_2 + e)$$

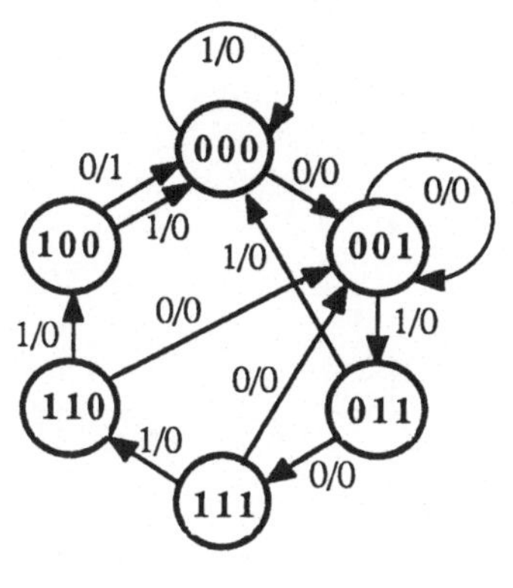
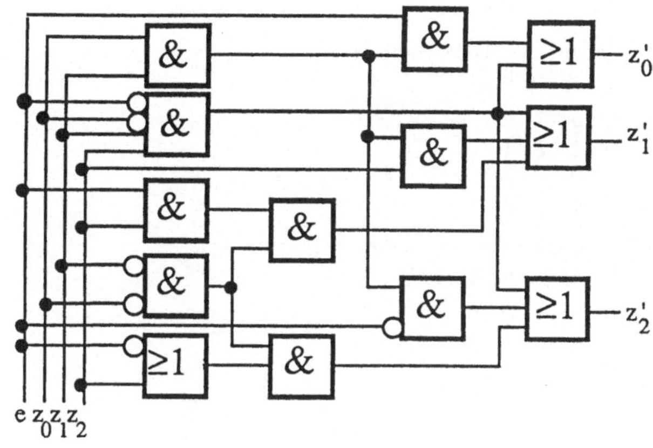

6.3.2

$$1451_{10} = 0000\ 0101\ 1010\ 1011$$

$$-2048_{10} = \begin{array}{l} 1000\ 1000\ 0000\ 0000 \\ 1111\ 0111\ 1111\ 1111 \\ 1111\ 1000\ 0000\ 0000 \end{array}$$

$$-1917_{10} = \begin{array}{l} 1000\ 0111\ 0111\ 1101 \\ 1111\ 1000\ 1000\ 0010 \\ 1111\ 1000\ 1000\ 0011 \end{array}$$

$$-333_{10} = \begin{array}{l} 1000\ 0001\ 0100\ 1101 \\ 1111\ 1110\ 1011\ 0010 \\ 1111\ 1110\ 1011\ 0011 \end{array}$$

32768_{10} ist nicht darstellbar

$$-32768_{10} = \begin{array}{l} \text{nicht darstellbar} \\ \text{nicht darstellbar} \\ 1000\ 0000\ 0000\ 0000 \end{array}$$

$$-32767_{10} = \begin{array}{l} 1111\ 1111\ 1111\ 1111 \\ 1000\ 0000\ 0000\ 0000 \\ 1000\ 0000\ 0000\ 0001 \end{array}$$

6.3.5

a)
a = 01010100,	$K_1(a)$ = 10101011,	$K_2(a)$ = 10101100,
b = 11101010,	$K_1(b)$ = 10101011,	$K_2(b)$ = 10101100,
c = 01111111,	$K_1(c)$ = 10000000,	$K_2(c)$ = 10000001,
d = 10000000,	$K_1(d)$ = 01111111,	$K_2(d)$ = 10000000,
e = 10000001,	$K_1(e)$ = 01111110,	$K_2(e)$ = 01111111,
f = 01111110,	$K_1(f)$ = 10000001,	$K_2(f)$ = 10000010,
g = 01101101,	$K_1(g)$ = 10010010,	$K_2(g)$ = 10010011.

b)
x = 100_{10}	$K_1(x) = K_2(x) = 01100100_2$	
x = 67_8	$K_1(x) = K_2(x) = 00110111_2$	
x = -210_3	$K_1(x) = 11000000_2$	$K_2(x) = 11000001_2$
x = 105_{11}	Weder $K_1(x)$ noch $K_2(x)$ ist darstellbar	
x = 90_{13}	Weder $K_1(x)$ noch $K_2(x)$ ist darstellbar	
x = -4_{29}	$K_1(x) = 11111011_2$	$K_2(x) = 11111100_2$
x = 151_8	$K_1(x) = 10010110_2$	
x = -50_{12}	Weder $K_1(x)$ noch $K_2(x)$ ist darstellbar	
x = 8_{17}	$K_1(x) = 00001000_2$	$K_2(x) = 00001000_2$
x = 128_{10}	Weder $K_1(x)$ noch $K_2(x)$ ist darstellbar	
x = $5A_{16}$	$K_1(x) = 01011010_2$	$K_2(x) = 01011011_2$
x = -128_{10}	$K_1(x)$ nicht darstellbar	$K_2(x) = 10000000_2$

7.5.1

a) Tabelle des Halbsubtrahierers:

x_i y_i d_i b_{i+1}

0	0	0	0
0	1	1	1
1	0	1	0
1	1	0	0

$$d_i = x_i \oplus y_i$$
$$b_{i+1} = \neg x_i \cdot y_i$$

b) Tabelle des Vollsubtrahierers:

b_i x_i y_i d_i b_{i+1}

0	0	0	0	0
0	0	1	1	1
0	1	0	1	0
0	1	1	0	0
1	0	0	1	1
1	0	1	0	1
1	1	0	0	0
1	1	1	1	1

$$d_i = x_i \oplus y_i \oplus b_i$$
$$b_{i+1} = \neg x_i \cdot y_i + b_i \cdot \neg x_i + x_i \cdot y_i$$

7.5.2 Vergleicht man die Tabelle des Vollsubtrahierers mit der des Volladdierers, so sieht man die strukturelle Gleichheit der Funktionen s_i und d_i. Setzt man an ihre Stelle eine Übergabevariable $\ddot{u}_i$, so folgt in beiden Fällen für das Ergebnisbit e_i (also d_i bzw. s_i):

$$e_i = x_i \oplus y_i \oplus \ddot{u}_i.$$

Für die neue Übergabevariable $\ddot{u}_{i+1}$ gilt:

$$\ddot{u}_{i+1} = (\sigma \oplus x_i) \cdot (y_i + \ddot{u}_i) + x_i \cdot y_i.$$

Für $\sigma = 0$ wird so ein Volladdierer, für $\sigma = 1$ ein Vollsubtrahierer beschrieben. Als Schaltbild eines 4-Bit-Wortaddierer- und Subtrahierbausteines ergibt sich:

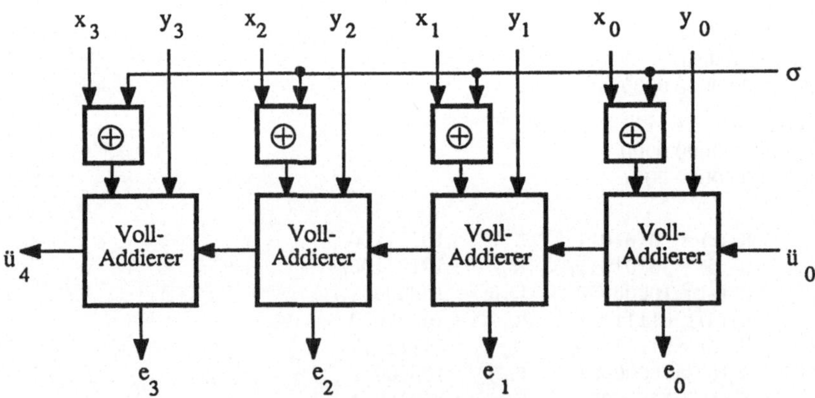

8.4.2 Da nur fünf Werte bearbeitet werden, läßt sich die ganze Rechnung in den Registern abwickeln. Das Programm kann schleifenfrei geschrieben werden. Das Ergebnis Max wird im Register D0 schrittweise durch Vergleich mit den anderen Registern D1, ..., D4 aufgebaut.

```
LD      D0, 100       {Initialisieren der Register D0, ..., D4}
LD      D1, 101
LD      D2, 102
LD      D3, 103
LD      D4, 104
SUB     D0, D1        {Vergleich Max (= D0) mit D1}
```

BPL	+4	{Wenn Max > D1 bleibt Max = D0}
MOVE	D0, D1	{sonst wird Max (= D0) durch D1 ersetzt}
SUB	D0, D2	{Vergleich Max (= D0) mit D2}
BPL	+4	{Wenn Max > D2 bleibt Max = D0}
MOVE	D0, D2	{sonst wird Max (= D0) durch D2 ersetzt}
SUB	D0, D3	{Vergleich Max (= D0) mit D3}
BPL	+4	{Wenn Max > D3 bleibt Max = D0}
MOVE	D0, D3	{sonst wird Max (= D0) durch D3 ersetzt}
SUB	D0, D4	{Vergleich Max (= D0) mit D4}
BPL	+4	{Wenn Max > D4 bleibt Max = D0}
MOVE	D0, D4	{sonst wird Max (= D0) durch D4 ersetzt}
ST	D0, 110	{Speichern des Maximums unter der Adresse 110}

8.4.3 Der Adreßraum würde sich durch die Erweiterung der Adreßbits von 16 auf 21 Bit von bisher 64 KB auf 2 MB erweitern. Dazu müßte freilich auch das Speicheradreßregister verlängert werden. Trotzdem könnten dann nur die speicheradressierenden Befehle ST und LD mit dem erweiterten Adreßraum umgehen. Um sinnvoll arbeiten zu können, müßten also auch die Register verlängert werden. Mit auf 21 Bit verlängerten Registern könnten die Befehle ST und LD auch 31 Bit Adressen verarbeiten (worauf der ganze Prozeß der Erweiterung neu beginnt). Da die Adreßwortlänge und die Datenwortlänge mit solchen Erweiterungen unterschiedlich wird, wäre andererseits die Einführung getrennter Adreß- und Datenregisterbereiche sinnvoll. Die prinzipiell mögliche Ausdehnung der Adreßwortlänge hat also grundlegende Folgen für die Rechnerarchitektur (und in schwächerem Maße für die Maschinensprache).

Dennoch sind solche Veränderungen im Fortlauf der Rechnerentwicklung schon vorgenommen worden. Die Großrechner der Serie IBM System /360 hatten ursprünglich eine Adreßlänge von 24 Bit, womit 16 MB adressierbar sind. 1983 wurde diese Rechnerfamilie durch Geräte mit 31 Adreßbits erweitert (IBM System /370-XA für *Extended Architecture*), womit nun 2 GB direkt adressierbar sind.

9.5.2

DATA	EQU	S6000
PROG	EQU	S4000
	ORG	DATA
WERT	DS.W	1
K1	DS.W	1
K2	DS.W	1
	ORG	PROG
PG	MOVE.W	Wert, D0
	NOT.W	D0
	MOVE.W	D0, K1
	INC	D0
	MOVE.W	D0, K2
	RTS	
	END	PG

9.5.3b Die Adresse des aktuell zu verarbeitenden Wortes stehe in A0, das bereits gefundene Maximum in D0. Die Zahl der zu vergleichenden Zahlen stehe anfänglich in *Zahl*. Das berechnete Maximum werde unter der Adresse *Max* abgelegt. Zur Berechnung des Maximums wird eine einfache Schleife abgearbeitet bis der Schleifenindex Zahl den Wert 0 erreicht.

DATA	EQU	S6000	
PROG	EQU	S4000	
	ORG	DATA	
Zahl	DS.W	1	
Max	DS.W	1	
	ORG	PROG	
PG	MOVEA.L	#6002, A0	{Adresse des ersten Datenwortes}

	MOVEQ	#0, D0	{Max: = 0}
	MOVE.W	Zahl, D1	{Zahl der Worte sei Zahl der Schleifendurchläufe}
	BEQ.S	Ende	{Falls Zahl = 0, dann Abbruch}
Schleife	**MOVE.W**	(A0) +, D2	{Nächstes Datenelement nach D2}
	CMP.W	D2, D0	{Vergleich}
	BHI.S	Abfrage	{Wenn Max ⩾ D2 dann Abfrage}
	MOVE.W	D2, D0	{sonst Max = D2}
Abfrage	**SUBQ.W**	#1, D1	{Zahl der Schleifendurchläufe wird um eins vermindert}
	BNE	Schleife	{bis Zahl = 0}
	RTS		
	END	PG	

10.3.1

$3,12415_{10} \approx 11{,}0001\ 1111\ 1100\ 1000\ 0100\ 1011\ 0101\ 1101\ 1100\ 1100...{}_2$

$A,BCD_{16} = 1010{,}1011\ 1100\ 1101_2$

$2,71828_{10} \approx 10{,}1011\ 0111\ 1110\ 0001\ 0011\ 0010\ 1011\ 0101\ 1110\ 1111...{}_2$

$30,31_5 = 1111{,}1010\ 0011\ 1101\ 0111\ 0000_2$

$2048,1024_{10} \approx 100\ 0000\ 0000{,}0001\ 1010\ 0011\ 0110\ 1110\ 1011\ 0001\ 1100\ 0010\ 1101...{}_2$

$10,10_{10} = 1010{,}0001\ 1001_2$

10.3.2a

4096_{10}		0001000000000000_2
$+16385_{10}$		$+0100000000000001_2$
20481_{10}		0101000000000001_2
3000_{10}		0000101110111000_2
$+29768_{10}$		$+0111010001001000_2$
nicht darstellbar	*Überlauf*	1000000000000000_2
-15568_{10}		1100001100110000_2
-13200_{10}		$+1100110001110000_2$
-28768_{10}		11000111110100000_2
1234_{10}		0000010011010010_2
$+567_{10}$		0000001000110111_2
$+89_{10}$		$+0000000001011001_2$
1890_{10}		0000011101100010_2
29237_{10}		0111001000110101_2
-14237_{10}		-1100100001100011_2
$+423_{10}$		$+0000000110100111_2$
$+3415_{10}$		$+0000110101010111_2$
18838_{10}		0100100110010110_2

11.6.5 Die Eingabeleitungen sollen von oben nach unten durch $e_1, ..., e_4$ benannt werden. Ein „Gegenbeispiel" einer nichtsortierbaren Eingabe ist $e_1 = 3$, $e_2 = 2$, $e_3 = 4$, $e_4 = 1$. Erzeugt wird als Ausgabe (von oben nach unten): 4, 2, 3, 1.

11.6.7 Die Auswahl erfolgt unter Geschwindigkeitsgesichtspunkten unter Berücksichtigung der Preise und der typischen logischen Verarbeitungsweise der gespeicherten Dateien bzw. der E/A-Ströme.

Bytemultiplexgeräte: Matrixdrucker, Scanner, Modem, Terminal.

Blockmultiplexgeräte: Festplatte, Wechselplatte, Band.

Selektorkanäle: Band, Festplatte.

Da Selektorkanäle nur ein Gerät bedienen, sind sie teurer als der Anschluß an einen Blockmultiplexkanal.

12.10.4 k-fach-Fehler mit geradem k > 0 werden nicht entdeckct, wohl aber alle k-fach-Fehler mit ungeradem k.

12.10.5 Sei $0 \leqslant h \leqslant 1$ die durchschnittliche Trefferrate des Pufferspeichers.

a) Dann ist $t_0 = h \cdot t_1 + (1 - h) \cdot t_2$. Es folgt:

$$\frac{t_0}{t_2} = h \cdot \frac{t_1}{t_2} + 1 - h.$$

b) Ersetzung des Puffers durch Bausteine mit 25 ns maximaler Zugriffszeit erzeugt eine durchschnittliche Zugriffszeit t_{ps} (in ns):

$$t_{ps} = h \cdot 25 + (1 - h) \cdot 200 = -175 \cdot h + 200.$$

Ersetzung des Hauptspeichers mit Megabitbausteinen mit maximaler Zugriffszeit von 65 ms erzeugt eine durchschnittliche Zugriffszeit t_{hs} (in ns):

$$t_{hs} = h \cdot 35 + (1 - h) \cdot 65 = -30 \cdot h + 65.$$

Der Schnittpunkt der beiden Geraden liegt bei $t_{ps} = t_{hs}$. Für die Trefferrate h_0, bei der beide Ersetzungen die gleiche Wirkung zeigen, folgt daraus $h_0 = 135/145 \approx 0{,}931$. Ist $h > h_0$, lohnt die Ersetzung des Puffers, sonst die des Hauptspeichers.

12.10.9 Die durchschnittliche Zugriffszeit auf eine Spur beträgt 60 ms. Um den Anfang der Spur zu finden, muß im Schnitt eine halbe Umdrehung gewartet werden. Dies dauert bei 3600 Upm 1/120 s, also 8,33 ms. Ein Sektor ist $1/(17*60)$ s $\approx$ 1 ms unter dem Lese/Schreibkopf. Der Verschränkungsfaktor π bestimmen nun die Zahl $Z(\pi)$ der Sektoren, die überlesen werden müssen, um die logisch fortlaufenden Sektoren des Blockes zu finden. Die Gesamtlesezeit in ms beträgt bei völlig freiem Zugriff also $60 + 8{,}33 + Z$.

a) Für einen 8 KB-Block sind 16 Sektoren à 512 Byte zu lesen. Abhängig vom Verschränkungsfaktor π sind unterschiedlich viele Sektordurchgänge abzuwarten. Die Tabelle zeigt die Zahl $Z(\pi)$ der notwendigen Durchgänge:

π	2	3	4	5	6	7
$Z(\pi)$	31	47	63	79	95	111

b) Für einen 2 KB-Block sind 4 Sektoren à 512 Byte zu lesen. Die Tabelle zeigt die Zahl Z der notwendigen Durchgänge:

π	2	3	4	5	6	7
$Z(\pi)$	7	11	15	19	23	27

14.5.6

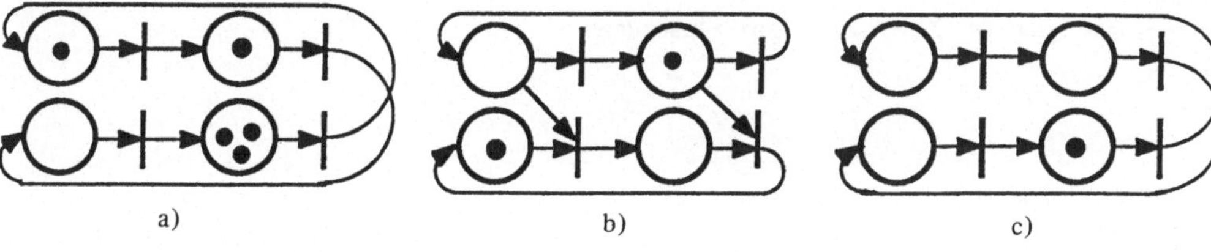

a)   b)   c)

a) Sicher, aber nicht konservativ.
b) Konservativ, aber nicht sicher.
c) Konservativ, sicher und langweilig.

15.3.2

Es werden LRU und LFU für unterschiedliche Seitenrahmenzahlen verglichen. Seitenzugriffsfehler werden durch ein ← markiert.

	FIFO								LRU							
Anfrage	σ_0	σ_1	σ_2	σ_0	σ_1	σ_2	σ_3	σ_4	σ_0	σ_1	σ_2	σ_0	σ_1	σ_2	σ_3	σ_4
a	a	–	–	a	–	–	–	–	a	–	–	a	–	–	–	–
b	a	b	–	a	b	–	–	–	a	b	–	a	b	–	–	–
c	a	b	c	a	b	c	–	–	a	b	c	a	b	c	–	–
d	d	b	c ←	a	b	c	d	–	d	b	c ←	a	b	c	d	–
e	d	e	c ←	a	b	c	d	e	d	e	c ←	a	b	c	d	e
e	d	e	c	a	b	c	d	e	d	e	c	a	b	c	d	e
d	d	e	c	a	b	c	d	e	d	e	c	a	b	c	d	e
c	d	e	c	a	b	c	d	e	d	e	c	a	b	c	d	e
b	d	e	b ←	a	b	c	d	e	d	b	c ←	a	b	c	d	e
a	a	e	b ←	a	b	c	d	e	a	b	c ←	a	b	c	d	e
f	a	f	b ←	f	b	c	d	e ←	a	b	f ←	a	b	c	d	f ←
f	a	f	b	f	b	c	d	e	a	b	f	a	b	c	d	f
a	a	f	b	f	a	c	d	e ←	a	b	f	a	b	c	d	f
b	a	f	b	f	a	b	d	e ←	a	b	f	a	b	c	d	f
c	a	f	c ←	f	a	b	c	e ←	a	b	c ←	a	b	c	d	f
d	d	f	c ←	f	a	b	c	d ←	d	b	c ←	a	b	c	d	f
e	d	e	c ←	e	a	b	c	d ←	d	e	c ←	a	b	c	d	e ←
e	d	e	c	e	a	b	c	d	d	e	c	a	b	c	d	e
f	d	f	c	e	f	b	c	d ←	d	e	f ←	f	b	c	d	e

Die Situation ist im Falle der fünf Seitenrahmen für die FIFO-Strategie besonders ungünstig. Überlegen Sie, wie sich solche Phänomene unter dem Aspekt durchschnittlichen Verhaltens abschätzen ließen. Die andere Folge wird entsprechend verarbeitet.

16.3.1

Listing kann als ASCII-Textdatei definiert werden:

> **pretty** <Ptext I **pr** I **lpr** &

Um Listing ausführen zu können, muß der Befehl

> **chmod +x** Listing

(oder ein äquivalenter Befehl) ausgeführt werden.

16.3.2

prep <Text I **grep** '[A–Z] [A–Z]*' I **sort** >Indexdatei

B Literaturverzeichnis

[1] ANSI/IEEE-Standard 488-1978 (American National Standard), Standard Digital Interface for Programmable Instrumentation, Institute of Electrical and Electronics Engineers, New York (USA), 1979 (ebenfalls IEC Standard 625-1).

[2] ANSI/IEEE-Standard 754-1985 (American National Standard), Standard for Binary Floating-Point Arithmetic, Institute of Electrical and Electronics Engineers, New York (USA), 1985.

[3] F. L. Bauer & G. Goos, Informatik I/II, Springer-Verlag, Berlin-Heidelberg-New York, 1982.

[4] L. A. Belady, „A Study of Replacement Algorithms for a Virtual Storage Computer", IBM Systems Journal, Vol. 5: 2, pp. 78–101, 1966.

[5] A. Bode & W. Händler, Rechnerarchitektur I und II, Springer-Verlag, Berlin-Heidelberg-New York, 1982.

[6] Bremer Arbeitskreis Neue Medien, 1984 hat längst begonnen, Bremen, 1983 ff.

[7] U. Briefs, Informationstechnologien und Zukunft der Arbeit, Pahl-Rugenstein Verlag, Köln, 1984.

[8] R. L. Brown, P. J. Denning & W. F. Tichy, Advanced Operating Systems, IEEE Computer, Vol. 17: 10, pp. 173–190.

[9] W. Coy, Industrieroboter, Rotbuch-Verlag, Berlin, 1985.

[10] V. Claus, Einführung in die Informatik, Teubner Verlag, Stuttgart, 1975.

[11] H. M. Deitel, An Introduction to Operating Systems, Addison-Wesley Publ. Co., Reading (USA), 1984.

[12] R. Franck, Rechnernetze und Datenkommunikation, Springer-Verlag, Berlin-Heidelberg-New York, 1986.

[13] A. N. Habermann, Introduction to Operating Systems Design, SRA, Palo Alto-Toronto, 1976, dt.: Entwurf von Betriebssystemen, Springer-Verlag, Berlin-Heidelberg-New York, 1981.

[14] H. R. Hansen, Wirtschaftsinformatik I, UTB Gustav Fischer Verlag, Stuttgart, 1983.

[15] G. Hotz, Schaltkreistheorie, de Gruyter Verlag, Berlin, 1975.

[16] IEEE Standard for Microprocessor Assembly Language, Institute of Electrical and Electronics Engineers, New York (USA), 1985.

[17] G. Kane, D. Hawkins & L. Leventhal, 68000 Assembly Language Programming, Osborne/McGraw-Hill, Berkeley (USA), 1981.

[18] R. Klar, Digitale Rechenautomaten, Sammlung Göschen, de Gruyter, Berlin, 1976.

[19] D. E. Kuck, The Structure of Computers and Computations, Vol. I, Wiley Interscience, New York, 1978.

[20] J. Loeckx, K. Mehlhorn & R. Wilhelm, Grundlagen der Programmiersprachen, Teubner, Stuttgart, 1986.

[21] D. Lewin, Design of Logic Systems, Van Nostrand Reinhold (UK), Wokingham, England, 1985.

[22] M68000 Programmer's Reference Manual, Englewood Cliffs (USA), 1984.

[23] M. Morris Mano, Computer Systems Architecture, Prentice Hall, Englewood Cliffs (USA), 1976.

[24] M. Morris Mano, Digital Logic and Computer Design, Prentice Hall, Englewood Cliffs (USA), 1979.

[25] D. Nührmann, Das große Werkbuch Elektronik, Franzis Verlag, München-Luzern, 1984.

[26] A. Osborne & G. Kane, Osborne 16-Bit Microprocessor Handbook, Osborne/McGraw-Hill, Berkeley (USA), 1981.

[27] C. A. Petri, Kommunikation mit Automaten, Schriften des Inst. für Instrumentelle Mathematik der Universität Bonn, 1962.

[28] VAX Hardware Handbook, Digital Equipment Corporation, o. O., 1980, 1982, 1985.

[29] E. H. Waldschmidt & H. K.-G. Walter, Grundzüge der Informatik I und II, BI-Wissenschaftsverlag, Mannheim-Wien-Zürich, 1984, 1986.

[30] L. Zimmermann, Humane Arbeit — Leitfaden für Arbeitnehmer, Bd. 3, (Autoren J. Friedrich, F. Wicke und W. Wicke), Computereinsatz: Auswirkungen auf die Arbeit, Rowohlt, Reinbek b. Hamburg, 1982.
[31] K. Zuse, Anwendungen von Petri-Netzen, Vieweg, Wiesbaden, 182.

Viele interessante Aspekte laufender Entwicklung und Forschung sind Fachzeitschriften und Tagungsbänden zu entnehmen. Für den angesprochenen Themenkreis seien einige ganz subjektiv ausgewählte Fachzeitschriften genannt:

Acta Informatica
ACM Communications
ACM Computing Surveys
Byte
Elektronische Informationsverarbeitung und Kybernetik
IEEE Computer
IEEE Transactions on Computers
Journal of the ACM
Mini-Micro Systems

Verzeichnis der Abkürzungen und Akronyme

CE	– Automatic Calculating Engine
CM	– Association for Computing Machinery
I	– Artificial Intelligence
LU	– Arithmetical and Logical Unit
SIC	– Application Specific Integrated Circuit
SCC	– Automatic Sequence Controlled Calculator
SCII	– American Standard Code for Information Interchange
CD	– Binary Coded Decimal
GFON	– Breitbandig Integriertes Glasfaser-Fernmeldeortsnetz
i	– Byte per Inch
TX	– Bildschirmtext
Z	– Befehlszähler
AM	– Content Adressable Memory
CD	– Charge Coupled Devices
D	– Compact Disc
D-DRAW	– Direct Read After Write
D-EDRAW	– Erasable Direct Read After Write
D-WORM	– Write Once-Read Many Times
SC	– Complex Instruction Set Computer CMOS
	– Complementary Metaloxide Semiconductor
P-67/CMS	– Control Program/ Conversational Monitor System
P/M	– Control Program/Monitor
PU	– Central processing Unit
MA/CD	– Carrier Sense Multiple Access with Collision Detection
SS	– Compatible Time-Sharing System
DI	– Digital Device Interconnect Bus
N	– Deutsche Industrienorm
MA	– Direct Memory Access
NC	– Direct Numerical Control – Werkzeug-maschinen
NF	– Disjunktive Normalform
RAM	– Dynamischer RAM-Speicher
OS/360	– IBM System /360 Disk Operating System
BCDIC	– Extended Binary Coded Decimal Interchange Code
CC	– Error Correcting Code
CL	– Emitter Coupled Logic
DVAC	– Electronic Discrete Variable Automatic Computer
EPROM	– Electrically Erasable PROM
NIAC	– Electronic Numerical Integrator and Computer

EPROM	– Erasable PROM
ESDI	– Enhanced Small Disk Interface
FET	– Feldeffekt-Transistor
FIFF	– Forum Informatiker für Frieden und gesellschaftliche Verantwortung
FIFO	– First in-First out
FM	– Frequenzmodulation
FLOP	– Floating Point Operation
GaAs	– Galliumarsenid
GAL	– Generic Array Logic
GB	– Gigabyte
GEM	– Graphics Environment Manager
GI	– Gesellschaft für Informatik
GPIB	– General Purpose Interface Bus
HI/TC-Norm	– Half Inch/Tape Cartridge-Norm
HP-IB	– Hewlett Packard Interface Bus
I^2L	– Integrated Injection Logic
IC	– Integrierte Schaltung
IEEE	– Institute for Electrical and Electronics Engineers
IOCS	– Input/Output Control System
ISDN	– Integrated Services Digital Network
KB	– Kilobyte
KI	– Künstliche Intelligenz
KNF	– Konjunktive Normalform
LAN	– Local Area Network
LFU	– Least Frequently Used
LRU	– Least Recently Used
LSB	– least significant byte
LSI	– Large Scale Integration
Mac II	– Apple Macintosh II
MAP	– Manufacturing Automation Protocol
MB	– Megabyte
MESFET	– Metal Semiconductor Field Effect Transistor
MFT	– IBM Operating System /360 MFT
MIPS	– Millionen Instruktionen pro Sekunde
MIT	– Massachussetts Inst. of Technology
MMU	– Memory Management Unit
MOS	– Metal Oxid Semiconductor
MS-DOS	– Microsoft Disk Operating System
MSB	– Most Significant Byte
MSI	– Medium Scale Integration
Multics	– Multiplexed Information and Computing Service
MVS	– IBM Multiple Virtual Storage System)
MVS/370	– IBM System /370 Multiple Virtual Storage System

MVS/XA	– IBM Multiple Virtual StorageSystem/ Extended Architecture
MVT	– IBM Operating System /360 MVT
NaN	– Not a Number
NAS	– National Advanced Systems
NC	– Numerical Control (Digitale Steuerung)
NFS	– SUN Network File System
NRZ	– No-Return-to-Zero Code
NUR	– Not Used Recently
OS/2	– IBM Operating System /2
OS/360	– IBM Operating System /360
OSI	– Open Systems Interface Referenz modell
PAL	– Programmable Array Logic
PARC	– Xerox Palo Alto Research Center
PC	– Personal Computer
PC	– Program Counter
PCM	– Plug Compatible Machinery
PFF	– Page Fault Frequency
PLA	– Programmable Logic Array
PNF	– Polynomiale Normalenform
POS	– Produkt von Summen
POSIX	– Portable Operating System Computer Environments
PROM	– Programmable Read Only Memory
PS/2	– IBM Programming System/2
RAM	– Random Access Memory
RISC	– Reduced Instruction Set Computer
RLL	– Run Length Limited Code
SAA	– (IBM) System Applications Architecture
SAR	– Speicheradreßregister
SASI	– Shugart Assoziates Systems Interface
SBI	– DEC System Backplane Interface Bus

SCCS	– (UNIX) Source Code Control System
SCSI	– Small Computer Systems Interface
SDR	– Speicheradreßregister
SDR	– Speicherdatenregister
SISD	– Single Instruction – Single Data Architektur
SMD	– Storage Module Drive
SNA	– IBM Systems Network Architecture
SOP	– Summe von Produkten
SP	– Stackpointer
SR	– Staturegister
SSI	– Small Scale Integration
SSP	– (MC68000) System Stackpointer
TB	– Terabyte
TCM	– (IBM) Keramikmodulträger – Thermic Conduction Module
THE	– Betriebssystem (Technische Hoch schule Eindhoven)
TOP	– Technical and Office Protocols
TSO	– IBM Operating System /360 Time Sharing Option
TTL	– Transistor-Transistor-Logik
UCSD	– University of California in San Diego
ULSI	– Ultra Large Scale Integration
UNIVAC	– UNIVersal Automatic Computer
USP	– (MC68000) User Stackpointer
VLSI	– Very Large Scale Integration
VM	– IBM Virtual Machine Betriebssystem
VM/XA	– IBM Virtual Machine System/Extended Architecture
VMS	– DEC Virtual Maschine Betriebssystem
WSI	– Wafer Scale Integration
XNS	– Xerox Network System Architecture
Z1, Z2	– (Zuse) Ziffernrechner

D Personenverzeichnis

E Sachwortverzeichnis

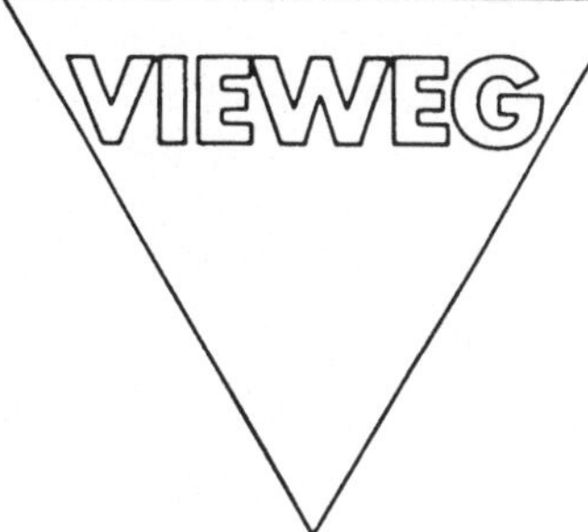

Doug Cooper und Michael Clancy

Pascal

Lehrbuch für strukturiertes Programmieren.

(Oh! Pascal!, dt.) Aus dem Amerikanischen übersetzt und bearbeitet von Gerd Harbeck und Tonia Schlichtig. 1988. X, 509 Seiten. 16,2 x 22,9 cm. Kartoniert.

Das Pascal-Buch von Cooper/Clancy ist das erfolgreichste Pascal-Lehrbuch in den USA. Es wird an sehr vielen Universitäten und Colleges in den Informatikveranstaltungen eingesetzt. Diese weitverbreitete und praxiserprobte Standard-Einführung in die Programmierung von Pascal liegt nun in deutscher Sprache vor.

Das didaktisch ausgezeichnete Konzept dieser Publikation ruht auf zwei Pfeilern. Der eine ist das problemorientierte Vorgehen in jedem Kapitel, um dem Leser – wie auch dem Hörer in den Vorlesungen – ein leichtes Verstehen des Sachverhaltes und die Umsetzung in die Programmiersprache zu ermöglichen. Der zweite liegt in der Darstellungsweise begründet. Selbst komplizierte Sachverhalte haben die Autoren einfach und doch umfassend dargestellt, so daß ein Nachvollziehen jederzeit möglich ist. Damit hebt sich dieses Lehrbuch wohltuend von vielen anderen Pascal-Büchern ab.

Jedes Kapitel enthält Beispiele, die den Umgang mit Pascal veranschaulichen, und Übungsaufgaben, die der Leser zur Kontrolle seines Wissensstandes verwenden kann. Die Sprache Pascal wird in ihrer Mächtigkeit umfassend und vollständig erläutert.

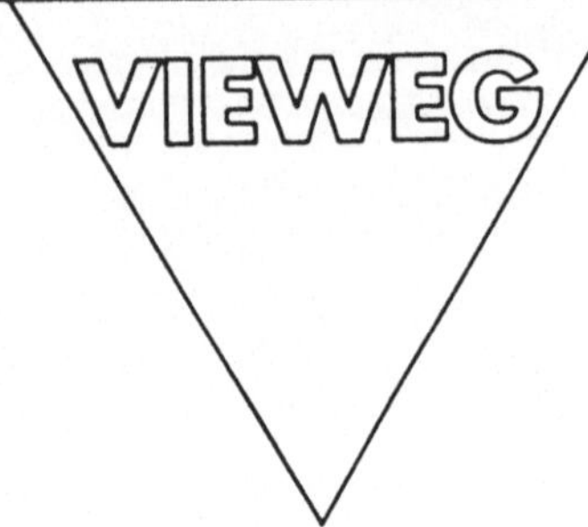

Manfred Nagl

Einführung in die Programmiersprache Ada

2., neubearbeitete und erweiterte Auflage. 1988. X, 342 Seiten mit zahlreichen Abbildungen. 16,2 x 22,9 cm. Kartoniert.

Diese Einführung richtet sich an erfahrene Programmierer sowie Studenten der Informatik, die sich die Leistungsfähigkeit der komplexen Programmiersprache Ada zunutze machen wollen. Im Vordergrund des Buches steht die Verflechtung der Verwendung von Ada mit den Konzepten des Software-Engineerings. Dies liegt daran, daß Ada für das Programmieren „großer" Probleme konzipiert wurde, die von einer Programmiermannschaft bearbeitet werden.

Ada eignet sich für sequentielle und für nebenläufige Systemprogrammierung, für hardwarenahe Aufgaben wie z.B. Prozeßsteuerung, für mathematisch-technische Anwendungen ebenso wie – bei Vorliegen entsprechender vordefinierter Bausteine – für den Einsatz im betriebswirtschaftlichen Bereich. Die Sprache enthält Strukturen zur Ablaufkontrolle, reichhaltige Hilfsmittel zur Datenstrukturierung, das Paketkonzept, den Mechanismus der Generizität und Konstrukte für getrennte Übersetzung, das Rendevouz- und Prozeßkonzept für die Koordination nebenläufiger Vorgänge.

Die neubearbeitete und erweiterte Auflage dieses Lehrbuches zeichnet sich gegenüber der erfolgreichen ersten Aflage dadurch aus, daß der Tatsache der weiteren Verbreitung der „Ada culture" Rechnung getragen wurde. Insbesondere wurde die deutsche Ada-Terminologie inzwischen standardisiert, was der Autor sorgfältig berücksichtigt hat. Last not least ist anzumerken, daß neuerdings preiswerte und effiziente Ada-Compiler zur Verfügung stehen.